保险实务系列教材

保险学原理与实务

张旭升 龙卫洋
蒋 菲 刘海兰 尤家香　编著

电子工业出版社
Publishing House of Electronics Industry
北京·BEIJING

未经许可，不得以任何方式复制或抄袭本书之部分或全部内容。
版权所有，侵权必究。

图书在版编目（CIP）数据

保险学原理与实务 / 张旭升等编著. —北京：电子工业出版社，2018.9
保险实务系列教材
ISBN 978-7-121-34720-7

Ⅰ.①保… Ⅱ.①张… Ⅲ.①保险学－高等学校－教材 Ⅳ.①F840

中国版本图书馆 CIP 数据核字(2018)第 153602 号

策划编辑：晋　晶
责任编辑：杨洪军
印　　刷：北京虎彩文化传播有限公司
装　　订：北京虎彩文化传播有限公司
出版发行：电子工业出版社
　　　　　北京市海淀区万寿路 173 信箱　邮编 100036
开　　本：787×1092　1/16　印张：17　字数：414 千字
版　　次：2018 年 9 月第 1 版
印　　次：2021 年 3 月第 2 次印刷
定　　价：49.00 元

凡所购买电子工业出版社图书有缺损问题，请向购买书店调换。若书店售缺，请与本社发行部联系，联系及邮购电话：(010) 88254888，88258888。
质量投诉请发邮件至 zlts@phei.com.cn，盗版侵权举报请发邮件至 dbqq@phei.com.cn。
本书咨询联系方式：(010) 88254199，sjb@phei.com.cn。

前　言

近年来我国的保险业在金融经济产业中逐渐占据重要地位，在宏观经济中也已成为金融业三大支柱产业之一。从2001年至今，中国的保险行业逐渐开放：取消对保险业务的地域限制，允许外国保险公司提供健康险、团体险、养老金、年金服务，取消再保险的强制再保险规定，降低对外资经纪公司的总资产要求，允许设立独资的保险经纪公司。于是，越来越多的外资保险公司在中国开疆破土，加速其扩张和保险产品创新。2003年，中国人民保险公司首先在香港联交所上市，中国人寿保险公司随后在香港联交所和美国纽约证交所同时上市。中国人寿海外上市获得超额认购，首次募集35亿美元，折合人民币约300亿元，创造了亚洲海外IPO第一的纪录。2004年，中国平安保险公司整体在香港上市。2018年3月，保监会对外公布了2017年保险统计数据报告。2017年保险行业原保险保费收入36 581.01亿元，同比增长18.16%，保险行业资产总额达到167 489.37亿元，资金运用余额149 206.21亿元。国内保险业务持续快速增长，资产规模迅速扩大，保险业的社会影响和地位在不断提高，对外交流与国际合作不断加强。

保险业务的多样性和强劲的发展势头为保险学科理论的建设提供了丰富的素材和探索空间，同时，我国保险业、保险市场的纷繁多变也给保险学科的教材建设带来很大的难度。作为保险学科基础理论课的保险学课程也不例外。多年来，保险学专业所建设或借用的教材体系都存在着这样或那样的不尽如人意的地方，适合大学教学的保险学教材应该既能反映保险业的发展现状与保险学科发展的理论前沿，又符合大学各专业教学需要。这恰是作者编著本书的本意。

本书内容包括11章。其中，第1、2、7、10章由广东医科大学张旭升编写，第3、11章由广东医科大学刘海兰编写，第4、6章由广东医科大学蒋菲编写，第5、9章由东莞理工学院城市学院龙卫洋编写，第8章由东莞理工学院城市学院尤家香编写。

全书在体例上每章分为阅读要点、正文、思考与练习、案例分析或阅读材料，并且提供免费下载的各章习题参考答案，体例十分完整，便于阅读学习，强化阅读效果。本书既可以作为高校财经、金融、保险类专业保险学课程教材，也可以作为相关行业的专业培训教材，还可作为保险学理论研究的工具书。

若作为大学本科教材，在学习内容上要学完第1~11章的内容；若作为高职高专教材，则只要学完第1~9章的内容即可。

在本书的撰写和出版过程中，得到了金融保险界众多专家及社会相关行业人士的关心和帮助，在此对东莞理工学院安少华副院长、华中科技大学管理学院博导蔡希贤教授、中南大学彭世英教授、天津大学出版社王锋禄编辑、广东商学院赵立航教授、中宏人寿东莞分公司梁天航总经理，以及东莞理工学院城市学院郭忠林副教授、周浩明副教授、龚治国老师、李阳桂老师、张庆文老师等表示特别的感谢。

  由于编著者水平有限，对本书的某些论述尚有不足之处，请阅读本书的读者和专家多提宝贵意见。

编　者
2018 年 5 月 20 日

目 录

第1章 保险与风险管理概述 1
 1.1 关于保险与风险管理 1
 1.2 我国保险业的发展 5
 1.3 保险的类别 11
 1.4 保险的功能及作用 17
 思考与练习 23

第2章 保险合同及其分类 26
 2.1 保险合同的概念与特点 26
 2.2 保险合同的主体与客体 28
 2.3 保险合同的分类 33
 2.4 保险合同的形式与内容 37
 2.5 保险合同的订立、变更与终止 45
 思考与练习 51

第3章 保险原则及其应用 53
 3.1 最大诚信原则 53
 3.2 保险利益原则 59
 3.3 近因原则 66
 3.4 损失补偿原则 68
 思考与练习 75

第4章 财产保险基础 78
 4.1 财产保险概述 78
 4.2 财产保险的分类 82
 4.3 财产保险的主要险种 83
 思考与练习 101

第5章 人身保险基础 103
 5.1 人身保险概述 103
 5.2 人身保险的种类 108
 5.3 人身保险新型产品 115
 思考与练习 129

第6章 再保险基础 132
 6.1 再保险概述 132
 6.2 再保险的合同形式 134
 6.3 再保险的业务方式 137

  6.4 再保险合同的主要内容 141
  6.5 再保险市场 147
  思考与练习 150

第 7 章 保险组织与保险中介 153
  7.1 保险组织 153
  7.2 保险中介 158
  思考与练习 168
  阅读材料 169

第 8 章 保险实务 171
  8.1 保险公司的承保 171
  8.2 保险公司的理赔 180
  8.3 保险保全业务 186
  8.4 保险的防灾防损 191
  思考与练习 195
  阅读材料 196

第 9 章 保险公司的内控与监管 197
  9.1 保险的经营风险 197
  9.2 保险公司的内控 198
  9.3 保险公司的监管 199
  思考与练习 207
  阅读材料 208

第 10 章 保险经营环节与原理 212
  10.1 保险经营的特征与原则 212
  10.2 保险产品开发 214
  10.3 保险市场营销 221
  10.4 保险费率的构成、厘定与计算 224
  10.5 保险资金运用 229
  思考与练习 233
  阅读材料 235

第 11 章 社会保险概述 237
  11.1 社会保险的起源与发展 237
  11.2 社会保险的基本内容 240
  11.3 社会保险的主要类型 244
  11.4 社会保险基金及其管理 255
  思考与练习 261
  阅读材料 263

参考文献 265

第 1 章　保险与风险管理概述

阅读要点

- 明确风险的客观存在是保险产生的前提；
- 保险是风险管理的一种方式；
- 熟练掌握保险的分类；
- 理解中国保险的发展历程；
- 理解保险的主要功能及其作用。

1.1　关于保险与风险管理

1.1.1　保险与风险的内涵

人们在日常生活中，经常会遇到一些难以预料的事故和自然灾害，小到失窃、车祸，大到地震、洪水。意外事故和自然灾害都具有不确定性，我们称之为风险。失窃、地震等造成损失的事件称为风险事件。而那些隐藏于风险事件背后的可能造成损失的因素，称为风险因素。风险因素可以是有形的，如路滑造成车祸；也可以是无形的，如疏于管理造成失窃。

保险源于风险的存在。中国自古就有"天有不测风云，人有旦夕祸福"和"未雨绸缪""积谷防饥"的说法。

保险是指投保人根据合同约定，向保险人支付保险费，保险人对于合同约定的可能发生的事故因其发生而造成的财产损失承担赔偿保险金责任，或者当被保险人死亡、伤残和达到合同约定的年龄、期限时承担给付保险金责任的商业保险行为。

从法律角度看，保险是一种合同行为。投保人向保险人支付保险费，保险人在被保险人发生合同规定的损失时给予补偿。

探其本质，保险是一种社会化安排，是面临风险的人们通过保险人组织起来，从而使个人风险得以转移、分散，由保险人组织保险基金，集中承担。当被保险人发生损失，则可以从保险基金中获得补偿。换句话说，一人损失，大家分摊，即"人人为我，我为人人"。可见，保险本质上是一种互助行为。

从表面上看，保险与赌博存在许多相似之处，如都以随机事件为基础，都可能以较小的支出获得较大的回报,但事实上,二者存在本质的区别。

从参与者对风险的态度看,投保人属于风险厌恶者,理论上,他愿付出比期望损失价值更小的成本(保险费)来转移损失的不确定性;而赌博者属于风险爱好者,他愿付出比期望收益值更小的成本(赌本)来获得利益的不确定性。

从经济学角度看,保险是对客观存在的未来风险进行转移,把不确定性损失转变为确定性成本(保险费),是风险管理的有效手段之一。而且,保险提供的补偿以损失发生为前提,补偿金额以损失价值为上限,所以不存在通过保险获利的可能。赌博行为则是主动创造风险,把确定性的成本(赌注)转变为不确定性的收益,除成本外,不承担损失风险。

从社会学角度看,保险体现了人们的互助精神,把原来不稳定的风险转化为稳定的因素,从而保障社会健康发展;而赌博则是一种投机行为,它把原本稳定的收入转化为不稳定的风险,只会给社会、家庭带来不稳定因素。

保险和储蓄都是人们应付未来不确定性风险的一种管理手段,目的都在于保障未来正常的生产、生活。所不同的是,储蓄是将风险留给自己,依靠个人积累来对付未来风险。它不需要任何代价,也可能陷入保障不足的窘境。而保险是将所面对的风险用转移的方法,靠集体的财力对付风险带来的损失,提供了足够的保障。但同时,保险需付出一定代价,即保险费;而银行储蓄不需支出,到期获得本金和利息。可见,保险与储蓄各有其特点。现在,随着保险业的发展,出现了许多具有储蓄性质的险种,如两全人寿保险,无论被保险人于保险期内残废,或者生存至保险期满,保险人都将给付保险金。

1.1.2　可保风险与不可保风险

可保风险仅限于纯风险。所谓的"纯风险",是指只有损失可能而无获利机会的不确定性。既有损失可能又有获得利益机会的不确定性则称为"投机风险"。

并非所有的纯风险都是可保风险。纯风险成为可保风险必须满足下列条件。

1．损失程度较高

潜在损失不大的风险事件一旦发生,其后果完全在人们的承受限度以内,因此,对付这类风险根本无须采用风险管理手段,即使丢失或意外受损也不会给人们带来过大的经济困难和不便。但对于那些潜在损失程度较高的风险事件,如火灾、盗窃等,一旦发生,就会给人们造成极大的经济困难。对此类风险事件,保险便成为一种有效的风险管理手段。

2．损失发生的概率较小

可保风险还要求损失发生的概率较小。这是因为损失发生概率很大意味着纯保险费相应很高,加上附加保险费,总保险费与潜在损失将相差无几。例如,某地区自行车失窃率很高,有 40%的新车会被盗,即每辆新车有 40%的被盗概率,若附加营业费率为 0.1,则意味着总保险费将达到新车重置价格的一半。显然,这样高的保险费使投保人无法承受,而保险也失去了转移风险的意义。

3．损失具有确定的概率分布

损失具有确定的概率分布是进行保险费计算的首要前提。计算保险费时,保险人对客观存在的损失分布要能做出正确的判断。保险人在经营中采用的风险事故发生率只是真实概率的一个近似估计,是靠经验数据统计、计算得出的。因此,正确选取经验数据对于保险人确定保险费至关重要。有些统计概率，如人口死亡率等，具有一定的"时效性"，像这种经验数据，保险人必须不断做出相应的调整。

4．存在大量具有同质风险的保险标的

保险的职能在于转移风险、分摊损失和提供经济补偿。所以，任何一个保险险种，必然要求存在大量保险标的。这样，一方面可积累足够的保险基金，使受险单位能获得十足的保障；另一方面根据"大数法则"，可使风险发生次数及损失值在预期值周围能有一个较小的波动范围。换句话说，大量的同质保险标的会保证风险发生的次数及损失值以较高的概率集中在一个较小的波动幅度内。显然，距离预期值的偏差越小，就越有利于保险公司的稳定经营。这里所指的"大量"，无绝对的数值规定，它随险种的不同而不同。一般的法则是：损失概率分布的方差越大，就要求有越多的保险标的。保险人为了保证自身经营的安全性，还常采用再保险方式，在保险人之间分散风险。这样，集中起来的巨额风险在全国甚至国际范围内得以分散，被保险人受到的保障度和保险人经营的安全性都得到提高。

5．损失的发生必须是意外的

损失的发生必须是意外的和非故意的。所谓的"意外"，是指风险的发生超出了投保人的控制范围，且与投保人的任何行为无关。如果由于投保人的故意行为而造成的损失也能获得赔偿，将会引起道德风险因素的大量增加，违背了保险的初衷。此外，要求损失发生具有偶然性（或称为随机性）也是"大数法则"得以应用的前提。

6．损失是可以确定和测量的

损失是可以确定和测量的，是指损失发生的原因、时间、地点都可被确定及损失金额可以测定。因为在保险合同中，对保险责任、保险期间等都做了明确规定，只有在保险期间内发生的、保险责任范围内的损失，保险人才负责赔偿，且赔偿额以实际损失金额为限，所以，损失的确定性和可测性尤为重要。

7．损失不能同时发生

这是要求损失值的方差不能太大。例如，战争、地震、洪水等巨灾风险，发生的概率极小，由此计算的期望损失值与风险一旦发生所造成的实际损失值将相差很大。而且，保险标的到时势必同时受损，保险分摊损失的职能也随之丧失。这类风险一般被列为不可保风险。

可保风险与不可保风险间的区别并不是绝对的。例如，地震、洪水这类巨灾风险，在保险技术落后和保险公司财力不足、再保险市场规模较小时，保险公司根本无法承保这类风险，它的潜在损失一旦发生，就可能给保险公司带来毁灭性的打击。但随着保险公司资本日渐雄厚，保险新技术不断出现，以及再保险市场的扩大，这类原本不可保的风险已被一些保险公司列在保险责任范围之内。可以相信，随着保险业和保险市场的不断发展，保险提供的保障范围将越来越大。

1.1.3 保险与风险管理

风险管理是指面临风险才进行风险识别、风险估测、风险评价、风险控制，以减少风险负面影响的决策及行动过程。随着社会发展和科技进步，现实生活中的风险因素越来越多。无论企业或家庭，都日益认识到了进行风险管理的必要性和迫切性。人们想出种种办

法来对付风险。但无论采用何种方法，风险管理一条总的原则是，以最小的成本获得最大的保障。

按风险产生的结果，可以将风险分为纯粹风险和投机风险。保险公司承保纯粹风险，不承保投机风险。

对纯风险的处理有回避风险、预防风险、自留风险和转移风险四种方法。

1．回避风险

回避风险是指主动避开损失发生的可能性。它适用于对付那些损失发生概率高且损失程度大的风险，而对于一般损失概率不高或损失程度不大的风险，人们不会采取回避风险的方法。例如，发生洪水时去游泳，溺水的可能性高，损失又大，人们会选择不去游泳；但洪水过后，游泳时溺水的概率比较低，人们又会选择去游泳。

虽然回避风险能从根本上消除隐患，但这种方法明显具有很大的局限性。其局限性表现在，不是所有的风险都可以回避或应该进行回避。例如，人身意外伤害，无论如何小心翼翼，这类风险总是无法彻底消除。再如，因害怕出车祸就拒绝乘车，车祸这类风险虽可由此而完全避免，但将给日常生活带来极大的不便，实际上是不可行的。而且，选择回避一种风险，往往会产生另一种风险。

2．预防风险

预防风险是指采取预防措施，以减小损失发生的可能性及损失程度。兴修水利、建造防护林就是典型的例子。预防风险涉及一个现时成本与潜在损失比较的问题：若潜在损失远大于采取预防措施所支出的成本，就应采用预防风险手段。以兴修堤坝为例，虽然施工成本很高，得考虑到洪水泛滥所造成的巨大灾害，就极为必要了。

3．自留风险

自留风险即自己非理性或理性地主动承担风险。"非理性"是指对损失发生存在侥幸心理或对潜在损失程度估计不足从而暴露于风险中；"理性"是指经正确分析，认为潜在损失在承受范围之内，而且自己承担全部或部分风险比购买保险更经济合算。所以，在做出"理性"选择时，自留风险一般适用于对付发生概率小且损失程度低的风险。

4．转移风险

转移风险是指通过某种安排，把自己面临的风险全部或部分转移给另一方。通过转移风险而得到保障，是应用范围最广、最有效的风险管理手段。保险就是转移风险的风险管理手段之一。

风险管理和保险无论在理论上还是在实际操作中，都有着密切的联系。从理论起源上看，是先出现保险学后出现风险管理学。保险学中关于保险性质的学说是风险管理理论基础的重要组成部分，并且风险管理学的发展很大程度上得益于对保险研究的深入，但是，风险管理学后来的发展也在不断促进保险理论和实践的发展。从实践上看，一方面保险是风险管理中最重要、最常用的方法之一；另一方面通过提高风险识别水平，可更加准确地评估风险，同时风险管理的发展对促进保险技术水平的提高起到了重要作用。

要提高风险管理水平，最重要的一个环节就是要提高认识风险的水平。概率论的发展，为加深对风险的认识、风险的量化、提高风险管理水平提供了科学的方法。计算纯保险费的前提是要知道潜在损失的概率分布。实践中就是以概率论为理论基础，利用经验数据来估计事故发生的概率分布。因此，概率论是保险的数理基础。

"大数法则"是概率论的一个重要法则，它揭示了这样一个规律：大量的、在一定条件下重复出现的随机现象将呈现出一定的规律性或稳定性。例如，我们知道掷一枚质量分布均匀的硬币，其正面向上的概率为0.5，但如果做50次实验，正面向上的次数很可能与期望值25次相差较大。换句话说，对该实验进行统计得出的频率（正面向上的次数除以实验次数）与客观的概率可能有较大的差距。但做一万次或更多次实验，其统计频率与客观概率相差将很小。由于"大数法则"的作用，大量随机因素的总体作用必然导致某种不依赖于个别随机事件的结果。这一法则对保险经营有着重要的意义。我们知道，保险行为是将分散的不确定性集中起来，转变为大致的确定性以分摊损失。根据"大数法则"，同质保险标的越多，实际损失结果会越接近预期损失结果。因此，保险公司可做到收取的保险费与损失赔偿及其他费用开支基本平衡。

1.2 我国保险业的发展

1.2.1 旧中国保险业的改造和中国人民保险公司的成立

中华人民共和国成立初期，人民政府接管各地的官僚资本保险公司，同时整顿、改造私营保险公司，为中国保险事业的诞生和发展创造了条件。中国人民保险公司的成立，标志着中国的保险事业进入一个新的历史发展时期。

1. 旧中国保险业的改造

为建立新的适应社会主义建设需要的保险业，1949年人民政府对保险业进行了全面的清理、整顿和改造。

（1）接管官僚资本保险企业。由于中华人民共和国成立前官僚资本保险企业大多集中在上海，所以人民政府接管官僚资本保险企业的工作以上海为重点。接管工作从1949年5月开始至10月底基本结束。中国产物保险公司和专营船舶保险、船员意外保险的中国航联意外责任保险公司经批准恢复营业，其他官僚资本保险企业都予以停业。上海以外的官僚资本保险企业都由当地军事管制委员会接管。当时的官僚资本保险企业，因资金转移和负责人贪污挪用，资产已枯竭殆尽。其员工由军管会组织学习政治，许多人在中国人民保险公司成立后走上了人民保险事业的新岗位。

（2）改造私营保险企业。中华人民共和国成立后，各地相继制定私营保险企业管理办法，如重新清产核资，要求按业务类别缴存相应的保证金等，并且加强督促检查。根据新的管理规定，中外私营保险公司在各地复业，但大部分保险公司资力薄弱，承保能力有限。

由于原来的再保险集团大部分解体，对外再保险关系中断，在军管会的支持下，1949年7月20日在上海成立了由私营保险公司自愿参加的再保险组织"民承再保险交换处"（简称民联），主要经办火险的再保险业务。民联的成立，促进了私营华商保险公司的业务发展，提高了保险业的信誉。随着私营保险企业公私合营，民联于1952年年初完成了历史使命。

1951年和1952年，公私合营的"太平保险公司""新丰保险公司"相继成立。两家公司都是在多家私营保险公司的基础上组建的，其业务范围限于指定地区和行业，经营上取消了佣金制度和经纪人制度。1956年，全国私营工商业的全行业公私合营完成后，国家实行公私合营企业财产强制保险，指定中国人民保险公司为办理财产强制保险的法定机构。同年，太平和新丰两家公司合并，合并后称"太平保险公司"，不再经营国内保险业务，专门办理国外保险业务。两家公司的合并实现了全保险行业公私合营，标志着中国保险业社会主义改造的完成。从此，中国国内保险业务开始了由中国人民保险公司独家经营的局面。

（3）外国保险公司退出中国保险市场。1949年以前，外国保险公司凭借政治特权及自身雄厚的资金实力，控制了中国的保险市场。中华人民共和国成立后，人民政府废除外国保险公司的特权，并且加强监管，要求其重新登记和缴纳保证金。1950年5月，全国尚有外商保险公司61家，其中上海37家、天津10家、广州8家、青岛5家、重庆1家。人民政府采取限制和利用并重的政策，一方面允许其营业，继续办理一些当时其他保险公司不能开办的业务，如海运保险、外国侨民外汇保险等；另一方面从维护民族利益出发，对其业务范围和经营活动做了必要的限制，对其违反我国法令和不服从管理的行为进行严肃查处。随着国有保险公司业务迅速增长，外商保险公司不仅失去了依靠政府特权获取的高额利润，也失去了为数很大的再保险收入。在国营外贸系统和新的海关建立后，其直接业务来源越来越少。1949年外商保险公司保险费收入占全国保险费收入的62%，1950年下降为9.8%，1951年为0.4%，1952年仅为0.1%。到1952年年底，外国在华保险公司陆续申请停业，撤出了中国保险市场。

2．中国人民保险公司的成立

1949年8月，为尽快恢复和发展受连年战争破坏的国民经济，中央人民政府在上海举行了第一次全国财经会议。会上，中国人民银行建议成立"中国人民保险公司"，并且在会后立即组织筹备。经党中央批准，中国人民保险公司于1949年10月20日正式成立。这是中华人民共和国成立后第一家国有保险公司。中国人民保险公司成立后，迅速在全国建立分支机构，并且以各地人民银行为依托，建立起广泛的保险代理网。

为配合国民经济的恢复和发展，中国人民保险公司积极开展业务，重点承办了国有企业、县以上供销合作社及国家机关财产和铁路、轮船、飞机旅客的强制保险。在城市，开办了火险、运输险、团体与个人寿险、汽车险、旅客意外险、邮包险、航空运输险、金钞险、船舶险等。在农村，积极试办农业保险，主要是牲畜保险、棉花保险和渔业保险。为摆脱西方国家对中国保险市场的控制，中国人民保险公司还致力于发展国外业务，与许多友好国家建立了再保险关系。除了办理直接业务，中国人民保险公司还接受私营公司的再保险业务。中国人民保险公司迅速成为全国保险业的领导力量，从根本上结束了外国保险公司垄断中国保险市场的局面。

1.2.2 国内保险业务的停办

1．保险业务的整顿

20世纪50年代初，中国人民保险公司各地机构在执行政策和具体做法上出现了很多问题，主要表现为：依靠行政命令开展业务，内部管理比较混乱；农业保险在试办经验很不成熟的情况下全面推广，一些基层干部开展业务时搞强迫命令，在群众中造成不良影响；保险机构发展太快，许多干部不懂业务，只求保险费数量不求保险合同质量，不少县级公司入不敷出。1953年3月，中国人民保险公司第三次全国保险工作会议对上述失误和偏差进行了纠正，确定了"整理城市业务，停办农村业务，整顿机构，在巩固的基础上稳步前进"的方针。

到1953年年底，各地基本停办了农业保险。对停办农业保险业务，虽然大多数人没有意见，但也有一部分农民不愿意停办和退保，他们中有一些得到过赔款或对保险的好处有所认识。东北大部分地区由于农村经济和互助合作运动发展较快，农民大多不同意停办农业保险。经政务院财政经济委员会批准，东北地区重新办理了耕畜保险。随着农业合作化步伐加快，组织起来的农民对农业保险产生了一定需求。但随着农业合作社由初级社发展到高级社，牲畜归公统一使用，对保险的需求反不如初级社迫切。

从1953年开始，国家对城市强制保险业务做了调整：停办国家机关财产强制保险和基本建设工地强制保险；国有企业（包括合作社）的强制保险仍继续办理；其他业务，按对生产有无积极作用、群众是否需要和自愿、自己有无条件、是否符合经济核算四项原则，分为巩固、收缩、停办三类进行清理。资本主义工商业社会主义改造的推进，使城市自愿保险业务明显下降。

2．国内保险业务的停办

1958年10月，西安全国财贸工作会议提出：人民公社化后，保险工作的作用已经消失，除国外保险业务必须继续办理外，国内保险业务应立即停办。同年12月，在武汉召开的全国财政会议正式做出"立即停办国内保险业务"的决定。1959年1月，中国人民保险公司召开第七次全国保险工作会议，贯彻落实国内保险业务停办的精神，并且部署善后清理工作。从1959年起，全国的国内保险业务除上海、哈尔滨等地继续维持了一段时间外，其他地方全部停办。

国内保险业务停办，是在城镇工商业完成社会主义改造和农村人民公社化的形势下出现的。当时有人认为在城镇工商业基本上是国有企业的情况下，国家可以通过财政调剂方式对各种灾害损失进行补偿，因此开办城市保险必要性不大。而在农村，人民公社改变了以往那种规模较小、经营项目单一的农业合作社的状况，其财力和物力已具备较大的抗灾能力和补偿能力。在这种认识的支配下，认为保险的历史任务已经完成。

国内保险业务停办后，国家从精简机构考虑，只是在中国人民银行国外业务管理局下设保险处，负责处理中央和北京地区进出口保险业务，领导国内外分支机构的业务，集中统一办理国际再保险业务和对外活动，在对外联系业务时用"中国人民保险公司""中国保险公司""太平保险公司"三个公司的名义。

1959年后，部分城市国内保险业务并没有完全停办，其中有上海、哈尔滨、广州、天津等地。1964年，随着国民经济的全面好转，中国人民银行国外业务局保险处升为局一级单位，对外仍用中国人民保险公司的名义，并且由中国人民银行副行长兼任总经理。

从1966年到1976年的十年动乱期间，中国国内保险业务彻底停办。在"左"的思潮影响下，保险被认为"私有经济的市场""不适应中国社会主义经济基础""办理国际再保险业务得不偿失""是依靠帝国主义""再保险是帝修反之间的利润再分配"等，因此有人提出要"彻底砸烂中国保险业"，不但停办国内保险业务，还要停办全部涉外保险和国际再保险业务。首当其冲的是1969年1月停办了交通部的远洋船舶保险，海外业务受到很大影响。接着停办的是汽车第三者责任保险。1968年前，海外业务由香港民安保险公司、中国保险公司、太平保险公司分给中国人民保险公司，然后由中国人民保险公司进行对外统一再保险。但1969年后，海外业务对外的再保险由民安保险公司代理，寿险由中国保险公司再保险，中国香港和澳门及新加坡等国家和地区的保险业务下放到中国保险公司香港分公司管理。到1969年，与我国有再保险关系的国家由原来的32个下降到17个，有业务来往的公司由67家下降到20家，仅与社会主义国家和个别发展中国家保持再保险关系，实际上停止了多年发展起来的与西方保险市场的再保险往来。

1.2.3 全面恢复国内保险业务

1978年12月，中国共产党第十一届中央委员会第三次全体会议确立改革开放政策，决定把工作重点转移到以经济建设为中心的社会主义现代化建设上来。中国人民银行在1979年2月召开的全国分行行长会议上提出恢复国内保险业务。

1979年4月，国务院批准《中国人民银行分行行长会议纪要》，做出"逐步恢复国内保险业务"的重大决策。中国人民银行立即颁布《关于恢复国内保险业务和加强保险机构的通知》，对恢复国内保险业务和设置保险机构做出了具体部署。

国内保险业务的恢复工作，首先是设计制定保险条款、费率和单证格式。1979年5月至6月，先后推出企业财产保险、货物运输保险和家庭财产保险三个险种。7月至8月，先后派出几批干部赴广东、福建、浙江、上海、江苏、江西等地，着手恢复保险业务和筹建保险机构。9月至11月，已有部分地区，如上海、重庆和江西率先开始经营国内保险业务。1979年11月，全国保险工作会议对1980年恢复国内保险业务的工作进行了具体部署。会后国内保险业务的恢复工作迅速在全国铺开。

国内保险业务恢复后，过去企业发生意外损失统一由财政解决的做法也做了相应改变。凡是全民所有制和集体所有制企业的财产，包括固定资产和流动资金，都可自愿参加保险。全民所有制单位投保的财产，一旦发生损失，由保险公司按保险合同的规定负责赔偿，国家财政不再核销和拨款。

到1980年年底，除西藏外，中国人民保险公司在全国各地都已恢复了分支机构，各级机构总数达810个，专职保险干部3 423人，全年共收保险费4.6亿元。中国人民保险公司分支机构接受总公司和中国人民银行当地分支机构的双重领导。1983年9月，经国务院批准，中国人民保险公司升格为国务院直属局级经济实体。从1984年1月开始，其分支机构脱离中国人民银行，改由总公司领导，实行系统管理。

1.2.4 保险市场走向多元化

自1956年新丰、太平两家保险公司从国内保险市场撤出后，中国人民保险公司一直独家垄断中国保险市场。国内保险业务恢复后，中国保险市场也仍然由中国人民保险公司一统天下。中国人民保险公司对市场的完全垄断，在当时情况下曾起到过积极的作用，促进了中国保险业在短期内迅速恢复和发展。随着社会主义市场经济的迅猛发展，与市场经济规律相悖的垄断经营体制的固有弊端逐步暴露出来。垄断体制窒息了价值规律在保险业务发展中的作用，剥夺了被保险人选择保险人的权利，导致保险费率居高不下，保险市场开拓力萎缩。因此，改变中国人民保险公司一统天下的保险体制已成为当时迫切需要解决的问题。

1986年2月，中国人民银行批准设立新疆生产建设兵团农牧业保险公司，专门经营新疆生产建设兵团农场内部的种养两业保险。1992年该公司更名为新疆兵团保险公司，并且相应扩大业务范围。新疆生产建设兵团农牧业保险公司的成立，打破了中国人民保险公司独家垄断保险市场的局面。1987年，中国人民银行批准交通银行及其分支机构设立保险部。1988年5月，平安保险公司在深圳蛇口成立。1991年，中国人民银行要求保险业与银行业分业经营、分业管理，批准交通银行在其保险部的基础上组建中国太平洋保险公司，成为继中国人民保险公司之后成立的第二家全国性综合性保险公司。1992年9月，平安保险公司更名为"中国平安保险公司"，成为第三家全国性综合性保险公司。

从1988年起，中国人民银行批准在四川省、大连市、沈阳市、长沙市和厦门市设立五家股份制人寿保险公司，开始探索寿险与财产险分业经营的路子。1991年以后，中国人民银行又先后批准在珠海、本溪、湘潭、丹东、广州、太原、天津、福州、哈尔滨、南京、昆明等地组建股份制人寿保险公司。新建立的寿险公司除了办理商业保险外，还接受地方政府的委托，代办社会保险业务。中国人民保险公司在这些人寿保险公司中都持有一定股份。

1994年10月，中国人民银行批准在上海成立天安保险股份有限公司；1995年1月，又批准在上海成立大众保险股份有限公司。1996年7月，经国务院批准，中国人民保险公司改组为中国人民保险（集团）公司，下设中保财产保险有限公司、中保人寿保险有限公司和中保再保险有限公司，实行产、寿险分业经营。根据《保险法》确立的商业保险与社会保险分开经营的原则，国务院决定将17家地方寿险公司全部并入中保人寿保险有限公司。为促进我国保险事业的健康发展，1998年10月7日，国务院批准《撤销中国人民保险（集团）公司实施方案》，将原中保财产保险有限公司更名为中国人民保险公司；原中保人寿保险有限公司更名为中国人寿保险公司；原中保再保险有限公司更名为中国再保险公司；将中保集团所属的其他海外经营性机构全部划归香港中国保险（集团）有限公司管理。1996年，中国人民银行还批准设立新华人寿保险股份有限公司、泰康人寿保险股份有限公司、华泰财产保险股份有限公司、永安财产保险股份有限公司、华安财产保险股份有限公司5家股份制保险公司。

改革开放后，许多外国保险公司看好我国保险市场的巨大发展潜力，希望早日进入我国保险市场。从1980年开始，外国保险公司纷纷到我国设立代表处。1992年，我国开始在上海进行保险市场对外开放的试点。1992年9月，美国友邦保险有限公司经批准在上海设立分公司，经营人寿保险业务和财产保险业务。友邦上海分公司引进寿险代理人制度，对我国保险市场的营销体制产生了巨大的冲击，激活了潜力可观的寿险市场。1994年9月，日本东京海上火灾保险公司经批准在上海设立分公司，经营财产保险业务。

截至2016年年底，我国2016年原保险保险费收入30 959.10亿元，同比增长27.50%。其中，产险公司原保险保险费收入9 266.17亿元，同比增长10.01%；寿险公司原保险保险费收入21 692.81亿元，同比增长36.78%。赔款和给付支出10 512.89亿元，同比增长21.20%。资金运用余额133 910.67亿元，较年初增长19.78%。保险总资产151 169.16亿元，较年初增长22.31%。全国共有保险专业中介机构2 570家，其中，保险专业代理机构1 903家，保险经纪公司378家，保险公估公司289家，兼业代理机构14.9万家，营销员290万人。

一个统一开放、竞争有序、充满活力的保险市场基本建立。至2016年年末，我国共有保险机构203家，较年初增加9家。其中，保险集团公司12家，新增1家；财产险公司79家，新增6家；人身险公司77家，新增1家；保险资产管理公司22家，新增1家；再保险公司9家；其他机构4家。呈现出原保险、再保险、保险中介、保险资产管理相互协调，中外资保险公司共同发展的市场格局，我国已经成为全球最重要的新兴保险大国。

一批资本充足、内控比较严密、服务和效益好的现代保险企业快速成长。在"十一五"初期3家保险公司资产过千亿元的基础上，经过几年的发展，至2017年前三季度，总保险费超过千亿元的人身险公司有9家，其中平安人寿、太保人寿、泰康人寿、太平人寿保险费规模增长超过20%；财险保险费收入过百亿元的包括人保财险、平安财险、太保财险等10家公司。保险公司在金融市场和国际保险市场的影响力和竞争力不断提升。

一支专业齐备、朝气蓬勃、勤奋敬业的人才队伍迅速成长。在行业起步晚、人才储备不足情况下，营造鼓励人们干事业、支持人们干成事业的行业氛围，艰苦创业的丰富实践培养锻炼了一批人才，广阔的发展前景吸引了一批人才，保险营销人员由"十一五"初期的156万人发展到290万人，精算、核保核赔、投资等专业技术人员日益成长，这支队伍是保险事业最宝贵的财富，为行业更大的发展提供了有力的人才保障和智力支持。

一种全社会关注保险、支持保险、运用保险的环境氛围正在形成。党中央和国务院高度重视保险业发展，《国务院关于保险业改革发展的若干意见》将保险从行业工作上升为国家战略，每年的中央一号文件、中央新医改意见、"十二五"规划建议等中央和国家的一系列重要文件，以及《防震减灾法》《防洪法》等法律法规，都对利用保险加强社会风险管理提出明确要求。20多个部委与保监会联合下发文件，5个省市政府与保监会签订合作备忘录，各省区市下发了一系列关于保险工作的文件，把保险纳入经济社会发展统筹考虑。农业保险、责任保险、养老保险和健康保险等重点业务领域取得突破性进展，交强险制度开启了我国法定保险的先河，财政、税收各项政策支持的农业保险从无到有、从小到大。保险作为市场经济条件下风险管理的基本手段日益受到全社会的高度重视。

1.2.5 逐步健全保险法制和保险监管

1. 不断完善保险法制

从保险业务恢复以来，我国保险法制建设取得了很大成绩。

1982年开始实施的《中华人民共和国经济合同法》对财产保险合同做了专门规定，这是1949年后首次有了实质意义上的有关保险的法律规定。1983年9月，国务院颁布并实施了《财产保险合同条例》。

1985年3月，国务院颁布《保险企业管理暂行条例》，对加强保险业的监管发挥了重要作用。

1992年11月，《中华人民共和国海商法》颁布，对海上保险合同做出了规定。

1995年6月，《中华人民共和国保险法》颁布，对发展社会主义市场经济，规范保险经营活动，保护保险活动当事人的合法权益，促进保险事业的健康发展，具有十分重要的意义。2002年10月28日第九届全国人民代表大会常务委员会第三十次会议第一次修正；2009年2月28日第十一届全国人民代表大会常务委员会第七次会议第二次修订；2014年

8月31日中华人民共和国第十二届全国人民代表大会常务委员会第十次会议《全国人民代表大会常务委员会关于修改〈中华人民共和国保险法〉等五部法律的决定》第三次修正；2015年4月24日中华人民共和国第十二届全国人民代表大会常务委员会第十四次会议《全国人民代表大会常务委员会关于修改〈中华人民共和国计量法〉等五部法律的决定》第四次修订。

《保险法》出台后，中国人民银行还相继制定了一些配套的保险业管理规定，如《保险管理暂行规定（试行）》《保险代理人管理规定（试行）》《保险经纪人管理规定》等。

1998年11月中国保险监督管理委员会成立后，立即对保险市场的现状和存在的问题进行调查研究，并且着手修改、补充和完善保险法律法规体系，先后颁布了《保险公司管理规定》《向保险公司投资入股暂行规定》《保险公估人管理规定（试行）》等一系列保险规章。

2．不断加强保险监管

20世纪50年代初，中国人民银行是保险业的主管机关，后模仿苏联做法，于1952年将保险业监管工作交由财政部负责。1959年国内停办保险业务，中国人民保险公司只办理涉外保险业务，在行政上成为中国人民银行国外业务局的一个处。随着国内保险业务的恢复，中国人民保险公司于1984年从中国人民银行分设出来，成为国务院直属局级经济实体。因此，从1959年到1984年，中国人民银行既经营保险业务，又负责对保险业的领导和管理。从1984年开始，中国人民银行专门行使中央银行职能，保险监管是其中一项重要工作。1985年颁布的《保险企业管理暂行条例》，1995年颁布的《中华人民共和国中国人民银行法》和《中华人民共和国保险法》，2002年修订的《中华人民共和国保险法》，均明确中国人民银行是保险业的监管机关。

随着金融体制改革的逐步深入和保险业的不断发展，保险监管不断强化。1998年，为加强保险监管，落实银行、保险、证券分业经营、分业管理的方针，党中央、国务院决定成立中国保险监督管理委员会。中国保险监督管理委员会的成立，是我国保险发展史上的一个重要里程碑，从此，中国保险业进入一个新的历史发展时期。

在政府监管的同时，保险行业自律组织不断涌现和完善。目前，我国大部分地区成立了保险行业协会。其主要职责是：制定保险行业共同遵守的行业自律规则；协助国家保险监管部门实施对保险业的监管；规范同业之间的竞争；促进对外交往；沟通和交流保险信息；初审保险条款和费率；接受国家监管部门委托办理的事项。

1.3 保险的类别

1.3.1 财产保险与人身保险

按保险的标的，保险可分为财产保险和人身保险。

财产保险是指以财产及其相关利益为保险标的的保险，包括财产损失保险、责任保险、信用保险、保证保险、农业保险等。它是以有形或无形财产及其相关利益为保险标的的一类补偿性保险。

人身保险是以人的寿命和身体为保险标的的保险。当人们遭受不幸事故或因疾病、年老以致丧失工作能力、伤残、死亡或年老退休时，根据保险合同的约定，保险人对被保人或受益人给付保险金或年金，以解决其因病、残、老、死所造成的经济困难。

1．人身保险与财产保险的区别

（1）确定保险金额的方式。人身保险和财产保险在保险金额确定方式上有所不同：由于人的身体和生命无法用金钱衡量，所以保险人在承保时，是以投保人自报的金额为基础的，参照投保人的经济状况、工作性质等因素来确定保险金额。财产保险是补偿性保险，保险金额依照保险标的的实际价值确定。

（2）保险期间。除意外伤害保险和短期健康保险外，大多数人身保险险种的保险期间都在一年以上。这就要求在保险费计算中要考虑利率因素，不仅包括利率的绝对水平，还要考虑利率未来的波动走势。除工程保险和长期出口信用险外，财产保险多为短期（一年及一年以内），计算保险费时一般不考虑利率因素。

（3）储蓄性。在长期人寿保险所支付的纯保险费中，大部分被用于提存责任准备金。这部分资金是保险人的一项负债，保险单在一定时间后，具有现金价值，投保人或被保险人享有保险单抵押贷款等一系列权利，而这是一般财产保险所不具有的。

（4）超额投保与重复投保。保险中的损失补偿原则规定，所获的补偿金额不应超出实际损失金额，即不允许通过保险补偿而获利。事实上，此原则仅限于财产保险。因为人身保险的保险标的具有特殊性，保险利益难以用货币衡量，保险人只能在签发保险单时，根据实际情况，对保险金额加以控制。投保人可同时在几家保险公司进行投保，一旦发生保险合同规定的事故，可同时在几家保险公司获得保险金的给付。

（5）代位追偿。代位追偿是指当损失由第三方造成时，保险人在履行赔偿义务后，有权以被保险人的名义向第三方进行追偿，投保人或被保险人相应地让渡出这一权利。这同样是根据损失补偿原则要求被保险人不能从中获益而规定的。但这一原则仅在财产保险范围内有效。在人身保险中，投保人或被保险人既能从保险公司获得保险金，又能从肇事者处获取赔偿，而保险人仅有提供保险金的义务，没有从肇事者处索取赔偿的权利。

2．财产保险与人身保险经营方式的差异

（1）展业。保险展业渠道主要包括直接展业、代理人展业等。其中，直接展业指保险人依靠自己的业务人员争取业务；代理人展业指在保险人授权范围内，由代理人进行保险单推销，它又可分为专业代理和兼业代理。我国目前在财产保险中主要依靠直接展业和兼业展业，而人身保险除采用直接展业方式外，一般由专业代理人招揽业务。

（2）承保。保险承保的过程实质是对风险选择的过程。选择可分为对"人"的选择和对"物"的选择。财产保险的标的是物，但拥有或控制财产的被保险人也会影响标的风险的大小，因此财产保险除了对"物"进行选择外，还存在着对"人"的选择问题。在人身保险中，对"人"的选择就是对标的的选择，一般不涉及"物"的选择。

（3）理赔。财产保险和人身保险在损失通知、索赔调查、核定损失金额及最后结案的整套程序中都基本相同，人身保险不适用损失补偿原则和代位追偿原则。

（4）防灾防损。在人身保险中，保险人进行防灾防损体现在研究对付逆选择的措施，以及向社会宣传健康保护方案、捐赠医疗设备等行动上。在财产保险中则体现在保险人积极参与社会防灾防损工作和在自身业务经营中，如条款设计、费率厘定、承保经营等方面，贯彻保险与防灾防损相结合的原则。

（5）投资。由于人身保险具有储蓄性，因此保险人必须将提存的责任准备金用于投资，不断增值，以应付将来给付的需要。财产保险多为短期，其责任准备金也有不断增值、资金运用的问题，但其投资的重要性不及人身保险。

人身保险准备金实际上是保险人为履行将来的给付责任而预先提存的对被保险人的负债，因此，采用人身保险与财产保险混业经营的方式，很可能发生寿险准备金被挪用的情况，最终导致拥有寿险保险单的被保险人利益受到侵害，保险公司也可能发生给付危机。为预防这类事件发生，《中华人民共和国保险法》（本书以下简称《保险法》）明确规定：财产保险与人身保险实行分业经营。在当今国际购并浪潮中出现的产、寿险公司相互控股现象，与它们分业经营并不矛盾，因为相互控股的产、寿险公司在法律上都是独立的法人，在财务上仍是相互独立的。

1.3.2 原保险与再保险

按保险业务的承保方式，保险可分为原保险和再保险。

发生在保险人和投保人之间的保险行为，称为原保险。发生在保险人与保险人之间的保险行为，称为再保险。

再保险是保险人通过订立合同，将自己已经承保的风险，转移给另一个或另几个保险人，以降低自己所面临的风险的保险行为。简单地说，再保险即"保险人的保险"。

我们把分出自己直接承保业务的保险人称为原保险人，接受再保险业务的保险人称为再保险人。再保险是以原保险为基础，以原保险人所承担的风险责任为保险标的的补偿性保险。无论原保险是给付性的还是补偿性的，再保险人对原保险人的赔付都只具有补偿性。再保险人与原保险合同中的投保人无任何直接法律关系。原被保险人无权直接向再保险人提出索赔要求，再保险人也无权向原被保险人提出保险费要求。另外，原保险人不得以再保险人未支付赔偿为理由，拖延或拒付对投保人的赔款；再保险人也不能以原保险人未履行义务为由拒绝承担赔偿责任。

再保险是在保险人系统中分摊风险的一种安排。被保险人和原保险人都将因此在财务上变得更加安全。利用再保险分摊风险的典型例子就是承保卫星发射保险。该风险不能满足可保风险所要求的一般条件。保险人接受特约承保后，将面临极大的风险，一旦卫星发射失败，资本较小的公司极可能因此而破产。最明智的做法是将该风险的一部分转移给其他保险人，由几个保险人共同承担。

原保险和再保险是两种不同性质的保险，保险公司在经营上对它们采取不同的方式。首先，原保险关系的建立，在很大程度上依赖于保险人直销，以及代理人和经纪人的中介作用。再保险除靠保险人之间的主动接触外，还依赖于再保险经纪人促成再保险关系的建立。其次，在原保险人承保新业务和再保险人接受分入业务时，他们做出承保判断的基础有所不同。原保险人注重标的的风险状况，例如，财产保险中所保财产的地理位置、构造、安全管理情况，以及人身保险中被保险人的身体健康、病史、职业、爱好情况等。再保险业务首先主要考虑业务来源、国家和地区的一般政治和经济形势，特别是有在通货和外汇管制方面的情况；业务的一般市场趋势，包括国际上和所在国或所在地区有关这种业务的费率和佣金等情况；提出再保险要求的原保险人和经纪公司的资信情况等。再次，尽管原保险合同与再保险合同运用的保险原则基本相同，但合同的基本条款还是有所差异的。例如，共命运条款、过失或疏忽条款等是再保险合同所特有的。此外，原保险和再保险在经营环节、管理手段、依据准则等方面也不尽相同。

1.3.3　商业保险与社会保险

按是否以营利为目的，保险可分为商业保险和社会保险。

商业保险是指按商业原则经营，以营利为目的的保险形式，由专门的保险企业经营。所谓商业原则，就是保险公司的经济补偿以投保人交付保险费为前提，具有有偿性、公开性和自愿性，并且力图在损失补偿后有一定的盈余。

社会保险是指在既定的社会政策的指导下，由国家通过立法手段对公民强制征收保险费，形成保险基金，用以对其中因年老、疾病、生育、伤残、死亡和失业而导致丧失劳动能力或失去工作机会的成员提供基本生活保障的一种社会保障制度。社会保险不以营利为目的，运行中若出现赤字，国家财政将会给予支持。

两者比较，社会保险具有强制性，商业保险具有自愿性；社会保险的经办者以财政支持作为后盾，商业保险的经办者要进行独立核算、自主经营、自负盈亏；商业保险保障范围比社会保险更为广泛。

我国的社会保险与国外比较有所不同，主要表现在以下几个方面。

1．经营主体不同

国际上的社会保险有国家社会保险、地方社会保险、民营社会保险、联合社会保险和工会团体社会保险等。其中，地方社会保险是在国家政策和法令允许的范围内，由地方政府自己举办的社会保险事业。例如，美国除老年人医疗保险项目由联邦政府管理外，其他社会保险项目由各州政府自治管理。我国目前各地统一遵照国家社会保险办法实施，虽在执行过程中有一定的灵活性，但不属于独立举办的概念。

2．强制程度不同

某些西方国家社会保险的对象，按法律规定只限于存在雇佣劳动关系的企业，而自由职业者、家庭雇佣人员都被排斥在社会保险之外。但法律同时规定，这些人经济条件允许，又自愿参加，也可以享有社会保险待遇，只是交费或纳税负担相对较高。我国社会保险一律强制实行。

3．保障范围不同

国际上通常的社会保险项目有养老、医疗、失业、疾病、工伤、残疾、生育、丧葬和遗属保险等。不同国家由于社会、历史、经济、法律等方面情况的不同，社会保险保障范围也不尽相同。我国社会保险尚处在发展初期，保障范围正在逐步扩展。

1.3.4　商业保险与政策性保险

按保险的政策，保险可分为商业保险和政策性保险。

绝大多数保险都具有商业动机，属于商业保险，由保险公司按商业惯例经营，而政策性保险按政府有关法令或政策规定开办，多为贯彻政府的某一项经济或社会政策服务，其中社会保险是主要的政策性保险。

政策性保险与商业保险不同。为了体现一定的国家政策，如产业政策、国际贸易政策等，国家通常会以国家财政为后盾，举办一些不以营利为目的的保险，由国家投资设立的公司经营，或者由国家委托商业保险公司代办。这些保险所承保的风险一般损失程度较高，但出于种种考虑而收取较低保险费。若经营者发生经营亏损，将由国家财政给予补偿。这类保险被称为"政策性保险"。

常见的政策性保险有出口信用保险和农业保险等。商业保险公司出于利润最大化的考虑，通常不会主动经营政策性保险。

出口信用保险是为鼓励和扩大出口而开办的。它承保出口商在经营出口业务的过程中因进口商方面的商业风险和进口国方面的政治风险（如买方国的法律、政策或局势的突然改变导致买方国限制汇兑、禁止贸易、吊销有关的进口许可证、颁布延期付款令或发生战争、内乱、非常事件等）而遭受损失的风险。由于这种保险对应的风险特别巨大，难以用统计方法测算损失概率，因此一般的商业保险公司不愿经营，只能依靠政府支持来开办。出口信用保险的作用是为出口企业提供银行贷款和收汇的可靠保障。由于做出承保决定要以获取有关风险的各方面信息为前提，因此，经办出口信用保险的机构还能为出口企业提供市场信息等方面的咨询服务。

农业保险对种植业、养殖业在生产、哺育、成长过程中遭受的由自然灾害或意外事故所造成的经济损失提供经济补偿。农业保险是由农业生产的特点所决定的。在农业生产过程中，劳动对象主要是有生命的动植物。动物和植物生长周期长，而且受自然条件的影响大，容易遭受自然灾害或意外事故导致损失。因此，需要由保险来进行保障。农业保险之所以是一种政策性保险，首先是因为农业是国民经济的基础，实行以财政为后盾的农业保险是国家扶持农业发展的政策之一；其次是农民的经济承受能力不足，农业保险经营难度大，几乎不可能取得利润。在商业保险不愿承办、客观上又十分必要的情况下，只能采取政策性保险的办法给予解决。

国际上，很多国家都十分重视发展政策性保险。各国政府通常会给经办单位以经济上的优惠、法律上的支持和行政上的保护。例如，对农业保险实行减免税政策，采取政府再保险、承担部分费用支出、超额补偿、保险费补贴等方式扶持它的发展。有的国家还把政策性保险列为强制保险。制定政策性保险的实施原则是收支基本平衡，略有盈余。但总的来看，各国政策性保险，特别是农业保险，都需要在技术上不断改进。

1.3.5 个人保险与团体保险

按保险保障的对象，人身保险可分为个人保险和团体保险。

个人保险是为满足个人和家庭需要，以个人作为承保单位的保险。团体保险一般用于人身保险，它是用一份总的保险合同，向一个团体中的众多成员提供人身保险保障的保险。在团体保险中，投保人是"团体组织"，如机关、社会团体、企事业单位等独立核算的单位组织，被保险人是团体中的在职人员。已退休、退职的人员不属于团体的被保险人。另外，对于临时工、合同工等非投保单位正式职工，保险人可接受单位对其提出的特约投保。

团体保险包括团体人寿保险、团体年金保险、团体人身意外伤害保险、团体健康保险等，在国外发展很快。由雇主、工会或其他团体为雇员和成员购买的团体年金保险和团体信用人寿保险的发展尤为迅速。团体信用人寿保险是团体人寿保险的一种，是指债权人以债务人的生命为保险标的的保险。团体年金保险已成为雇员退休福利计划的重要内容。近几年，美国有些雇员福利计划中还加入了团体财务和责任保险项目，如团体的私用汽车保险和雇主保险等。我国保险公司也开展了团体寿险、人身意外伤害险、企业补充养老保险和医疗保险等团体保险业务，但险种还不完善。随着经济体制改革的不断深入，商业保险的作用将不断加强，团体保险应有更大的发展空间。

以人身保险为例，个人保险与团体保险在经营方式上存在以下不同。

1．风险选择的对象不同

对保险人而言，个人保险的风险选择对象基于个人。出于公平对待被保险人，保证保险公司偿付能力的考虑，保险人总是要对投保的个人及其风险状况做出小心谨慎的判断。例如，需要考虑的因素有年龄、性别、职业、健康状况、病史、居住地、险种和财务状况等。由于个人健康状况和家庭病史在保险人决定是否承保时起着至关重要的作用，因此保险人通常会要求被保险人进行体检并由医疗机构开具体检报告书，以此作为证明帮助保险人做出承保决定。团体保险以团体的选择代替个人的选择，不需要团体成员体检或提供任何可保证明，保险人就予以承保。它的风险控制手段主要是投保单位的资格、被保险人是不是能够参加正常工作的在职人员，以及对投保人数和保险金额的限制。一般投保单位无权选择为哪些人投保或哪些人不保。另外，保险金额，或者全部相同，或者保险人依据被保险人工资水平、职位、服务年限不同，为每个被保险人制定不同的保险金额。

2．承保的方式不同

个人保险采用一张独立的保险单约定投保人和保险人之间的权利、义务。保险单中的承保表部分须填写投保人、被保险人的个人有关资料，以及关于受益人、保险金额、保险费金额、交付方式、签单日期等内容。保险条款则包括保险责任、责任免除等核心内容。在团体保险中无论被保险人有多少，都只用一张总的保险单提供保障证明，而给每个被保险人只发放一张保险凭证。总的保险单与个人保险单内容相似，其中列明了所有被保险人的姓名、受益人的姓名、年龄、性别、保险金额等，在保险凭证中并不包括所有保险条款。

3．保险合同内容的灵活性不同

个人保险合同充分体现了保险合同是附和合同这一特点，即保险人事先拟就合同的主要内容，投保人只能表示同意或不同意。对于团体保险，特别当投保单位是较大规模的团体时，投保人可以就保险单条款的设计和保险内容的制定与保险人进行协商。团体保险单也应遵循一定的格式和包括一些特定的标准条款，但与个人保险合同相比明显具有灵活性。

4．成本与费率计算方法不同

我国《保险代理人管理规定（试行）》第52条规定："个人代理人不得办理企业财产保险业务和团体人身保险业务。"因此，团体保险减少了代理人的佣金支出，再加上它手续简单，免于体检，较个人保险更能节约保险公司的业务管理费用。此外，与个人寿险依据生命表制定费率不同，团体保险一般以上一年度团体的理赔记录或经验计算本年度费率，即采用经验费率法。

1.3.6 自愿保险和强制保险

按保险的实施方式，保险可分为自愿保险和强制保险。

自愿保险是投保人和保险人在平等互利、等价有偿的原则基础上，通过协商，采取自愿方式签订保险合同建立的一种保险关系。具体地讲，自愿原则体现在：投保人可以自行决定是否参加保险、保什么险、投保金额多少和起保的时间；保险人可以决定是否承保、承保的条件和保险费多少。保险合同成立后，保险双方应认真履行合同规定的责任和义务。一般情况下，投保人可以中途退保，但另有规定的除外。例如，《保险法》第50条明确规定："货物运输保险合同和运输工具航程保险合同，保险责任开始后，合同当事人不得解除合同。"当前世界各国的绝大部分保险业务都采用自愿保险方式办理，我国也不例外。

强制保险，又称法定保险，是指根据国家颁布的有关法律和法规，凡是在规定范围内的单位或个人，不管愿意与否都必须参加的保险。

1.4 保险的功能及作用

1.4.1 保险的功能

保险具有分散风险、经济补偿两个基本职能。此外，在现代社会中，保险还具有资金融通和社会管理两个重要功能。

1. 分散风险功能

这是指保险人在最大范围内，通过向各个相互独立的经济单位或个人收取保险费的形式，将这些经济单位或个人可能遇到的风险损失化为必然，由保险人把"必然"的损失集中承担下来，并且使某些被保险人一旦遭遇到风险损失，由全体被保险人共同予以承担。

各种自然灾害和意外事故，对社会生产过程和人们正常生活所造成的损失，具有很大的偶然性。这种偶然性的风险损失，是人类所不能避免的。对此，人们可以运用已经掌握的社会科学和自然科学知识，将各种可能预料到的偶然性风险固定化，将偶然性风险视同必然性风险，事先进行风险损失的经济支出。这种经济支出是在有共同风险损失顾虑的经济单位和个人之间进行的。大家根据所掌握的这种共同风险造成损失的范围、频度，在风险发生之前就聚集资金，风险发生之后就把这笔资金送给遭受损失的经济单位和个人，将其损失分散给众人，由有共同风险顾虑的经济单位或个人分摊。

2. 经济补偿功能

这是指保险人把有共同危险顾虑的经济单位或个人所交付的保险费集中起来，对遭受风险损失的经济单位或个人实行经济补偿，以对抗风险，保障社会经济活动正常进行和人民生活安定。

保险的上述两个职能相辅相成、缺一不可。分散风险作为处理偶然性灾害事故的良策，是保险经济活动所特有的内在功能。而经济补偿作为体现保险行为内在功能的表现形式，是保险经济活动的外部功能。通过保险人积极而有效的工作，把社会上相互独立的各个经济单位或个人的一部分剩余资金集中起来，由保险人负责组织对风险损失的经济补偿。如果缺乏有效的组织，即使人们已经认识到分散风险的方式，分散风险也是不可能实现的，而且分散风险只是处理风险的手段，不能避免风险的存在和发生。所以，要使分散风险的目的实现，必须运用科学的数理原则，在最大的范围内，聚集保险后备基金，时刻准备对风险损失实行补偿。

3. 资金融通功能

这是指保险人通过利用聚集起来的保险基金而实现的货币资金融通。这是保险在上述基本职能的基础上派生出来的特殊职能。如果说保险的基本职能是通过保险人的负债业务实现的，那么，保险的资金融通职能则是通过保险人的资产业务实现的。

保险人在收取保险费、建立保险基金的过程中，除及时对因各种自然灾害和意外事故所造成的各类保险标的的损失进行补偿外，通常还有相当一部分保险基金处于闲置状态。这部分资金如果不及时运用出去，就会形成浪费。为了防止这种浪费，就要求保险人采取金融型经营模式，运用部分保险基金，参与社会资金在社会再生产过程中的运转。目前，世界上许多发达国家的保险公司已经成为最主要的非银行金融机构，在金融市场上占有举足轻重的地位。因此，保险资金融通职能的形成和完善，使保险业充满了生机和活力，同时加剧了保险市场的竞争。每个保险公司都面临着如何在发挥分散风险、组织经济补偿职能的同时，有效地运用资金融通职能，提高自身发展和竞争力的问题。另外，保险人负债业务和资产业务并举，有利于形成保险资金良性循环的运动过程，即通过收取保险费建立保险基金这一负债业务，为资产业务提供了大量资金来源；而资产业务的发达又使保险公司投资收益增加，从中可以弥补负债业务的不足或亏损，为采取较低的保险费收费标准、吸收更多的保险费收入创造了条件。

4. 社会管理功能

一般来讲，社会管理是指对整个社会及其各个环节进行调节和控制的过程，目的在于正常发挥各系统、各部门、各环节的功能，从而实现社会关系和谐，整个社会良性运行和有效管理。保险的社会管理功能不同于国家对社会的直接管理，而是通过保险内在的特性，促进经济社会的协调，以及社会各领域的正常运转和有序发展。具体来说，大体可以归结为四个方面。

（1）社会保障管理。社会保障被誉为"社会的减震器"，是保持社会稳定的重要条件。商业保险是社会保障体系的重要组成部分，在完善社会保障体系方面发挥着重要作用。一方面，商业保险可以为城镇职工、个体工商户、农民和机关事业单位等没有参与社会基本保险制度的劳动者提供保险保障，有利于扩大社会保障的覆盖面。另一方面，商业保险具有产品灵活多样、选择范围广等特点，可以为社会提供多层次的保障服务，提高社会保障的水平，减轻政府在社会保障方面的压力。此外，全国保险从业人员达 300 多万人，为社会提供的就业岗位约占金融业总就业人数的 50%，为缓解社会就业压力、维护社会稳定、保障人民安居乐业做出了积极贡献。

（2）社会风险管理。风险无处不在，防范控制风险和减少风险损失是全社会的共同任务。保险公司从开发产品、制定费率到承保、理赔的各个环节，都直接与灾害事故打交道，不仅具有识别、衡量和分析风险的专业知识，而且积累了大量风险损失资料，为全社会风险管理提供了有力的数据支持。同时，保险公司能够积极配合有关部门做好防灾防损，并且通过采取差别费率等措施，鼓励投保人和被保险人主动做好各项预防工作，降低风险发生的概率，实现对风险的控制和管理。

（3）社会关系管理。通过保险应对灾害损失，不仅可以根据保险合同约定对损失进行合理补偿，而且可以提高事故处理的效率，减少当事人可能出现的各种纠纷。由于保险介入灾害处理的全过程，因此参与到社会关系的管理之中，逐步改变了社会主体的行为模式，为维护政府、企业和个人之间正常、有序的社会关系创造了有利条件，减少了社会摩擦，起到了"社会润滑器"的作用，大大提高了社会运行的效率。

（4）社会信用管理。完善的社会信用制度是建设现代市场体系的必要条件，也是规范市场经济秩序的治本之策。最大诚信原则是保险经营的基本原则，保险公司经营的产品实际上是一种以信用为基础、以法律为保障的承诺，在培养和增强社会的诚信意识方面具有潜移默化的作用。同时，保险在经营过程中可以收集企业和个人的履约行为记录，为社会信用体系的建立和管理提供重要的信息资料来源，实现社会信用资源的共享。

1.4.2 保险的作用

1. 促进经济发展

保险在经济发展中有着非常重要的作用。保险通过赔偿被保险人的经济损失，帮助个人或机构在保险合同规定范围内的风险事故发生时避免经济危害。这种经济危害，对于个人来说，只是经济困难，但对于企业来说，就可能是破产。按照马克思的产业资本循环理论，产业资本采取货币资本、生产资本和商品资本三种形态；三种形态的资本在空间上同时并存，在时间上依次继起；产业资本要顺利循环，要求三种形态的资本能够顺利地相互转化。保险发挥其经济补偿作用，可以保证三种形态的资本顺利地转化，不会因灾害事故造成产业资本循环的停滞或中断，从而有利于企业加速资金周转，提高经济效益，保持生产经营活动的连续和稳定。例如，1998年6月，北京某化工厂发生设备爆炸事故，损失惨重，由于购买了保险，因此在爆炸事故发生后获得保险公司赔款1.5亿多元。又如，1998年8月，青海发生严重洪涝灾害，某水电站受损严重，由于购买了保险，因此在受损后获得保险公司赔款4000多万元。这些赔款及时弥补了企业的损失，使它们很快渡过难关，恢复了生产。

保险的作用不仅表现在经济补偿上，保险的最基本的作用是转移风险。通过购买保险，投保人将风险转移给保险人。保险人将风险承担下来，同时向投保人收取一定的保险费。这样，投保人花少量的钱，就把风险转移出去了，解除了生活、生产等活动中的后顾之忧。例如，住房抵押贷款保险使发放住房抵押贷款的银行能维护其贷款的利益，这样，住房抵押贷款才能顺利地开展，房屋的开发商才能顺利地销售住房。又如，货物运输保险使出口商能保证对出口商品的经济利益，这样，出口商才能顺利地出口商品。保险发挥其转移风险的作用，促进了生产与贸易活动的发展和繁荣。

保险公司作为独立的经济实体，承担着补偿灾害损失的责任，从公司经营管理和自身经济利益出发，必然要关心保险财产的安全，积极进行防灾防损工作。保险公司运用自己长期处理危险的经验和专门知识，指导公司的风险管理，向被保险人提供防灾咨询，进行安全检查，发现问题，提出建议，督促被保险人及时采取措施消除隐患。同时，保险公司从保险费中提取一定比例的防灾基金，资助有关部门增添防灾设施，开展灾害研究。通过上述种种工作，既可减少灾害事故的发生或缩小灾害损失的程度和影响，使社会财富少受损失；又可减少保险赔款支出，稳定保险经营，从而实现最好的经济效益和社会效益。

保险公司可通过收取零星的保险费，聚沙成塔，集腋成裘，建立庞大的保险基金。由于保险费是事先收取的，而保险赔款是于灾害事故发生后支付的，而且灾害事故发生的时间和规模都是偶然的，因此，在一般情况下，总是有一笔相当大的保险基金处于闲置备用状态，对于带有储蓄性的长期人身保险更是如此。这笔巨大的、处于闲置备用状态的资金，用于购买有价证券、进行资金拆借等，既有利于加速保险基金的积累，也有利于经济发展。

保险的产生和发展是社会分工精细化发展的必然结果，在风险管理上实现了专业分工的高效率，具有规模经济。现代工商业的发展，保险功不可没。特别是商业保险，在实现自身效益的同时，对减轻经济的波动、促进经济的发展，发挥着不可替代的作用。

2．保障社会稳定

保险通过分散风险及提供经济补偿，在保障社会稳定方面发挥着积极的作用。

公民个人及其家庭生活安定是整个社会稳定的基础。然而，各种风险事故的发生常使个人或家庭遭到损害，而成为社会不稳定因素。这些不稳定因素会使正常的社会生活秩序遭到破坏。具有未雨绸缪、有备无患作用的保险，通过保障个人及家庭的生活稳定，消除了这些不稳定因素，从而维护了社会生活秩序的安定。

除个人和家庭外，企业是社会的基本单位。通过投保企业财产保险，可以保障企业在遭受自然灾害、意外事故时，能够及时获得保险补偿，从而迅速恢复生产。同时，为防止因灾害事故发生而导致营业中断造成预期利润受损，企业还可购买企业业务中断保险或利润损失保险等险种予以预防，以保障企业的经济生命得到延续，社会生产得以正常进行。此外，企业可用参加保险的方法，将其对社会公众的责任转嫁给保险人，也可通过雇主责任险或员工意外伤害保险、团体保险等手段，将对雇员的责任转由保险人承担。

保险的派生职能之——防灾防损，在客观上起到了保障社会稳定的作用。保险人通过与公安、消防、交通、水电、农牧渔业、地震、气象部门的配合，开展防火、防洪、防震和防止交通事故等宣传工作，提高了投保人对防灾防损重要性的认识；通过参加当地安全委员会和消防委员会等安全组织，做到互通信息，搞好部门间的防灾防损工作；保险人还参加由主管部门组织的地区性或行业性安全联合检查、冬春两季防火检查和夏秋两季防汛检查等，帮助投保人消除事故隐患；结合承保、理赔工作，帮助企业做好安全管理，拨付防灾补助费，用于防灾防损专职部门添置设备、防灾宣传、修建防损设施，使企业发生风险事故的可能性降到最低，既稳定了企业生产，也保障了社会安定。

随着市场经济的不断发展，分配逐步由国家计划让位于市场。人们的养老、失业、医疗、工伤、生育等方面的风险，按照经济体制转轨的需要，将从计划经济模式逐步转变到市场经济模式，改变以往由国家财政统包的做法，成为很大程度上由个人分担。社会保险虽然对这些风险进行保障，但其保障水平较低。以养老保险为例，我国目前实行基本养老保险制度，但考虑到不同阶层的承受力，其保障水平有限。现在各家保险公司纷纷开办了商业养老保险。由于商业养老保险可覆盖全民所有制企业、城镇集体所有制企业、国家机关、事业单位的员工，以及农村居民、个体工商户、三资企业中方员工等，而且保障水平可以由投保人自己决定，因此较好地解决了个人年老后的生活保障问题，使他们得以免除后顾之忧，安心生产，保障社会经济稳定发展。再如，在医疗方面，随着社会进步，人们对医疗的需求日益增强，但昂贵的医疗费用往往使人们难以承受。通过保险手段，把从投保人手中收取的保险费聚集起来，建立医疗保险基金，从而把风险分散到广大投保人身上，能有效地解决这一难题。我国目前各家保险公司都开办了各种医疗保险。

大力发展保险事业，不仅是健全社会主义市场经济体制的要求，也为社会主义市场经济持续、稳定、健康、快速发展创造了有利条件，其稳定社会的作用是显而易见的。

3．促进改革开放

我国实行改革开放政策以后，社会与经济诸多方面发生了巨大的变化，但是改革开放事业尚未完成，而且到了一个关键时期。国有企业改革、金融体制改革、社会保障制度改革、国家政府体制改革都进入攻坚阶段。随着我国经济的发展和国际化程度的加深，对外开放也向纵深发展。

改革开放给商业保险的发展带来了难得的机遇，与此同时，商业保险的发展发挥着促进改革开放的积极作用。

1992年社会主义市场经济体制的确定，使我们更加明确了改革的目标和方向，也就是让市场在资源配置中发挥基础性的作用。劳动用工制度改革、住房制度改革、医疗制度改革、社会保障制度改革等改革政策和措施都是以市场为导向的。这就要求保险业及时做出回应，积极配合各项改革，抓住这些改革所提供的机会，适时推出人民群众迫切需要的保险产品，满足社会新的需求。例如，住房制度改革以后，人们将自己购买住房，而住房有可能遭遇各种灾害的风险；医疗体制改革以后，医疗费用支出将更多地由个人负担。保险能否及时开发出承担这些风险的保险产品，直接关系到上述改革能否顺利进行。因此，充分发挥保险业的作用，加快保险业的发展，对于我国经济体制改革具有重大的意义。

随着我国对外开放程度的不断提高，我们也面临着一些新的风险。无论是对外经济交往，还是对外文化交往，保险都是不可缺少的重要保障。保险办得好不好，是考察投资环境的重要方面。如果得不到良好的保险服务，许多国外大企业就会在进入中国市场投资问题上却步。没有良好的保险服务，我国的对外贸易也将受到极大的影响。因此，办好保险，可以促进对外开放的进一步发展。

4．促进对外贸易的发展

改革开放以来，我国对外贸易的发展呈现出崭新局面，其中一个最突出的表现是对外贸易额增长迅速。1950—1978年，我国进出口总额年平均增长速度为10.9%，自改革开放以后，平均增长速度超过16%。保险作为对外贸易和经济交往中不可缺少的环节，为促进对外贸易的发展，起到了巨大的积极作用。

在国际贸易中，最常用的贸易术语（外贸合同中必备的价格条件）有三种，它们是离岸价、成本加运费价、成本加运费加保险费价。这三种价格都与保险密切相关。首先，在离岸价价格条件下，卖方必须在合同规定的装运期内于指定装运港将货物交至买方指定的船上，并且负责货物一般为越过船舷为止的一切费用和货物灭失或损坏的风险。因此，为了转嫁风险，通常由买方办理保险。其次，成本加运费价价格条件与离岸价价格基本相似，除由卖方租船订舱、支付正常运费外，保险仍由买方办理。最后，在成本加运费加保险费价的价格条件下，由卖方负责办理货运保险，支付保险费，租船订舱，交付运费。可见，外贸合同中必备的价格条款本身就不能脱离保险而存在。

国际贸易经济涉及国家、地区间的经贸往来，货物往往要经过海洋运输、陆上运输、航空运输等若干环节，因此遭到自然灾害或意外事故而导致损失的风险也较大，这就使保险成为必需。为此，我国开办了海上货物运输保险，承保海上运输中因自然灾害、意外事故和共同海损发生的费用损失。这里涉及的自然灾害主要有雷电、海啸、地震、洪水；意外事故主要指遭受搁浅、触礁、沉没、互撞、与流冰或其他物品碰撞，以及火灾、爆炸等；费用损失包括被保险人对遭受承保责任范围内危险的货物采取抢救、防止或减少受损的措施而支付的合理费用，在避难港由于卸货、运送货物、存仓而产生的特别费用，以及共同海损的牺牲、分摊和救助费用。陆上货物运输保险和航空货物运输保险则承保在内陆和采用航空运输方式中货物的损失。这些险种保护了国际贸易中合同双方的利益，促进了国际贸易的顺利开展。

为了鼓励和扩大出口，促进我国对外贸易的发展，一些政策性保险（如出口信用保险）常被用作向卖方提供风险损失补偿保障。它既可帮助出口方获得银行贷款，又为创汇提供保障，这一切有力地推动了对外贸易的发展。另外，保险作为国际收支中无形贸易的重要组成部分，在自身开展业务的同时，为国家争取到了大量的外汇资金。

我国对外贸易以出口贸易为核心，向多元化、多样化方向发展。其中，市场多元化的一个重要内容就是要拓宽贸易市场。除商品贸易外，对服务贸易、技术贸易的要求也日益提高。培植和发展具有优势和特长的服务贸易领域，包括开展对外承包工程、劳务合作、旅游事业等，都要求有保险提供保障。我国经济发展所急需的国外先进技术，其引进也特别需要保险保驾护航。保险不仅为对外经济贸易提供了经济损失补偿保障，有利于对外经济合作和技术交流，同时可以增加我国现代化建设所需的外汇收入。

5．促进科技创新

科学技术是第一生产力。科技进步能极大地推动生产力发展，促进国民经济的增长。但在科学技术的开发与应用中，不可避免地伴有风险发生。例如，一项新的科学技术的开发和应用需要支付很大的费用，在未来收益不确定的情况下，投资者不可能没有顾忌；在新技术、新产品的实验过程中，科技人员可能碰到人身安全问题。

要调动科技人员和生产经营管理人员开发和应用新技术的积极性，最重要的一点就是，降低或转移新技术开发和应用中的各种风险，增强各方面人员对开发和应用新技术的安全感，消除他们的后顾之忧，使他们能放心地从事新技术的开发、应用和推广。保险可以为新技术的开发、应用和推广起到保驾护航的经济补偿作用。例如，石油、天然气勘探和开发是一种高科技、高投入、高难度、高风险的作业项目，特别是海上勘探和开发作业，不仅风险大，而且极为集中，在作业过程中任何一次事故都可能造成难以估量的损失，甚至是灾难性的。为配合中国石油勘探部门与外国石油公司合作勘探和开发中国海洋石油、天然气资源，解除石油勘探作业人员的后顾之忧，中国人民保险公司自1980年起开始承保石油与天然气勘探及开发作业，为石油勘探作业提供保险保障。除此之外，我国保险公司还承保了核电站建设、卫星发射等高科技领域的项目，一方面保障了高科技建设的顺利进行，另一方面扩大了业务范围。

保险公司能够为生产安全技术研究、开发、推广、应用提供广泛支持和服务。例如，1990年中国人民保险公司上海市分公司与上海第七棉纺厂共同研制成功XLF90-5型无火花细纱落纱机电源滑动装置，解决了棉纺行业落纱过程中长期存在的爆火花引发火险的技术难题，并且获得国家专利。

保险为新技术的开发、应用、推广服务的同时，也为自身的发展提供了契机。因为开展这类保险业务需要具有相当的专业知识水平和专业技术要求，所以这在客观上对保险技术提出了更高的要求，从而有利于推动中国保险业向更高的水平发展。例如，卫星发射保险、海上石油勘探保险、核电站保险等高科技领域的保险业务，不仅要求保险公司必须具备相应的赔偿能力，而且必须具备相应的保险专业人员和技术力量。以卫星发射保险为例，人造卫星是一个精密、复杂的航天器，卫星一经发射，任何微小的局部失误都有可能导致整个飞行任务的失败，造成重大的经济损失。因此，保险公司要有能力根据发射卫星的不同要求，明确保险责任，合理确定保险金额、保险费及保险期间等，这就需要保险公司拥有一定的专门人才和技术条件。中国人民保险公司最早于 1985 年为国内的实用通信卫星、遥感卫星提供保险。其后，中国各保险公司的卫星保险业务都有了不同程度的发展。例如，1990 年 4 月中国人民保险公司承保中国长征三号运载火箭发射亚洲一号卫星，保险金额为 1.2 亿美元，期限为点火后 365 天，这是中国第一次承揽发射国际商用卫星，标志着中国保险业在卫星发射中的服务范围、承保和理赔技术等方面达到了一个新高度。又如，1995 年 1 月，中国太平洋保险公司为香港亚太通信卫星公司承保了亚太二号通信卫星的发射保险。该卫星在我国西昌卫星发射中心发射时突然爆炸，卫星、火箭全损。中国太平洋保险公司在承保和再保险、技术评定、风险评估、保险单设计等方面，严格按国际保险市场的惯例进行。由于在国际再保险市场建立了可靠的再保险渠道，因此这一财产险和责任保险金额分别为 1.6 亿美元和 1 亿英镑的卫星理赔工作在短短的 50 天内完成，极大地提高了中国保险业在国际保险市场上的声誉。

思考与练习

1．单项选择题

（1）股市波动的风险属于（　　）。

　　A．自然风险　　　　　　　B．投机风险
　　C．社会风险　　　　　　　D．纯粹风险

（2）某建筑工程队在施工时偷工减料导致建筑物塌陷，则造成损失事故发生的风险因素是（　　）。

　　A．物质风险因素　　　　　B．心理风险因素
　　C．道德风险因素　　　　　D．思想风险因素

（3）某房东外出时忘记锁门，结果小偷进屋、家具被偷，则风险因素是（　　）。

　　A．小偷进屋　　　　　　　B．家具被偷
　　C．外出时忘记锁门　　　　D．房东外出

（4）属于控制型风险管理技术的有（　　）。

　　A．抑制与避免　　　　　　B．抑制与自留
　　C．转移与分散　　　　　　D．保险与自留

2．多项选择题

（1）下列关于保险的陈述正确的是（　　）。
A．保险是风险处理的传统有效的措施
B．保险是分摊意外事故损失的一种财务安排
C．保险体现的是一种民事法律关系
D．保险不具有商品属性
E．保险的基本职能包括分摊损失与防灾防损

（2）商业保险一般可承保（　　）。
A．纯粹风险　　B．自然风险　　C．责任风险
D．投机风险　　　　　　　　　E．战争风险

（3）可保风险的特性是（　　）。
A．风险不是投机性的
B．风险必须具有不确定性
C．风险必须是少量标的均有遭受损失的可能性
D．风险可能导致较大损失
E．风险在合同期内预期的损失是可计算的

（4）下列关于风险的陈述正确的是（　　）。
A．风险是指某种损失发生的可能性
B．风险的存在与客观环境及一定的时空条件有关
C．风险是风险因素、风险事故与损失的统一体
D．没有人类的活动，也就不存在风险
E．风险是不可以转移的

3．简答题

（1）保险可以分为哪几类？
（2）我国保险业的发展经历了哪几个阶段？
（3）保险有哪几项功能？

4．案例分析

（1）仓库因被敌机投弹击中燃烧起火受损，保险人是否承担赔偿责任？
案情：国外某仓库投保了火灾保险。在保险期间因被敌机投弹击中燃烧起火，仓库受损。
问题：保险人是否承担赔偿责任？

（2）游客是否可为故宫投保？
案情：一游客到北京旅游，在游览了故宫博物院后，出于爱护国家财产的动机，自愿交付保险费为故宫投保。
问题：该游客是否具有保险利益？

（3）为防灾转移保险财产，费用该由谁承担？
案情：兴旺食品公司位于长江中下游地区一个叫橘树滩的镇上。1998年3月28日，该食品公司将其固定资产、原料及存货等财产向某保险公司足额投保财产保险综合险，保

险期间为一年。保险公司签发了保险单,食品公司按约定交付了保险费。同年7月29日,食品公司所在地的县防汛指挥部下达了橘树滩进入防汛紧急状态的通告,通告称:预计8月1日橘树滩水位将达到或超过28.67米,超过历史最高水位,经上级政府批准,实施"橘树滩镇应急转移方案"。该方案要求所有非防汛人员转移,其财产也一律就近转移到安全地区。第二天,保险公司根据上述方案,对橘树滩镇上的所有被保险人发出了"隐患整改通知书",该通知书规定了各被保险人应尽快转移财产,并且强调如果不按整改意见办理,保险公司将依《保险法》的规定解除保险合同,并且对合同解除前发生的保险事故不承担赔偿责任。保险公司在将整改通知书送达食品公司的当天,就派人对食品公司需要转移的原料及存货进行了清点、登记,食品公司立即雇车将这些物品运送到安全地区。后来,由于当地政府组织及时,食品公司并未遭受洪水。食品公司认为,其开支的11万元财产转移费用应由保险公司承担,要求保险公司赔偿。汛期过后,食品公司即向保险公司索赔。保险公司则认为这笔财产转移费用不属于保险责任范围内的损失,其向食品公司下达的"隐患整改通知书"是协助食品公司转移财产,这既是保险公司行使保护国家财产安全的权利,也是食品公司尽保护国家财产安全的义务,故对该转移费用不予赔偿。双方协商未果,食品公司于是向人民法院提起诉讼,要求保险公司赔偿其为转移保险标的所支出的费用。

  在审理过程中,食品公司与保险公司在法院主持下达成调解协议,由保险公司承担7万元费用,其余费用由食品公司自行承担。本案调解结案。

  问题: 法院调解的依据是什么?本案给保险经营什么启示?

第 2 章 保险合同及其分类

> **阅读要点**
> - 理解保险合同的概念、特点及其主客体；
> - 辨别财产保险合同、人身保险合同及再保险合同；
> - 熟悉保险合同的形式、内容及人身保险合同中的常见条款；
> - 了解保险合同的订立、变更、生效、终止及争议。

2.1 保险合同的概念与特点

2.1.1 保险合同的概念

保险合同是投保人与保险人约定保险权利和义务关系的协议。

1. 保险合同的性质

保险合同是民商事合同中的一种，调整具有保险内容的民事法律关系。因此，保险合同不仅适用《保险法》，而且适用《中华人民共和国合同法》（以下简称《合同法》）和《中华人民共和国民法通则》（以下简称《民法通则》）的有关规定。

2. 投保人的主要义务

（1）交付保险费的义务。投保人应当按照约定的时间、地点、方式向保险人交付保险费。投保人如不按约定的时间交付保险费，则保险人可按照约定要求其交付保险费或终止合同。

（2）如实告知的义务。在订立保险合同时，投保人负有将保险标的的有关情况如实向保险人陈述、申报或声明的义务。根据《保险法》的有关规定，投保人违反如实告知义务将承担相应的法律后果，导致不能索赔或合同的解除。

（3）危险增加的通知义务。危险增加是指保险合同当事人在缔约时预料的保险标的的危险在合同的有效期内其程度增强。在合同有效期内，一旦发生危险增加，被保险人应当按照约定及时通知保险人；针对危险增加的情况，保险人有权要求增加保险费或解除保险合同。被保险人未履行此项义务的，因危险增加而发生的保险事故，保险人不承担赔偿责任。

（4）保险事故通知义务。保险事故发生后，投保人、被保险人或受益人应当及时通知保险人，以便保险人迅速地调查事实真相，收取证据，及时处理。

（5）防灾防损和施救的义务。在合同成立后，被保险人有义务遵守国家有关消防、安全、生产操作、劳动保护等方面的规定，维护保险标的的安全，并且根据保险人有关保险标的安全的建议对保险标的的安全维护工作进行改进。在保险事故发生时，被保险人有义务尽力采取必要的措施，防止或减少保险标的的损失。

（6）提供有关证明、单证和资料的义务。保险事故发生后，依照保险合同请求保险人赔偿或给付保险金时，投保人、被保险人或受益人应当向保险人提供其所能提供的与确认保险事故的性质、原因和损失程度等有关的证明与资料。

3．保险人的主要义务

（1）赔付保险金的义务。保险事故发生后，保险人依据保险合同向被保险人或受益人承担赔偿或给付保险金的义务。在财产保险中称为赔偿保险金，在人身保险中称为给付保险金。承担赔付保险金义务时，保险金的支付仅在保险合同约定或法律规定的责任范围内进行，保险金最高赔付额不超过合同约定的保险金额。

（2）告知义务。订立保险合同，保险人应当向投保人说明保险合同的条款内容；保险合同中规定有关保险人责任免除条款的，保险人在订立保险合同时应当向投保人明确说明，未明确说明的，该条款不产生效力。

（3）及时签发保险单证的义务。保险合同成立后，保险人应及时向投保人签发保险单或其他保险凭证，并且载明当事人双方约定的内容。

（4）积极进行防灾防损的义务。保险人应利用自身拥有的专业技术，配合被保险人积极进行防灾防损工作。

2.1.2 保险合同的特点

保险合同是一种特殊的民商事合同，除具有一般合同的共性外，还有其特殊性。

1．保险合同是双务合同

双务合同的概念是作为单务合同的概念之存在而存在的，反之亦然。双务合同是指当事人双方互负对待给付义务的合同，是指双方当事人都享有权利和承担义务的合同。买卖合同是双务合同的典型。单务合同，也称单边合同或片面义务契约，是指一方当事人只享有权利而不尽义务，另一方当事人只负义务而不享有权利的合同（如赠予合同、归还原物的借用合同和无偿保管合同）。

保险合同作为一种法律行为，一旦生效，便对双方当事人具有法律约束力。各方当事人均负有自己的义务，并且必须依协议履行自己的义务。与此同时，一方当事人的义务，对另一方而言就是权利。例如，投保人有交付保险费的义务，与此相对应的是，保险人有收取保险费的权利。

2．保险合同是附和性与约定性并存的合同

一般民商事合同完全或主要由当事人各方进行协商以约定合同的内容。但是，保险合同则不然，其内容的产生体现了一种附和性合同的特征。所谓附和性，是指保险合同的主要内容由保险人单方以格式条款的方式提出，投保人或被保险人只有接受或不接受，一般不能改变。

对于那些可依具体情况由当事人进行选择、商讨的合同内容，当事人可以进行充分

协商，达成意思表示一致，即使在保险合同生效后依然可以协商，进行合同的变更。但保险合同的这种约定性往往不过多涉及合同的主要条款，并且在大量的简易保险合同中，可约定的内容相当有限。因此，保险合同的约定性是辅助的。

3．保险合同是要式合同

所谓要式，是指合同的订立要依法律规定的特定形式进行。订立合同的方式多种多样。在保险实务中，保险合同一般以书面形式订立。其书面形式主要表现为保险单、其他保险凭证及当事人协商同意的书面协议。保险合同以书面形式订立是国际惯例，它可以使各方当事人明确了解自己的权利、义务与责任，并且作为解决纠纷的重要依据，易于保存。

4．保险合同是有偿合同

保险合同是有偿合同，即被保险人取得保险保障，必须支付相应的保险费。

5．保险合同是诚实信用合同

鉴于保险关系的特殊性，保险合同对于诚实信用程度的要求远大于其他民事合同。可以说，保险合同的权利和义务完全建立在诚实信用基础上，因此，保险合同被称为"最大诚信合同"。

6．保险合同是保障性合同

保险合同是保障性合同，即保险合同是在被保险人遭受保险事故时保险人提供经济保障的合同。

7．保险合同是诺成性合同

保险合同是诺成性合同，即保险合同当事人意思表示一致，保险合同即告成立，不以保险费或其他实物的交付为必要条件。

2.2 保险合同的主体与客体

2.2.1 保险合同的当事人

1．保险人

保险人是与投保人订立保险合同，并且根据保险合同收取保险费，在保险事故发生时承担赔偿或给付保险金责任的人。保险人是合同的一方当事人，也是经营保险业务的人。大多数国家的法律规定只有法人才能成为保险人，自然人不得从事保险人的业务。《保险法》第10条定义为："保险人是指与投保人订立保险合同，并且承担赔偿或者给付保险金责任的保险公司。"根据我国《保险法》的规定，保险人的形式为国有独资公司、股份有限公司，以及其他形式。自然，不是所有的法人都可以从事保险业务。根据《保险法》的规定，凡从事保险业务的法人必须具备一定的条件，同时要经过金融监督管理部门批准。目前我国保险监督管理部门是中国保险监督管理委员会。

2．投保人

投保人是与保险人订立保险合同并按照保险合同负有支付保险费义务的人，是保险合同的一方当事人。《保险法》对投保人做了明确的定义。自然人和法人都可以成为投保人，但无论何种主体作为投保人，都必须具备一定的条件。

（1）投保人必须具有相应的民事权利能力和行为能力。订立合同的行为是一种法律行为，不是任何人均可为之。根据《民法通则》的规定，缔约的自然人应当是具有民事行为能力的人。投保人具有民事行为能力，订立的合同方为有效，限制民事行为能力人和无民事行为能力人缔结的保险合同无效。但不是绝对的，当该合同的缔结是经过监护人同意后所为的，该保险合同有效。世界上也有一些国家的法律含有类似的规定，法人的民事权利能力和民事行为能力以它的组织章程或核准登记的范围为限。

（2）投保人必须对保险标的具有保险利益。保险利益是指投保人对保险标的具有的法律上承认的利益。保险利益是保险合同的根本要素。《保险法》第12条明确规定："人身保险的投保人在保险合同订立时，对被保险人应当具有保险利益。财产保险的被保险人在保险事故发生时，对保险标的应当具有保险利益。"该条款规定的是世界各国法律均明确规定的一个准则：投保人或被保险人对保险标的无保险利益的，保险合同无效。

2.2.2 保险合同的关系人

1．被保险人

被保险人是其财产或人身受保险合同保障，享有保险金请求权的人。被保险人可以是自然人，也可以是法人。当投保人为自己具有保险利益的保险标的订立保险合同时，投保人也就是被保险人，即订立合同时，他是投保人，订立合同后，他便是被保险人；当投保人为具有保险利益的他人而订立保险合同时，投保人与被保险人不是同一人。在财产保险合同中，被保险人必须是对被保险财产具有保险利益的人，即他们是被保险财产的所有权人或经营管理权人，或者是使用权人，或者是抵押权人等。投保人也可以是被保险人，但是这种身份的变更以合同的生效为临界点：在合同订立但未成立生效时，投保人仅具有投保人的身份；在合同生效后，只要他们是为自己的利益订立合同，则投保人的身份转换为被保险人。在人身保险合同中，投保人既可以自己的身体为标的，也可经他人同意以他人身体为标的订立保险合同。当发生前者情形时，投保人与被保险人是同一人；当发生后者情形时，如父母给其未成年的子女投人身保险，则被保险人是保险合同的关系人。

2．受益人

受益人是由被保险人或投保人在保险合同中指定的享有保险金请求权的人。在《保险法》中，受益人仅仅存在于人身保险合同中。《保险法》规定："受益人是指人身保险合同中由被保险人或者投保人指定的享有保险金请求权的人。"受益人在资格上一般没有限制，自然人和法人均可以成为受益人。自然人包括有民事行为能力人、无民事行为能力人，甚至胎儿，但是已经死亡的自然人和因解散、破产等原因已不复存在的法人不得为受益人。

受益人一般由投保人或被保险人在保险合同中加以指定，并且投保人指定受益人时必须经被保险人同意。如果被保险人是无民事行为能力或限制民事行为能力人，则受益人可以由被保险人的监护人指定。如果没有指定，则在被保险人死亡时，由其继承人领受保险金。受益人可以是一个人，也可以是多个人。当受益人为数个人时，投保人或被保险人可以在保险合同中指定受益顺序和受益份额。如果没有确定受益份额，则受益人按照相等份额享有受益权。被保险人或投保人可以变更受益人，但是应当书面通知保险人。投保人不得单独变更受益人，必须经被保险人同意方可。

2.2.3 保险合同的辅助人

保险合同的辅助人是协助保险合同当事人办理保险合同有关事项的人。因为保险业务具有较强的专业性和技术性，所以需要借助有关专门技术人员来协助办理有关业务。这样既可拓展业务，也可保障其合法权益。保险合同的辅助人一般包括：

1．保险代理人

保险代理人是根据保险代理合同或授权书，向保险人收取保险代理手续费，并且以保险人的名义代为办理保险业务的人。《保险法》规定："保险代理人是根据保险人的委托，向保险人收取代理手续费，并且在保险人授权的范围内代为办理保险业务的单位和个人。"保险代理人是保险人的代理人。根据《保险法》的定义，对保险代理人的含义可理解如下。

（1）保险代理人既可以是法人，也可以是自然人。但是必须具有代理人的资格，取得营业保险代理业务许可证，并且经过注册登记。

（2）要有保险人的委托授权。其授权一般采用书面授权，即委托授权书的形式，有明示权利、默示权利、追认权利。代理权限范围因险种和代理人的性质而在代理合同中有不同的规定。

（3）以保险人的名义办理保险业务，而不是以自己的名义。

（4）向保险人收取代理手续费。代理手续费是保险代理人因代理保险业务而按保险业务量向保险人收取的酬金，代理手续费因代理业务的数量和质量而有所差异。

（5）代理行为所产生的权利和义务的后果直接由保险人承担。《保险法》规定："保险代理人根据保险人的授权代为办理保险业务的行为，由保险人承担责任。"（第127条）

保险代理属于委托代理的性质，除具备一般代理行为的普遍特征外，亦有其特点。

（1）在一般代理关系中，代理人超越代理权的行为，只有经过被代理人追认，被代理人才承担民事责任；而在保险代理中，为了保障善意投保人的利益，保险人对保险代理人越权代理行为也承担民事责任，恶意串通除外。

（2）保险代理人在代理业务范围内所知道或应知道的事宜，均可推定为保险人所知。保险人不得以保险代理人未履行如实告知义务为由而拒绝承担民事责任。

（3）由于保险代理是一种重要的民事法律行为，因此保险代理合同必须采用书面形式。

保险代理人分类方法较多，从理论上主要有以下分类。按代理关系的属性，分为专用代理人和独立代理人；按代理人的行业性质，分为专业代理人和兼业代理人；按代理人的职业特点，分为专职保险代理人和兼职保险代理人；按保险业务次序，分为承保代理人、理赔代理人和追偿代理人；按所辖区范围，分为总代理人和分代理人；按代理业务的范围，分为全权保险代理人和非全权保险代理人；按代理业务的区域，分为国内代理人和国际代理人；按代理人的性质，分为单位代理人和个人代理人；按其代理保险保障的标的，分为寿险代理人和非寿险代理人。

我国《保险代理人管理规定》对保险代理人采用复合分类法，先按保险代理主体的性质将保险代理人分为单位代理人和个人代理人，然后将单位代理人按行业性质不同分为专业代理人和兼业代理人，从而形成了专业代理人、兼业代理人和个人代理人。而《保险代理机构管理规定》则将保险代理机构的组织形式分为合伙企业、有限责任公司、股份有限公司。

专业代理人是专门从事保险代理业务的保险代理公司。其组织形式为有限责任公司。由于对专业代理公司的资本金、持证人数、高级管理人员、章程和经营场地均有严格的要求，因此，其优点在于：专业化程度高，技术力量强；代理范围广；人员素质高，人员较稳定，使其业务量相对稳定。因此，其代理的业务范围规定为：代理销售保险产品；代理收取保险费；代理保险人进行损失的勘查和理赔；中国保险监督管理委员会批准的其他业务。

兼业代理人是受保险人的委托，在从事自身业务的同时指定专人为保险人代办保险业务的单位。其优点是：展业方便，可以在办理本职业务的同时代理保险业务，对投保人来说比较方便；适应性强，建立机构方便，不需要增加投资，只要对保险代理人进行必要的业务培训，便可展业；可以借助行业优势，解决被保险人遇到的困难。其缺点是：人员和业务缺乏稳定性，因此业务范围相对较窄，只代理销售保险产品，代理收取保险费。兼业代理人适宜代理单一或少数险种业务，只能代理与本行业直接相关、能为被保险人提供便利的保险业务。其业务一般只涉及承保业务。

个人代理人是根据保险人的委托，向保险人收取代理手续费，并且在保险人授权的范围内代为办理保险业务的个人。其优点是：比较灵活，专业性较强。其缺点是：综合经济技术力量较弱，代理业务较窄，只能代理销售保险单和代收保险费，不得办理企财险和团体人身险；不得同时为两家及两家以上保险公司代理保险业务，不得兼职从事保险代理业务，不得签发保险单。

2．保险经纪人

保险经纪人是基于投保人的利益，为投保人与保险人订立保险合同提供中介服务，并且依法收取佣金的人。《保险法》明确定义为："保险经纪人是基于投保人的利益，为投保人与保险人订立保险合同提供中介服务，并且依法收取佣金的单位。"（第118条）这说明，在我国保险经纪人限于单位。按照《保险经纪公司管理规定》，其组织形式为有限责任公司和股份有限公司。

保险经纪人是投保人的代理人。它受投保人的委托代向保险人办理投保手续或代缴保险费，或者代为被保险人或受益人提出索赔。保险经纪人有一定的资格和条件要求，并且经过登记注册取得经营许可证方可经营。在经营中，保险经纪人一般根据投保人的委托授权，并且与投保人订立合同后开展业务。保险经纪人因其过失或疏忽造成投保人或被保险人损失的，保险经纪人要承担赔偿责任。《保险法》规定："因保险经纪人在办理保险业务中的过错，给投保人、被保险人造成损失的，由保险经纪人承担赔偿责任。"

保险经纪人的佣金是保险经纪人从事经纪业务而取得的报酬。按照传统和惯例，当保险经纪人完成其居间行为后，即为双方订立合同提供机会后，是向保险人而非投保人或被保险人收取报酬，因为经纪人的居间性行为给保险人招揽了保险业务，所以通常由保险人支付佣金；而当经纪人代为被保险人或受益人向保险人索赔时，其佣金由被保险人或受益人支付。

根据《保险经纪公司管理规定》关于保险经纪人业务范围的规定，保险经纪人具有居间、代理和咨询的性质。因此，保险经纪人与保险代理人虽然都是保险中介，但二者存在较大差别。主要表现在：

（1）法律地位不同。保险经纪人是投保人的代理人，其行为代表着投保人的利益；保险代理人是保险人的代理人，其行为代表着保险人的利益。

（2）进行业务活动的名义有别。保险经纪人从事业务时，当它实施居间行为时必须以自己名义进行，当它进行代理行为时则以被保险人或受益人的名义进行；保险代理人从事业务必须以保险人的名义。

（3）在授权范围内所完成的行为之效力对象不同。保险经纪人的居间行为效力作用它自己，而代理行为效力直接对委托人（投保人或被保险人）产生效力；保险代理人的行为效力直接对保险人产生约束力。

（4）行为后果承担者不同。因保险经纪人办理居间业务的结果对保险经纪人发生效力，如保险经纪人在办理居间业务时，因其过错给投保人、被保险人或受益人造成损失的，由保险经纪人承担赔偿损失责任；在办理代理业务时，凡是在委托人的授权范围内进行的活动，其后果则由委托人承担；保险代理人根据保险人的授权代为办理保险业务的行为，由保险人承担责任。

在西方保险市场发达的国家，保险经纪人对市场的影响非常大。例如，在英国，保险经纪人控制了大部分市场，其海上保险业务的80%以上是由经纪人招揽的。其主要表现在：对被保险人而言，由于保险经纪人有专门的保险知识和经验，同时熟知保险市场状况，因此有利于以最小的保险费取得最大的保险保障；对保险人而言，有利于保险人扩大保险业务，降低经营费用，稳定经营；对整个保险市场而言，有利于促进保险市场竞争，提高保险质量，从而提高保险保障程度，促进保险业的发展。

3．保险公估人

保险公估人（又称保险公证人）是站在第三者的立场依法为保险合同当事人办理保险标的的查勘、鉴定、估损及理赔款项清算业务，并且给予证明的人。《保险公估机构管理规定》第2条定义为："本规定所称保险公估机构是指依照《保险法》等有关保险法律、行政法规及本规定，经中国保险监督管理委员会批准设立的，接受保险当事人委托专门从事保险标的的评估、勘验、鉴定、估损、理算等业务的单位。"这说明我国保险公估人只能是单位，并且为合伙企业、有限责任公司或股份有限公司的形式。

保险公估人的主要任务是：在保险合同订立时对投保风险进行查勘，在风险事故发生后判定损失的原因及程度，并且出具公估报告。公估报告虽然不具备强制性，但是保险争议处理的权威性依据。被保险人、保险人都有权委托保险公估人办理公估事宜，保险公估人的酬金一般由委托人支付。但在一些国家，保险合同当事人双方为证明和估价所支出的费用，除合同另有约定外，无论哪方委托，均依法应由保险人承担。保险公估人由于工作中的过错给委托人造成损失的，由保险公估人承担赔偿责任。

保险公估人具有特定的资格，应向主管机关登记，缴存保证金，领取营业执照。保险公估人由具备专业知识和技术的专家担当，并且保持公平独立的立场执行职务。因此，保险公估人的职业信誉较高，所做的决断和证明（公估报告）常为保险双方当事人所接受，成为建立保险关系、履行保险合同、解决保险纠纷的有力保障。

由于保险公估人的检验技术、审慎态度及公正立场对其公证结果有很大影响，因此，在海上保险中，保险人常在保险单条款中说明保留委托公估公司的选择权，即被保险人必须在保险单指定的公估人或保险人同意的保险公估人那里办理公估。有鉴于此，许多国家的保险法都有类似规定：财产保险损失数额估计的职责，依法应由公估人担任，并且建立了相应的保险公估机构。

2.2.4 保险合同的客体

保险合同的客体是保险合同的保险利益，即投保人对保险标的所具有的保险利益。其中，保险标的是保险合同双方当事人的权利和义务关系所指的对象，即作为保险对象的财产及其有关利益，或者人的寿命和身体；保险利益是投保人或被保险人对保险标的具有的法律上承认的利益。《保险法》对保险利益定义为"保险利益是投保人对保险标的所具有的法律上承认的利益"。投保人对保险标的应当具有保险利益，否则，所订立的保险合同无效。因为只有对保险标的具有保险利益的人，才具有投保人的资格；若无保险利益，则投保人的资格不存在，保险合同的当事人不存在。保险合同自然无效。这一规定是因为：保险不是赌博；保险合同有利于限制赔偿金额；保险合同有利于避免道德风险。保险利益因承保的标的而异。

2.3 保险合同的分类

2.3.1 财产保险合同

财产保险合同是以财产及其相关利益为保险标的的保险合同。其保险标的的种类不仅包括家庭财产、船舶、机动车辆等有形的物质财产，而且包括无形财产即利益，如民事责任、商业信用等。根据保险标的的不同，财产保险合同一般包括火灾保险合同、工程保险合同、运输工具保险合同、货物运输保险合同、农业保险合同、责任保险合同、信用保险合同、保证保险合同等。

1．投保人的主要权利

根据《保险法》的规定，财产保险合同中的投保人或被保险人有一些特殊权利。

（1）请求保险人承担某些必要费用。在保险事故发生后，除保险赔款外，保险人根据法律规定应当支付其他一些必要的费用。根据《保险法》的规定，该费用主要包括：在保险事故发生后，被保险人为防止或减少保险标的的损失所支付的必要的、合理的费用，由保险人承担，最高不得超过保险金额的数额；保险人、被保险人为查明和确定保险事故的性质、原因和保险标的的损失程度所支付的必要的、合理的费用；责任保险的被保险人因给第三者造成损害的保险事故而被提起仲裁或诉讼的，除合同另有约定外，由被保险人支付的仲裁或诉讼费用，以及其他必要的、合理的费用。

（2）请求保险人降低保险费。根据《保险法》第 49 条规定，因保险标的转让导致危险程度显著增加的，保险人自收到通知之日起 30 日内，可以按照合同约定增加保险费或解除合同。

2．保险人的主要权利

财产保险合同的保险人也有一些特殊权利。与人身保险合同相比，其中最重要的是代位追偿权。

代位追偿权是指在财产保险合同中，保险人赔偿保险金后，代位取得被保险人享有的依法向负有民事赔偿责任的第三者请求赔偿的权利。根据《保险法》第60、61条的规定，因第三者对保险标的的损害而造成保险事故的，保险人自向被保险人赔偿保险金之日起，在赔偿金额范围内代位行使被保险人对第三者请求赔偿的权利。在被保险人获得保险金的同时，其向第三者请求赔偿的权利也应转移给保险人。保险事故发生后，保险人未赔偿保险金之前，被保险人放弃对第三者的赔偿请求权的，保险人不承担保险金赔偿责任。保险人赔偿保险金后，被保险人未经保险人同意，放弃对第三者的赔偿请求权的，该行为无效。由于被保险人的过错致使保险人不能行使代位追偿权的，保险人可以相应扣减保险赔偿金。

2.3.2 人身保险合同

人身保险合同是以人的寿命和身体为保险标的的保险合同。根据人身保险合同所保障的风险不同，又可将其分为人寿保险合同、意外伤害保险合同和健康保险合同等类型。人寿保险合同是以被保险人的寿命为保险标的，当被保险人的寿命发生保险事故时由保险人给付保险金的保险合同。人寿保险合同的基本种类有死亡保险合同、生存保险合同和生死两全保险合同。意外伤害保险合同是以被保险人遭受意外伤害及由此致残或死亡为保险标的，保险事故发生时，保险人向被保险人或受益人给付保险金的保险合同。该类保险合同既可作为独立的合同存在，如普通伤害保险合同、特种伤害保险合同等，也可以作为一种从合同附加于人寿保险合同中。健康保险合同，又称疾病保险合同，是以被保险人的患病、分娩及由此而引起的残废或死亡为保险标的，当被保险人遭受前述疾病方面的保险事故时由保险人向被保险人或受益人给付保险金的保险。

1．投保人的主要权利

根据《保险法》的规定，人身保险合同的投保人有一些特殊的权利。

（1）依法投保。投保权利以投保人对被保险人具有保险利益作为合法存在的基础。《保险法》对人身保险合同的投保权利有一些约束，如投保人不得为无民事行为能力人投保以死亡为给付保险金条件的人身保险，并且保险人不得承保。父母具有为未成年子女投保人身保险的权利，但是死亡给付的保险金额总和不得超过金融监督管理部门规定的限额。

（2）复效请求权。复效请求权是根据复效条款而产生的合同恢复请求权。根据法律的规定，一般存在于分期支付保险费的合同中。在没有特别约定的情况下，如果投保人超过规定的期限60日不交付续期保险费，合同效力将依法中止。但是，自合同效力中止之日起两年内，在投保人与保险人协商一致并补交保险费后，投保人有权提出恢复合同的请求。根据法律的规定，该合同应当恢复效力。

（3）指定与变更受益人。根据《保险法》第39、40、41条的规定，在人身保险合同中，投保人或被保险人有权对人身保险合同的受益人进行指定与变更。但是投保人指定或变更受益人须经被保险人同意方为有效。如果被保险人是无民事行为能力人或限制民事行为能力人，可以由监护人指定受益人。在指定受益人时，被保险人或投保人可以指定一个或数个受益人，同时，在受益人为数个人的情况下，被保险人或投保人可以指定受益顺序或受益份额；如果没有确定受益份额，受益人按照相等份额享有受益权。

变更受益人必须书面通知保险人。保险人收到变更受益人的书面通知后，应当在保险单上批注。

2．保险人的主要权利

保险人除有收取保险费的权利外，还具有依法拒付保险金的权利。根据《保险法》的有关规定，当发生下列情形之一时，保险人有权拒绝给付保险金：

（1）投保人故意造成被保险人死亡、伤残或疾病的，保险人不承担给付保险金的责任。投保人已交足两年以上保险费的，保险人应当按照合同约定向其他权利人退还保险单的现金价值。

受益人故意造成被保险人死亡、伤残、疾病的，或者故意杀害被保险人未遂的，该受益人丧失受益权。

（2）在以死亡为给付保险金条件的合同中，被保险人在合同成立之日起两年内自杀的，保险人不承担给付保险金的责任，但保险人应退还保险单所具有的现金价值。

（3）被保险人故意犯罪导致其自身伤残或死亡的，保险人不承担给付保险金的责任。投保人已交足两年以上保险费的，保险人应当退还保险单所具有的现金价值。

3．被保险人的主要权利

（1）决定合同效力及保险单的转让或质押。根据《保险法》的规定，被保险人的同意是合同有效或保险单合法转让的前提条件：以死亡为给付保险金条件的合同及其保险金额，在未经被保险人书面同意并认可的情况下，合同无效；将根据以死亡为给付保险金条件的合同所签发的保险单进行转让或质押时，未经被保险人书面同意，该转让或质押无效。

（2）指定与变更受益人。根据《保险法》的规定，被保险人有权指定或变更人身保险的受益人。

（3）保险金受益权的复归。在人身保险合同中，如果指定了受益人，则保险金受益权由受益人享有。但在某些情况下，受益权实际上复归被保险人。根据《保险法》的规定，被保险人死亡，只要存在下列情形之一的，保险金即作为被保险人的遗产，由保险人向被保险人的继承人履行给付义务：

1）被保险人没有指定受益人；

2）受益人先于被保险人死亡，没有其他受益人；

3）受益人依法丧失受益权或放弃受益权，没有其他受益人。

4．受益人的主要权利

（1）受益权。依据投保人或被保险人的指定，在发生约定的被保险人死亡情况时，受益人有权获得保险金。当受益人是多个人时，按照受益的顺序和份额获得保险金。

（2）受益权的丧失。根据法律的规定，如果受益人故意造成被保险人死亡或伤残，或者受益人故意杀害被保险人未遂的，则将丧失受益权。

2.3.3 再保险合同

1．再保险合同的特点

再保险合同是分出公司和分入公司确定双方权利和义务关系的协议，又称分保合同。与原保险合同比较，其区别为：

（1）合同的主体不同。原保险合同的主体是投保人和保险人；再保险合同的主体都是保险人，即分出人和分入人。

（2）合同的标的不同。原保险合同的标的或是财产，或是人身；再保险合同的标的是承保的风险责任。

（3）合同的性质不同。原保险合同的性质或是补偿性，或是给付性；再保险合同因发生于保险人之间，其直接目的是要对原保险人的承保责任进行分摊，因此，再保险合同的性质是责任分摊性。

再保险合同是独立的合同，又以原保险合同为基础。具有普遍意义的保险基本原则，也适用于再保险合同。再保险合同可以根据不同的基础分类：

（1）按再保险的方式，分为比例再保险合同和非比例再保险合同。前者以保险金额为基础；后者以赔款金额为基础。这两大方式的划分，是根据不同时期的客观需要，适应不同要求而产生的。每一类型又可分为多种方式。

（2）按不同的再保险安排，分为临时再保险合同、合同再保险合同和预约再保险合同。临时再保险合同是根据业务需要临时选择再保险人，经协商达成协议，逐笔成交的一种再保险办法。合同再保险合同是由分出人和分入人以预先签订合同的方式确定双方的权利和义务关系，在一定时期内对一宗或一类业务进行约定的一种再保险方法。预约再保险合同是介于合同再保险和临时再保险之间的一种再保险方法。

2．再保险合同的主要内容

再保险合同的基本内容包括：缔约当事人的名称、地址；保险期间，包括合同开始和终止时间；执行条款，包括再保险的方式、业务范围、地区范围及责任范围；责任免除；保险费的计算、支付方式及对原保险人的税收处理；手续费条款；赔款条款；账务条款，即账单编送及账务结算事宜；仲裁条款，规定再保险合同仲裁范围、仲裁地点、仲裁机构、仲裁程序和仲裁效力等；保险合同终止条款，规定终止合同的通知，订明特殊终止合同的情形；货币条款，规定自负责任额、再保险责任额、保险费和赔款使用的货币，以及结付应用的汇率；保险责任的分担及责任免除；争议处理，包括仲裁或诉讼条款；赔款规定等。

再保险合同的条款一般包括共同利益条款、过失或疏忽条款、双方权利保障条款、其他条款。

（1）共同利益条款，是关于双方共同权利的规定，即原保险人与再保险人在保险费的获得、向第三者追偿、保险金赔付、保险仲裁或诉讼等方面对被保险人或受益人有着共同的利益。上述事宜，原保险人在维护双方共同利益的情况下，有权单独处理，由此而产生的原保险人为自己单独利益以外的一切费用由双方均摊。为维护再保险人的利益，共同利益条款一般还规定，再保险人不承担超过再保险合同规定的责任范围以外的赔款和费用，也不承担超过再保险合同规定的限额以上的赔款和费用。

（2）过失或疏忽条款，是在保险期间内保险事故发生，以及原保险人在执行再保险合同条款时，由于原保险人的过失或疏忽而非故意造成的损失，再保险人仍应承担相应的赔偿责任。

（3）双方权利保障条款，是原保险人与再保险人应保证对方享有其权利，以使合法利益得到保护。原保险人应赋予对方查校账册，如保险单、保险费、报表、赔案卷宗等业务文件的权利；再保险人则赋予原保险人选择承保标的、制定费率和处理赔款的权利。

（4）其他条款，是保险合同一般应具有的共同条款，包括：缔约当事人的名称、地址；保险期间；再保险的险种和方式；保险费的计算和支付方式；保险责任的分担和责任免除；争议处理，包括仲裁或诉讼条款；赔款规定等。

3．再保险合同当事人的权利和义务

（1）分出人的权利与义务。

1）分出人的权利。保险金索赔权，分出人有权依据再保险合同，在约定的保险责任发生地向分入人提取保险赔款；单独处理和要求分摊权，分出人有权根据再保险合同约定，在维护双方共同利益的前提下，单独处理原保险业务，对因此而产生的一切费用，可要求分入人按约定分摊；分出人有权向分入人收取再保险手续费；对于比例再保险，分出人有权要求分入人提存保险费准备金和赔款准备金；在遇到巨额赔款，赔款责任超过约定数额时，分出人可以要求分入人以现金摊赔。

2）分出人的义务。如实告知义务，分出人应按照分入人的要求，将分入人决定是否承保及影响再保险费率的重要事实，向分入人如实告知；分出人应按约定的期限，交付再保险费；在达成再保险协议后，分出人应向分入人发送正式再保险条，并且定期编送业务账单、业务更改报表、赔款通知书、已决和未决赔款报表；防灾防损的义务，分出人应对保险标的的安全情况进行检查，及时提出消除不安全因素的建议，在保险事故发生时有责任提供合理的施救整理措施；分出人在归还保险费准备金和赔款准备金时，应同时支付给分入人议定的利息；如因分入人工作的需要，分出人应向分入人提供有关账册、单据和文件；如有损余收回或向第三者责任方追回款项时，应按分入人的再保险比例予以退回。

（2）分入人的权利与义务。

1）分入人的权利。依约向分出人收取保险费；如有损余收回或向第三者责任方追回款项时，分入人可以向分出人要求按再保险比例摊回有关款项；当分出人不履行义务时，分入人要求根据具体情况提出解除或终止再保险合同；在工作需要时，分入人可要求检查分出人的有关账册、单据和再保险记录。

2）分入人的义务。分入人应按时支付再保险手续费；在比例再保险中，分入人应在再保险费中扣存合同规定的保险费准备金和赔款准备金；分出人为维护双方共同利益而支付一定费用，分入人应当按约定比例分摊；在遇到巨额赔款时，赔款责任超过约定数额时，分入人应按照再保险合同规定进行现金摊赔；再保险合同成立后，除非法律或合同另有约定，分入人不得在保险有效期内终止合同；分入人应分担分出人应列入合同的业务所发生的税款。

2.4　保险合同的形式与内容

2.4.1　保险合同的形式

保险合同一般采用书面形式，并且载明当事人双方约定的合同内容。保险合同的体现形式主要有投保单、保险单、保险凭证、暂保单和批单。

1．投保单

投保单，又称要保单，是投保人向保险人申请订立保险合同的书面文件。它是投保人进行保险要约的书面形式，由投保人如实填写。在投保单中列明订立保险合同所必需的项目，供保险人据以考虑是否接受承保。投保单是保险人赖以承保的依据，如果投保人填写不实，将影响保险合同的效力。当保险事故发生时，投保人或被保险人的索赔要求有可能得不到满足。其内容一般包括投保人和被保险人的地址、保险标的、坐落地点、投保险别、保险金额、保险期间、保险费率等，但因险种不同而具体有异。

2．保险单

保险单是保险人和投保人之间订立的保险合同的正式书面文件，一般由保险人签发给投保人。保险单将保险合同的全部内容详尽列明，包括双方当事人的权利和义务，以及应承担的风险责任。保险单的主要结构包括保险项目、保险责任、责任免除及附注条件等。保险单的正面一般采用表格方式，其填写内容包括投保人和被保险人，以及保险标的的详细说明。其背面是保险条款，具体包括保险人和被保险人的权利和义务、保险责任、责任免除、保险期间、保险费与退费、索赔与理赔、争议处理等。保险单是保险合同双方当事人确定权利，以及义务和在保险事故发生后被保险人索赔、保险人理赔的主要依据。

3．保险凭证

保险凭证，又称小保险单，是保险人签发给投保人的证明保险合同已经订立的书面文件。其所列项目与保险单完全相同，并且声明以某种保险单所载明的条款为准，但是不载明保险条款，实质上是一种简化的保险单，它与保险单具有同等的法律效力。如果保险凭证尚未列有其内容，则应以同类保险单载明的详细内容为准；如果保险单与保险凭证的内容有抵触或保险凭证另有特约条款时，则应以保险凭证为准。

4．暂保单

暂保单是在保险单或保险凭证未出具之前，保险人或保险代理人向投保人签发的临时保险凭证，又称临时保险单。其作用是证明保险人已同意投保。暂保单的内容比较简单，仅载明与保险人已商定的重要项目，如保险标的、保险金额、保险费率、承保险种、被保险人姓名、缔约双方当事人的权利和义务，以及保险单以外的特别保险条件等。暂保单具有证明保险人已同意投保的效力。出具暂保单一般有以下情况：

（1）保险代理人，在争取到保险业务，但未向保险人办妥保险单手续前，可先出具暂保单，以作为保障的证明。

（2）保险公司的分支机构，在接受被保险人的要约后但尚须获得上级保险公司或保险总公司批准前，可先出具暂保单，以作为保障的证明。

（3）保险人和投保人在洽谈或续订保险合同时，订约双方当事人已就主要条款达成协议，但尚有一些条件需进一步商讨，在未完全谈妥前可先出具暂保单，以作为保障的证明。

（4）保险单是出口贸易结汇的必备文件之一。在尚未出具保险单和保险凭证之前，可先出具暂保单，以此证明出口货物已经办理保险，并且以此作为出口结汇的凭证之一。

暂保单一般具有与保险单或保险凭证同等的法律效力，但通常其有效期限以30天为限，一旦保险单出具，暂保单自动失效。保险单出具前，保险人也可终止暂保单，但必须提前通知被保险人。

5. 批单

批单是保险人应投保人或被保险人的要求出具的修订或更改保险单内容的证明文件。批单通常在两种情况下使用：一是对已印制好的标准保险单所做的部分修正，这种修正并不改变保险单的基本保险条件，只是缩小或扩大保险责任范围；二是在保险合同订立后的有效期内对某些保险项目进行更改和调整。保险合同订立后在有效期内双方当事人都有权通过协议更改和修正保险合同的内容。如果投保人需要更改保险合同的内容，须向保险人提出申请，经保险人同意后出具批单。批单可在原保险单或保险凭证上批注，也可另外出具一张变更合同内容的附贴便条。凡经批改过的内容，以批单为准；多次批改，应以最后批改为准。批单一经签发，就自动成为保险单一个重要组成部分。

2.4.2 保险合同的内容

保险合同的内容包括下列各项。

1. 当事人和关系人的名称和住所

当事人的名称是某一主体区别于其他主体的符号。住所是法律确认的自然人的中心生活场所及法人的主要办事机构所在地。明确名称和住所对于合同的履行如保险费的催交、提出索赔、给付保险金均十分重要。因此，在保险合同中，要载明保险人、投保人、被保险人及受益人的名称和住所。

2. 保险标的

保险标的是指保险合同双方当事人的权利与义务所共同指向的对象，即作为保险对象的财产及其有关利益，或者人的寿命和身体。财产保险的保险标的是各种财产及其有关利益；人身保险的保险标的是人的寿命和身体。保险标的是确定保险金额的重要依据。

3. 保险责任和责任免除

保险责任是指保险人承担赔偿或给付保险金责任的风险项目。保险责任依保险种类的不同而有所差异，通常由保险人确定保险责任的范围并作为合同的一部分内容载于合同中。例如，我国财产保险基本险主要包括火灾、爆炸、雷电、空中运行物体的坠落。责任免除，是保险人不承担赔偿或给付保险金责任的风险项目。例如，被保险人的故意行为所致保险标的的损失属于责任免除。作为责任免除的风险通常有道德风险、损失巨大且无法计算的风险项目。责任免除涉及被保险人或受益人的切身利益，所以，在保险合同中应载明。在保险合同中载明保险责任和责任免除，在于明确保险人的赔付范围。

4. 保险期间和保险责任开始时间

保险期间是保险人和投保人约定的保险责任的有效期限，又称保险期限。它既是计算保险费的依据，又是保险人和被保险人享有权利和承担义务的有关时限界定的根据。保险期间是保险人承担保险责任的起讫期间，保险人仅对承保期间内发生的保险事故承担赔偿或给付保险金义务。由于保险事故的发生是非确定性的，因此，明确保险期间是十分重要的。确定保险期间通常有两种方式：自然时间期间和行为时间期间。前者是根据保险标的保障的自然时间所确定的保险期间，常以年为计算单位，如企业财产保险等；后者是根据保险标的保障的运动时间所确定的保险期间，常以保险标的的运动过程为计算单位，如建筑工程保险、货物运输保险分别以工程时间和航程时间作为保险期间。保险期间必须在条款中予以明确。保险责任开始时间是保险人开始承担赔偿或给付保险金责任的时间。例如，我国企业财产保险的保险责任开始时间一般以起始日的零时。值得注意的是，保险责任开始时间未必与保险期间的起始时间完全一致，当事人可以就保险责任开始时间做出特别约定，但保险责任开始时间必然在保险期间之内。

5．保险价值

保险价值是投保人与保险人订立保险合同时作为约定保险金额基础的保险标的的价值。它是财产保险合同的基本条款之一。通常保险标的的保险价值应相当于保险标的的实际价值。根据承保方式不同，保险金额与保险价值的关系也不同。在定值保险情况下，保险金额等于保险价值。在不定值保险情况下，当保险金额等于保险价值时，该保险为不足额保险；当保险金额大于保险价值时，该保险为超额保险。

6．保险金额

保险金额，是指保险人承担赔偿或给付保险金责任的最高限额。保险金额是计算保险费的依据，是双方享有权利承担义务的重要依据。财产保险的保险金额根据保险价值确定；人身保险的保险金额则由投保人和保险人双方约定。

7．保险费及其支付方式

保险费，是保险金额与保险费率的乘积，即保险人为被保险人提供保险保障而向投保人收取的价金。它是投保人向保险人支付的费用，作为保险人根据保险合同的内容承担给付责任的对价。保险费率通常用百分比或千分比来表示。保险费及保险费率由保险人预先计算并载明于合同中。

（1）保险金赔偿或给付办法。在保险合同中，还应载明保险金赔偿或给付的办法，包括赔偿或给付的标准和方式。原则上，保险人以现金方式进行支付，不负责以实物进行补偿或恢复原状，但是合同当事人有约定的除外，如现金赔付、修复等方式。同时规定免赔额（率），分为相对免赔和绝对免赔，前者为了减少小额赔付手续，后者为了控制保险人的责任。

（2）违约责任和争议处理。违约责任是合同当事人未履行合同义务所应当承担的法律责任。有关违约责任的内容，当事人可以自行约定，也可以直接载明按照法律的有关规定处理。争议处理是发生保险合同争议时采用的处理方式。对于合同争议，当事人可以约定解决的方式，包括约定仲裁条款或诉讼。

8．订立合同的年、月、日

保险合同应有明确的订立合同的年、月、日。

此外，在合同的基本条款之外，当事人可以另外约定具有某些特定内容的条款，以使基本条款中具有弹性的条款所涉及的权利与义务更加明确。

2.4.3 保险合同的条款

1．基本条款

基本条款是标准保险单的背面印就的保险合同文本的基本内容，即保险合同的法定记载事项，也称保险合同的要素，主要明示保险人和被保险人的基本权利和义务，以及保险行为成立所必需的各种事项和要求。基本条款所列的保险种类，称为基本险或主险。

2．附加条款

附加条款是对于基本条款的补充，是对基本险责任范围内不予承保的风险而约定在其他险种项下承保的扩展性条款。附加条款所列的保险种类，称为附加险，以与基本险相对。

3．法定条款

法定条款是指其权利和义务内容为法律法规直接规定的合同条款。例如，《保险法》第25条规定："保险人自收到赔偿或者给付保险金的请求和有关证明、资料之日起六十日内，对其赔偿或者给付保险金的数额不能确定的，应当根据已有证明和资料可以确定的最低数额先予支付；保险人最终确定赔偿或者给付保险金的数额后，应当支付相当的差额。"该内容如果明确载于保险合同中，就称为法定条款。

4．保证条款

保证条款是保险人要求被保险人必须履行某项义务的内容。例如，被保险人应当遵守国家有关消防、安全、生产操作、劳动保护等方面的规定，维护保险标的的安全；在未发生保险事故的情况下，不得谎称发生了保险事故；不得制造保险事故；不得伪造、变造证据。

5．协会条款

协会条款是专指由伦敦保险人协会根据实际需要而发布的有关船舶和货运保险条款的总称。该条款仅附于保险合同之上。由于协会条款是当今国际保险市场水险方面通用的特约条款，因此，有些时候协会条款比保险单还要重要。

6．特约条款

保险合同的主要内容体现为格式条款，由保险人提供，投保人或被保险人一般不能请求变更。对于某些合同内容，当事人双方可以进行协商，自由约定。为与格式化的基本条款相区别，这些合同内容称为保险合同的特约条款。

2.4.4 人身保险合同的常见条款

1．不可抗辩条款

不可抗辩条款又称不可争议条款。该条款规定，保险单生效一定时期（通常为两年）后，就成为不可争议文件，保险人不能以投保人在投保时违反最大诚信原则，没有履行告知义务等理由，否定保险单的有效性。保险人的可抗辩期一般为两年，保险人只能在两年内以投保人的误告、漏告、隐瞒等理由解除合同或拒付保险金。该条款旨在保护被保险人和受益人正当权益，同时约束保险人滥用最大诚信原则。

2．年龄误告条款

年龄误告条款通常规定了投保人在投保时误报被保险人年龄情况下的处理方法。一般分为两种情况：一是年龄不影响合同效力的情况。被保险人真实年龄不符合合同约定的年龄限制的，保险合同为无效合同，保险人可解除保险合同，但向投保人退还保险费。二是年龄不实影响保险费及保险金额的情况。投保人申报的被保险人年龄不真实，致使投保人支付的保险费少于应付保险费或多于应付保险费，保险金额根据真实年龄进行调整。调整的原因在于年龄是人寿保险对风险估计与计算保险费率的主要因素。调整的方法是：误报年龄导致实交保险费少于应交保险费的，投保人可以补交过去少交保险费的本利，或者按已交保险费核减保险金额；误报年龄导致实交保险费大于应交保险费的，无息退还多收的保险费。

3. 宽限期条款

宽限期条款是分期交费的人寿保险合同中关于在宽限期内保险合同不因投保人延迟交费而失效的规定。其基本内容通常是对到期没交费的投保人给予一定的宽限期，投保人只要在宽限期内交付保险费，保险单继续有效。在宽限期内，保险合同有效，如发生保险事故，保险人仍给付保险金，但要从保险金中扣回所欠的保险费及利息。《保险法》规定的宽限期为60日，自应交付保险费之日起计算。宽限期条款是考虑到人身保险单的长期性，在一个比较长的时间内，可能会出现一些因素影响投保人如期交费。例如，经济条件的变化、投保人的疏忽等。宽限期的规定，可在一定程度上使被保险人得到方便，避免保险单失效从而失去保障，也避免了保险单失效带给保险人的业务丧失。

4. 保险费自动垫交条款

保险费自动垫交条款规定，投保人未能在宽限期内交付保险费，而此时保险单已具有现金价值，同时该现金价值足够交付所欠交的保险费时，除非投保人有反对声明，保险人应自动垫交其所欠的保险费，使保险单继续有效。如果第一次垫交后，再次发现保险费仍未在规定的期间交付，垫交须继续进行，直到累计的贷款本息达到保险单上的现金价值的数额为止。此后投保人如果再不交费，则保险单失效。在垫交期间如果发生保险事故，保险人应从保险金内扣除保险费的本息后再给付。

保险人自动垫交保险费实际上是保险人对投保人的贷款，其目的是为了避免非故意的保险单失效。为防止投保人过度使用，有些保险公司会限制其使用次数。

5. 复效条款

复效条款规定，保险合同单纯因投保人不按期交付保险费而失效后，投保人可以保留一定时间申请复效权。复效是对原合同效力的恢复，不改变原合同的各项权利和义务。可申请复效的期间一般为两年，投保人在此期间内有权申请合同复效。

复效的条件通常必须在规定的复效期限内填写复效申请书，提出复效申请；必须提供可保证明书，以说明被保险人的身体健康状况没有发生实质性的变化；付清欠交保险费及利息；付清保险单贷款本金及利息。

复效可分为体检复效和简易复效两种。体检复效是针对失效时间较长的保险单，在申请复效时，被保险人需要提供体检书与可保证明，保险人据此考虑是否同意复效；简易复效是针对失效时间较短的保险单，在申请复效时保险人只要求被保险人填写健康声明书，说明身体健康状况在保险失效以后没有发生实质变化即可。由于大多数保险单的失效是非故意的，因此保险人对更短时间内（如宽期限满后31天内）提出复效申请的被保险人采取宽容的态度，无须被保险人提出可保证明。

复效和重新投保不同，复效是恢复原定保险合同的效力，原合同的权利和义务保留不变；重新投保是指一切都重新开始。

6．不丧失价值任选条款

寿险保险单除短期的定期险外，投保人交满一定期间（一般为两年）的保险费后，如果合同满期前解约或终止，保险单所具有的现金价值并不丧失，投保人或被保险人有权选择有利于自己的方式来处理保险单所具有的现金价值。为了方便投保人或被保险人了解保险单的现金价值的数额与计算方法，保险公司往往在保险单上列入不没收价值表。

7．保险单贷款条款

保险单贷款条款规定，投保人交付保险费期满若干年后，如有临时性的经济上的需要，可以将保险单作为抵押向保险人申请贷款；当贷款金额不超过或等于保险单的现金价值时，被保险人应在保险人发出通知后的31日内还清款项，否则保险单失效。当被保险人或受益人领取保险金时，如果保险单上的借款本息尚未还清，应在保险金内扣除借款本息。

8．保险单转让条款

只要不侵犯受益人的权利，人寿保险单可以转让。如果转让是出于不道德或非法的考虑，则法院将做出否认的裁决；如果指定的是不可变更的受益人，则未经受益人同意，保险单不能转让。通常保险单的转让分为绝对转让和抵押转让两类。

（1）绝对转让，是把保险单所有权完全转让给一个新的所有人。绝对转让必须在被保险人生存时进行。在绝对转让下，如果被保险人死亡，则全部保险金将给付受让人。

（2）抵押转让，是一份具有现金价值的保险单作为被保险人的信用担保或贷款的抵押品，即受让人仅承受保险单的部分权利。在抵押转让下，如果被保险人死亡，则受让人收到的是已转让权益的那一部分保险金，其余的仍归受益人所有。

保险单转让后，投保人或保险单持有人应书面通知保险人。

9．自杀条款

《保险法》第44条规定，以被保险人死亡为给付保险金条件的合同，自合同成立或合同效力恢复之日起两年内，被保险人自杀的，保险人不承担给付保险金的责任，但被保险人自杀时为无民事行为能力人的除外。

10．战争条款

战争条款规定，在保险合同有效期间，如果被保险人因战争和军事行动而死亡或残废，保险人不承担给付保险金责任。因为战争或军事行为造成的人员大量死亡远远超过正常死亡率，所以一般保险公司常常在保险单上规定战争除外条款。

11．意外死亡条款

意外死亡条款规定，被保险人在保险单有效期内因完全外来的、剧烈的意外事故发生后于若干日内（一般为90日）死亡，其受益人可得到加倍的保险金。给付的保险金一般为保险金额的2~3倍。该条款之所以规定一个90日的时限，是因为在发生意外伤害后的死亡，其直接原因是否属于意外事故，很难查证。如果在发生意外伤害很长一段时间后死亡，则死亡原因中难免包含疾病的因素。所以对意外伤害死亡保险金的给付必须规定一个时限，在发生事故之后超过90日的死亡，就不算意外死亡，不给付意外死亡保险金。

12. 受益人条款

受益人条款是在人身保险合同中关于受益人的指定、资格、顺序、变更及受益人权利等内容的具体规定。受益人是人身保险合同中十分重要的关系人，很多国家的人身保险合同中都有受益人条款。

人身保险中的受益人通常分为指定受益人和未指定受益人两类。指定受益人按其请求权的顺序分为原始受益人与后继受益人。许多国家在受益人条款中都规定，如果受益人在被保险人之前死亡，这个受益人的权利将转回给被保险人，被保险人可以另再指定受益人。这个再指定受益人就是后继受益人。当被保险人没有遗嘱指定受益人时，则被保险人的法定继承人就成为受益人，这时保险金就变成被保险人的遗产。

13. 红利任选条款

红利任选条款规定，被保险人如果投保分红保险，便可享受保险公司的红利分配权利，并且对此权利有不同的选择方式。分红保险单的红利来源主要是三差收益，即利差益、死差益和费差益。利差益是实际利率大于预定利率的差额；死差益是实际死亡率小于预定死亡率的差额；费差益是实际费用率小于预定费用率的差额。但从性质上讲，红利来源于被保险人超额交付的保险费，因为与不分红保险单相比，分红保险单采取更保守的精算方式，即采取更低的预定利率、更高的预定死亡率和更高的预定费用率。

14. 保险金给付的任选条款

人寿保险的最基本目的是提供给受益人在被保险人死亡或达到约定的年龄时有一笔可靠的收入。为达到这个目的，保险单条款通常列有保险金给付的选择方式，供投保人自由选择。最为普遍使用的保险金给付方式有以下五种。

（1）一次支付现金方式。这种方式有两种缺陷：在被保险人或受益人共同死亡的情况下，或者受益人在被保险人之后不久死亡的情况下，不能起到充分保障作用；不能使受益人领取的保险金免除其债权人索债。

（2）利息收入方式。该方式是受益人将保险金作为本金留存在保险公司，由其以预定的保证利率定期支付给受益人。受益人死亡后可由他的继承人领取保险金的全部本息。

（3）定期收入方式。该方式是将保险金保留在保险公司，由受益人选择一个特定期间领完本金及利息。在约定的年限内，保险公司以年金方式按期给付。这种方式着重给付期间的固定。

（4）定额收入方式。该方式是根据受益人生活开支需要，确定每次领取多少金额。领款人按期领取这个金额，直到保险金的本金全部领完。该方式着重给付金额的固定。

（5）终身年金方式。该方式是受益人用领取的保险金投保一份终身年金保险。以后受益人按期领取年金，直到死亡。该方式与前四种方式存在一个不同点，就是它与死亡率有关。

15. 共同灾难条款

共同灾难条款规定，只要第一受益人与被保险人同死于一次事故中，如果不能证明谁先死，则推定第一受益人先死。该条款的产生使问题得以简化，避免了许多无谓的纠纷。

2.5 保险合同的订立、变更与终止

2.5.1 保险合同的订立

保险合同的订立是投保人与保险人的双方法律行为,双方当事人的意思表示一致是该合同得以产生的基础。《合同法》第13条规定:"当事人订立合同,采取要约、承诺方式。"保险合同与一般合同一样,双方当事人订立合同也要通过两个阶段:要约与承诺。

1. 要约

要约是希望和他人订立合同的意思表示。该意思表示应当表明经受要约人承诺,要约人即受该意思表示约束。在保险合同中,一般以投保人提交填写好的投保单为要约,即投保人向保险人提交要求订立保险合同的书面意思表示。当然,保险人也可以是要约人,如保险人接到投保人提交的已填好的投保单后,又向投保人提出某些附加条件,此时,保险人所做出的意思表示并非是完全接受投保人的订立合同的意思表示,而是向投保人发出了新的意思表示,这在法律上被视为新的要约。在该情形下,保险人是新的要约人,投保人则为受要约人,如果投保人同意接受保险人提出的附加条件,则表明投保人接受保险人的新要约,至此,投保人便成为受要约人。

2. 承诺

承诺是受要约人同意要约的意思表示。通常保险人在接到投保人的投保单后,经核对、查勘及信用调查,确认一切符合承保条件时,签章承保,即承诺,保险合同即告成立。承诺的方式可以按法律规定向投保人签发保险单或保险凭证或暂保单,也可以是保险人直接在投保人递交的投保单上签章表示同意。但是,不应认为承诺人一定是保险人。如前所述,要约承诺是一个反复的过程,投保人与保险人对标准合同条款以外的内容可以进行协商。当双方当事人就合同的条款达成协议后,保险合同成立。其后,保险人应当及时向投保人签发保险单或其他保险凭证,并且在保险单或其他凭证中载明当事人双方约定的合同内容。

3. 合同成立

保险合同的双方当事人经过要约与承诺,意见达成一致,保险合同即成立。但是,保险合同成立并不意味着保险合同生效,保险合同的生效还必须符合法定生效要件或履行一定的手续。除法律另有规定或合同另有约定外,保险合同的生效即保险权利和义务的开始。

2.5.2 保险合同的变更

保险合同的变更是指在合同有效期内,基于一定的法律事实而改变合同内容或主体的法律行为,即订立的合同在履行过程中,由于某些情况的变化而对其内容进行的补充、修改或保险单转让。保险合同订立后,如内容有变动,投保人通常可以向保险人申请批改。凡保险合同内容的变更或修改,均须经保险人审批同意,酌情增加或减少保险费,并且出具批单或进行批注。变更保险合同的结果是产生新的权利和义务关系。

保险合同的变更通常包括合同内容的变更和合同主体的变更。

1. 保险合同内容的变更

保险合同内容的变更一般表现为:在财产保险合同中,在主体不变的情况下,保险标

的种类的变化、数量的增减、存放地点、保险险别、危险程度、保险责任、保险期间、保险费、保险金额等内容的变更；在人身保险合同中被保险人职业、保险金额发生变化等。保险合同内容的变更都与保险人承担的风险密切相连。合同任何一方都有变更合同内容的权利，但必须征得对方的同意。因此，投保人只有提出变更申请，并且经保险人审批同意、签发批单或对原保险单进行批注后才产生法律效力。《保险法》第20条规定："在保险合同有效期内，投保人和保险人经协商同意，可以变更保险合同的有关内容。变更保险合同的，应当由保险人在原保险单或者其他保险凭证上批注或者附贴批单，或者由投保人和保险人订立变更的书面协议。"

保险合同内容的变更一般经过下列主要程序：投保人向保险人及时告知保险合同内容变更的情况；保险人进行审核，如果需增加保险费，则投保人应按规定补交，如果需减少保险费，则投保人可向保险人提出要求，无论保险费的增减或不变，均要求当事人取得一致意见；保险人签发批单或附加条款。上述程序使保险合同内容的变更完成，变更后的保险合同是确立保险当事人双方权利和义务关系的依据。

2．保险合同主体的变更

保险合同主体的变更，也称保险合同的转让，是指投保人将保险合同中的权利和义务转让给他人的法律行为。其实质是合同主体的变更。保险合同主体的变更通常由保险标的所有权的转移所引起。但应当注意的是，财产保险标的所有权的转移并不当然地导致合同的转让，因为标的所有权的转移与合同的转让是两种法律行为。在法律性质上，所有权的转移是物权行为，而合同的转让是债权债务关系的转让。保险标的所有权的转移取决于卖者和买者的意志，而保险合同的转让则要取决于投保人与合同受让人及保险人的意志。因此保险合同不能随着保险标的所有权的转移而自然发生转让。如果保险标的的所有权发生转移，而保险合同未做转让，则保险合同将因被保险人失去保险利益而失效；反之，如果通过一定的转让手续，则产生转让的效力。根据《保险法》和《海商法》的规定，保险合同的转让需要考虑以下几个问题。

（1）转让和保险人的同意。保险合同的转让与保险人的同意密切相连，但是存在着两种状态：一是必须有保险人的同意；二是可以有保险人的同意。除货物运输保险合同和另有约定的合同外，任何保险合同的转让均须经保险人的同意，因为一般保险合同的保险标的在保险期间始终在投保人的控制与管理之下，投保人的变化会引起风险的变化，从而引起保险人责任的变化。因此，为了维护保险人的利益，法律规定一般保险合同的转让必须事先征得保险人的书面同意，保险合同方可继续有效，否则，保险合同自保险标的的所有权转让之时起失效。

货物运输保险合同则不然，其保险合同的转让无须经保险人的同意，只要求投保人在保险合同上背书即可发生转让。

（2）转让的方式。保险合同的转让，可以采取由投保人在保险合同上背书或其他方式进行。按习惯做法，采用空白背书方式转让的保险合同，可以自由转让；采用记名背书方式转让的保险合同，则只有被背书人才能成为保险合同权利的受让人。

（3）转让的后果。在保险合同转让时，无论保险事故是否已发生，只要投保人对保险标的仍具有保险利益，则保险合同均可有效转让。保险合同的受让人只能享有与原投保人在保险合同下所享有的权利和义务。因为保险合同的转让只涉及投保人的变更,未变更保险合同的内容,没有变更原有的保险权利和义务关系。

2.5.3　保险合同的无效

保险合同的无效是指当事人所缔结的保险合同因不符合法律规定的生效条件而不产生法律的约束力。无效保险合同的特点:① 违法性,即违反法律和公序良俗;② 自始无效性,即因其违法而自行为开始起便没有任何的法律效力;③ 无效性无须考虑当事人是否主张,法院或仲裁机构可主动审查,确认合同无效。

1. 保险合同无效的原因

(1) 合同主体不合格。主体不合格是指保险人、投保人、被保险人、受益人或保险代理人等资格不符合法律的规定。例如,投保人是无民事行为能力的或依法不能独立实施缔约行为的限制民事行为能力的自然人;保险人不具备法定条件,不是依法设立的;保险代理人没有保险代理资格或没有保险代理权。如果保险合同是由上述主体缔结,则合同无效。

(2) 当事人意思表示不真实。在缔约过程中,如果当事人中的任何一方以欺诈、胁迫或乘人之危的方式致使对方做出违背自己意愿的意思表示,均构成缔约中的意思表示不真实。在这里,欺诈是指行为人不履行如实告知的义务,故意隐瞒真实情况或故意告知虚假情况,诱使对方做出错误意思表示的行为。例如,投保人在订立保险合同时,明知不存在风险却谎称有风险,明知风险已经发生而谎称没有发生,等等。胁迫是指一方当事人以给对方或与对方有关的人的人身、财产、名誉、荣誉造成损害为要挟,迫使对方同自己订立保险合同的行为。要挟是确定可能实现的行为,而且足以使对方违背自己的意志与其订立保险合同。

(3) 客体不合法。投保人对保险标的没有保险利益,则其订立的保险合同无效。

(4) 内容不合法。如果投保人投保的风险是非法的,如违反国家利益和社会公共利益、违反法律强制性规定等均导致合同无效。

2. 无效保险合同的法律后果

保险合同的无效由人民法院或仲裁机构依法进行确认。保险合同无效的法律后果是导致合同根本不存在法律的约束力。但应当注意的是,保险合同的无效有两种情形:一是全部无效;二是部分无效。合同被确认全部无效的,其约定的全部权利和义务自行为开始起均无约束力;合同被确认部分无效、不影响其他部分效力的,其他部分依然有效。但是,如果保险合同被确认部分无效,如果无效部分与有效部分相牵连,也就是说,无效部分对有效部分的效力有影响,或者根据公平原则和诚实信用原则及保险业惯例,如果继续保持有效部分的效力有失公平或无实际意义,则应当认定合同全部无效。

保险合同被确认无效后,在当事人之间将产生返还财产、赔偿损失、恢复原状等民事责任。

2.5.4　保险合同的终止

保险合同的终止是保险合同成立后因法定的或约定的事由发生,法律效力消灭的法律事实。导致保险合同终止的原因多种多样,主要有以下几个方面。

1. 自然终止

自然终止是指已生效的保险合同因发生法定或约定事由导致合同的法律效力不复存在的情况。这些情况通常包括：① 保险合同期限届满；② 合同生效后承保的风险消失；③ 保险标的因非保险事故的发生而完全灭失；④ 合同生效后，投保人未按规定的程序将合同转让，使被保险人失去保险利益，保险合同自转让之日起原有的法律效力不再存在。

2. 履约终止

履约终止是指在保险合同的有效期内，约定的保险事故已发生，保险人按照保险合同承担了给付全部保险金的责任，保险合同即告结束。但是，船舶保险有特别规定，如果在保险合同有效期内船舶发生全部损失，一次保险事故的损失达到保险金额，则保险人按保险金额赔偿后，保险合同即告终止；如果在保险合同有效期内发生数次部分损失，由于每次损失的赔偿款均未超过保险金额，即使保险赔偿款总额已达到或超过保险金额，保险人仍须负责到保险合同期限届满才告合同终止。这是因为，为了保持继续航行的能力，船舶在发生事故后必须进行修理，所以在修理费用少于保险金额的情况下，保险人赔付后，保险合同中原保险金额继续有效，直到保险合同期限届满。

3. 合同解除

合同解除是指保险合同期限尚未届满前，合同一方当事人依照法律或约定行使解除权，提前终止合同效力的法律行为。解除保险合同的法律后果集中表现在，保险合同的法律效力消失，回复到未订立合同以前的原有状态。因此，保险合同的解除具有溯及既往的效力，保险人一般要退还全部或部分保险费，不承担相应的保险责任。

在保险合同终止的情形中，解除权是基础。解除权是法律赋予保险合同的当事人在合同成立之后，基于法定或约定事由解除合同的权利。解除权可以由保险人行使，也可由投保人行使（退保）。解除权依合同一方当事人的意思表示即可行使，但是，当事人行使解除权，应当符合法律规定的条件。这些条件是：必须在可以解除的范围内行使解除权；必须存在解除的事由；必须以法律规定的方式解除；必须在时效期间内行使解除权。

合同解除一般分为法定解除和意志解除两种形式。

（1）法定解除。法定解除是指当法律规定的事项出现时，保险合同当事人一方可依法对保险合同行使解除权。法定解除的事项通常由法律直接规定。但是，不同的主体有不尽相同的法定解除事项。

对投保人而言，在保险责任开始前，可以对保险合同行使解除权，而在保险责任开始后，法律对投保人的解除权做出了两种不同的规定：对财产保险合同而言，投保人要求解除合同的，保险人可以收取自保险责任开始之日起至合同解除之日止期间的保险费，剩余部分退投保人。对人身保险合同而言，投保人解除合同，已交足两年以上保险费的，保险金应当退还保险单的现金价值；未交足两年保险费的，保险人按照约定在扣除手续费后，退还保险费。保险人只有在发生法律规定的解除事项时方有权解除合同。根据《保险法》的规定，法定解除事项主要有：

1）投保人、被保险人或受益人违背诚实信用原则。包括：凡投保人有故意隐瞒事实，不履行如实告知义务的，或者存在因过失未履行如实告知义务而足以影响保险人决定是否同意承保或提高保险费率的行为；被保险人或受益人在未发生保险事故的情况下，谎称发生了保险事故并向保险人提出赔偿或给付保险金请求的，保险人有权解除合同；投保人、被保险人或受益人有故意制造保险事故的行为，合同可被解除。在人身保险合同中，投保人有未如实申报被保险人的真实年龄的行为，并且被保险人的真实年龄不符合合同约定的年龄限制，保险人有合同解除权。但是，该解除权应当在合同成立的两年内行使。

2）投保人、被保险人未履行合同义务。在财产保险合同中，投保人、被保险人未按照约定履行其对保险标的的安全应尽的责任，保险人有权解除合同。

3）被保险人危险增加通知义务的违反。在保险合同有效期内，保险标的的危险增加，被保险人有义务将保险标的的危险程度增加的情况通知保险人，保险人可根据具体情况要求增加保险费，或者在考虑其承保能力的情况下解除合同。

4）在分期支付保险费的人身保险合同中，当未有另外约定时，投保人超过规定的期限60日未支付当期保险费的，导致保险合同中止。保险合同被中止后的两年内，双方当事人未就合同达成协议，保险人有权解除合同。

（2）意定解除。意定解除，又称协议终止，是指保险合同双方当事人依合同约定，在合同有效期内发生约定情况时可随时解除保险合同。意定解除要求保险合同双方当事人应当在合同中约定解除的条件，一旦约定的条件达成，一方或双方当事人有权行使解除权，使合同的效力归于消灭。

2.5.5 保险合同的争议处理

保险合同的争议是指保险合同当事人或关系人对合同条款的意思发生争议。对保险合同发生争议时，一是涉及对保险合同的解释，二是涉及争议处理方式。

1. 保险合同的解释原则

合同解释是指当对合同条款的意思发生歧义时，法院或仲裁机构按照一定的方法和规则对其做出的确定性判断。《合同法》第125条规定："当事人对合同条款的理解有争议的，应当按照合同所使用的词句、合同的有关条款、合同的目的、交易习惯以及诚实信用原则，确定该条款的真实意思。合同文本采用两种以上文字订立并约定具有同等效力的，对各文本使用的词句推定具有相同含义。各文本使用的词句不一致的，应当根据合同的目的予以解释。"保险合同应遵循合同解释的原则有：

（1）文义解释。文义解释是按保险条款文字的通常含义解释，即保险合同中用词应按通用文字含义并结合上下文来解释。保险合同中的专业术语应按该行业通用的文字含义解释，同一合同出现的同一词的含义应该一致。当合同的某些内容产生争议而条款文字表达又很明确时，首先应按照条款文义进行解释。例如，中国人民保险公司的家庭财产保险条款中承保危险之一"火灾"，是指在时间或空间上失去控制的燃烧所造成的灾害。构成火灾责任必须同时具备以下三个条件：有燃烧现象，即有热有光有火焰；偶然、意外发生的燃烧；燃烧失去控制并有蔓延扩大的趋势。有的被保险人把平时用熨斗烫衣被造成焦糊变质损失也列为火灾事故要求赔偿。显然，按文义解释原则，就可以做出明确的判断。

（2）意图解释。意图解释即以当时订立保险合同的真实意图来解释合同。意图解释只适用于文义不清、用词混乱和含糊的情况。如果文字准确，意义毫不含糊，就应照字面意义解释。在实际工作中，应尽量避免使用意图解释，以防止意图解释过程中可能发生的主

（3）解释应有利于非起草人。《合同法》第41条规定："对格式条款的理解发生争议的，应当按照通常理解予以解释。对格式条款有两种以上解释的，应当做出不利于提供格式条款一方的解释。"由于多数保险合同的条款是由保险人事先拟定的，保险人在拟订保险条款时，对其自身利益应当是进行了充分的考虑，而投保人只能同意或不同意接受保险条款，一般不能对条款进行修改，因此，对保险合同发生争议时，人民法院或仲裁机关应当做有利于非起草人（投保人、被保险人或受益人）的解释，以示公平。只有当保险合同条款模棱两可、语义含混不清或一词多义，当事人的意图又无法判明时，才能采用该解释原则。所以，《保险法》第30条规定："保险人与投保人、被保险人或者受益人对合同条款有争议的，应当按照通常理解予以解释。对合同条款有两种以上解释的，人民法院或者仲裁机构应当做出有利于被保险人和受益人的解释。"

（4）尊重保险惯例。保险业务有其特殊性，是一种专业性极强的业务。在长期的业务经营活动中，保险业产生了许多专业用语和行业习惯用语，这些用语的含义常常有别于一般的生活用语，并且为世界各国保险经营者所接受和承认，成为国际保险市场上的通行用语。为此，在解释保险合同时，对某些条款所用词句，不仅要考虑该词句的一般含义，而且要考虑其在保险合同中的特殊含义。例如，在保险合同中，"暴雨"一词不是泛指"下得很大的雨"，而是指达到一定量标准的雨，即每小时降雨量在16毫米以上，或者连续24小时降雨量大于50毫米的降雨。

2. 保险合同争议处理的方式

保险合同订立以后，双方当事人在履行合同过程中，围绕理赔、追偿、交费以及责任归属等问题容易产生争议。《合同法》第128条规定："当事人可以通过和解或者调解解决合同争议。当事人不愿和解、调解或者和解、调解不成的，可以根据仲裁协议向仲裁机构申请仲裁。涉外合同的当事人可以根据仲裁协议向中国仲裁机构或者其他仲裁机构申请仲裁。当事人没有订立仲裁协议或者仲裁协议无效的，可以向人民法院起诉。当事人应当履行发生法律效力的判决、仲裁裁决、调解书；拒不履行的，对方可以请求人民法院执行。"据此，对保险业务中发生的争议，可采取和解、调解、仲裁和诉讼四种方式来处理。

（1）和解。在争议发生后由当事人双方在平等、互利谅解基础上通过对争议事项的协商，互相做出一定的让步，取得共识，形成双方都可以接受的协议，以消除纠纷，保证合同履行。

（2）调解。在第三人主持下根据自愿、合法原则，在双方当事人明辨是非、分清责任的基础上，促使双方互谅互让，达成和解协议，以便合同得到履行。

（3）仲裁。争议双方在争议发生之前或在争议发生之后达成协议，自愿将争议交给第三者即仲裁机构做出裁决，双方有义务执行仲裁裁决。

（4）诉讼。合同当事人的任何一方按照民事法律诉讼程序向法院对另一方当事人提出权益主张，并且要求法院予以裁判和保护。诉讼有民事诉讼、行政诉讼和刑事诉讼之分，保险合同争议的诉讼属于民事诉讼。保险合同的诉讼是指保险合同纠纷发生后，当事人一方按照民事诉讼程序向法院对另一方提出权益主张，由法院进行裁判。

思考与练习

1. 单项选择题

（1）当事人之间因基于不确定的事件取得利益或遭受损失而达成的协议是（　　）。
A．有偿合同　　B．附和合同　　C．射幸合同　　D．议商合同

（2）在人身保险合同中，由被保险人或投保人指定的享有保险金请求权的人是（　　）。
A．受益人　　B．保险经纪人　　C．保险人　　D．投保人

（3）人身保险的被保险人（　　）。
A．可以是法人
B．可以是法人和自然人
C．只能是具有生命的自然人
D．也包括已死亡的人

（4）当受益人先于被保险人死亡，保险金由（　　）领取。
A．投保人　　B．被保险人　　C．受益人　　D．被保险人的法定继承人

（5）被保险人的代表是（　　）。
A．投保人　　B．保险代理人　　C．保险人　　D．保险经纪人

（6）投保人指定或变更受益人须经过（　　）同意。
A．保险人
B．被保险人
C．原先指定的受益人
D．变更的受益人

（7）保险合同终止最普遍的原因是（　　）。
A．保险期间届满终止
B．保险标的灭失而终止
C．履约终止
D．因法定情况出现而终止

2. 多项选择题

（1）订立保险合同的特有原则是（　　）。
A．公平互利原则
B．保险利益原则
C．最大诚信原则
D．协商一致原则
E．自愿订立原则

（2）投保人可以是（　　）。
A．自然人　　B．法人　　C．其他经济组织
D．16岁以下的未成年人　　E．农村承包户

（3）在保险索赔中，索赔权人有（　　）。
A．被保险人　　B．保险代理人　　C．投保人
D．受益人　　E．保险经纪人

（4）在（　　）情况下，保险人可解除保险合同。
A．投保人故意隐瞒事实不履行如实告知义务
B．投保人、被保险人或受益人故意制造保险事故
C．在财产保险中，投保人、被保险人未按约定履行其对标的安全应尽之责任
D．在人身保险中，合同效力中止超过两年
E．在人身保险合同中，未指定受益人

（5）导致保险合同无效的原因有（　　）。
A．违反法律和行政法规　　　　　B．违反国家利益和社会公共利益
C．采用欺诈、胁迫手段签订　　　D．投保人对保险标的不具有保险利益
E．投保人因疏忽或过失而违反如实告知义务

（6）在保险合同中，享有权利、承担义务的人包括（　　）。
A．保险人　　　B．投保人　　　C．被保险人
D．受益人　　　　　　　　　　　E．代理人

（7）解释保险合同应遵循的原则有（　　）。
A．文义解释原则　　　　　　　　B．意图解释原则
C．有利于非起草人原则　　　　　D．有利于保险人解释的原则
E．尊重保险惯例解释原则

（8）受益人遇有下列情形，失去受益权：（　　）
A．受益人先于被保险人死亡　　　B．受益人故意杀害被保险人未遂的
C．受益人放弃受益权　　　　　　D．受益人被指定变更的
E．被保险人先于受益人死亡

3．简答题
（1）保险合同的特点是什么？
（2）简述保险合同的主体、客体、主要内容。
（3）在保险合同履行中，投保人和保险人各自应履行的义务是什么？

4．案例分析
（1）某企业于19××年5月28日为全体职工投保了团体人身意外伤害险，保险公司当即签发了保险单并收取了保险费，但在保险单上列明，保险期间自同年6月1日起到第二年5月31日止。投保后两天即5月30日，该企业一职工周末外出游玩，不慎坠崖身亡。保险公司是否负给付保险金责任？为什么？

（2）小学生张某，男，11岁。19××年年初参加了学生团体平安保险，保险期间为当年3月1日至次年2月28日。当年10月5日张某在家附近的一幢住宅楼施工工地玩耍时，被突然从楼上掉下的一块木板砸在头上，当即气绝身亡。有人认为保险公司应先给付张某的死亡保险金，然后向造成这起事故的施工单位索要与此等额的赔偿金。这种说法对吗？为什么？本案该如何处理？

（3）某个体户李某于1998年4月1日，将其自有的一辆货车向当地保险公司投保了机动车辆损失保险和第三者责任保险，期限一年。1999年1月，李某将该车出售给刘某，但未到保险公司办理过户批改手续。后刘某在使用期间与另一汽车相撞，经交通监理部门裁定，由刘某赔偿对方修理费5 000元。刘某以该车已投保为由，向保险公司索赔，保险公司拒赔。试分析：保险公司拒赔是否成立？为什么？

第 3 章 保险原则及其应用

阅读要点

- 掌握最大诚信原则的含义、基本内容及违反最大诚信原则的法律责任；
- 掌握保险利益原则的含义、各类保险的保险利益及时限要求；
- 掌握近因原则的含义及其应用；
- 掌握损失补偿原则的含义及其两大派生原则。

3.1 最大诚信原则

3.1.1 最大诚信原则概述

1. 最大诚信原则的含义

最大诚信原则是指保险合同当事人在订立合同时及合同有效期内应依法向对方提供可能影响对方是否缔约及缔约条件的重要事实，同时绝对信守合同缔结的认定与承诺，否则，受到损害的一方，可以宣布合同无效或不履行合同约定的义务或责任，还可以对因此受到的损害要求对方赔偿。最大诚信原则是民事法律关系的基本原则之一。签订和履行保险合同必须遵守最大诚信原则。

诚信一般是指诚实可靠、坚守信誉，一方当事人对另一方当事人不得隐瞒和欺骗，同时，任何一方当事人都应善意地、全面地履行自己的义务。诚信原则是世界各国立法对民事、商务活动的基本要求，是订立各种经济合同的基础。

在保险合同中，对当事人的诚信要求比一般的民事活动更为严格，要求当事人具有最大诚信。最大诚信的含义是指当事人要向对方充分而准确地告知有关保险的所有重要事实，不允许存在任何的虚伪、欺骗和隐瞒行为。重要事实一般是指对保险人决定是否承保或以何种条件承保起影响作用的事实，它影响保险人是否承保和保险费的大小。例如，有关投保人和被保险人的详细情况、有关保险标的的详细情况、危险因素及变化情况、以往的损失赔付情况、以往是否遭到其他保险人拒绝承保的事实等。

在保险活动中，最早以法律形式出现的最大诚信原则，是英国 1906 年《海上保险法》的规定："海上保险是建立在最大诚信原则基础上的，如果任何一方不遵守这一原则，他方可以宣告合同无效。"我国《保险法》第 5 条规定："保险活动当事人行使权利、履行义务应当遵循诚实信用原则。"因此，保险双方签订合同建立在诚实信用基础上，任何一方违反最大诚信原则均会损害对方的利益甚至导致合同无效。

2. 规定最大诚信原则的原因

（1）保险经营的特殊性要求投保人（或被保险人）具有最大诚信。首先，在保险合同签订时和履行过程中，保险人和投保人（或被保险人）所掌握的信息是不对称的，保险经营是一种特殊的活动，它以危险的存在为前提，危险的性质和大小直接决定着保险人是否承保及保险费率的高低。由于保险标的具有广泛性和复杂性，投保人对保险标的的危险情况最为了解，保险人不可能对保险标的的危险情况进行一一调查或进行持续的监控，而只能根据投保人的介绍和叙述来确定是否承保并确定保险费率。这种信息不对称要求投保人具有最大诚信，在投保时如实告知并信守承诺。其次，最大诚信原则最早起源于海上保险，在保险双方签订合同时，往往离船舶和货物所在地较远，保险人对保险标的一般不能做实地勘察，只能依靠投保人叙述的情况来决定是否承保和如何承保。因此，特别要求投保人诚信可靠，要求投保人基于最大诚信原则履行告知与保证的义务。

（2）保险合同的附和性和专业性要求保险人具有最大诚信。首先，保险合同属于附和合同或格式合同，合同中的内容一般是由保险人单方面制定的，投保人只能同意或不同意，或者以附加条款的方式接受。其次，保险合同条款较为复杂，专业性强，合同里的专业术语对于一般的投保人（或被保险人）不易理解和掌握。从保险产品的设计来看，保险条款及其费率由保险人单方拟定，其技术和复杂程度远非一般人所能了解，如费率是否合理，承保条件及赔偿方式是否苛刻等。所以，保险合同的附和性和专业性要求保险人基于最大诚信来履行其应尽的义务与责任，保险人必须如实向投保人（或被保险人）说明保险合同的主要条款尤其是责任免除条款。

（3）保险本身的不确定性要求投保人（或被保险人）具有最大诚信。保险人所承保的保险标的，其危险事故的发生是不确定的或是偶然的，也就是保险事故的发生具有射幸性。对有些险种来说，投保人（或被保险人）仅仅支付了较少的保险费，当保险标的发生危险事故时，投保人（或被保险人）所能获得的赔偿或给付金额可能是保险费的数十倍甚至数百倍。因此，如果投保人不能按照诚实信用原则来进行保险活动，保险人将无法长久地进行保险经营，最终也给其他的投保人（或被保险人）的保险赔偿或给付造成困难，造成损失无法弥补、合同无法履行。所以，保险合同在投保时或合同履行过程中都要求投保人（或被保险人）具有最大诚信，如实告知标的的危险情况和保险事故的发生情况等。

3.1.2 最大诚信原则的基本内容

最大诚信原则是签订和履行保险合同所必须遵守的一项基本原则，坚持最大诚信原则是为了确保保险合同的公平，维护保险合同双方当事人的利益。最大诚信原则的具体内容主要包括告知、保证、弃权与禁止反言。

1. 告知

告知在保险中又称为如实告知。狭义的告知是指合同当事人在订立合同前或订立合同时，双方互相据实申报或陈述。保险中最大诚信的告知是指广义的告知，即在保险合同订立前、订立时及合同有效期内，投保人对已知或应知的危险，以及与标的有关的实质性重要事实向保险人做口头或书面的申报；保险人也应将对投保人利害相关的实质性重要事实据实通知投保人。告知强调的是最大诚信中的诚实，告知的目的在于使保险人能够正确估计其承担的危险损失是否可保，对投保人来说是能够确知未来危险损失是否能得到保障。保险人根据投保人的告知判断是否接受承保或以何条件承保；投保人根据保险人的告知，判断是否应向该保险人投保或以何条件投保。

作为投保人，应告知的内容有五个方面：

（1）在保险合同订立时根据保险人的询问，对已知或应知的与保险标的及其危险有关的重要事实进行如实回答。我国《保险法》第16条规定："订立保险合同，保险人就保险标的或者被保险人的有关情况提出询问的，投保人应当如实告知。投保人故意或者因重大过失未履行如实告知义务，足以影响保险人决定是否同意承保或者提高保险费率的，保险人有权解除合同。前款规定的合同解除权，自保险人知道有解除事由之日起，超过三十日不行使而消灭。自合同成立之日起超过二年的，保险人不得解除合同；发生保险事故的，保险人应当承担赔偿或者给付保险金的责任。投保人故意不履行如实告知义务的，保险人对于合同解除前发生的保险事故，不承担赔偿或者给付保险金的责任，不退还保险费。投保人因重大过失未履行如实告知义务，对保险事故的发生有严重影响的，保险人对于合同解除前发生的保险事故，不承担赔偿或者给付保险金的责任，但应当退还保险费。保险人在合同订立时已经知道投保人未如实告知的情况的，保险人不得解除合同；发生保险事故的，保险人应当承担赔偿或者给付保险金的责任。"在具体的操作中，通常情况下，保险公司会让投保人首先填写投保单，在投保单上列出投保人、被保险人及保险标的的详细情况让投保人填写；或者由代理人按照投保单的内容一一询问，代为填写，由投保人和被保险人（或其监护人）签名确认。

（2）保险合同订立后，在保险合同的有效期内，保险标的的危险程度增加时，应及时告知保险人。在财产保险中，保险标的的危险程度增加时的及时告知尤为重要，否则可能导致保险公司拒赔。《保险法》第52条规定："在合同有效期内，保险标的的危险程度显著增加的，被保险人应当按照合同约定及时通知保险人，保险人可以按照合同约定增加保险费或者解除合同。保险人解除合同的，应当将已收取的保险费，按照合同约定扣除自保险责任开始之日起至合同解除之日止应收的部分后，退还投保人。被保险人未履行通知义务的，因保险标的的危险程度显著增加而发生的保险事故，保险人不承担赔偿保险金的责任。"

（3）保险标的发生转移或保险合同有关事项有变动时，投保人或被保险人应及时通知保险人，经保险人确认后可变更合同并保证合同的效力。当其中的重要事项变动时，保险人对变动的确认是重要的，它表明保险公司接受变动并对由此产生的可能的保险损失承担赔付责任。《保险法》第49条规定："保险标的转让的，被保险人或者受让人应当及时通知保险人，但货物运输保险合同和另有约定的合同除外。因保险标的转让导致危险程度显著增加的，保险人自收到通知之日起三十日内，可以按照合同约定增加保险费或者解除合同。保险人解除合同的，应当将已收取的保险费，按照合同约定扣除自保险责任开始之日起至合同解除之日止应收的部分后，退还投保人。被保险人、受让人未履行通知义务的，因转让导致保险标的的危险程度显著增加而发生的保险事故，保险人不承担赔偿保险金的责任。"

（4）保险事故发生后投保人应及时通知保险人。《保险法》第21条规定："投保人、被保险人或者受益人知道保险事故发生后，应当及时通知保险人。故意或者因重大过失未及时通知,致使保险事故的性质、原因、损失程度等难以确定的,保险人对无法确定的部分,不承担赔偿或者给付保险金的责任,但保险人通过其他途径已经及时知道或者应当及时知道保险事故发生的除外。"及时通知的目的在于使保险人协助减少保险损失,准确查找损失原因,同时使投保人或被保险人尽早得到保险赔付,尽快恢复正常的生产或生活。

(5)有重复保险的投保人应将有关情况通知保险人。《保险法》第 56 条规定:"重复保险的投保人应当将重复保险的有关情况通知各保险人。"

投保人告知的形式有客观告知和主观告知两种。客观告知,又称无限告知,即不管法律上或保险人对告知的内容有没有明确的规定,只要是与保险标的的危险状况有关的任何事实,投保人都有义务告知。客观告知对投保人的要求比较高,目前,法国、比利时,以及英美法系国家的保险立法采用该种形式。

主观告知,又称询问回答告知,是指投保人对保险人询问到的问题必须如实告知,而对询问以外的问题无须回答。大多数国家的保险立法采用该种形式,我国也采用该种形式。投保人或被保险人对某些事实在未询问时可以保持缄默,无须告知。

保险人作为保险关系中的当事人,也应遵循最大诚信原则中对如实告知义务的要求,保险人告知的主要内容有:

(1)保险合同订立时,保险人应主动向投保人说明保险合同条款的内容,特别是免责条款的内容。我国《保险法》第 17 条规定:"订立保险合同,采用保险人提供的格式条款的,保险人向投保人提供的投保单应当附格式条款,保险人应当向投保人说明合同的内容。对保险合同中免除保险人责任的条款,保险人在订立合同时应当在投保单、保险单或者其他保险凭证上做出足以引起投保人注意的提示,并且对该条款的内容以书面或者口头形式向投保人做出明确说明;未做提示或者明确说明的,该条款不产生效力。"

(2)在保险事故发生时或保险合同约定的条件满足后,保险人应按合同约定如实履行赔偿或给付义务;若拒赔条件存在,应发送拒赔通知书。《保险法》第 23 条规定:"保险人收到被保险人或者受益人的赔偿或者给付保险金的请求后,应当及时做出核定;情形复杂的,应当在三十日内做出核定,但合同另有约定的除外。保险人应当将核定结果通知被保险人或者受益人;对属于保险责任的,在与被保险人或者受益人达成赔偿或者给付保险金的协议后十日内,履行赔偿或者给付保险金义务。"《保险法》第 24 条规定:"保险人依照本法第二十三条的规定做出核定后,对不属于保险责任的,应当自做出核定之日起三日内向被保险人或者受益人发出拒绝赔偿或者拒绝给付保险金通知书,并且说明理由。"

保险人告知的形式有明确列示和明确说明两种。明确列示是指保险人只需将保险的主要内容明确列明在保险合同之中,即视为已告知投保人。在国际保险市场上,一般只要求保险人如此告知。明确说明是指保险人不仅应将保险的主要内容明确列明在保险合同中,还必须对投保人进行正确的解释。我国要求保险人告知形式采用明确说明方式,要求保险人要对保险合同的主要条款尤其是责任免除部分做出明确提示并进行说明,否则,该条款无效(详见我国《保险法》第 17 条的规定)。

2. 保证

保证是最大诚信原则的重要内容。保证是指保险人要求投保人或被保险人在保险期间对某一事项的作为与不作为,某种事态的存在或不存在做出的许诺。保证是一项从属于主要合同的承诺,是保险合同成立的基本条件。对于保证,被保险人应严格遵守,违反保证时受害的一方有权请求赔偿并可以据此解除合同。因此,保证强调守信,恪守合同承诺。保证的目的在于控制危险,确保保险标的及其周围环境处于良好的状态之中。保证相对于告知来说,对被保险人的要求更为严格,无论违反保证的事实对危险是否重要,一旦违反,保险人即可宣告保险单无效。保证的内容为保险合同的重要条款之一。

保证按其形式可分为明示保证和默示保证。

(1) 明示保证以文字或书面的形式在保险合同中载明,成为合同条款的保证。明示保证以文字的规定为依据,是保证的重要形式。明示保证又可分为认定事项保证和约定事项保证。认定事项保证,又叫确认保证,该类保证事项涉及过去与现在,是投保人对过去或现在某一特定事实存在或不存在的保证。例如,某人保证从未得过某种疾病是指过去及现在从未得过,但不能保证将来是否会患该种疾病。约定事项保证,又称承诺保证,是指投保人对未来某一特定事项的作为或不作为,其保证的事项涉及现在和将来。例如,某人承诺今后不从事高危险性的运动是指从现在开始不参加危险性高的运动,但在此前是否参加过并不重要,也无须知晓。

(2) 默示保证是指并未在保险单中明确载明,但订约双方在订约时都清楚的保证。默示保证无须保险合同中文字的表述,一般是国际惯例所通行的准则、习惯上或社会公认的在保险实践中遵守的规则。其内容通常是以往法庭判决的结果,也是某行业习惯的合法化,与明示保证一样对被保险人具有约束力。默示保证在海上保险中应用较多。例如,在海上保险合同中的默示保证有:保险的船舶必须有适航能力,即船主在投保时,保证船舶的构造、设备、驾驶管理员等都符合安全标准,适合航行;保险的船舶要按预定的或习惯的航线航行,除非因躲避暴风雨或救助他人才允许改变航道;保险的船舶保证不进行非法经营或运输违禁品等。

3. 弃权与禁止反言

弃权与禁止反言也是最大诚信原则的一项内容。弃权是指保险合同的一方当事人放弃其在保险合同中可以主张的权利,通常是指保险人放弃合同解除权与抗辩权。禁止反言是指合同一方既已放弃其在合同中的某项权利,日后不得再向另一方主张这种权利,也称禁止抗辩,在保险实践中主要约束保险人。

(1) 弃权的构成条件。构成保险人的弃权必须具备两个要件:首先,保险人须有弃权的意思表示,无论是明示的还是默示的;其次,保险人必须知道有违背约定义务的情况及因此享有抗辩权或解约权。

对于默示的意思表示,可以从保险人的行为中推断,如果保险人知道被保险人有违背约定义务的情形,而做出下列行为的,一般被视为弃权或默示弃权。

第一,投保人有违背按期交付保险费或其他约定义务的时候,保险人原本应解除合同,但是,如果保险人已知此种情形却仍旧收受补交的保险费时,则证明保险人有继续维持合同的意思表示,因此,其本应享有的合同解除权、终止权及其他抗辩权均视为弃权。

第二,在保险事故发生后,保险人明知有拒绝赔付的抗辩权,但仍要求投保人或被保险人提出损失证明,因此增加投保人在时间及金钱上的负担,视为保险人放弃抗辩权。

第三,保险人明知投保人的损失证明有纰漏和不实之处,但仍无条件予以接受,则可视为对纰漏和不实之处抗辩权的放弃。

第四，保险事故发生后，保险单持有人（投保人、被保险人或受益人）应于约定或法定时间期限内通知保险人，但如逾期通知，保险人仍表示接受的，则认为是对逾期通知抗辩权的放弃。

第五，保险人在得知投保人违背约定义务后仍保持沉默，即视为弃权。例如，财产保险的投保人申请变更保险合同，保险人在接到申请后，经过一定期间不表示意见的，视为承诺；保险人于损失发生前，已知投保人有违背按期交付保险费以外约定义务的，应在一定期限内解除或终止合同，如在一定期限内未做任何表示，其沉默视为弃权。

（2）弃权与禁止反言的时间规定。弃权与禁止反言在人寿保险中有特殊的时间规定，保险人只能在合同订立之后一定期限内（通常为两年）以被保险人告知不实或隐瞒为由解除合同，超过规定期限没有解除合同的视为保险人已经放弃该权利，不得再以此为由解除合同。例如，《保险法》第16条第3款规定："前款规定的合同解除权，自保险人知道有解除事由之日起，超过三十日不行使而消灭。自合同成立之日起超过两年的，保险人不得解除合同；发生保险事故的，保险人应当承担赔偿或者给付保险金的责任。"《保险法》第16条第6款规定："保险人在合同订立时已经知道投保人未如实告知的情况的，保险人不得解除合同；发生保险事故的，保险人应当承担赔偿或者给付保险金的责任。"弃权与禁止反言的限定可以约束保险人的行为，要求保险人为其行为及其代理人的行为负责，同时，维护了被保险人的权益，有利于保险人权利和义务关系的平衡。

3.1.3　违反最大诚信原则的法律责任

1. 违反告知的法律后果

由于保险合同当事人双方均有告知的责任和义务，所以双方违反告知都将承担法律后果。

（1）投保人违反告知的法律后果。投保人违反告知义务有四种情形：一是漏报，由于疏忽、过失而未告知，或者对重要事实误认为不重要而未告知；二是误告，由于对重要事实认识的局限性，包括不知道、了解不全面或不准确而导致的，不是故意欺骗；三是隐瞒，即投保人对会影响保险人决定是否承保，或者影响承保条件的已知或应知的事实没有如实告知或仅部分告知；四是欺诈，即投保人怀有不良企图，故意做不实告知，如在未发生保险事故时却谎称发生保险事故。对以上不同的违反告知的情形的处分也不同。

对于投保人故意不履行如实告知义务的，《保险法》第16条第4款规定：投保人故意不履行如实告知义务的……足以影响保险人决定是否同意承保或者提高保险费率的，保险人有权解除保险合同……对于保险合同解除前发生的保险事故，不承担赔偿或者给付保险金的责任，不退还保险费。

对于投保人因过失或疏忽而未履行如实告知义务的，我国《保险法》第16条第5款规定：投保人因重大过失未履行如实告知义务的……足以影响保险人决定是否同意承保或者提高保险费率的，保险人有权解除保险合同……对于保险合同解除前发生的保险事故，不承担赔偿或者给付保险金的责任，但应当退还保险费。

投保人进行欺诈，伪造事实时，有两种后果：当投保人、被保险人在发生保险事故后，编造虚假证明、资料、事故原因，夸大损失时，保险人对弄虚作假部分不承担赔付义务；未发生保险事故，却故意制造保险事故者，保险人有权解除保险合同并不承担保险赔付责任。

（2）保险人违反告知义务的法律后果。如果保险人在订立保险合同时未尽告知义务，如对免责条款没有提示或明确说明，根据《保险法》第17条规定，该条款不产生效力。《保险法》第116条和第161条规定，保险人或其工作人员如果在保险业务活动中隐瞒与保险合同有关的重要情况，欺骗投保人、被保险人或受益人，阻碍或诱导投保人不履行如实告知义务，拒不履行保险赔付义务，有上述情形之一的，由保险监督管理机构责令改正，处五万元以上三十万元以下的罚款；情节严重的，限制其业务范围、责令停止接受新业务或者吊销业务许可证。

2．违反保证的法律后果

任何不遵守保证条款或保证约定、不信守合同约定的承诺或担保的行为，均属于破坏保证。保险合同约定保证的事项为重要事项，是订立保险合同的条件和基础，投保人或被保险人必须遵守。各国立法对投保人或被保险人遵守保证事项的要求也极为严格，凡是投保人或被保险人违反保证，无论其是否有过失，也无论是否对保险人造成损害，保险人均有权解除合同，不承担保险责任。对于保证的事项，无论故意或无意违反保证义务，对保险合同的影响是相同的，无意的破坏，不能构成投保人抗辩的理由；即使违反保证的事实更有利于保险人，保险人仍可以违反保证为由使合同无效或解除合同。而且，对于破坏保证，除人寿保险外，一般不退还保险费。

与告知不同的是，保证是对某一特定事项的作为与不作为的承诺，而不是对整个保险合同的保证，因此，在某种情况下，违反保证条件只部分地损害了保险人的利益，保险人只应就违反保证部分拒绝承担保险赔偿责任。即当被保险人何时、何事项违反保证，保险人即从何时开始拒绝赔付并就此时此次的保证破坏额而拒绝赔付，但不一定完全解除保险合同。

但在下列情况下，保险人不得以被保险人破坏保证为由使保险合同无效或解除保险合同：一是环境变化使被保险人无法履行保证事项；二是国家法律法规变更使被保险人不能履行保证事项；三是被保险人破坏保证是由保险人事先弃权所致的，或者保险人发现破坏保证仍保持沉默，也视为弃权。

3.2　保险利益原则

3.2.1　保险利益原则概述

1．保险利益的含义与性质

（1）保险利益的含义。保险利益是指投保人或被保险人对保险标的具有的法律上承认的利益。它体现了投保人或被保险人与保险标的之间存在的利益关系。衡量投保人或被保险人对保险标的是否具有保险利益，主要看投保人或被保险人是否因保险标的的损失而遭受经济上的损失，即当保险标的安全时，投保人或被保险人可以从中获益；反之，当保险标的受损时，投保人或被保险人会遭受经济上的损失。在这里，需要注意的是保险标的的与保险利益之间的关系，保险标的是保险利益的载体，保险利益是建立在保险标的之上的，体现的是投保人或被保险人与保险标的的经济利益关系。

（2）保险利益的性质。

1）保险利益是保险合同的客体。在人身保险中，保险标的是人的寿命和身体；在财产保险中，保险标的是财产及其相关利益。保险标的是保险合同必须载明的内容，保险并不能保证保险标的本身不发生危险，投保的目的在于在保险标的遭受损失后使投保人或被保险人（受益人）得到经济上的补偿。投保人和被保险人要求保险人予以保障的不是标的本身，而是其对保险标的具有的经济利益，保险合同保障的也是投保人对保险标的所具有的利益关系，即保险利益。

2）保险利益是保险合同生效的依据。保险利益是保险合同关系成立的根本前提和依据。只有当投保人或被保险人对保险标的具有保险利益时，才能对该标的投保。如果不具有保险利益而确立保险经济关系，那么，投保人可以将与自己没有任何利益关系的财产或人的生命作为保险标的投保，这样将引发不良的社会行为和后果。另外，在订立合同时，若投保人或被保险人对同一标的具有多方面的保险利益，可就不同的保险利益签订不同的保险合同，如投保人可以为同一被保险人购买寿险、健康险或意外险。若在多个保险标的上具有同一保险利益，投保人或被保险人可就不同的标的订立一个保险合同，如家庭财产责任保险等，保险标的就是一系列财产。

3）保险利益并非保险合同的利益。保险利益体现了投保人或被保险人与保险标的之间存在的利益关系。该关系在保险合同签订前已经存在或已有存在的条件，投保人与保险人签订保险合同的目的在于保障这一利益的安全。保险合同的利益是保险合同生效后取得的利益，是保险权益，如受益人在保险事故发生后得到的保险金等。保险权益在一定条件下可以由权利人自由转让，如寿险合同的投保人和被保险人可经保险人批准认可，自由变更受益人。

2. 保险利益确定的条件

保险合同的成立必须以保险利益的存在为前提，因此，保险利益的确定十分重要。投保人对保险标的的利益关系并非都可作为保险利益，某一利益是否成为保险利益应符合以下条件。

（1）保险利益必须是合法的利益。投保人对保险标的所具有的利益必须被法律认可，符合法律的规定，受到法律的保护，与社会公共利益相一致。它产生于国家制定的相关法律或法规，以及法律所承认的有效合同，而不是违反法律规定，通过不正当手段获得的利益。非法的利益不受法律保护，当然不能作为保险利益，如盗窃物品、诈骗贪污得到的物品、走私物品、违禁品等通过非法手段所获得的财产。

（2）保险利益必须是客观存在、确定的利益。客观存在、确定的利益是指投保人对保险标的的现有利益和预期利益，即客观上是已经确定或可以确定的利益。现有利益是指在客观上或事实上已经存在的利益，如投保人或被保险人对已取得所有权、经营权、抵押权的标的所具有的利益。预期利益是指在客观上或事实上尚不存在，但据有关法律或有效合同的约定可以确定在今后一段时间内将产生的经济利益，如预期的营业利润和租金等。在投保时，现有利益或预期利益都可作为确定保险金额的依据，但在发生保险事故进行受损索赔时，预期利益已成为现有利益才能赔付，保险人的赔偿以实际损失的保险利益为限。

（3）保险利益必须是经济利益。所谓经济利益，是指投保人或被保险人对保险标的的利益必须是可以通过货币计量的利益。因为保险合同的目的是补偿损失，而保险赔付是通过货币形式的经济补偿或给付来实现的，若损失不能以货币计量，则无法计算损失的额度，也就无法理赔，保险补偿也就无从实现，所以保险利益必须能用货币来计量，否则保险人的承保和补偿就难以进行。

3．保险利益原则的含义

保险利益原则是保险的基本原则，是指在签订和履行合同的过程中，投保人或被保险人对保险标的应当具有保险利益，否则，保险人可单方面宣布合同无效。无论是在人身保险还是在财产保险中，投保人只有对保险标的具有保险利益，才有资格与保险人订立合同，合同才能正式生效，否则，合同无效。

《保险法》第12条规定："人身保险的投保人在保险合同订立时，对被保险人应当具有保险利益。财产保险的被保险人在保险事故发生时，对保险标的应当具有保险利益。"

3.2.2 各类保险的保险利益

由于各类保险的保险标的和保险责任不同，因此在保险合同的订立及履行过程中对保险利益原则的应用也存在一定的差异。

1．财产保险的保险利益

财产保险的保险标的是财产及其有关利益，因此，投保人对其受到法律承认和保护的、拥有所有权、经营权或使用权、财产承运权或保管权、财产抵押权或留置权等权利的财产及其有关利益具有保险利益。该保险利益是由于投保人或被保险人对保险标的具有的某种经济上或法律上的利益关系而产生的，包括现有利益、预期利益、责任利益、合同利益。

（1）现有利益。现有利益随物权的存在而产生。现有利益是投保人或被保险人对财产已享有且可继续享有的利益。例如，汽车、房屋、船舶、货物或其他财产的利益等。由于财产权分为物权、债权和知识产权中的财产权，因此投保人如现时对财产具有合法的所有权、抵押权、质权、留置权、典权等关系且继续存在者，均具有保险利益。例如，被保险人对于自己拥有所有权的汽车、房屋，便是依据所有权而享有其所有的利益。现有利益不仅限于具有所有权的利益，还包括抵押人对于抵押物、质权人对于质押物、债务人对于留置物等，也具有现有利益，从而具有保险利益。

（2）预期利益。预期利益是因财产的现有利益而存在确实可得的、依法律或合同产生的未来一定时期的利益。预期利益必须以现有利益为基础，是确定的、在法律上认可的利益。它包括利润利益、租金收入利益、运费收入利益等。例如，企业的预期利润、汽车的营运收入、货物预期利润等；又如，货物运输的承运人对于运费具有保险利益，若运输途中发生危险事故致使货物受损，则承运人的收入也会减少；同理，房屋的出租人对于出租房屋的预期租金具有保险利益。

（3）责任利益。责任利益是被保险人因其对第三者的民事损害行为依法应承担的赔偿责任，因此，因承担赔偿责任而支付赔偿金额和其他费用的人具有责任保险的保险利益。它是基于法律上的民事赔偿责任而产生的保险利益，如对第三者的责任、职业责任、产品责任、公众责任、雇主责任等。

（4）合同利益。合同利益是基于有效合同而产生的保险利益。虽然有效合同并非以物权为对象，但以财产为其履约对象。例如，在国际贸易中，当卖方将货物卖给买方，并且已发运，但由于某种原因造成买方拒收货物时，卖方对已经售出的货物持有保险利益；雇员对雇主的不忠实等。这样，债务人因种种原因不履行应尽义务，使权利人遭受损失，权利人对义务人的信用就存在保险利益。

2．人身保险的保险利益

人身保险的保险利益在于投保人与被保险人之间的利益关系。人身保险以人的生命或身体为保险标的，只有当投保人对被保险人的生命或身体具有某种利益关系时，投保人才能对被保险人具有保险利益。即被保险人的生存或身体健康能保证其原有的经济利益，而当被保险人死亡或伤残时，将使投保人遭受经济损失。

人身保险的保险利益决定于投保人与被保险人之间的关系：

（1）投保人对自己的生命或身体具有保险利益。任何人对其自身的生命或身体都具有保险利益。因此，当投保人为自己的生命或身体投保时，其保险利益不容置疑。

（2）法律规定投保人与有亲属血缘关系的人具有保险利益。亲属血缘关系主要是指配偶、子女、父母、兄弟姐妹、祖父母、孙子女等家庭成员。有些国家规定，具有保险利益的仅为直系近亲，有些国家规定的范围较大。通常，只要在同一家庭中生活的近亲属，一般认为相互存在保险利益。

（3）投保人对承担赡养、收养等法定义务的人也具有保险利益，不论是否存在血缘关系，如收养人与被收养人之间相互具有保险利益。

（4）投保人与其有经济利益关系的人具有保险利益。投保人与被保险人之间的关系是经济利益关系，如雇佣关系、债权债务关系等。雇佣关系体现出来的企业或雇主对其雇员具有的保险利益，使得企业或雇主可以以投保人身份为雇员订立人身保险合同。债务人的生死对债权人的切身利益有直接影响，因此，债权人对债务人具有保险利益，但债务人对债权人不具有保险利益。当然，债权人对债务人的保险利益以所欠债务为限。另外，合伙人对其他合伙人、财产所有人对财产管理人等也都因其存在的经济利益关系，前者对后者具有保险利益。

当投保人以他人的生命或身体投保时，保险利益的确定各国有不同的规定。例如，英美法系国家基本上采取"利益主义"原则，即以投保人与被保险人之间是否存在经济上的利益关系为判断依据，如果有，则存在保险利益。而大陆法系的国家通常采用"同意主义"原则，即无论投保人与被保险人之间有无利益关系，只要被保险人同意，则具有保险利益。另外，有些国家采取"利益和同意相结合"原则，即投保人与被保险人之间具有经济上的利益关系或其他的利益关系，或者投保人与被保险人之间虽没有利益关系，但只要被保险人同意，也被视为具有保险利益。《保险法》第31条规定，投保人对下列人员具有保险利益：本人；配偶、子女、父母；前项以外与投保人有抚养、赡养或者扶养关系的家庭其他成员、近亲属；与投保人有劳动关系的劳动者。除以上规定外，被保险人同意投保人为其订立合同的，视为投保人对被保险人具有保险利益。订立合同时，投保人对被保险人不具有保险利益的，合同无效。在实务操作中，要求投保人与被保险人之间必须存在合法的经济利益关系，保险金额须在投保人对标的所具有的保险利益限度内，当投保包含死亡责任险种时，往往要征得被保险人的书面同意。因此，实行的是"利益和同意相结合"原则。

3．责任保险的保险利益

责任保险是以被保险人的民事损害经济赔偿责任作为保险标的的一种保险。投保人与其所应负的损害经济赔偿责任之间的法律关系构成了责任保险的保险利益。凡是法律法规或行政命令所规定的，因承担民事损害经济赔偿责任而需支付损害赔偿金和其他费用的人对责任保险具有保险利益，都可以投保责任保险。根据责任保险险种的不同，责任保险的保险利益也不同。

（1）公众责任保险。各种固定场所（如饭店、旅馆、影剧院等）的所有人、管理人对因固定场所的缺陷或管理上的过失及其他意外事件导致顾客、观众等人身伤害或财产损失依法应承担经济赔偿责任的具有保险利益。

（2）产品责任保险。制造商、销售商、修理商因其制造、销售、修理的产品有缺陷对用户或消费者造成人身伤害和财产损失，依法应承担的经济赔偿责任的具有保险利益。

（3）职业责任保险。各类专业人员因各种工作上的疏忽或过失使他人遭受损害，依法应承担经济赔偿责任的具有保险利益。

（4）雇主责任保险。雇主对雇员在受雇期间因从事与职业有关的工作而患职业病或伤、残、死亡等依法应承担医药费、工伤补贴、家属抚恤责任的具有保险利益。

4．信用与保证保险的保险利益

信用与保证保险是一种担保性质的保险，其保险标的是一种信用行为。权利人与被保险人之间必须建立合同关系，双方存在经济上的利益关系。当义务人因种种原因不能履行应尽义务，使权利人遭受损失时，权利人对义务人的信用存在保险利益；而当权利人担心义务人的履约与否、守信与否时，义务人因权利人对其信誉怀疑而存在保险利益。例如，债权人对债务人的信用具有保险利益，可投保信用保险。债务人对自身的信用也具有保险利益，可投保保证保险。其他如雇主对雇员的信用具有保险利益；制造厂商对销售商店信用具有保险利益；业主对承包商的合同的实现具有保险利益。

3.2.3 保险利益的变动及适用时限

1．保险利益的变动

保险利益的变动是指保险利益的转移、消灭。保险利益转移是指在保险合同有效期间，投保人将保险利益转移给受让人，而保险合同依然有效。所有权人对自己所有的财产有保险利益，在其投保后的保险合同有效期内，所有权人如果将财产所有权转让他人，则其由于丧失了与保险标的的利益关系而失去了保险利益；新的财产所有权人在法律上被认为自动取代原投保人的地位，保险合同继续有效，无须重新投保。此情况我们称为保险利益转移。保险利益消灭是指投保人或被保险人对保险标的的保险利益由于保险标的灭失而消灭。

保险标的的保险利益会由于各种原因而发生转移和消失。但在财产保险和人身保险中，情况又各有不同。

在财产保险中，保险利益存在因继承、让与、破产等而发生转移，因保险标的的灭失而消灭的情况。例如，保险利益在保险事故发生之前，可能因为被保险人的死亡使保险标的被继承而转移；可能因为保险标的被出售而随之被转让；可能因为被保险人的资金运转不灵而被债权人抵债等。通常情况下，保险利益随保险标的的所有权的转移而同时转移，即该保险标的的继承人、受让人和债权人在被保险人死亡后、保险标的被卖出后、保险标的被用于偿还债务后，对该保险标的具有保险利益。同时，原被保险人对该保险标的具有的保险利益消失。保险利益的转移会影响到保险合同的效力，保险人依合同对保险利益的转移进行否定或认可。例如，甲某的汽车转让给乙某时，甲某以该汽车进行投保的合同的转移就需要得到保险人的认可，否则，该合同无效。

在人身保险中，也存在保险利益的变动情况，即保险利益的消灭和转移。在人身保险中，被保险人因人身保险合同责任免除规定的原因死亡，如自杀等均为保险利益的消灭。人身保险的保险利益的转移通常体现在因债权债务关系而订立的合同的继承和让与上。当被保险人死亡时，则不存在保险利益的转移问题。在人身保险的死亡保险或两全保险中，如果被保险人死亡，则意味着保险事故的发生，该保险合同因保险金的给付而终止；如果被保险人在其他的人身保险合同中或因责任免除的原因死亡，保险合同因保险标的的消灭而终止，不能被认为是转移。如果投保人死亡时，而投保人与被保险人不是同一人，若人身保险合同为特定的人身关系而订立，如亲属关系、扶养关系等，保险利益不能转移；若保险合同因一般利益关系而订立，如债权债务关系，被保险人的利益由投保人专属（如债务人的利益由投保人的债权人专属），则由投保人的继承人继承（如债权人的继承人继承对债务人的利益）。在人身保险中，除因债权债务关系而订立的合同可随债权一同转让外，其他的人身保险的保险利益不得因让与而转让。

2. 保险利益的适用时限

保险利益原则是保险实践中必须坚持的，但在财产保险和人身保险中，保险利益的适用时限却有不同。根据《保险法》第12条的规定，保险利益原则对人身保险和财产保险的时限要求不同，在人身保险中，强调投保人在投保时对被保险人具有保险利益，在财产保险中，强调被保险人在保险事故发生时，对保险标的应当具有保险利益。

在财产保险中，一般要求从保险合同订立到保险合同终止，始终都要求存在保险利益，投保时具有的保险利益若在发生损失时丧失，则保险合同无效。对于投保时具有的预期利益部分通常还要求转化为现有利益，被保险人才能获得赔付。在海洋运输货物保险中，保险利益在适用时限上具有一定的灵活性，它规定在投保时可以不具有保险利益，但在索赔时被保险人对保险标的的必须具有保险利益。这一规定起源于海上贸易的习惯，当货物在运输途中，其所有权是可以转移的。因此，尽管在签发保险单时，货物的买方可能还不具有保险利益，但从货物转让时起，则具有合法的保险利益，在发生保险事故时，可要求保险人进行赔偿。《保险法》在财产保险合同相关条款的第48条规定：保险事故发生时，被保险人对保险标的不具有保险利益的，不得向保险人请求赔偿保险金。

在人身保险中，特别强调投保人对被保险人在保险合同订立时具有保险利益，而当保险事故发生进行索赔时是否具有保险利益则不要求。这主要是因为人身保险的保险标的是人的生命和身体，人身保险合同生效后，被保险人的生命或身体受到伤害，获得保险金给付利益的是被保险人或受益人，投保人不会因被保险人发生保险事故而享有领取保险金的权利。因此，在发生保险事故时，投保人是否对被保险人具有保险利益没有意义。另外，人身保险的期限一般较长，被保险人往往是和投保人具有一定关系的人，这种关系在合同订立后可能发生变化，如夫妻关系或雇佣关系等。因此在人身保险中，只要在投保时具有保险利益，即使后来投保人对被保险人因离异、雇用合同解除或其他原因而丧失保险利益，也不会影响保险合同的效力，发生保险事故时，保险人仍负有保险金给付责任。《保险法》在人身保险合同相关条款的第31条规定：订立合同时，投保人对被保险人不具有保险利益的，合同无效。

3.2.4 保险利益原则的意义

在保险活动中坚持保险利益原则，主要基于以下考虑。

1. 防止赌博行为的发生

保险和赌博都有不确定性，都会因偶然事件的发生获得货币收入或遭受货币损失。如果保险关系的确立不是建立在投保人对保险标的所具有的保险利益的基础上，投保人就可以对任一保险标的投保，由于保险费与保险金额的巨大差额，则可能使该投保人以较小的保险费支出获得高于保险费几十倍的保险金额的赔偿。此种保险行为无异于赌博，与"互助共济"的保险思想相违背，也不利于社会公共利益。保险利益原则要求投保人必须对保险标的具有保险利益是为了使保险与赌博相区别，实现保险补偿损失的目的。在保险业发展初期的英国，出现过保险赌博，在保险标的损毁的情况下，没有经济损失的被保险人却获得了赔偿，使保险标的充当了赌博的对象，人们像赌马一样购买保险，严重影响了社会安定，诱发并助长了不良行为的产生与发展。对此，英国议会立法禁止了该种行为，维护了正常的社会秩序，保证了保险的健康发展。

2. 防止道德风险的发生

此处的道德风险是指被保险人或受益人为获取保险人的赔付而故意违反道德规范，其至故意犯罪，促使保险事故的发生或在保险事故发生时故意放任使损失扩大。如果不以投保人对保险标的具有保险利益为前提条件，将诱发道德风险、犯罪动机和犯罪行为的发生。在财产保险中，投保人故意毁坏他人财物或唆使他人毁坏保险财产；在人身保险中，投保人甚至会不惜采用暗杀方式使被保险人死亡。这些都给社会增加不稳定因素，给人们的生命和财产安全造成严重影响。规定保险利益原则将投保人利益与保险标的的安全紧密相连，保险事故发生后，给投保人的保险赔偿仅为原有的保险利益，使投保人促使保险事故的发生变得无利可图，最大限度地控制了道德风险。另外，保险事故发生后的保险赔付额不得超出被保险人的保险利益的额度，使保险人对被保险人的赔偿是对被保险人的实际经济利益损失的全部或部分补偿，被保险人因保险所得不会超出其损失的数额，由此，可以防范道德风险的产生。

3. 保险利益原则规定了保险保障的最高限度，并且限制了赔付的最高额度

保险的宗旨是补偿被保险人在保险标的发生保险事故时遭受的经济损失，但不允许有额外的利益获得。以保险利益作为保险保障的最高限度即能保证被保险人能够获得足够的、充分的补偿，又能满足被保险人不会因保险而获得额外利益的要求。投保人依据保险利益投保，保险人依据保险利益确定是否承保，并且在其额度内支付保险赔付。因此，保险利益原则为投保人确定了保险保障的最高限度，同时为保险人进行保险赔付提供了科学依据。

3.3 近因原则

3.3.1 近因原则概述

近因原则是判断保险事故与保险标的损失之间的因果关系，从而确定保险赔偿责任的一项基本原则。在保险经营实务中是处理赔案所必须遵循的重要原则之一。

在保险实践中，对保险标的的损害是否进行赔偿是由损害事故发生的原因是否属于保险责任来判断的。而保险标的的损害并不总是由单一原因造成的，其表现形式是多种多样的：有的是多种原因同时发生，有的是多种原因不间断地连续发生，有的是多种原因时断时续地发生。近因原则就是要求从中找出哪些属于保险责任，哪些不属于保险责任，并且据此确定是否进行赔偿。

1．近因的含义

近因是指引起保险标的损失的最直接、最有效的起决定作用的因素。它直接导致保险标的的损失，是促使损失结果发生的最有效的或起决定作用的原因，不是时间和空间上最近的原因。1907年，英国法庭对近因所下的定义是："近因是指引起一连串事件，并且由此导致案件结果的能动的、起决定作用的原因。"在1924年又进一步说明："近因是指处于支配地位或者起决定作用的原因，即使在时间上它并不是最近的。"

2．近因原则的基本含义

近因原则的基本含义是：当保险事故发生或保险标的发生损害时，保险人需查勘近因，若引起保险事故发生、造成保险标的损失的近因属于保险责任，则保险人承担损失赔偿责任；若近因属于责任免除，则保险人不负赔偿责任。即只有当承保危险是损失发生的近因时，保险人才负赔偿责任。英国《1906年海上保险法》规定：依照本法规定，除保险单另有约定外，保险人对于由所承保的危险近因造成的损失，负赔偿责任，但对于不是由所承保的危险近因造成的损失，概不负责。

3.3.2 近因原则的应用

近因原则在理论上讲简单明了，但在实际中的运用相当困难，如何从众多复杂的原因中判断出引起损失的近因并不容易。因此，对近因的分析和判断成为掌握和运用近因原则的关键。

1．认定近因的基本方法

认定近因的关键是确定危险因素与损失之间的因果关系。对此，有两种基本方法：

（1）从原因推断结果，即从最初的事件出发，如果可以按逻辑推理直至最终损失的发生，则最初事件就是最后事件的近因。例如，大树遭雷击而折断，压坏了房屋，屋中的电器因房屋的倒塌而毁坏，那么，电器毁坏的近因是雷击，而不是房屋倒塌。

（2）从结果推断原因，即从损失开始，从后往前推，如果一直可以追溯到最初事件，没有中断，则最初事件就是近因。例如，上例中，电器毁坏是损失，它因房屋倒塌而压坏，房屋倒塌是因为大树的压迫，大树是因为雷击而折断，因此，在此系列事件中，因果相连，则雷击为近因。

2．近因的认定和保险责任的确定

在保险理赔中，对于引起保险标的损失的原因，可以从以下几种情况来认定近因，确定保险责任。

（1）单一原因情况下的近因认定。如果事故发生所导致损失的原因只有一个，则该原因为损失近因。如果该近因属于承保危险，保险人应对损失负赔偿责任；如果该近因是责任免除，则保险人不予赔偿。例如，某人的车辆因车辆本身设备原因发生自燃而导致损失的，自燃为近因，若其只投保了机动车辆保险的基本险，则自燃不属于保险责任，保险人不承担赔偿责任；若其在投保了基本险的同时，附加了自燃损失险，则保险人应予以赔偿。

（2）多种原因存在时的近因认定。如果损失的产生源于多种原因，在不同的情形下应区别对待。

1）多种原因同时并存的情形。如果损失的发生同时存在多种原因，首先看多种原因中是否存在除外原因，造成的结果是否可以分解。

如果同时存在导致损失的多种原因均为保险责任，则保险人应承担全部损失赔偿责任；反之，如果同时发生的导致损失的多种原因均为责任免除，则保险人不承担任何损失赔偿。当同时发生导致损失的多种原因中没有属于责任免除的，只要其中有一个为承保危险，则不论其他原因如何，保险人应负赔偿责任。当同时发生导致损失的多种原因中既有保险责任又有责任免除的，则应分析损失结果是否易于分解。

如果在多种原因中有除外危险和承保危险，而损失结果可以分解，则保险人只对承保危险所导致的损失承担赔偿责任。如果损失的结果不能分解，而且近因为责任免除，则保险人可不负赔偿责任。例如，汽车由于发动机故障导致自燃，同时遭遇冰雹袭击，后因及时救助，车辆未全损。该车辆若投保了机动车辆险，自燃为责任免除，若又未附加自燃损失险，则在自燃的损失与外界冰雹的砸伤易于分解时，保险人只承担冰雹造成的损失。

2）多种原因连续发生的情形。如果多种原因连续发生导致损失，并且前因和后因之间存在未中断的因果关系，则最先发生并造成了一连串事故的原因就是近因。

在此情形下，保险人的责任依情况确定：如果连续发生导致损失的多种原因均为保险责任，则保险人承担全部保险责任。如果连续发生导致损失的多种原因均属于责任免除，则保险人不承担赔偿责任。如果连续发生导致损失的多种原因不全属于保险责任，最先发生的原因即近因属于保险责任，而其后发生的原因中，既有责任免除又有不属于保险责任的，当后因是前因的必然结果时，保险人也负赔偿责任。例如，某汽车投保了机动车辆第三者责任险，在汽车行驶过程中，轮胎压飞石子，石子击中路人眼睛，造成失明，一连串事故具有因果关系，则轮胎压飞石子为近因。汽车在正常行驶过程中，发生意外致使第三者遭受人身伤亡的，属于第三者责任保险的保险责任，保险人依合同应予以赔偿。如果最先发生的原因即近因属于责任免除或不属于保险责任，其后发生的具有因果关系的原因，即使属于保险责任，保险人也不承担赔偿责任。例如，战争导致火灾发生，而被保险人未投保战争险，受损财产并不能因火灾发生而得到保险人的赔偿，这是因为战争是财产损失的近因，而其又为责任免除。

在此情形下有一著名案例，即莱兰船舶公司对诺威奇保险公司诉讼案。1918年（第一次世界大战期间），被保险人的一艘轮船被德国潜艇用鱼雷击中，但仍然拼力驶向哈佛港。

由于港务当局害怕该船会在码头泊位上沉没而堵塞港口，拒绝其靠港。该船最终只好驶离港口，在航行途中，船底触礁而沉没。该船只投保了一般的船舶保险，而未附加战争险，保险公司予以拒赔。法庭诉讼的判决是：近因为战争，保险公司胜诉。虽然在时间上看致损的最近原因为触礁，但船只在中了鱼雷之后始终没有脱离险情，触礁也是由于险情未解除而导致的。被保船只被鱼雷击中为战争所致，不属于船舶保险的保险责任，所以保险人不负赔偿责任。

3）一连串原因间断发生的情形。当发生并导致损失的原因有多个，并且在一连串发生的原因中有间断情形，即有新的独立的原因介入，使原有的因果关系断裂，并且导致损失，则新介入的独立原因是近因。此时，如果没有责任免除的规定，只需判断近因是否属于保险责任。如果近因属于保险责任范围内的事故，则保险人应负赔偿责任；如果近因不属于保险责任范围，则保险人不负赔偿责任。如果有责任免除的规定，而新原因为责任免除，在新原因发生之前发生的承保危险导致的损失，保险人应予以赔偿。例如，某人投保人身意外伤害险，发生交通事故而使下肢伤残，在康复过程中，突发心脏病，导致死亡。其中，心脏病突发为独立的新介入的原因，在人身意外伤害保险中，不属于保险责任范围，但其为死亡近因，因此，保险人对被保险人死亡不承担赔偿责任。但对其因交通事故造成的伤残，保险人应承担保险金的支付责任。

坚持近因原则的目的在于分清有关各方的责任，明确保险人的承保危险与保险标的的损失之间的因果关系。近因原则的规定是保险实践中的理论依据，但致损原因的发生与损失结果之间的因果关系往往错综复杂，因此，运用近因原则时，应根据实际案情，实事求是地分析，认真辨别，并且遵循国际惯例，特别是注重对重要判例的援用。

3.4　损失补偿原则

3.4.1　损失补偿原则概述

经济补偿是保险的基本职能，也是保险产生和发展的最初目的和最终目标。因此保险的损失补偿原则是保险的重要原则。需要指出的是，损失补偿原则对于补偿性合同来说是理赔的首要原则，而对于给付性的保险合同并不适用。

1．损失补偿原则的含义

损失补偿原则是指当保险标的发生保险责任范围内的损失时，被保险人有权按照合同的约定，获得保险赔偿，用于弥补被保险人的损失，但被保险人不能因损失而获得额外的利益。其中，有两重含义：

（1）损失补偿以保险责任范围内的损失发生为前提，即有损失发生则有损失补偿，无损失则无补偿。因此，在保险合同中强调，被保险人因保险事故所致的经济损失，依据合同有权获得赔偿，这是被保险人的权利，也是保险人的义务。

（2）损失补偿以被保险人的实际损失为限，不能使其获得额外利益。即通过保险赔偿使被保险人的经济状态恢复到事故发生前的状态。被保险人的实际损失既包括保险标的的实际损失，也包括被保险人为防止或减少保险标的的损失所支付的必要的合理的施救费用和诉讼费用。因此，在保险赔付中应包含此两部分金额。这样，保险赔偿才能使被保险人恢复到受损失前的经济状态，同时，不会获得额外利益。

2．坚持损失补偿原则的意义

损失补偿原则是保险理赔的重要原则，坚持损失补偿原则具有以下意义。

（1）坚持损失补偿原则能维护保险双方的正当权益，真正发挥保险的经济补偿职能。保险的基本职能是经济补偿，按照合同约定的责任范围和投保价值额度内的实际损失数额给予赔付。损失补偿原则正是该职能的体现，其有损失赔偿而无损失不赔偿的规定和赔偿额的限定都是保险基本职能的具体反映。因此，坚持损失补偿原则维护了保险双方的正当权益：若被保险人发生保险事故所发生的经济损失不能得到补偿，则违背了保险的职能，该原则保证了其正当权益的实现；对保险人而言，在合同约定条件下承担保险赔偿责任的同时，其权益也通过损失补偿的限额约定得到了保护——超过保险金额或实际损失的金额无须赔付。

（2）坚持损失补偿原则能防止被保险人通过保险赔偿而得到额外利益。损失补偿原则中关于有损失赔偿而无损失不赔偿的规定，以及被保险人因同一损失所获得的补偿总额不能超过其损失总额的规定，都使得被保险人不能因投保而得到超过损失的额外利益。因此，该原则有利于防止被保险人利用保险，通过保险赔偿而获得额外利益的可能。

（3）坚持损失补偿原则能防止道德风险的发生。由于损失补偿原则不能使被保险人获得额外利益，因此就会防止被保险人以取得赔款为目的的故意制造损失的不良企图和行为的发生，从而保持良好的社会秩序和风尚。因此，坚持损失补偿原则有利于防止道德风险的发生。

3．损失补偿原则的补偿限制

损失补偿原则要求，被保险人获得的保险赔偿金的数量受到实际损失、保险金额和保险利益的限制。

（1）损失补偿以被保险人的实际损失为限。在补偿性的合同中，保险标的遭受损失后，保险赔偿以被保险人所遭受的实际损失为限：全部损失时全部赔偿，部分损失时部分赔偿。只在重置价值保险中存在例外。重置价值保险是指以被保险人重置或重建保险标的所需费用或成本来确定保险金额的保险，其目的在于满足被保险人对受损财产进行重置或重建的需要。在通货膨胀、物价上涨等因素影响下，保险人按重置或重建费用赔付时，可能出现保险赔款大于实际损失的情况。

（2）损失补偿以投保人投保的保险金额为限。损失补偿还依据保险合同的约定，损失赔偿的最高限额以合同中约定的保险金额为限。赔偿金额只应低于或等于保险金额而不应高于保险金额。这是因为保险金额是以保险人已收取的保险费为条件确定的保险最高限额，超过此限额，将使保险人处于不平等的地位。即使发生通货膨胀，仍以保险金额为限。其目的在于维护保险人的正当权益，使损失补偿同样遵循权利和义务对等的约束。

（3）损失补偿以投保人所具有的保险利益为限。保险人对投保人的赔偿以投保人所具有的保险利益为前提条件和最高限额，即投保人所得的赔偿以其对受损标的的保险利益为最高限额。例如，在财产保险中，保险标的受损时，投保人的财产权益若不再拥有，则投保人对该财产不再具有保险利益，因此对损失不具有索赔权。债权人对抵押的财产投保，当债务人全部偿还债务后，债权人对该财产不再具有保险利益，即使发生标的损失，债权人也不再对此具有索赔权。

在具体的实务操作中，上述三个限额同时起作用，因此，其中金额最少的限额为保险赔偿的最高额。

3.4.2 损失补偿原则的派生原则

损失补偿原则有两大派生原则，分别是重复保险损失分摊原则和代位追偿原则。

1. 重复保险损失分摊原则

（1）重复保险损失分摊原则的含义。重复保险损失分摊原则是损失补偿原则的一个派生原则。它是指在重复保险的情况下，当保险事故发生时，通过采取适当的分摊方法，在各保险人之间分配赔偿责任，使投保人既能得到充分补偿，又不会超过其实际的损失而获得额外的利益。

重复保险是投保人以同一保险标的、同一保险利益、同一保险事故分别与两个以上的保险人订立保险合同，保险期间相同（或部分相同）并且保险金额总和超过保险价值的保险。在重复保险中，因为保险金额总和超过保险标的的价值，所以当保险事故发生后，若投保人通过向不同的保险人就同一损失索赔，则可能获得超额赔款，这显然是违背损失补偿原则的。为了防止投保人由于重复保险而获得额外利益，确定了损失分摊原则。当各保险人按相应的责任分摊损失时，投保人所获得的赔款总额就与其实际损失相等，从而与损失补偿原则相一致。由此可见，损失分摊原则是由损失补偿原则派生而来的，是损失补偿原则的补充和体现。并且，损失分摊原则主要适用于财产保险等补偿性合同，运用于重复保险的情况下。

重复保险是事实上存在的保险现象。其主要原因是投保人的疏忽，或者为了追求更大的安全感，或者为了谋取超额赔款。对于重复保险，投保人按照最大诚信原则，有义务将重复保险的有关情况告知各保险人。投保人不履行该项义务，保险人有权解除保险合同或宣布合同无效。《保险法》第56条规定："重复保险的投保人应当将重复保险的有关情况通知各保险人；重复保险的投保人可以就保险金额总和超过保险价值的部分，请求各保险人按比例返还保险费。"

（2）重复保险损失分摊方式。重复保险损失分摊主要有比例责任分摊、限额责任分摊和顺序责任分摊三种方式。

1）比例责任分摊方式。比例责任分摊方式是由各保险人按其所承保的保险金额与所有保险人承保的保险金额的总和的比例来分摊保险赔偿责任的方式。其计算公式为：

$$各保险人承担的赔偿金额 = 损失金额 \times 承保比例$$

当承保比例为1时，表示保险人只有一个，其承担的赔偿金额即损失金额。

通过该种方式分摊赔偿责任，使赔偿总和等于投保人的实际损失。比例责任分摊方式在各国的保险实务中运用较多，我国也采用此种分摊方式。《保险法》第56条第2款规定："重复保险的各保险人赔偿保险金的总和不得超过保险价值。除合同另有约定外，各保险人按照其保险金额与保险金额总和的比例承担赔偿保险金的责任。"

例如，某公司以其价值100万元的物品，分别向A、B、C三家财产保险公司投保，三家保险公司承保的金额分别为40万元、60万元、100万元。当发生保险事故时，保险标的遭受损失为 80 万元，则该公司所获得的保险赔付金额总额为 80 万元。三家保险公司按比例责任分摊方式赔偿的金额分别为 16 万元、24 万元、40 万元。

2）限额责任分摊方式。限额责任分摊方式是以假设没有重复保险的情况下，各保险人按其承保的保险金额独自应负的赔偿限额与所有保险人应负的该赔偿限额的总和的比例承担损失补偿责任。其计算公式为：

$$各保险人承担的赔偿金额 = 损失金额 \times 赔偿比例$$

当赔偿比例为 1 时，表示保险人是唯一的，因此，赔偿责任由其全部承担。

限额责任分摊方式和比例责任分摊方式都是各保险人按照一定的比例进行分摊的，但各自分摊的基础不同。限额责任分摊方式以赔偿比例为基础，而比例责任分摊方式以承保金额比例为基础。

在上例中，若其他条件相同，假设不存在重复保险的情况下，A、B、C 三家公司各需赔偿 40 万元、60 万元、80 万元，按限额责任分摊方式，则三家保险公司的赔偿金额分别为 17.78 万元、26.67 万元、35.56 万元。

3）顺序责任分摊方式。顺序责任分摊方式规定，由先出单的保险人首先承担损失赔偿责任，后出单的保险人只有在承保的标的损失超过前一保险人承保的保险金额时，才顺次承担超出部分的损失赔偿。在该种方式下，投保人的损失赔偿可能由一家保险人支付，也可能由多家保险人承担，这决定于投保人的损失大小和顺次承保的保险金额的大小。当投保人的损失金额小于或等于第一顺序的保险人承保的保险金额时，则保险赔偿仅由其一家承担，否则，由两家或两家以上的保险人承担。无论由几家承担赔偿责任，投保人的损失都能获得充分的补偿，又避免了获得额外利益的可能。

在上例中，若 A、B、C 三家保险公司按顺序出单，按顺序责任分摊方式赔付，在其他条件不变的情况下，三家保险公司的各自赔偿金额为 40 万元、40 万元、0 元。

2．代位追偿原则

代位追偿原则也是损失补偿原则的派生原则，是为了防止被保险人获得额外利益而规定的原则。

（1）代位的含义。代位是指保险人取代投保人获得追偿权或对保险标的的所有权。代位包括两个部分：代位追偿和物上代位。

1）代位追偿，是指在保险标的遭受保险责任事故造成损失，依法应当由第三者承担赔偿责任时，保险人自支付赔偿保险金后，在赔偿金额的限度内，相应取得对第三者请求赔偿的权利。代位追偿是一种权利代位，是保险人拥有代替被保险人向责任人请求赔偿的权利。我国《保险法》第 60 条第 1 款规定："因第三者对保险标的的损害而造成保险事故的，保险人自向被保险人赔偿保险金之日起，在赔偿金额范围内代位行使被保险人对第三者请求赔偿的权利。"

2）物上代位，是指保险标的遭受保险责任事故，发生全损或推定全损，保险人在全额给付保险赔偿金之后，即拥有对保险标的物的所有权，即代位取得对受损保险标的的权利与义务。所谓推定全损，是指保险标的遭受保险事故尚未达到完全损毁或完全灭失的状态，但实际全损已不可避免；或者修复和施救费用将超过保险价值；或者失踪达一定时间，保险人按照全损处理的一种推定性损失。保险人在按全损支付了保险赔偿金后，则取得了保险标的的所有权，否则，被保险人就可能通过获得保险标的的残值、保险标的的失而复得而得到额外利益。《保险法》第59条规定："保险事故发生后，保险人已支付了全部保险金额，并且保险金额等于保险价值的，受损保险标的的全部权利归于保险人；保险金额低于保险价值的，保险人按照保险金额与保险价值的比例取得受损保险标的的部分权利。"

物上代位的取得一般通过委付实现。

（2）代位的意义。

1）防止被保险人因同一损失而获得超额赔偿，即避免被保险人获得双重利益。在保险标的发生损失的原因是第三者的疏忽、过失或故意行为造成且该损失原因又属于保险责任时，则被保险人既可以依据法律向第三者要求赔偿，也可以依据保险合同向保险人提出索赔，这样，被保险人因同一损失所获得的赔偿将超过保险标的的实际损失额，从而获得额外利益，违背损失补偿原则。同样，在被保险标的发生保险事故而致使实际全损或推定全损时，在保险人全额赔付下，被保险人将保险标的的剩余物资处理或保险标的被找回后，其所得的利益将超出实际损失的利益。

2）维护社会公共利益，保障公民、法人的合法权益不受侵害。社会公共利益要求肇事者对其因疏忽或过失所造成的损失负有责任。如果被保险人仅从保险人处获得赔偿而不追究责任人的经济赔偿责任，将有违背公平，并且易造成他人对被保险人的故意或过失伤害行为的发生，增加道德风险。通过代位，既使得责任人无论如何都应承担损害赔偿责任，也使得保险人可以通过代位追偿从责任人处追回支付的赔偿费用，维护保险人的利益。

3）有利于被保险人及时获得经济补偿。与向保险人索赔相比，由被保险人直接向责任人索赔通常需要更多的时间、物力和人力。尽快使被保险人的经济状况恢复到保险事故发生前的水平是保险的要求，也是代位实行的意义。

（3）代位追偿原则的含义。代位追偿是一种权利代位，即追偿权的代位。在财产保险中，当致使保险标的发生损失的原因既属于保险责任，又属于第三者的责任时，被保险人有权向保险人请求赔偿，也可以向第三者请求赔偿。依据《保险法》规定，当被保险人已从责任人取得全部赔偿的，保险人可免去赔偿责任；如果被保险人从责任人得到部分赔偿，保险人在支付赔偿金时，可以相应扣减被保险人从第三者处已取得的赔偿。如果被保险人首先向保险人提出索赔，保险人应当按照保险合同的规定支付赔偿，被保险人在取得赔偿后，应将向第三者追偿的权利转移给保险人，由保险人代位行使追偿的权利。被保险人不能同时取得保险人和第三者的赔偿而获得双重或多于保险标的的实际损失的补偿。

1）代位追偿实施的条件。保险人实施代位追偿权，需要几个前提条件：

第一，被保险人对保险人和第三者必须同时存在损失赔偿请求权。该条件首先要求损失产生的原因是属于保险责任内的，只有这样，保险人才能依据合同给被保险人以经济赔偿，即被保险人依据保险合同享有索赔权。其次要求损失产生的原因还应是第三者导致的，第三者的过失、疏忽或故意导致对被保险人的侵权行为、不履行合同行为、不当得利行为或其他依法应承担赔偿责任的行为，造成了保险标的的损失，依据法律第三者应负民事损害赔偿责任时，被保险人依法有权向第三者请求赔偿。

第二，被保险人要求第三者赔偿。保险人的追偿还要求是在被保险人要求第三者赔偿时，才能行使。当被保险人放弃对第三者的请求赔偿权时，保险人不享有代位追偿权。因此，被保险人与第三者之间的债权关系如何，对保险人能否顺利履行和实现其代位追偿权是非常重要的。当被保险人不要求第三者的赔偿时，保险人也无须对被保险人进行保险赔偿。《保险法》规定，保险事故发生后，保险人未赔偿保险金之前，被保险人放弃对第三者请求赔偿的权利的，保险人不承担赔偿保险金责任。该法同时规定，保险人向被保险人赔偿保险金后，被保险人未经保险人同意放弃对第三者请求赔偿的权利的，该行为无效，即被保险人的放弃须经保险人认可，才是有效的。例如，房屋出租人同意承租人对房屋损坏不负责任的，在投保时得到了保险人的认可，若因承租人的过失而发生损失，保险人赔付房屋出租人的损失后，不得向承租人追偿损失。但被保险人的过失致使保险人不能行使代位请求赔偿的权利的，保险人可以相应扣减保险赔偿金，其目的在于使被保险人的弃权或过失不得侵害保险人的代位追偿权。

第三，保险人履行了赔偿责任。保险人按合同规定，对被保险人履行赔偿义务之后，才有权取得代位追偿权。代位追偿权是债权的转移，被保险人与第三者之间的特定的债权债务关系，在保险人赔付保险金之前与保险人没有直接的关系。只有当保险人赔付保险金之后，它才依法取得向第三者请求赔偿的权利。

2）代位追偿的金额限定。保险人在代位追偿中追偿的金额大小不是随意的，要受到一定的限制。如果保险人从第三者处追偿的金额大于其对被保险人的赔偿，则超出部分应归被保险人所有。保险代位追偿原则规定的目的不仅在于防止被保险人取得双重赔付而获得额外的利益，从而保障保险人的利益，同样在于防止保险人通过代位追偿权而获得额外的利益，损害被保险人的利益。因此，保险人的代位追偿的金额以其对被保险人赔付的金额为限。而被保险人获得的保险赔偿金额小于第三者造成的损失时，有权就未取得赔偿的部分继续对第三者请求赔偿。

3）代位追偿原则的适用范围。代位追偿原则主要适用于财产保险合同，在人身保险中仅对涉及医疗费用的险种适用。这主要因为当人身保险的标的是人的生命或身体时，标的的性质与财产的性质不同，其价值难以估计和衡量，所以不存在发生获得多重利益的问题。但在涉及医疗费用的险种中，医疗费用的支出是可确定的数额，存在多重获利的可能，该类合同具有补偿性。因此，被保险人因第三者行为而发生死亡、伤残或疾病等保险事故的，由此产生的医疗费用的支出，在保险人向被保险人或受益人给付保险金后，享有向第三者追偿的权利。

在财产保险中，根据《保险法》的规定，除被保险人的家庭成员或其组成人员故意造成本法规定的保险事故外，保险人不得对被保险人的家庭成员或其组成人员行使代位请求赔偿的权利。即保险人不能对被保险人行使代位追偿权，否则，保险就无意义。

3．保险委付

（1）委付的含义。委付是被保险人在发生保险事故造成保险标的推定全损时，将保险标的的一切权益转移给保险人，请求保险人按保险金额全数予以赔付的行为。委付是被保险人放弃物权的法律行为，在海上保险中经常采用。

（2）委付成立的条件。

1）委付必须以保险标的推定全损为条件。委付包含由全额赔偿和保险标的全部权益的转让两项内容，因此，要求必须在保险标的推定全损时才能适用。

2）委付必须由被保险人向保险人提出。该条件要求被保险人为进行委付，须提出委付申请。按照海上保险惯例，委付申请应向保险人或其授权的保险经纪人提出。申请委付时，通常采用书面形式，即以委付书提出。委付书是被保险人向保险人做推定全损索赔之前必须提交的文件，被保险人不向保险人提出委付，保险人对受损的保险标的只能按部分损失处理。另外，被保险人的委付申请要求在法定时间内提出。有的为三个月，如日本、英国。我国只规定了非人身保险合同的索赔权时限为两年，对委付未有明确规定，应当遵循两年期限。

3）委付须就整体的保险标的提出要求。我国《海商法》规定："保险标的发生推定全损，被保险人要求保险人按照全部损失赔偿的，应当向保险人委付保险标的。"保险标的在发生推定全损时，通常标的本身不可拆分，因此，委付应就整体的保险标的进行委付。如果仅部分委付，就极易产生纠纷。如果保险单上的标的有多种，若仅其中一部分标的独立、可以分离并发生委付原因，可以就该部分标的实行委付。

4）委付须经保险人同意。委付是否成立和履行，还需要保险人的承诺。因为委付不仅是将保险标的的一切权益进行了转移，也将被保险人对保险标的的一切义务转移了。因此，保险人在接受委付之前须慎重考虑。当保险人接受委付时，则委付成立；否则，委付不成立。我国《海商法》规定："保险人可以接受委付，也可以不接受委付，但是应当在合理的时间内将接受委付或者不接受委付的决定通知被保险人。"

5）委付不得附有附加条件。委付要求被保险人将保险标的的一切权利和义务转移给保险人，不得附加任何条件。如果被保险人对船舶的失踪申请委付，就不能同时要求当船舶有着落时返还，否则，将增加保险合同双方之间的纠纷，为法律所禁止。我国《海商法》规定："委付不得附带任何条件。"

（3）委付成立后的效力。委付一经成立，便对保险人和被保险人产生法律约束力：一方面被保险人在委付成立时，有权要求保险人按照保险合同约定的保险金额全额赔偿；另一方面保险人将被保险人对该保险标的的所有权利和义务一并转移接收。我国《海商法》规定："保险人接受委付的，被保险人对委付财产的全部权利和义务转移给保险人。"例如，船舶触礁沉没，经委付后沉船及其相关运费均为保险人所有，但同时，保险人须履行打捞沉船和清理航道的义务。

（4）委付与代位追偿的区别。从以上可以看出，委付和代位追偿是有区别的，其主要区别在于：

1）代位追偿只是一种纯粹的追偿权，取得这种权利的保险人无须承担其他义务；而保险人在接受委付时，则是将权利和义务全部接收，既获得了保险标的的所有权，又须承担该标的产生的义务。

2）在代位追偿中，保险人只能获得保险赔偿金额内的追偿权；而在委付中，保险人则可享有该项标的的一切权利，包括被保险人放弃的保险标的所有权和对保险标的的处分权。在委付后，保险人对保险标的的处置而取得的额外利益也由保险人获得，而不必返还给被保险人。

思考与练习

1. 单项选择题

（1）保险利益从本质上说是某种（　　）。
A．经济利益　　　　　　　B．物质利益
C．精神利益　　　　　　　D．财产利益

（2）以下保险利益原则对保险经营的意义中，不正确的一项是（　　）。
A．界定保险人承担赔偿或给付责任的最高限额
B．从根本上划清保险与赌博的界限
C．防止道德风险的发生
D．有效减少了逆选择的影响

（3）通常，保险合同生效后，投保人失去对保险标的的保险利益，保险合同随之失效，但（　　）合同例外。
A．人寿保险　　　　　　　B．财产保险
C．责任保险　　　　　　　D．信用保险

（4）在我国，保险立法要求投保人履行其告知义务的形式是（　　）。
A．无限告知　　　　　　　B．询问回答告知
C．明确列明告知　　　　　D．明确告知

（5）在保险实践中，禁止反言主要用于约束（　　）。
A．保险人　　　　　　　　B．受益人
C．投保人　　　　　　　　D．被保险人

（6）投保人因重大过失、疏忽违反告知义务的，如果未告知的事项对保险事故的发生有严重影响，则保险人（　　）。
A．对合同解除前发生的保险事故所致损失不承担赔偿或给付责任
B．对合同解除前发生的保险事故所致损失不承担赔偿或给付责任，但可以退还保险费
C．对合同解除前发生的保险事故所致损失应承担赔偿或给付责任
D．对合同解除前发生的保险事故所致损失应承担赔偿或给付责任，但投保人必须补交保险费

（7）损失补偿原则的主要适用对象是（　　）。
A．人寿保险　　　　　　　B．年金保险
C．万能保险　　　　　　　D．财产保险

（8）保险人在支付了5 000元的保险赔款后向有责任的第三方追偿，追偿款为6 000元，则（　　）。
A．6 000元全部退还给被保险人　　B．将1 000元退还给被保险人
C．6 000元全归保险人　　　　　　D．多余的1 000元在保险双方之间分摊

（9）保险人行使代位追偿权时，如果依代位追偿取得第三人赔偿金额超过保险人的赔偿金额，其超过部分应归（　　）所有。

A．保险人　　　B．被保险人　　C．第三者　　D．国家

（10）损失分摊原则是在（　　）的情况下产生的损失补偿原则的一个派生原则。

A．重复保险　　B．再保险　　C．人身保险　　D．财产保险

2．多项选择题

（1）人身保险合同没有（　　）概念。

A．保险金额　　　B．保险利益　　C．保险价值

D．保险期间　　　　　　　　E．重复保险

（2）下列原则中不适用于人身保险合同的有（　　）。

A．保险利益原则　　　　　　B．损失补偿原则

C．最大诚信原则　　　　　　D．代位追偿原则

E．近因原则

（3）代位追偿权实施的前提条件是（　　）。

A．保险标的的损失属于保险责任事故

B．保险标的的损失是由第三方责任造成的

C．保险人履行了赔偿责任

D．被保险人对于第三者依法应负赔偿责任

E．保险标的的损失是由本人责任造成的

（4）关于近因原则的表述正确的是（　　）。

A．近因是造成保险标的损失最直接、最有效的起决定作用的原因

B．近因是空间上离损失最近的原因

C．近因是时间上离损失最近的原因

D．近因原则是在保险理赔过程中必须遵循的原则

E．只有当被保险人的损失直接由近因造成的，保险人才给予赔偿

3．简答题

（1）保险利益原则在一般财产保险、海上货物运输保险和人身保险中的适用时限是如何规定的？

（2）损失补偿原则的含义与目的是什么？

（3）保险人行使代位追偿时应具备哪些条件？

4．案例分析

（1）一对新婚夫妇贺先生与张小姐参加旅行团去九寨沟旅游，途中他们所乘坐的旅游大巴车与一辆相向而行的大货车严重碰撞，夫妻俩双双受了重伤而被送往医院急救。张小姐因颅脑受到重度损伤且失血过多，抢救无效，于一小时后身亡。贺先生在车祸中丧失了左肢，在急救中因急性心肌梗死，于第二天死亡。在此之前，他们购买了人身意外伤害保险，每人的保险金额均为人民币20万元。保险公司接到报案后立即着手调查，了解到张小姐一向身体健康，而贺先生婚前就有多年的心脏病史。

请问：保险公司对张小姐和贺先生应该怎么赔付？

（2）有一租户向房东租借房屋，租期 10 个月。在租房合同中写明，租户在租借期内应对房屋损坏负责，租户为此而以所租借房屋投保火险一年。租期满后，租户按时退房。退房后半个月，房屋毁于火灾。于是租户以被保险人身份向保险公司索赔。

请问：

① 保险人是否承担赔偿责任？为什么？

② 如果租户在退房时，将保险单转让给房东，房东是否能以被保险人身份向保险公司索赔？为什么？

第 4 章 财产保险基础

阅读要点

- 掌握财产保险的概念和特征；
- 了解财产保险的分类和主要险种；
- 熟悉财产保险主要险种的内容。

4.1 财产保险概述

4.1.1 财产保险的概念

财产保险是指投保人根据合同约定，向保险人交付保险费，保险人按保险合同的约定对所承保的财产及其有关利益因自然灾害或意外事故造成的损失承担赔偿责任的保险。

财产保险业务包括财产损失保险、责任保险、信用保险、保证保险等保险业务。可保财产，包括物质形态和非物质形态的财产及其有关利益。以物质形态的财产及其相关利益作为保险标的的，通常称为财产损失保险。例如，飞机、卫星、电厂、大型工程、汽车、船舶、厂房、设备以及家庭财产的保险等。以非物质形态的财产及其相关利益作为保险标的的，通常是指各种责任保险、信用保险等。例如，公众责任、产品责任、雇主责任、职业责任、出口信用保险、投资风险保险等。但是，不是所有的财产及其相关利益都可以作为财产保险的保险标的。只有根据法律规定，符合财产保险合同要求的财产及其相关利益，才能成为财产保险的保险标的。

《保险法》第 95 条第 2 款规定：财产保险业务，包括财产损失保险、责任保险、信用保险、保证保险等保险业务。第 3 款规定：国务院保险监督管理机构批准的与保险有关的其他业务。保险人不得兼营人身保险业务和财产保险业务。但是，经营财产保险业务的保险公司经国务院保险监督管理机构批准，可以经营短期健康保险业务和意外伤害保险业务。

4.1.2 财产保险的意义

财产保险的意义在于通过筹集保险基金、组织经济补偿来维系社会经济的正常、稳定发展。具体而言，财产保险的意义主要表现在以下几个方面。

（1）能够补偿被保险人的经济利益损失，维护社会再生产的顺利进行。建立了财产保险制度，就可以通过保险人的工作，对遭灾受损的被保险人进行及时的经济补偿，受灾单位或个人就能够及时恢复受损的财产或利益，从而保障生产和经营的持续进行，有利于整个国民经济的发展。

（2）有利于提高整个社会的防灾防损意识，使各种灾害事故的发生及其危害后果得到有效控制。财产保险制度的建立，首先是形成了一支专门从事各种灾害事故危险管理的专业队伍，其次是保险人从自身利益出发也必须高度重视对被保险人的危险管理工作，并且积极参与社会化的防灾防损工作。例如，保险人在承保前的危险调查与评估、保险期间的防灾防损检查与监督、保险事故发生后的致灾原因调查与总结等，均会起到良好的防灾防损作用；有的保险人还直接参与社会化的防灾防损活动，或者向减灾部门提供经济上的援助和各种防灾设施等。因此，财产保险的发展，客观上使社会防灾防损的力量得到了壮大，最终使灾害事故及其损害后果得以减轻。

（3）有利于创造公平的竞争环境，维护市场经济的正常运行。灾害事故的发生会造成竞争的不公平，如两家生产同样产品的企业，其产品质量都是优良的，但一家遭灾受损，无法维持正常的生产秩序；另一家未遭灾，则会趁有利时机迅速扩展市场，市场竞争成败将因灾而异。如果建立了财产保险制度，各企业便可将平时不确定的危险通过一笔较为公平的保险费转嫁给保险人，这种不稳定因素的消除，使竞争的社会环境更加公平化。依次类推，对于城乡居民家庭和社会成员个人而言，财产保险亦是消除其不确定危险因素的必要机制。因此，财产保险对于市场经济的正常运行有着重要的维系作用。

此外，财产保险有利于安定城乡居民的日常生活，免除了城乡居民在生产、生活方面的危险之忧，避免了灾后要依靠政府救济、单位扶持、亲友帮助、民间借贷的连锁反应，最终维护灾区社会秩序的稳定和城乡居民生活的正常化。

4.1.3 财产保险的特征

财产保险的特征不仅体现在保险标的方面，而且体现在财产保险业务的独特性方面。

1. 保险标的为各种财产物资及有关责任

财产保险业务的承保范围覆盖着除自然人的身体与生命以外的一切危险保险业务，它不仅包容着各种差异极大的财产物资，而且包容着各种民事法律危险和商业信用危险等。大到航天工业、核电工程、海洋石油开发，小到家庭或个人财产等，无一不可以从财产保险中获得相应的危险保障。财产保险业务承保范围的广泛性，决定了财产保险的具体对象必然存在着较大的差异性，也决定了财产保险公司对业务的经营方向具有更多的选择性。与此同时，财产保险的保险标的无论归法人所有还是归自然人所有，均有客观而具体的价值标准，均可以用货币来衡量其价值，保险客户可以通过财产保险来获得充分补偿；而人身保险的保险标的限于自然人的身体与生命，而且无法用货币来计价。保险标的形态与保险标的价值规范的差异，构成了财产保险与人身保险的分类，也是财产保险的重要特征。

2. 保险业务的性质是组织经济补偿

保险人经营各种类别的财产保险业务，就意味着要承担起对保险客户保险利益损失的赔偿责任。尽管在具体的财产保险经营实践中，有许多保险客户因未发生保险事故或保险损失而得不到赔偿，但从理论上讲，保险人的经营是建立在补偿保险客户的保险利益损失基础之上的。因此，财产保险费率的制定，需要以投保财产或有关利益的损失率为计算依据；财产保险基金的筹集与积累，也需要以能够补偿所有保险客户的保险利益损失为前提。

3．经营内容具有复杂性

无论是从财产保险经营内容的整体出发，还是从某一具体的财产保险业务经营内容出发，其复杂性的特征均十分明显。主要表现在以下几点。

（1）投保对象与承保标的复杂。一方面，财产保险的投保人既有法人团体，又有居民家庭和个人，既可能只涉及单个法人团体或单个保险客户，又可能同一保险合同涉及多个法人团体或多个保险客户。例如，合伙企业或多个保险客户共同所有、占有或拥有的财产等，在投保时就存在着如何处理其相互关系的问题。另一方面，财产保险的承保标的，包括从普通的财产物质到高科技产品或大型土木工程，从有实体的各种物质到无实体的法律、信用责任乃至政治、军事危险等，不同的标的往往具有不同的形态与不同的危险。而人身保险的投保对象与保险标的显然不具有这种复杂性。

（2）承保过程与承保技术复杂。在财产保险业务经营中，既要强调保前危险检查、保时严格核保，又须重视保险期间的防灾防损和保险事故发生后的理赔查勘等，承保过程程序多、环节多。在经营过程中，要求保险人熟悉与各种类型保险标的相关的技术知识。例如，要想获得经营责任保险业务的成功，就必须以熟悉各种民事法律、法规及相应的诉讼知识和技能为前提。再如，保险人在经营机动车辆保险业务时，就必须同时具备保险经营能力和机动车辆方面的专业知识，如果对汽车技术知识缺乏必要的了解，机动车辆保险的经营将陷入被动或盲目状态，该业务的经营亦难以保持稳定。财产保险承保过程中的这种复杂性也是人身保险经营中所没有的。

（3）危险管理复杂。在危险管理方面，财产保险主要强调对物质及有关利益的管理，保险对象的危险集中，保险人通常要采用再保险的方式进一步分散风险；而人身保险一般只强调被保险人身体健康，因为每个自然人的投保金额均可以控制，保险金额相对要小得多，所以对保险人的业务经营及财务稳定构不成威胁，不需要以再保险为接受业务的条件。例如，每一笔卫星保险业务都是危险高度集中的，其保险金额往往以数亿元计，任何保险公司要想独立承保此类业务都意味着巨大的危险。如果发射成功，就会给保险人带来很大收益，但一旦发生保险事故，就会给保险人造成重大打击。再如，飞机保险、船舶保险、各种工程保险、地震保险等，均需要通过再保险才能使危险在更大范围内得以分散，进而维护保险人业务经营和财务状况的稳定。与人身保险业务经营相比，财产保险公司的危险主要来自保险经营，即直接保险业务的危险决定着财产保险公司的财务状况；而人身保险公司的危险却更多地来自投资危险，投资的失败通常导致公司的失败。因此，财产保险公司特别强调对承保环节的危险控制，而人身保险公司则更注重对投资环节的危险控制。

4．单个保险关系具有不等性

财产保险遵循等价交换、自愿成交的商业法则，保险人根据大数法则与损失概率来确定各种财产保险的费率（价格），从而在理论上决定了保险人从保险客户那里所筹集的保险基金与所承担的危险责任是相适应的，保险人与被保险人的关系是等价关系。然而，就单个保险关系而言，保险双方又明显地存在着交易双方在实际支付的经济价值上的不平等现象。一方面，保险人承保每一笔业务都是按确定费率标准计算并收取保险费的，其收取的保险费通常是投保人保险标的实际价值的千分之几或百分之几，而一旦被保险人发生保险损失，保险人往往要付出高于保险费若干倍的保险赔款。在这种情形下，保险人付出的代价巨大，而被保险人恰恰会获得巨大收益。另一方面，在所有承保业务中，发生保险事故或保险损失的保险客户毕竟只有少数甚至极少数，对多数保险客户而言，保险人即使收取了保险费，也不存在经济赔偿的问题，交易双方同样是不平等的。可见，保险人在经营每一笔财产保险业务时，收取的保险费与支付的保险赔款事实上并非是等价的。而在人寿保险中，被保险人的受益总是与其投保人的交费联系在一起的，绝大多数保险关系是一种相互对应的经济关系。正是这种单个保险关系在经济价值支付上的不等性，构成了财产保险总量关系等价性的现实基础和前提条件。财产保险关系的建立，就是保险人与保险客户经过相互协商、相互选择并对上述经济价值不平等关系认同的结果。

4.1.4 财产保险费率厘定

保险费率是指单位保险金额应交付的保险费。保险费率由两部分构成，一部分是纯费率，另一部分是附加费率。保险公司按照纯费率收取的保险费用来支付保险事故发生后形成的保险赔款，按照附加费率收取的保险费用来支付保险公司的业务费用，如营业费用、监管费、保险税金等。

（1）财产保险的纯费率计算依据是损失概率，是根据保险金额损失率或保险财产的平均损失率计算出来的，保险金额损失率是一定时期内赔偿金额与保险金额的比率。一般损失频率和损失金额越高，纯费率越高。计算公式如下：

$$财产保险的纯费率=保险金额损失率\pm均方差$$

根据统计规律，实际保险金额损失率有 68.27%的可能性处于（$M-a$, $M+a$）（M 为保险金额损失率的均值，a 为均分差）内，有 94.45%的可能性处于（$M-2a$, $M+2a$）内，有 99.73%的可能性处于（$M-3a$, $M+3a$）内。因此，对于一般的保险，只要以保险金额损失的均值与均方差的三倍之和为纯费率，保险人就几乎不会亏损，即获得充分的财务稳定性。实务中一般只对那些危险程度很高且易于发生巨灾损失的标的以三个均方差为危险附加；对于自愿保险，危险附加一般取两个均方差以对付"逆选择"；而对强制保险，危险附加取一个均方差就足够了。

（2）财产保险的附加费率是附加保险费与保险金额的比率。附加费率由营业费用率、营业税率和利润率构成。计算公式如下：

$$附加费率=\frac{附加保险费}{保险金额}\times 100\%$$

除保险税金、监管费等支出具有刚性以外，其他费用支出，公司管理越严，支出金额越少，相应地附加费率就越低。通常，附加费率可以根据纯保险费与附加保险费的比例来确定，即：

$$附加费率=纯费率\times\frac{附加保险费}{纯保险费}\times 100\%$$

4.2 财产保险的分类

4.2.1 以保险标的为标准划分

以保险标的为标准,财产保险可分为财产损失保险、责任保险、信用保险和保证保险。

（1）财产损失保险是指以各种有形财产及其相关利益为保险标的的财产保险。财产损失保险的保险标的须是以物质形式存在、可以用货币价值衡量的财产。财产损失是指某一财产的毁损、灭失所导致的财产价值的减少或丧失，包括直接物质损失，以及因采取施救措施等引起的必要、合理的费用支出。财产损失保险主要包括企业财产保险、家庭财产保险、工程保险、运输工具保险、货物运输保险等。

（2）责任保险是指以被保险人对第三者依法应负的赔偿责任为保险标的的保险。这种保险以第三者请求被保险人赔偿为保险事故，以被保险人向第三者应赔偿的损失价值为实际损失。责任保险包括的范围十分广泛，从内容上看，主要包括公众责任保险、产品责任保险、雇主责任保险、职业责任保险等类型。

（3）信用保险是以信用交易中债务人的信用作为保险标的，在债务人未能如约履行债务清偿而使债权人遭受经济损失时，由保险人向债权人提供风险保障的一种保险。按保险标的性质的不同，可以将信用保险分为商业信用保险、银行信用保险和国家信用保险。按保险标的所处地理位置的不同，可以将信用保险分为进口信用保险和出口信用保险。

（4）保证保险属于一种担保业务，由保险人为被保证人向权利人提供担保，当被保证人违约或不忠诚而使权利人遭受经济损失时，权利人有权从保证人处获得补偿。保证保险通常有指名保证和总括保证两种承保方式。指名保证以指定的法人或自然人为被保证人，总括保证则以集团内全体人员为被保证人。

信用保险与保证保险同属一个范畴，是不同的当事人从不同角度向保险人提出保险请求。

4.2.2 以当事人的意愿为标准划分

以财产保险合同当事人订立财产保险合同的意愿为标准，财产保险可分为自愿财产保险和强制财产保险。

（1）自愿财产保险是指合同当事人双方在自愿原则的基础上订立财产保险合同的保险。对于自愿财产保险来说，任何一方均不得把自己的意志强加给对方，任何单位或个人不得非法干预保险行为。自愿原则是保险活动的基本原则之一，除法律、行政法规规定必须保险的以外，保险公司和其他单位不得强制他人订立保险合同。依据自愿原则，保险合同当事人订立保险合同的行为完全是各自真实的意思表示，投保人可以自由选择保险公司，与保险公司双方协商约定保险标的、保险责任、责任免除、保险期间、保险金额、保险费率等保险合同内容。大部分财产保险都属于自愿财产保险。

（2）强制财产保险，又称法定财产保险，是指根据国家法律和行政法规的规定必须参加的保险。强制保险通常是指对危险范围较广、影响公众利益较大、与人民群众生活息息相关的保险标的，以颁布法律、法规形式实施的保险。例如，机动车第三者责任保险、法定雇主责任保险等。凡属于法定范围内的人或机构，都必须按规定的条件向有权经营法定保险业务的保险公司办理保险事项。在国际上实施强制保险的形式有两种：一是规定在特定范围内建立保险人与被保险人的保险关系；二是规定一定范围内的人或财产都必须参加保险，作为从事法律所许可的某项业务活动的前提条件。

4.3 财产保险的主要险种

4.3.1 家庭财产保险

家庭财产保险，简称家财险，是以城乡居民室内的有形财产为保险标的的保险。家庭财产保险为居民或家庭遭受的财产损失提供及时的经济补偿，有利于安定居民生活，保障社会稳定。我国目前开办的家庭财产保险主要有普通家庭财产险和家庭财产两全险。

1．普通家庭财产险

普通家庭财产险的基本内容如下。

（1）保险标的。在家庭财产保险经营实务中，凡是坐落在保险单所载明的固定地点，属于被保险人自有或代保管或负有安全管理责任的财产，可以投保家庭财产保险。

家庭财产保险可保财产包括以下项目：①房屋及其附属设备。房屋是指投保人用以居住、生活的处所；房屋的附属设备是指固定装置在房屋中，如固定装置的水暖、气暖、卫生、供水、管道煤气及供电设备、厨房配套的设备；②室内装潢；③室内财产，包括家用电器（包括安装在房屋外的空调器和太阳能热水器等家用电器的室外设备）和文体娱乐用品；衣物和床上用品；家具及其他生活用具；④存放于院内室内的农机具、农用工具、生产资料、粮食及农副产品。

未经保险合同双方特别约定并在保险单中载明的，不属于本保险合同的保险标的：①属于被保险人代他人保管，或者与他人共有而由被保险人负责的财产；②无人居住的房屋及存放在里面的财产；③被保险人所有的其他家庭财产。

保险人通常对以下家庭财产不予承保：①损失发生后无法确定具体价值的财产，如货币、票证、有价证券、邮票、文件、账册、图表、技术资料等；②日常生活所需的日用消费品，如食品、粮食、烟酒、药品、化妆品等；③法律规定不容许个人收藏、保管或拥有的财产，如枪支、弹药、爆炸物品、毒品等；④处于危险状态下的财产；⑤保险人从风险管理的需要出发，声明不予承保的财产。

（2）保险责任。家庭财产保险责任包括：①火灾、爆炸；②雷击、台风、龙卷风、暴风、暴雨、洪水、暴雪、冰雹、冰凌、泥石流、崩塌、突发性滑坡、地面突然下陷；③飞行物体及其他空中运行物体坠落，外来不属于被保险人所有或使用的建筑物和其他固定物体的倒塌。保险事故发生后，被保险人为防止或减少保险标的的损失所支付的必要的、合理的费用，保险人按照保险合同的约定也负责赔偿。

（3）责任免除。下列原因造成的损失、费用，保险人不负责赔偿：①核辐射、核爆炸、核污染及其他放射性污染；②被保险人及其家庭成员、寄宿人、雇佣人员的故意或违法行为；③地震、海啸及其次生灾害；④行政行为或司法行为。

下列损失、费用，保险人也不负责赔偿：①保险标的遭受保险事故引起的各种间接损失；②家用电器因使用过度、超电压、短路、断路、漏电、自身发热、烘烤等原因所造成本身的损毁；③坐落在蓄洪区、行洪区，或者在江河岸边、低洼地区，以及防洪堤以外当地常年警戒水位线以下的家庭财产，由于洪水所造成的一切损失；④保险标的本身缺陷、保管不善导致的损毁；⑤保险标的的变质、霉烂、受潮、虫咬、自然磨损、自然损耗、自燃、烘焙所造成本身的损失；⑥保险合同约定的免赔额或按保险合同中载明的免赔率计算的免赔额。

（4）保险金额与免赔额（率）。保险金额由投保人自行确定，并且在保险合同中载明。其中：①房屋及室内附属设备、室内装潢的保险金额由投保人根据当时实际价值自行确定。②室内财产的保险金额由投保人根据当时实际价值分项目自行确定。不分项目的，按各大类财产在保险金额中所占比例确定，即室内财产中的家用电器及文体娱乐用品占40%，衣物及床上用品占30%，家具及其他生活用具占30%。③农机具等财产的保险金额由投保人根据当时实际价值分项目自行确定。④特约财产的保险金额由投保人和保险人双方约定，并且在保险单中载明。

每次事故的免赔额（率）由投保人与保险人在订立保险合同时协商确定，并且在保险合同中载明。

（5）保险期间。保险期间为一年，即从保险单签发日零时算起，到保险期满日24时为止。

2. 家庭财产两全险

家庭财产两全险是一种具有经济补偿和到期还本性质的险种。它与普通家庭财产险的不同之处仅在于保险金额的确定方式上。家庭财产两全险采用按份数确定保险金额的方式：城镇居民每份1 000元，农村居民每份2 000元，至少投保1份，具体份数多少根据投保财产的实际价值而定。投保人根据保险金额一次性交付保险储金，保险人将保险储金的利息作为保险费。保险期满后，无论保险期间内是否发生赔付，保险人都将如数退还全部保险储金。

4.3.2 企业财产保险

企业财产保险是指以投保人存放在固定地点的财产和物资作为保险标的的一种保险，保险标的的存放地点相对固定，处于相对静止状态。企业财产保险是我国财产保险业务中的主要险种之一，其适用范围很广。一切工商、建筑、交通、服务企业，以及国家机关、社会团体等均可投保企业财产保险，即对一切独立核算的法人单位均适用。以下以企业财产综合险条款为例介绍企业财产保险的基本内容。

1. 保险标的

企业财产按是否可保的标准可以分为三类，即可保财产、特约可保财产和不保财产。

（1）可保财产，包括：①属于被保险人所有或与他人共有而由被保险人负责的财产；②由被保险人经营管理或替他人保管的财产；③其他具有法律上承认的与被保险人有经济利害关系的财产。

（2）特约可保财产，简称特保财产，是指经保险双方特别约定后，在保险单中载明的保险财产。特保财产又分为不需要提高费率的特保财产和需要提高费率的特保财产。不需要提高费率的特保财产是指市场价格变化较大或无固定价格的财产，如金银、珠宝、玉器、首饰、古玩、古画、邮票、艺术品、稀有金属和其他珍贵财物,以及堤堰、水闸、铁路、涵洞、桥梁、码头等。需提高费率的特保财产一般包括矿井、矿坑的地下建筑物、设备和矿下物资等。

(3)不保财产,包括:①土地、矿藏、矿井、矿坑、森林、水产资源,以及未经收割或收割后尚未入库的农作物;②货币、票证、有价证券、文件、账册、图表、技术资料,以及无法鉴定价值的财产;③违章建筑、危险建筑、非法占用的财产;④在运输过程中的物资等。

2. 保险责任

(1)因火灾、爆炸、雷击、暴雨、洪水、暴风、龙卷风、冰雹、台风、飓风、暴雪、冰凌、突发性滑坡、崩塌、泥石流、地面突然下陷、飞行物体及其他空中运行物体坠落造成的物质损失,以及保险事故发生时,为抢救保险标的或防止灾害蔓延,采取必要的、合理的措施而造成保险标的的损失,保险人按照本保险合同的约定也负责赔偿。

(2)被保险人拥有财产所有权的自用的供电、供水、供气设备因保险事故遭受损坏,引起停电、停水、停气以致造成保险标的直接损失。

(3)保险事故发生后,被保险人为防止或减少保险标的的损失所支付的必要的、合理的费用。

3. 责任免除

企业财产综合保险的责任免除包括:

(1)以下原因造成的损失或费用:①投保人、被保险人及其代表的故意或重大过失行为;②行政行为或司法行为;③战争、类似战争行为、敌对行动、军事行动、武装冲突、罢工、骚乱、暴动、政变、谋反、恐怖活动;④地震、海啸及其次生灾害;核辐射、核裂变、核聚变、核污染及其他放射性污染;⑤大气污染、土地污染、水污染及其他非放射性污染,但因保险事故造成的非放射性污染不在此限;⑥保险标的的内在或潜在缺陷、自然磨损、自然损耗、大气(气候或气温)变化、正常水位变化或其他渐变原因,物质本身变化、霉烂、受潮、鼠咬、虫蛀、鸟啄、氧化、锈蚀、渗漏、自燃、烘焙;⑦水箱、水管爆裂;⑧盗窃、抢劫。

(2)下列损失或费用,保险人也不负责赔偿:①保险标的遭受保险事故引起的各种间接损失;②广告牌、天线、霓虹灯、太阳能装置等建筑物外部附属设施,存放于露天或简易建筑物内部的保险标的,以及简易建筑本身,由于雷击、暴雨、洪水、暴风、龙卷风、冰雹、台风、飓风、暴雪、冰凌、沙尘暴造成的损失;③锅炉及压力容器爆炸造成其本身的损失。

(3)保险合同中载明的免赔额或按本保险合同中载明的免赔率计算的免赔额。

(4)其他不属于保险合同责任范围内的损失和费用,保险人不负责赔偿。

4. 保险期间

企业财产保险的保险期间通常为一年。在保险单到期前,保险人应通知被保险人办理续保手续。一般根据保险登记簿填制"到期通知单"送交被保险人,以便到期办理续保手段,避免保险中断。

4.3.3 工程保险

工程保险是指以各种工程项目为主要承保标的的保险。工程保险主要有建筑工程保险、安装工程保险、船舶工程保险和科技工程保险等。下面以建筑工程保险为例介绍工程保险的基本内容。

1．保险标的

建筑工程保险是指以各类民用、工业用和公用事业用的建筑工程在整个建筑期间内因自然灾害和意外事故造成的物质损失，以及被保险人对第三者依法应承担的赔偿责任为保险标的的保险。

2．被保险人与投保人

建筑工程保险的被保险人有：①工程所有人，即建筑工程的最后所有者；②工程承包人，负责承建该项目工程的施工单位；③技术顾问，即由所有人聘请的建筑师、设计师、工程师和其他专业顾问；④其他关系方，如贷款银行或债权人等。

建筑工程保险的投保人因承包方式不同而不同。

（1）全部承包方式。工程总承包给一个施工单位，承包人承担施工过程的主要风险，故承包人作为投保人。

（2）部分承包方式。所有人负责设计并提供部分建筑材料，施工单位负责施工并提供部分材料，双方协商决定一方为投保人并在合同中载明。

（3）分段承包方式。工程分段承包给不同施工单位，为避免分别投保造成的时间差和责任差，所有人投保建筑工程险。

（4）施工单位只提供服务的承包方式。施工单位只提供施工服务，不承担工程施工风险，工程所有人负责投保。

3．保险标的与保险金额

（1）物质部分。

1）建筑工程，包括永久性和临时性工程及工地上的物料。该项保险金额为承包工程合同的总金额，即建成该项工程的实际造价，包括设计费、材料设备费、运杂费、施工费、保险费、税款及其他有关费用。

2）工程所有人提供的物料和项目，指未包括在上述建筑工程合同金额中的所有人提供的物料及负责建筑的项目。该项保险金额应按这一部分的重置价值确定。

3）安装工程项目，指未包括在承包工程合同金额内的机器设备安装工程项目。该项目保险金额按重置价值计算，应不超过整个工程项目保险金额的20%。若超过20%，则按安装工程保险费率计收保险费。超过50%的，则应单独投保安装工程保险。

4）建筑用机器、装置及设备，指施工用的各种机器设备，该类财产一般为承包人所有，不包括在建筑工程合同价格之内，因此应作为专项承保。该项保险金额按重置价值确定。

5）工地内现成的建筑物，指不在承保工程范围内的，归所有人或承包人所有的或其保管的工地内已有的建筑物或财产。该项保险金额可由保险双方当事人协商确定但不超过其实际价值。

6）场地清理费，指发生保险责任范围内的风险所致损失后清理工地现场所支付的费用，需要单独投保，一般不超过大工程项目保险金额的5%，不超过小工程项目保险金额的10%。

7）所有人或承保人在工地上的其他财产，保险金额协商确定。

（2）第三者责任部分。采用赔偿限额，由保险双方协商确定。

4．保险责任

（1）物质部分。

1）列明的自然灾害，洪水、潮水、水灾、地震、海啸、暴雨、风暴、雷电、雪崩、地陷、山崩、冻灾、冰雹及其他自然灾害（如泥石流、龙卷风、台风等）。

2）列明的意外事故。建筑工程保险承保的意外事故有：火灾、爆炸；飞机坠毁，飞机部件或物体坠落；原材料缺陷或工艺不善所引起的事故。

3）责任免除以外的其他不可预料的和突然的事故，以及在发生保险责任范围的事故后，现场的必要清除费用。

4）人为风险。建筑工程保险承保的人为风险有盗窃、工人或技术人员缺乏经验疏忽、过失、恶意行为。

（2）第三者责任部分。在保险期间因建筑工地发生意外事故造成工地及邻近地区的第三者人身伤亡和财产损失且依法应由被保险人承担的赔偿责任。

5．责任免除

在建筑工程保险中，除了财产保险中的例行责任免除，如被保险人的故意行为、战争、罢工、核污染外，一般还有下列责任免除：错误设计引起的损失、费用或责任，其责任者在设计方，应由直接责任者负责，但如投保人有要求，亦可扩展承保该项风险责任；原材料缺陷（如换置、修理或矫正）所支付的费用，以及工艺不善造成的本身损失；保险标的的自然磨损和消耗；各种违约后果，如罚金、耽误损失等。其他责任免除，如文件、账簿、票据、货币及有价证券、图表资料等的损失等。如果是一般建筑工程保险，责任免除还包括保险责任项上未列明而又不在上述责任免除范围内的其他风险责任。

6．保险期间

建筑工程保险的保险期间一般采用工期保险单，即以工期的长短来作为确定保险期间的依据，由保险人承保从开工之日起到竣工验收合格的全过程。但对大型、综合性建筑工程，如有各个子工程分期施工的情况，则应分项列明保险责任的起讫期。根据建筑工程的种类和进程，可以将合同工程划分为以下几个时期：一是工程建造期，即从开工之日起至通过检验考核之日止；二是工程保证期，即从检验考核通过之日起至建筑合同规定的保险期满止。保险人在承保时，可以只保一个责任期，也可以连同建筑工程保证期一并承保。

4.3.4 机动车辆保险

机动车辆保险是以机动车辆本身及其相关经济利益为保险标的的一种不定值财产保险。随着经济的发展，机动车辆的数量不断增加，机动车辆保险已成为我国财产保险业务中最大的险种。

机动车辆是指汽车、电车、电瓶车、摩托车、拖拉机、各种专用机械车、特种车。机动车辆保险一般包括基本险和附加险两部分。基本险主要有机动车辆损失保险、机动车辆第三者责任保险和机动车辆交通事故强制责任保险等。

1．机动车辆损失保险

（1）保险责任。下列原因造成保险车辆的损失时，保险人负责赔偿：①碰撞、倾覆、坠落；②火灾、爆炸；③外界物体坠落、倒塌；④雷击、暴风、暴雨、洪水、龙卷风、冰雹、台风、热带风暴；⑤地陷、崖崩、滑坡、泥石流、雪崩、冰陷、暴雪、冰凌、沙尘暴；⑥受到被保险机动车辆所载货物、车上人员意外撞击；⑦载运被保险机动车辆的渡船遭受自然灾害（只限于驾驶人随船的情形）；⑧发生保险事故时，被保险人或其允许的驾驶人为防止或减少被保险机动车辆的损失所支付的必要的、合理的施救费用，由保险人承担；⑨施救费用数额在被保险机动车辆损失赔偿金额以外另行计算，最高不超过保险金额的数额。

（2）免赔规定。机动车辆损失保险免赔规定：①被保险机动车辆一方负次要事故责任的，实行5%的事故责任免赔率；②负同等事故责任的，实行10%的事故责任免赔率；③负主要事故责任的，实行15%的事故责任免赔率；④负全部事故责任或单方肇事事故的，实行20%的事故责任免赔率；⑤被保险机动车辆的损失应当由第三方负责赔偿，无法找到第三方的，实行30%的绝对免赔率；⑥违反安全装载规定、但不是事故发生的直接原因的，增加10%的绝对免赔率；⑦对于投保人与保险人在投保时协商确定绝对免赔额的，本保险在实行免赔率的基础上增加每次事故绝对免赔额。

2．机动车辆第三者责任保险

机动车辆第三者责任险，是指在保险期间内，被保险人或其允许的驾驶人在使用被保险机动车辆过程中发生意外事故，致使第三者遭受人身伤亡或财产直接损毁，依法应当对第三者承担的损害赔偿责任，并且不属于免除保险人责任的范围，保险人依照保险合同的约定，对于超过机动车辆交通事故强制责任保险各分项赔偿限额的部分负责赔偿。

（1）事故责任认定。保险人依据被保险机动车辆一方在事故中所负的事故责任比例，承担相应的赔偿责任。被保险人或被保险机动车辆一方根据有关法律、法规规定选择自行协商或由公安机关交通管理部门处理事故未确定事故责任比例的，按照下列规定确定事故责任比例：①被保险机动车辆一方负主要事故责任的，事故责任比例为70%；②被保险机动车辆一方负同等事故责任的，事故责任比例为50%；③被保险机动车辆一方负次要事故责任的，事故责任比例为30%。

涉及司法或仲裁程序的，以法院或仲裁机构最终生效的法律文书为准。

（2）免赔规定。机动车辆第三者责任保险的免赔规定：①被保险机动车辆一方负次要事故责任的，实行5%的事故责任免赔率；②负同等事故责任的，实行10%的事故责任免赔率；③负主要事故责任的，实行15%的事故责任免赔率；④负全部事故责任的，实行20%的事故责任免赔率；⑤违反安全装载规定的，实行10%的绝对免赔率。

（3）机动车辆损失保险与机动车辆第三者责任保险的责任免除。

1）事故发生后，被保险人或其允许的驾驶人故意破坏、伪造现场、毁灭证据。

2）驾驶人有下列情形之一者：①事故发生后，在未依法采取措施的情况下驾驶被保险机动车辆或遗弃被保险机动车辆离开事故现场；②饮酒、吸食或注射毒品、服用国家管制的精神药品或麻醉药品；③无驾驶证，驾驶证被依法扣留、暂扣、吊销、注销期间；④驾驶与驾驶证载明的准驾车型不相符合的机动车；⑤实习期内驾驶公共汽车、营运客车或执行任务的警车、载有危险物品的机动车辆或牵引挂车的机动车辆；⑥驾驶出租机动车辆或营业性机动车辆无交通运输管理部门核发的许可证书或其他必备证书;⑦学习驾驶时无合法教练员随车指导;⑧非被保险人允许的驾驶人。

3)下列原因导致的损失或费用:①发生保险事故时被保险机动车辆行驶证、号牌被注销的,或者未按规定检验或检验不合格;②被扣押、收缴、没收、政府征用期间;③在竞赛、测试期间,在营业性场所维修、保养、改装期间;④被保险人或其允许的驾驶人故意或重大过失,导致被保险机动车辆被利用从事犯罪行为。

4)下列原因导致的损失和费用:①地震及其次生灾害;②战争、军事冲突、恐怖活动、暴乱、污染(含放射性污染)、核反应、核辐射;③人工直接供油、高温烘烤、自燃、不明原因火灾;④违反安全装载规定;⑤被保险机动车辆被转让、改装、加装或改变使用性质等,被保险人、受让人未及时通知保险人,并且因转让、改装、加装或改变使用性质等导致被保险机动车辆危险程度显著增加;⑥被保险人或其允许的驾驶人的故意行为。

5)下列原因造成的损失和费用:①因市场价格变动造成的贬值、修理后因价值降低引起的减值损失;②自然磨损、朽蚀、腐蚀、故障、本身质量缺陷;③遭受保险责任范围内的损失后,未经必要修理并检验合格继续使用,致使损失扩大的部分;④投保人、被保险人或其允许的驾驶人知道保险事故发生后,故意或因重大过失未及时通知,致使保险事故的性质、原因、损失程度等难以确定的,保险人对无法确定的部分,不承担赔偿责任,但保险人通过其他途径已经及时知道或应当及时知道保险事故发生的除外等。

3. 机动车辆交通事故强制责任保险

机动车辆交通事故责任强制保险,简称交强险,是由保险公司对被保险机动车辆发生道路交通事故造成受害人(不包括本车人员和被保险人)的人身伤亡、财产损失,在责任限额内予以赔偿的强制性责任保险。

(1)被保险人。交强险合同中的被保险人是指投保人及其允许的合法驾驶人。投保人是指与保险人订立交强险合同,并且按照合同负有支付保险费义务的机动车辆的所有人、管理人。交强险合同中的受害人是指因被保险机动车辆发生交通事故遭受人身伤亡或财产损失的人,但不包括被保险机动车辆本车车上人员、被保险人。

(2)保险责任。

1)在中华人民共和国境内(不含港、澳、台地区),被保险人在使用被保险机动车辆过程中发生交通事故,致使受害人遭受人身伤亡或财产损失,依法应当由被保险人承担的损害赔偿责任。保险人按照交强险合同的约定对每次事故在下列赔偿限额内负责赔偿:死亡伤残赔偿限额为110 000元;医疗费用赔偿限额为10 000元;财产损失赔偿限额为2 000元。

2)被保险人无责任时,无责任死亡伤残赔偿限额为11 000元;无责任医疗费用赔偿限额为1 000元;无责任财产损失赔偿限额为100元。

(3)费用垫付。被保险机动车辆发生交通事故,造成受害人受伤需要抢救的,保险人在接到公安机关交通管理部门的书面通知和医疗机构出具的抢救费用清单后,按照国务院卫生主管部门组织制定的交通事故人员创伤临床诊疗指南和国家基本医疗保险标准进行核实。对于符合规定的抢救费用,保险人在医疗费用赔偿限额内垫付。被保险人在交通事故中无责任的,保险人在无责任医疗费用赔偿限额内垫付。对于其他损失和费用,保险人不负责垫付和赔偿。以下情况除外：驾驶人未取得驾驶资格的；驾驶人醉酒的；被保险机动车辆被盗抢期间肇事的；被保险人故意制造交通事故的。对于垫付的抢救费用，保险人有权向致害人追偿。

（4）责任免除。下列损失和费用，交强险不负责赔偿和垫付：①因受害人故意造成的交通事故的损失，被保险人所有的财产和被保险机动车辆上的财产遭受的损失；②被保险机动车辆发生交通事故，致使受害人停业、停驶、停电、停水、停气、停产、通信或网络中断、数据丢失、电压变化等造成的损失，以及受害人财产因市场价格变动造成的贬值、修理后因价值降低造成的损失等其他各种间接损失；③因交通事故产生的仲裁或诉讼费用和其他相关费用。

另外，机动车辆保险还有一系列附加险，如玻璃单独破碎险、自燃损失险、新增加设备损失险、车身划痕损失险、发动机涉水损失险、修理期间费用补偿险、车上货物责任险、精神损害抚慰金责任险、不计免赔率险、指定修理厂险等。

4.3.5 货物运输保险

货物运输保险是指以运输过程中的货物作为保险标的，保险人承保因自然灾害或意外事故造成损失的一种保险。货物运输保险是随着海上贸易的发展而产生和发展起来的。进入现代社会后，货物运输出现了内河、航空、陆上、邮递等多种方式，货物运输保险也因此取得了全面的发展。货物运输保险有利于企业进行经济核算和促进货物运输的安全防损工作。

根据不同的标准可以将货物运输保险分为若干类别。按照运输工具分为水路运输险、陆路运输险、航空运输险、邮包险、联运险；按照适用范围分为国内货物运输保险和涉外货物运输保险；按照保险人承担的责任分为基本险和综合险。下面仅介绍国内水路、陆路货物运输保险，以及海上货物运输保险。

1. 国内水路、陆路货物运输保险

（1）保险责任。

1）基本险。①因火灾、爆炸、雷电、冰雹、暴风、暴雨、洪水、地震、海啸、地陷、崖崩、滑坡、泥石流所造成的损失；②因运输工具发生碰撞、搁浅、触礁、倾覆、沉没、出轨或隧道、码头坍塌所造成的损失；③在装货、卸货或转载时，因遭受不属于包装质量不善或装卸人员违反操作规程所造成的损失；④按国家规定或一般惯例应分摊的共同海损的费用；⑤在发生上述灾害、事故时，因纷乱而造成货物的散失，以及因施救或保护货物所支付的直接合理的费用。

2）综合险。①因受震动、碰撞、挤压而造成破碎、弯曲、凹瘪、折断、开裂或包装破裂致使货物散失的损失；②液体货物因受震动、碰撞或挤压致使所用容器（包括封口）损坏而渗漏的损失，或者用液体保藏的货物因液体渗漏而造成保藏货物霉烂变质的损失；③因遭受盗窃或整件提货不着的损失；④因符合安全运输规定而遭受雨淋所致的损失。

（2）保险责任起讫期。保险责任起讫期是自签发保险凭证和保险货物运离起运地发货人的最后一个仓库或储存处所时起，至该保险凭证上注明的目的地的收货人在当地的第一个仓库或储存处所时终止。但保险货物运抵目的地后，如果收货人未及时提货，则保险责任的终止期最多延长至以收货人接到到货通知后的 15 日为限（以邮戳为准）。

（3）责任免除。责任免除包括：①战争或军事行动；②核事件或核爆炸；③保险货物本身的缺陷或自然损耗和包装不善；④被保险人的故意行为或过失；⑤全程是公路货物运输的，盗窃或整件提货不着的损失；⑥其他不属于保险责任范围内的损失。

（4）保险金额。保险金额按货价或货价加运杂费计算。

（5）赔偿处理。损失按起运地货价计算赔偿；按货价加运杂费确定保险金额的，保险人应根据实际按起运地货价加运杂费计算，但最高赔偿金额以保险金额为限。如果被保险人投保不足，保险金额低于货价，保险人对其损失金额及支付的施救或保护货物所支付的直接、合理的费用，应分别计算，并且以不超过保险金额为限。其他第三者负责赔偿一部分或全部的，被保险人应首先向承运人或其他第三者索赔。如被保险人提出要求，保险人也可以先予赔偿，但被保险人应签发权益转让书给保险人，并且协助保险人向责任方追偿。

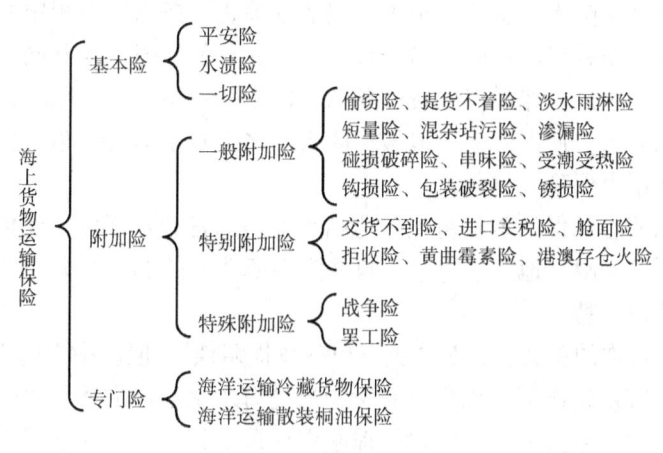

2．海上货物运输保险

海上货物运输保险，简称水险，是指保险人对于货物在运输途中因海上自然灾害、意外事故或外来原因而导致的损失负赔偿责任的一种保险。

（1）海上货物运输保险的险别及保险责任。我国海上货物运输保险可分为三大类：基本险、附加险和专门险，如图 4-1 所示。

海上货物运输保险
- 基本险
  - 平安险
  - 水渍险
  - 一切险
- 附加险
  - 一般附加险：偷窃险、提货不着险、淡水雨淋险、短量险、混杂玷污险、渗漏险、碰损破碎险、串味险、受潮受热险、钩损险、包装破裂险、锈损险
  - 特别附加险：交货不到险、进口关税险、舱面险、拒收险、黄曲霉素险、港澳存仓火险
  - 特殊附加险：战争险、罢工险
- 专门险
  - 海洋运输冷藏货物保险
  - 海洋运输散装桐油保险

图 4-1　海上货物运输保险的种类

1）基本险。

①平安险。平安险的保险责任主要包括以下八个方面：

- 被保险货物在运输途中由于恶劣气候、雷电、海啸、地震、洪水等自然灾害造成整批货物的全部损失或推定全损；
- 由于运输工具遭受搁浅、触礁、沉没、互撞、与流冰或其他物体碰撞，以及失火、爆炸、意外事故造成货物的全部或部分损失；
- 在运输工具已经发生搁浅、触礁、沉没、焚毁等意外事故的情况下，货物在此前后又在海上遭受恶劣气候、雷电、海啸等自然灾害所造成的部分损失；
- 在装卸或转运时，由于一件或数件整件货物落海造成的全部或部分损失；
- 被保险人对遭受承保责任内危险的货物采取抢救、防止或减少货损的措施而支付的

合理费用，但以不超过该批被救货物的保险金额为限；
- 运输工具遭遇海难后，在避难港由于卸货、存仓和运送货物所产生的特别费用；
- 共同海损的牺牲、分摊和救助费用；
- 运输契约订有"船舶互撞责任"条款，根据该条款规定应由货方偿还船方的损失。

平安险的保险条款有以下一些特点。

第一，平安险的主要责任有三项：对于自然灾害（恶劣气候、雷电、海啸、地震、洪水）造成的单独海损不负责赔偿，但对全部损失要负责赔偿；对于意外事故所造成的单独海损和全部损失都要负责赔偿；对于在海上意外事故发生前后，因海上自然灾害所造成的单独海损也要负责赔偿。

第二，负责赔偿根据运输契约中订有的"船舶互撞责任条款"所规定的应由货方偿还船方的损失。船舶互撞责任条款，是货主在与承运人签订的提单或租船合同中加上的条款。该条款规定，如本船与他船发生碰撞，其原因是他船的过失，也是本船船长、船员或引水员在驾驶或管理船舶中的疏忽、过失或不履行职责而与他船碰撞，则本船货主应就他船（非载其货物的船舶）在赔付给自己所受货损的赔款以后，又对本船承运人提出的一部分索赔进行补偿。换言之，船舶互撞责任条款就是要求货主补偿本船承运人原来可以免责却又被迫承担的他船应对本船货物损失所负赔偿责任中的那部分赔款。平安险条款中订有这样一条，主要是为了将被保险人（货主）根据"船舶互撞责任条款"中规定的应负比例责任，作为保险责任项下应予补偿的损失，给予被保险人充分的保障。与此同时，如果载货船舶承运人按照运输合同中的"船舶互撞责任条款"向本船货主提出索赔时，货主作为被保险人应当及时通知保险人，使保险人可以被保险人的名义对承运人的索赔进行抗辩来保护自己的利益，有关费用由保险人自负。

②水渍险。水渍险承保的责任范围除包括平安险的各项责任外，还负责被保险货物由于恶劣气候、雷电、海啸、地震、洪水等自然灾害所造成的部分损失。

水渍险条款有以下特点：

第一，水渍险名称的英文含义为"负责单独海损赔偿"，但从中文的字面上理解，容易使人对它的承保内容发生误解，以为只对货物遭受海水水渍损失才予以赔偿，或者以为只对单独海损负责赔偿。事实上，水渍险的保险责任远远超过平安险的保险责任，因为自然灾害造成的货物部分损失往往在海上运输过程中是最常见的或最容易发生的损失。

第二，水渍险虽然负责对单独海损的赔偿责任，但不是被保险货物只要发生了单独海损就是水渍险的责任范围。一般来说，水渍险不负责被保险货物因某些外部原因所造成的部分损失，如碰损、锈损、钩损等。

③一切险。一切险的保险责任除包括平安险和水渍险的所有责任外，还包括被保险货物在海上运输途中因各种外来原因所造成的全部损失或部分损失。具体地说，一切险的保险责任范围是平安险、水渍险和一般附加险的总和。

2）附加险。包括一般附加险、特别附加险和特殊附加险。

①一般附加险。它也称普通附加险，承保因一般外来原因所造成的货物损失。我国海上货物运输保险承保的一般附加险共11种。
- 偷窃、提货不着险。主要承保在保险有效期内，被保险货物由于偷窃行为，以及货

物运抵目的地后整件未被收货人提取所造成的损失。
- 淡水雨淋险。承保被保险货物直接因淡水、雨淋、冰雪融化所造成的损失。
- 短量险。承保货物在运输过程中因外包装破裂、裂口、扯缝或散装货物发生散失与实际重量短少的损失。
- 混杂、玷污险。承保被保险货物在运输过程中,因混进杂质或被玷污所造成的损失。
- 渗漏险。承保液体、流质类货物由于容器损坏而引起的渗漏损失,以及用液体储装的货物因液体渗漏而发生腐烂、变质的损失。
- 碰损、破碎险。承保货物在运输途中,因震动、碰撞、受压所造成的碰损和破碎损失。
- 串味险。承保货物因受其他物品气味的影响而引起的串味、变味损失。
- 受潮受热险。承保货物在运输途中,因气温突然变化或由于船上通风设备失灵致使船舱内水汽凝结,引起货物发潮或发热所造成霉烂、变质或溶化的损失。
- 钩损险。承保货物在运输、装卸过程中,因使用钩子等工具致使外包装破漏造成货物外漏或货物被直接钩破的损失。
- 包装破裂险。承保货物因装运不慎使包装破裂造成货物的短少、玷污、受潮等损失。
- 锈损险。承保货物在运输途中因生锈而造成的损失。凡是货物在原装时未存在,而是在保险期间内发生的锈损,保险人都予以负责。

②特别附加险。特别附加险与一般附加险的不同之处有两点:一是特别附加险不包括在一切险责任范围内;二是导致特别附加险的货物损失原因往往同政治、国家行政管理和一些特殊的风险相关联。
- 交货不到险。交货不到险承保自被保险货物装上船舶时开始,不论由于何种原因,如保险货物不能在预定抵达目的地的日期起 6 个月以内交货,保险人将按全部损失赔付,但该货物的全部权益应转移给保险人。
- 进口关税险。承保由于货物受损,但仍需按完好价值缴纳进口关税所造成的损失。
- 舱面险。承保装载于舱面的货物因被抛弃或被风浪冲击落水所造成的损失。
- 拒收险。承保货物在进口时,不论何种原因在进口港被进口国的政府或有关当局拒绝进口或没收所造成的损失。
- 黄曲霉素险。承保某些含有黄曲霉素食物因超过进口国对该霉素的限制标准而被拒绝进口、没收或强制改变用途而遭受的损失。
- 出口货物到香港(包括九龙在内)或澳门存仓火险责任扩展条款。承保我国出口到港澳地区的货物,如果直接卸到保险单载明的过户银行所指定的仓库,则延长存仓期间的火险责任。

③特殊附加险。它与特别附加险一样,不属于一切险责任范畴。特殊附加险承保的风险主要是战争和罢工这两种风险。
- 战争险。战争险主要承保直接由于战争、类似战争行为和敌对行为、武装冲突或海盗行为所致的损失;由于上述原因引起的捕获、拘留、禁制、扣押所造成的损失;各种常规武器,包括水雷、鱼雷、炸弹所致的损失;以及上述原因引起的共同海损的牺牲、分摊和救助费用。

- 罢工险。罢工险承保因罢工者、被迫停工工人，参加工潮、暴动和民众斗争的人员采取行动所造成保险货物的损失。此外，对于任何人的恶意行为所造成的损失也予以负责。由此引起的共同海损的牺牲、分摊和救助费用，也是保险人的责任范围。

3）专门险。海洋运输冷藏货物保险是海上货物运输保险的一种专门险，可以单独投保。该险种承保冷藏货物在海上运输过程中因遭受承保的海上自然灾害、意外事故，以及因冷藏机器停止工作而造成的损失和腐败损坏。

海洋运输散装桐油保险也是海上货物运输保险的一种专门险，可以单独投保。桐油是我国的特产，作为油漆的重要原料，也是我国出口商品之一。海运散装桐油保险主要承保运输过程中不论何种原因导致被保险桐油的短少、渗漏导致超过保险单规定的免赔率的损失，以及不论何种原因导致被保险桐油的玷污或变质损失。

（2）责任免除。根据我国《海上货物运输保险条款》规定，三个基本险（平安险、水渍险和一切险）的责任免除是：①被保险人的故意行为或过失所造成的损失；②属于发货人责任所引起的损失；③在保险责任开始前，被保险货物已存在的品质不良或数量短差所造成的损失；④被保险货物的自然损耗、本质缺陷、特性，以及市价跌落、运输延迟所造成的损失或费用；⑤属于战争险条款和罢工险条款规定的保险责任和责任免除的货损。

（3）保险期间。在我国海上货物运输保险的基本险中，保险期间均采用"仓至仓条款"。它规定了保险人对被保险货物所承担的责任，是从被保险货物运离保险单载明的起运地仓库或储存处所至保险单载明的目的港收货人的仓库时为止。保险人的保险责任起讫分为正常运输和非正常运输两种情况。

1）在正常运输情况下的保险责任起讫。保险责任从被保险货物运离保险单载明的起运地仓库或储存处所开始运输时生效，直至该项货物保险单所载明的目的地收货人最后仓库或储存处所时为止。一旦货物到达收货人的最后仓库，保险责任即行终止。

- 被保险货物运抵卸货港并全部卸离海轮后，但未被收货人立即运到自己的仓库，保险责任可以从货物全部卸离海轮时起算满60日终止。若在60日内货物到达收货人仓库，保险责任即在到达仓库时终止。
- 被保险货物运抵卸货港，卸货港即目的地，收货人提货后并不将货物运往自己的仓库，而是将货物进行分配、分派或分散转运，那么保险责任就从开始分配时终止。
- 如果被保险货物以内陆为目的地，收货人提货后运到内陆目的地自己的仓库，保险责任即行终止。如果收货人提货后没有将货物直接运往自己在内陆目的地的仓库，而是先行存入某一仓库，然后在这个仓库对货物进行分配、分派或分散转运，即使其中一部分货物运到了保险单所载明的内陆目的地的最后仓库，则先行存入的某一仓库视为收货人的最后仓库，保险责任在货物到达该仓库时终止。

后两项规定也受被保险货物全部卸离海轮后满60日的限制。如果货物全部卸离海轮后，而且在这两项规定的情况发生之前，时间已满60日时，保险责任先行终止。

2）在非正常运输情况下的保险责任起讫。在非正常运输情况下，保险公司要求被保险人在获知货物被迫卸货、重装或转运等情况时，及时通知保险人，并且酌情收取部分费用后，原保险单继续有效。但是，保险单继续有效的责任期限要按下列规定处理：

- 被保险货物如在非保险单所载明的目的地出售，保险责任至交货时终止，但不论任何情况，均以被保险货物在卸载港全部卸离海轮满 60 日为止。
- 被保险货物如在上述 60 日期限内继续运往保险单所载明的原目的地或其他目的地，则保险责任仍按正常运输情况下所规定的"仓至仓条款"内容办理。

4.3.6 责任保险

责任保险，又称第三者责任保险，是指以被保险人对第三者依法应负的赔偿责任为保险标的的保险。即当被保险人对第三者负损害赔偿责任时，由保险人承担其赔偿责任，向被保险人或第三者赔偿保险的一种保险。

1. 责任保险的保险标的

责任保险的保险标的是被保险人在法律上应负的民事损害赔偿责任。民事责任是指公民或法人在不履行自己的民事义务或侵犯他人的民事权利时，按照民法的规定而产生的法律后果。《民法通则》规定的民事责任包括：违约责任，又称违反合同的民事责任；侵权责任，又称违反法律规定的民事责任；其他违反民事义务的责任，凡不属于违约责任和侵权责任的其他民事责任可以归于这一类（如返还不当得利的责任等）。

（1）责任保险承保的侵权责任。侵权责任有过失责任和绝对责任之分。

1）过失责任。被保险人因任何疏忽或过失违反法律应尽义务或违背社会公共生活准则而致他人财产或人身受到伤害时，应对受害人进行赔偿，即所谓的"侵权行为"。例如，违章驾驶汽车发生交通事故，造成他人财产损失和人身伤亡，肇事者应承担法律赔偿责任。这就是法律上的过失责任。

2）绝对责任。它是指不论保险人有无过失，根据法律规定均须对他人受到的损害负赔偿责任。例如，雇主所雇员工在工作中因事故受工伤，对于该事故无论雇主有无过错，均应承担经济赔偿责任。

（2）责任保险承保的契约责任。责任保险承保的契约责任包括直接责任和间接责任。

1）直接责任。一方违反契约规定的义务对另一方造成损害所应承担的赔偿责任。

2）间接责任。一方根据契约规定对另一方造成他人（第三者）损害所应负的赔偿责任。

2. 责任保险的承保方式

责任保险的承保方式主要有两种：期内索赔式和期内发生式。

（1）期内索赔式。期内索赔式是以索赔为基础的承保方式，保险人仅对在保险有效期内提出的索赔负责，而不管索赔事故是否发生在保险有效期内。采用该承保方式，可以使保险人确切地把握该保险单项下应支付的赔款，即使赔款额当期不能确定，至少可使保险人了解索赔的情况，对应承保的风险做出比较切合实际的估价。但该承保方式存在保险人承担的风险责任大的缺点。为便于控制风险责任，各国保险普遍采用限制条款，规定责任追溯日期，保险人仅对追溯日期开始后发生并在保险单有效期内提出的索赔负责。

（2）期内发生式。期内发生式是以事故发生为基础的承保方式，保险人仅对在保险有效期内发生的责任事故而引起的损失负责，而不管受害方是否在保险有效期内提出索赔。采用该承保方式的优点是保险人支付的赔款与其保险期间内实际承保的风险责任相适应，其缺点是保险人在该保险单项下承保的赔偿责任，往往要很长时间才能确定，而且因为货币价值等因素，最终索赔的数额可能大大超过疏忽行为发生时的水平。在此情况下，如果索赔数额超过保险单规定的赔偿限额,超过部分应由被保险人自行承担。

由于以事故发生为基础的承保方式要经过较长时间才能确定赔偿责任,因此国外又称其为长尾巴业务,此种方式在实践中已减少使用。

3. 责任保险的保险责任

责任保险的保险责任一般包括以下两项内容:

(1)被保险人依法对造成他人财产损失或人身伤亡应承担的经济赔偿责任。这项责任是基本的保险责任,以受害人的损害程度和索赔金额为依据,以保险单上的赔偿限额为最高赔付额,由责任保险人予以赔偿。

(2)因赔偿纠纷引起的由被保险人支付的诉讼费用、律师费用,以及其他事先经过保险人同意支付的费用。

保险人承担上述责任的前提条件是,责任事故的发生应符合保险条款的规定,包括事故原因、发生地点、损害范围等,均应审核清楚。所谓财产损失,包括有形财产的损毁、受损财产的丧失使用,甚至未受损财产的丧失使用。所谓人身伤亡,不仅指自然人身体的有形毁损,也包括脑力损害、听力损害、疾病、丧失工作能力及死亡等,但对精神方面的损害一般除外不保。

4. 责任保险的责任免除

在承担前述赔偿责任的同时,保险人在责任保险合同中一般规定若干责任免除。尽管不同的责任保险合同中的责任免除可能有出入,但主要的责任免除有:

(1)被保险人故意行为所致的各种损害后果;

(2)战争、军事行动和罢工等政治事件造成的损害后果;

(3)核事故风险导致的损害后果,但核事故或核责任保险例外;

(4)被保险人家属、雇员的人身伤害或财产损失,但雇主责任保险承保雇主对雇员的损害赔偿责任;

(5)被保险人所有、占有、使用或租赁的财产,或者由被保险人照顾、看管或控制的财产损失;

(6)被保险人的合同责任,经过特别约定者除外。

上述责任免除是责任保险的通常责任免除,但个别风险经过特别约定后可以承保。

5. 责任保险的赔偿限额与免赔额

责任保险承保的是被保险人的赔偿责任,而非有固定价值的标的,并且赔偿责任因损害责任事故大小而异,很难准确预计。因此,不论何种责任保险,均无保险金额的规定,而是采用在承保时由保险双方约定赔偿限额的方式来确定保险人承担的责任限额。凡超过赔偿限额的索赔仍须由被保险人自行承担。

保险人承担责任的最高限额,通常有以下几种类型:

(1)每次责任事故或因同一原因引起的一系列责任事故的赔偿限额,它可以分为财产损失赔偿限额和人身伤亡赔偿限额。

(2)保险期内累计的赔偿限额,它可以分为累计的财产损失赔偿限额和累计的人身伤亡赔偿限额。

(3)在某些情况下,保险人也将财产损失和人身伤亡两者合成一个限额,或者只规定每次事故和同一原因引起的一系列责任事故的赔偿限额，而不规定累计赔偿限额。

6．责任保险的保险费率

责任保险的保险费率通常根据各种责任保险的风险大小和损失率的高低来确定。对于不同的责任保险种类，制定费率时所考虑的因素亦存在着差异，但从总体上看，保险人在制定责任保险的保险费率时，主要考虑的影响因素应当包括如下几项。

（1）被保险人的业务性质及其发生意外损害赔偿责任可能性的大小。例如，影剧院的责任风险是公众责任风险，企业的责任风险主要是产品责任风险，雇主所承担的责任风险主要是对雇员的责任风险，等等。不同业务性质的责任保险业务具有不同的责任风险，从而是制定责任保险的保险费率时必须着重考虑的因素。

（2）法律制度对损害赔偿的规定。责任保险以法律制度规范的赔偿责任及其标准为基础，承保责任保险时必须充分考虑现行法律制度对该项责任风险的规范。法律制度规范越严格，表明风险越大，费率越高；反之则反。

（3）赔偿限额的高低。赔偿限额与免赔额的高低对责任保险的费率有客观影响。赔偿限额越高，保险费绝对数越高，但保险费相对比率会越低，因为责任事故越大而出险的概率就越小；反之则反。

（4）承保区域的大小。在其他条件相等的情况下，承保区域越大，风险越大，费率越高。例如，在产品责任保险中，承保国内的产品责任风险与承保出口产品的责任风险是有很大差异的，即以国内为承保区域和以国际为承保区域存在着风险差异，其费率也要有差异。再如，在雇主责任保险中，仅仅承保雇员在正常的工作场所从事职业工作的风险就小，若将雇员的人身伤害风险扩展到其外出出差，则保险风险会增大，制定费率时应加以考虑。

（5）每笔责任保险业务的量。每笔责任保险业务的数量规模等，对责任保险的保险费率的影响也很大。保险人一般对于统保程度高、数额大的业务用较为优惠的费率，对于统保程度低、数额小的业务采用较高的费率，对一些小额的、零星的责任保险业务（如某笔数量有限的出口产品责任保险业务）还有最低保险费率的规定。

7．责任保险的主要险别

（1）公众责任保险。又称普通责任保险或综合责任保险，以被保险人的公众责任为承保对象，是责任保险中独立的、适用范围最广的保险类别。公众责任有两个基本特征：一是致害人所损害的对象不是事先特定的某个人；二是损害行为是对社会公众利益的损害。公众责任保险的种类主要有场所责任保险、电梯责任保险、承包人责任保险、个人责任保险等。

（2）产品责任保险。由保险人承保的产品制造者、销售者、维修者等因产品缺陷致使消费者或用户或其他公众财产损失和人身伤亡，而且依法应由其负责的经济赔偿责任。因此与产品责任相关的任何一方都可以投保产品责任保险。根据具体情况需要，可以由他们中间的任何一人投保，也可以由几方或全体联名投保。除投保人本身外，可以将其他有关方作为被保险人，并且规定对各被保险人之间的责任互补追偿。在有关各方中，制造者应负最大风险责任，除非其他有关方已将产品重新装配、改装、修理、改换包装或使用说明书并因此而引起的产品事故，应由该有关方负责外，凡产品原有缺陷引起的问题，最后均将追溯至产品制造者负责。

有些时候，人们容易混淆产品责任与产品质量违约责任，但这两者有着根本的区别。它们在风险性质、处理原则、责任承担者、责任承担方式与标准、诉讼管辖等方面都不同。

（3）雇主责任保险。以被保险人即雇主的雇员在受雇期间从事业务时因遭受意外导致伤、残、死亡或患有与职业有关的职业性疾病，依法或根据雇用合同应由被保险人承担的经济赔偿责任为保险标的的一种责任保险。在有些国家，雇主责任保险是一种普遍实施的强制性保险业务；有些国家以工伤保险取代雇主责任保险；有些国家则工伤保险与雇主责任保险并存，如日本和我国。

一般而言，雇主所承担的对雇员的责任包括雇主自身的故意行为、过失行为甚至无过失行为所致雇员的人身伤害赔偿责任，但保险人所承担的责任风险并非与此一致，均将被保险人雇主的故意行为列为责任免除，而主要承保被保险人的过失行为、无过失行为所致的损害赔偿。

雇主责任保险与工伤保险有着本质的区别。首先，性质不同。工伤保险属于社会保险，雇主责任保险属于商业保险。其次，交费标准和待遇水平不同。工伤保险根据社保部门的行业标准费率交费，发生工伤事故按当地职工平均工资水平等要素综合考虑赔付；雇主责任保险根据雇主投保要求确定保险金额，保险公司根据行业风险、企业状况、人员规模等综合因素确定费率，事故发生时保险人的赔付额不超过投保金额。

雇主责任保险与雇主为雇员投保的团体意外伤害保险也有着根本的区别。①保险性质不同。雇主责任保险以无形的责任为保险标的，属财产保险范畴；团体意外伤害保险以人的身体与生命为保险标的，属人身保险范畴。②保险责任不同。雇主责任保险仅负责赔偿雇员在执行任务或在工作场所内遭受到的意外伤害或职业病；团体意外伤害保险则不论时间或场地所受到的伤害都负责。③承保条件不同。雇主责任保险以民法和劳动合同法为承保的客观依据；团体意外伤害保险则可以自由投保。④计费和赔偿依据不同。雇主责任保险计算保险费和赔款的依据是以雇员的月工资额作为计算保险金额和应付赔偿金的基础；团队意外伤害保险以保险双方事先商定的保险金额作为计算保险费和给付保险金的依据。⑤合同主体不同。雇主责任保险的投保人和被保险人都是雇主；团体意外伤害保险的投保人是雇主，被保险人是雇员。

（4）职业责任保险。职业责任保险是指以各种专业技术人员在从事职业技术工作时的疏忽或过失造成合同对方或他人的人身伤亡或财产损失而应承担的经济赔偿责任为保险标的的保险。它主要有医生责任保险、药剂师责任保险、律师责任保险、会计师责任保险、建筑师责任保险、保险代理人责任保险、保险经纪人责任保险等。

4.3.7 信用保险

信用保险是保险人根据权利人的要求担保义务人（被保证人）信用的保险。信用保险为企业提供银行贷款提供担保，在促进企业生产经营、促进贸易健康发展、促进出口创汇方面发挥着重要的作用。信用保险根据不同分类标准，可以分为不同类型。

（1）根据信用保险标的的性质，可分为商业信用保险、银行信用保险、国家信用保险和诚实信用保险。商业信用保险的保险标的是商品赊购方（买方）的信用；银行信用保险的保险标的是借款银行的信用；国家信用保险的保险标的是借款国的信用；诚实信用保险，又称雇员忠诚信用保险,是权利人(雇主)投保的以被保证人(雇员)行为不诚实而使权利人(雇主)遭受损失时由保证人(保险人)承担赔偿责任为保险标的的一种信用保险。

(2)根据信用保险的业务内容,可分为国内信用保险、出口信用保险和投资保险三类。国内信用保险是以义务人在国内的信用为保险标的的保险,包括商业信用保险、贷款信用保险、信用卡保险、雇员忠诚信用保险等。出口信用保险承保出口商因买方不履行贸易合同而遭受损失的风险。对该项业务,大部分国家将其列为政策性保险,主要是为了贯彻国家贸易政策,促进出口。投资保险承保本国投资者在外国投资期间因政治原因遭受投资损失的风险,主要是为了资本输出需要,保障本国投资商在国外投资的经济安全。

4.3.8 保证保险

保证保险是义务人(被保证人)根据权利人的要求,要求保险人向权利人担保义务人自己的信用的保险。

信用保险和保证保险都是保险人对义务人(被保证人)的作为或不作为致使权利人遭受损失负赔偿责任的保险。但二者的对象和投保人均不同,前者是权利人要求保险人担保义务人(被保证人)的信用,后者是义务人(被保证人)要求保险人向权利人担保自己的信用;前者由权利人投保,后者是义务人(被保证人)投保。二者的区别还表现在:

(1)信用保险是填写保险单来承保的,其保险单同其他财产保险单并无大的差别,同样规定责任范围、责任免除、保险金额、保险费等;而保证保险是出立保证书来承保的,内容简单,只规定担保事宜。

(2)信用保险的被保险人是权利人,承保的是被保证人(义务人)的信用风险,保险合同中只涉及权利人和义务人两方;保证保险是义务人应权利人的要求投保自己的信用风险,由保险公司出立保证书担保,保险公司实际上是保证人,保险公司为了减少风险往往要求义务人提供反担保(由其他人或单位向保险公司保证义务人履行义务),因此保证保险涉及义务人、反担保人和权利人三方。

保证保险主要有三类:

(1)合同保证保险。合同保证保险是补偿各种经济合同的权利人因对方(被保证人)违约所造成的经济损失。常见的有供销合同保证保险、建筑工程承包合同保证保险等。

(2)诚实保证保险。诚实保证保险是指承保雇主(被保险人)的雇员人品的保险。所承保的风险只限于雇员的不诚实行为。投保人既可以是权利人,也可以是被保证人。诚实保证保险按承保方式分可分为指名保证、职位保证、总括保证等。

(3)产品质量保证保险。产品质量保证保险承保投保人,因其制造或销售的产品质量有缺陷而产生的对产品本身的赔偿责任,也就是产品质量违约责任。

4.3.9 农业保险

农业保险是指由保险公司专门为农业生产者在从事种植和养殖业生产的过程中,对遭受自然灾害和意外事故所造成的经济损失提供经济保障的一种保险。它承保的主要是种植业、养殖业。种植业保险包括农作物保险、林木保险等,养殖业保险包括牲畜保险、禽畜保险、水产养殖保险等。按责任划分,农业保险有单一责任保险、混合责任保险和一切险。

1. 农业保险的特点

（1）农业保险面广、量大。农业生产非一般保险中的保险地址范围可比，数量也非一般财产保险标的那样有限。面广、量大决定了需要投入较多的力量才能开办。

（2）农业保险受自然风险和经济风险双重制约。

（3）农业风险结构有特殊性。主要风险是各种气象灾害和生物灾害，与其他财产风险结构差异大。

（4）高风险和高赔付率并存。农业生产面临的风险大，损失率高，保险赔付率也很高，实现经营利润非常困难。

（5）农业保险离不开政府支持。国际、国内的实践表明，农业保险的发展离不开政府的支持，包括财政税收、贷款政策等方面。

2. 农业保险的种类

农业保险从不同的角度有不同的分类。在我国实践中，按承保对象可以分为种植业保险和养殖业保险，如图 4-2 所示。

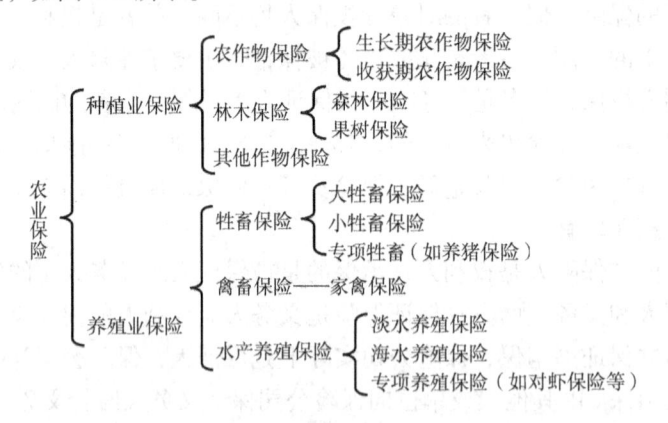

```
                        ┌ 农作物保险 ┬ 生长期农作物保险
                        │           └ 收获期农作物保险
            ┌ 种植业保险 ┤ 林木保险 ┬ 森林保险
            │           │         └ 果树保险
            │           └ 其他作物保险
农业保险 ────┤
            │           ┌ 牲畜保险 ┬ 大牲畜保险
            │           │         ├ 小牲畜保险
            │           │         └ 专项牲畜（如养猪保险）
            └ 养殖业保险 ┤ 禽畜保险——家禽保险
                        │
                        └ 水产养殖保险 ┬ 淡水养殖保险
                                     ├ 海水养殖保险
                                     └ 专项养殖保险（如对虾保险等）
```

图 4-2　农业保险的种类

种植业保险以农牧场、林场和农户为被保险人，以其生产经营的生长期、收获期、初加工期、储藏期的农作物、林木、水果和果树为保险标的，以各种自然灾害和意外事故为保险风险的农作物保险的总称。

养殖业保险是由保险人对生产者（被保险人）在养殖业生产过程中因灾害事故或疾病所造成的保险标的的损失承担赔偿责任的一类保险。

3. 农业保险的保险金额

由于农业风险大、损失率高，因此在农业承保实务中常采用低保险金额制，以便控制承保风险。主要采取以下方式来确定保险金额。

（1）保成本。按各地同类标的的平均成本作为计算保险金额的依据，据此确定最高赔偿限额，适用于生长期农作物、林木保险和水产养殖保险。全损时，保险人按照保险金额全额赔偿；部分损失时，则赔偿被保险人实际收益与保险金额之间的差额。

（2）保产量。按照各地同类标的的产量确定保险金额，适用于农作物保险、林木保险和水产养殖保险。

（3）估价确定。由保险双方协商确定保险金额。例如，大牲畜保险，根据被保牲畜的年龄、用途、价值进行估价确定保险金额。

思考与练习

1. 单项选择题

（1）以投保时保险标的实际价值或估计价值作为保险价值并在合同中载明，其保险金额按保险价值来确定，这种保险称为（　　）。

A．不定值保险　　B．定值保险　　C．定额保险　　D．超额保险

（2）某企业投保企业财产险，保险金额为100万元，出险时保险财产的保险价值为120万元。实际遭受损失30万元，保险人应赔偿（　　）。

A．100万元　　B．120万元　　C．30万元　　D．25万元

（3）某企业投保企业财产险，保险金额为100万元，出险时保险财产的保险价值为80万元，当发生全损时，保险人应赔偿（　　）。

A．100万元　　B．80万元　　C．30万元　　D．20万元

2. 多项选择题

（1）企业财产保险承保的保险标的范围包括（　　）。

A．属于被保险人所有或与他人共有而由被保险人负责的财产

B．由被保险人经营管理或替他人保管的财产

C．具有其他法律上承认的、与被保险人有经济利害关系的财产

D．土地、矿藏、矿井、矿坑、森林、水产资源及文件、账册、图表、技术资料等

E．货币、票证、有价证券

（2）企业财产保险基本险的保险责任包括（　　）。

A．由于火灾、雷击、爆炸、飞行物体及其他空中运行物体坠落造成保险标的的损失

B．被保险人所有自用的供电、供水、供气设备因保险事故遭受损坏，引起停电、停水、停气以致造成保险标的的直接损失

C．在发生保险事故时，为抢救保险标的或防止灾害蔓延，采取合理的必要的措施而造成保险标的的损失

D．保险事故发生后，被保险人为防止或减少保险标的的损失所支付的必要的、合理的费用

E．暴雨、洪水、台风、暴风、龙卷风、雪灾、雹灾、冰凌、泥石流、崖崩、突发性滑坡、地面下陷下沉等原因而造成保险标的的损失

3. 简答题

（1）企业财产保险承保的保险标的包括哪些内容？

（2）企业财产保险的基本险、综合险的责任范围是什么？

（3）我国的海上运输货物保险条款对于责任起讫是如何规定的？

（4）什么是交强险？交强险的保险责任是什么？

（5）雇主保险和工伤保险的区别主要有哪些？

4. 案例分析与计算题

（1）张某就 50 万元的家庭室内财产向保险公司投保，保险金额为 40 万元。在保险期间张某家失火，当：

①室内财产损失 10 万元时，保险公司应赔偿多少？

②室内财产损失 45 万元时，保险公司又应赔偿多少？

（2）有一批货物出口，货主投保货运险，按投保时实际价值与保险人约定保险价值为 24 万元，保险金额也为 24 万元，后货物在运输途中出险，出险时当地完好市价为 20 万元。

请问：如果货物全损，保险人如何赔偿？赔多少？如果部分损失，将受损货物在当地处理后出售获得 6 万元价款，则保险人如何赔偿？赔多少？

（3）若某保险公司承保某企业财产保险，其保险金额为 4 800 万元，在保险合同有效期内的某日发生了火灾，损失金额为 600 万元，出险时财产实际价值为 6 000 万元。

试计算其赔偿金额，并且指出该保险是超额保险还是不足额保险。

第 5 章 人身保险基础

阅读要点

- 掌握人身保险的概念；
- 掌握人身保险和财产保险、储蓄的区别；
- 掌握人寿保险保险费的计算原理；
- 掌握人寿保险、健康保险与意外伤害保险等人身保险产品；
- 理解分红保险、投资连接保险与万能寿险等新型人寿保险。

5.1 人身保险概述

5.1.1 人身保险的概念

人身保险是指以人的生命和身体为保险标的，当被保险人发生死亡、伤残、疾病、年老等事故或保险期满时给付保险金的保险。

人身保险的保险责任包括生、老、病、死、伤、残等各个方面。这些保险责任不仅包括人们在日常生活中可能遭受的意外伤害、疾病、衰老、死亡等各种不幸事故，而且包括与保险人约定的生存期满等事件。

人身保险的给付条件是，当被保险人遭受保险合同范围内的保险事件，并且由此导致死亡、伤残、疾病、丧失工作能力或保险期满、年老退休时，保险人根据保险合同的有关条款，向被保险人或受益人给付保险金。

5.1.2 人身保险的特征

1. 保险标的的特殊性

人身保险的保险标的为人的生命或身体。当人的生命作为保险标的时，保险以生存和死亡两种状态存在。在定期寿险中，如果被保险人在保险期间内死亡，根据保险合同有关条款，保险人给付保险金；在生存保险中，如果被保险人生存至某一约定时点，则保险人给付保险金。当人的身体为保险标的时，它是以人的健康和生理能力、劳动能力等状态存在的。在健康保险中，如果被保险人的身体遭受疾病或意外伤害而导致健康状况或生理能力、劳动能力的损失，则根据保险合同，保险人应给付保险金。

2. 人身风险的相对稳定性

人身风险相对于财产保险来说，具有相对稳定性，除非发生战争或大规模的瘟疫，一般变动不大，所以不需要再保险，并且常常把战争列为责任免除。另外，人的寿命也呈现出一定的规律性，一般来说，年龄越大，死亡概率越大，因此可以通过生命表来测算人的寿命并以此作为计算保险费的依据。相对来说，经营人身保险的公司风险相对稳定，破产风险小。

3. 赔偿金额的定额给付性

由于人的生命是无价的，因此在订立合同时，保险双方会相互约定一个保险金额，发生保险事故后，保险公司按约定的额度进行给付。

4. 保险合同性质的特殊性

人身保险的保险标的是人的生命或身体，因为生命或身体的实际价值很难确定，所以一般不存在重复保险、超额保险、共同保险、不足额保险等情况。当然，人身保险中的医疗费用损失补偿保险除外。

5. 保险期间的特殊性

人身保险的期限一般较长，往往超过一年。对大多数期限超过一年的人身保险产品来说，由于采用均衡保险费的方法，前期交的保险费往往高于自然保险费，后期交的保险费低于自然保险费，因此具有一定的储蓄性，甚至有的保险单附带有投资功能。

5.1.3 人身保险的分类

人们需求的多样性和变动性，决定了人身保险险种的多样性。对于众多的人身保险险种，如何进行科学的归类，世界上还没有形成一个固定的原则和统一的标准。实际上，人身保险险种的归类，在不同的场合，根据不同的要求，从不同的角度，可以有不同的分法。目前，主要有下列几种分类方法。

1. 按保险责任分类

按照保险责任的不同，人身保险可以分为人寿保险、人身意外伤害保险和健康保险。

（1）人寿保险。人寿，即人的寿命。人寿保险是指以被保险人的生命为保险标的，以被保险人的生存或死亡为保险事故的人身保险。在实务中，人们习惯把人寿保险分为定期寿险、终身寿险、两全保险和年金保险。人寿保险是人身保险中最重要的部分。

（2）人身意外伤害保险。人身意外伤害保险，简称意外伤害保险。意外伤害是指在人们没有预见到或违背被保险人意愿的情况下，突然发生的外来致害物对被保险人的身体明显、剧烈地侵害的客观事实。意外伤害保险是以被保险人由意外事故所致死亡或伤残，或者支付医疗费用，按照合同约定给付全部或部分保险金的保险。在全部人身保险业务中，只需支付少量保险费就可获得高额保障，投保简便，无须体检，所以承保人次较多，如旅行意外伤害保险、航空意外伤害保险等。

（3）健康保险。健康保险是指以被保险人的身体为保险标的，保证被保险人在疾病或意外事故所致伤害时的费用或损失获得补偿的一种人身保险，包括重大疾病保险、医疗保险、手术保险、失能收入损失保险、长期护理保险等。

2．按保险期间分类

按照保险期间的不同，人身保险可分为保险期间一年以上的长期业务和保险期间一年以下（含一年）的短期业务。其中，人寿保险中大多数业务为长期业务，如终身寿险、两全保险、年金保险等，其保险期间长达十几年、几十年，甚至终身，同时，这类保险储蓄性较强。而人身保险中的意外伤害保险和健康保险中的医疗保险等大多为短期业务，其保险期间为一年或几个月，同时，这类业务储蓄性较低，保险单的现金价值较小。

3．按承保方式分类

按照承保方式不同，人身保险可分为团体保险和个人保险。团体保险是指一张保险单为某一单位的所有员工或其中的大多数员工（我国保监会规定至少75%以上的员工，而且绝对人数不少于5人）提供保险保障的保险。团体保险又可分为团体人寿保险、团体年金保险、团体健康保险等。个人保险是指一张保险单只为一个人或一个家庭提供保障的保险。

4．按是否分红分类

按照是否分红，人身保险可以分为分红保险和不分红保险。分红保险是指保险公司将其实际经营成果优于保守定价假设的盈余，按一定比例向保险单持有人分配的人身保险。这种保险单最初仅限于相互保险公司签发，现在股份制保险公司也可采用。一般来说，在分红保险保险费计算中，预定利率、预定死亡率及预定费用率的假设较为保守，均附加了较大的安全系数，因而保险费相对较高，公司理应将其实际经济成果优于保守假设的盈余以红利的方式返还一部分给保险单持有人。在不分红保险中，所附安全系数较小，因为其正常利润仅分配给股东或提存准备金，成本结余事后也不退还给保险单持有人，同时，为了业务竞争的需要，保险费必须反映提供保障的实际成本，并且要具有一定的竞争力。

除上述分类外，人身保险还可按设计类型分为万能寿险和投资连接保险等。

5.1.4　人身保险与财产保险的区别

人身保险与财产保险相比具有一定的特殊性，主要表现在以下几个方面。

1．保险金额的确定

人身保险的保险标的是人的生命和身体，而人的生命和身体不是商品，不能用货币衡量其实际价值大小，因此保险金额的确定不能用财产保险方法衡量，主要有"生命价值法""置换法""需要法"等。一般情况下，保险金额由投保人和保险人共同约定，其确定取决于投保人的需要和交费能力。

2．保险金的给付

人身保险属于定额给付性保险（个别险种除外，如医疗保险，可以是补偿性保险），保险事故发生时，被保险人既可以有经济上的损失，也可以没有经济上的损失，即使有经济上的损失，也不一定能用货币来衡量。因此，人身保险不适用损失补偿原则，也不存在财产保险中的损失分摊和代位追偿问题。保险事故发生后，被保险人可同时持有若干份相同的有效保险单同时获得保险金。如果保险事故是由第三者造成的，并且依法应由第三者承担赔偿责任，那么被保险人可以同时获得保险人支付的保险金和第三者支付的赔偿金，保险人不能向第三者代位追偿。

3. 保险利益的确定

人身保险的保险利益不同于财产保险,主要表现在:

(1) 在财产保险中,保险利益具有量的规定性;而在人身保险中,人的生命或身体是无价的,保险利益也不能用货币估算。因此,人身保险没有金额上的限制。

(2) 在财产保险中,保险利益不仅是订立合同的前提条件,而且是维持合同效力、保险人支付赔款的条件;而在人身保险中,保险利益只是订立合同的前提条件,不是维持合同效力、保险人给付保险金的条件。

4. 保险期间不同

财产保险如火险等保险期间大多为一年,而人身保险大多为长期性保险单,长则十几年、几十年或人的一生。

5. 储蓄性不同

财产保险的保险期间一般较短,根据大数法则,在保期间内(有些情况例外,如保险期间内无法确定损失程度等),保险人向同一保险单的所有投保人收取的纯保险费等于保险人的赔付总额。因此,保险人无法将纯保险费用于长期投资,财产保险不具有储蓄性。人身保险,尤其是人寿保险,具有明显的储蓄性。一般而言,人寿保险期间较长,采取了不同于自然保险费的均衡保险费的交费方法,这使得在投保后的一定时期内,投保人交付的均衡纯保险费大于自然纯保险费,对于投保人早期交付的均衡纯保险费大于自然纯保险费的部分,保险人可以充分利用,并且获得投资收益。被保险人或投保人在保险单生效一定时间后,就可以对其享有一定的储蓄利益,如保险单贷款、领取退保金或其他选择。

5.1.5 人寿保险与储蓄的区别

人寿保险具有储蓄性,但不说明人寿保险完全等同于储蓄。它与储蓄相比,有着较大差别,主要表现为以下几个方面。

1. 对象不同

储蓄的对象可以是任何单位或个人,没有特殊条件的约束;而人寿保险的对象必须符合保险人的承保条件,经过核保可能使一些人被拒保或有条件地承保。

2. 技术要求不同

人寿保险集合众多单位和个人面临的同质风险分摊少数单位和个人发生的损失,需要复杂的精算技术;而储蓄则是使用本金加利息的公式,不需要特殊的计算技术。

3. 受益期间不同

人寿保险在合同约定的保险期间,无论何时发生保险事故,受益人均可以得到约定的保险金;而储蓄只有累积到了一定的时间,才能得到预期的利益,即储存的本金及利息。

4. 行为性质不同

人寿保险利用多数投保人交付的保险费建立的保险基金,对遭受损失的被保险人提供补偿或给付,是一种互助行为;而储蓄所得就是本人储存的本金及利息,对每个储户都是如此,是一种自助行为。

5．主要目的不同

人寿保险的主要目的是应付各种风险事故所造成的经济损失和给付保险金；而储蓄的主要目的是为了获得利息收入。

5.1.6 人寿保险保险费的计算

1．人寿保险保险费的构成

人寿保险保险费通常包括两部分：一是纯保险费，用于保险事故发生时保险金的给付；二是附加保险费，主要用于各项管理费用、佣金（个人业务）或手续费（团体业务）支出，其中包括应付精算等偏差的安全费和预定利润。保险费与保险费率不同，前者是某一保险单所应交的总费用，后者是每单位保险金额的保险费，如费率为0.18%表示，1万元保险金额的保险单，应交18元保险费。保险费与保险费率的关系为：保险费=保险金额×保险费率。人寿保险保险费的计算，即人寿保险价格的确定，与其他工商业产品的定价相比，显得较为复杂。一般企业在决定其产品价格时，以各项已知的成本为根据，易于计算，消费者也容易理解；而人寿保险价格的确定，是基于过去经营的统计资料，依据大数法则，推算将来可能的各项成本，如被保险人群的死亡率或生存率，保险资金运用的回报率和附加费用等，这些工作均涉及一些数理、精算等方面的知识，比较专业，一般由公司的精算人员完成，因此有监管的必要。《保险法》第135条规定："关系社会公众利益的保险险种、依法实行强制保险的险种和新开发的人寿保险险种等的保险条款和保险费率，应当报国务院保险监督管理机构批准。国务院保险监督管理机构审批时，应当遵循保护社会公众利益和防止不正当竞争的原则。其他保险险种的保险条款和保险费率，应当报保险监督管理机构备案。"该条款的目的是限制保险公司利用其专业优势，制定不合理的保险费，从而保护消费者的利益。

2．人寿保险保险费计算的基础

（1）生命表。人寿保险以被保险人的死亡或生存为保险事故，因此，表示被保险人群死亡率及生存率的表格，即寿险业经验生命表是人寿保险保险费计算的重要基础。1996年6月23日，中国保险监督管理委员会颁布了第一套生命表——《中国人寿保险业经验生命表（1990—1993）》，规定"从1997年4月1日起，在我国境内开展人寿保险业务的保险公司应当统一使用《中国人寿保险业经验生命表（1990—1993）》计算人寿保险费率、责任准备金及退保金"，从此结束了我国境内保险公司长期以来使用日本国民死亡表和我国台湾地区居民生命表的历史。2005年12月，中国保险监督管理委员会发布了《中国人寿保险业经验生命表（2000—2003）》，2016年12月，发布了《中国人寿保险业经验生命表（2010—2013）》；为目前我国正在使用的生命表。随着医疗水平的提高，人们生活的改善，死亡率也会下降，因此，生命表经过一段时间后，必须做适度修正。

（2）预定利率。人寿保险大多为长期性合同，在未给付保险金之前，其累积的保险费必须做适当的运用，因此，人寿保险费的计算，理应考虑寿险资金的投资回报率。由于未来的投资回报率不确定，因此需要引入预定利率这个重要因素。一般来说，预定利率越高，人寿保险费率越低，而不成熟的市场往往有预定利率恶性竞争、相互攀高的趋向。对于将来实际的投资回报率与预定利率之间的差距，保险公司可以设计分红寿保险单，以保险单红利方式分配给投保人共享。

（3）预定费用率。人寿保险在经营过程中，需要花费一定的费用，如办公场所的租金、员工的工资、代理人的佣金等。在保险费收取之初，保险人要假设一定的经营费用附加在纯保险费上，每单位纯保险费需要附加的费用就是预定费用率。

3．人寿保险保险费计算的原理

人寿保险保险费的计算，简而言之，遵循"收支相等"的原则，即保险公司所收的纯保险费的总额应与其给付保险金的总额相等，用公式表示为：$L_n×P=r×Z$（P 为纯保险费，L_n 为期初生存的被保险人数，r 为领取保险金人数，Z 为保险金）。

我们用人寿保险最简单的 1 年期定期死亡保险为例，说明纯保险费的计算。假设 100 万个 10 岁的男孩购买保险金额为 10 万元的 1 年期定期死亡保险，按我国生命表，年内有 1 966 人死亡，要求计算每人应交的纯保险费 P。为简化起见，不考虑预定利率，根据"收支相等"原则：

$$P×1\ 000\ 000=1\ 966×100\ 000$$
$$P=196.6（元）$$

由此可知，就发生保险事故的一群人而言，付出 196.6 元纯保险费领取 10 万元保险金，而未发生保险事故的其余人，虽然交了保险费，可是分文未领。这就是说，就全体而言，其收支是相等的，但就团体的每个人来说，其收支并不相等。这是保险技术的基本原理。

4．人寿保险保险费计算的原则

（1）适当性原则。人寿保险保险费主要用于保险金给付和经营所需的各项费用。保险费是否适当，除尽量节省经营费用的开支、提高资金运用回报率外，还应使预定的事故发生率（生命表）与实际情况相符。如果太低，将使保险公司的保险基金不足，导致经营困难；如果过高，将加重投保人的投保负担，使保险公司获得不当利益。

（2）公正性原则。每个投保人所交保险费，应与保险公司承担保险责任相当，公正无偏。这个原则实际操作难度较大，原因是保险标的很难有两个完全相同的，除非个别计算，但这样做不仅不现实，而且与保险大数法则相悖。所以，公正性原则通常在大数法则的条件下，力求完美。

（3）稳定性原则。人寿保险保险费制定实施后，应在相当时期内保持稳定，不随易变动，以免投保的负担不确定。

（4）融通性原则。随着经济的繁荣，医疗和生活水平的提高，实际事故发生率与预定的事故发生率之间的偏差会越来越大，理应经过一定时期后，根据实际统计资料，进行必要的调整，以符合适当性和公正性原则。融通性原则与稳定性原则实际上是一致的，即在短期内要注意保险费率的稳定，稳定一定时期后应有必要的调整。

5.2　人身保险的种类

人身保险主要有传统人寿保险、健康保险、人身意外伤害保险、人身保险新型产品等。本书主要介绍前三者，人身保险新型产品将在 5.3 节介绍。

5.2.1 传统人寿保险

传统人寿保险是指仅仅具有保障功能和储蓄功能的人寿保险，包括死亡保险、生存保险、两全保险和年金保险。

1．死亡保险

死亡保险是指以人的死亡为保险事故，在事故发生时，由保险人给付一定保险金额的保险。死亡保险的目的是避免由于被保险人死亡而使其家属或依赖其收入生活的人陷于困境。

死亡保险根据保险期间的不同，可分为定期死亡保险和终身死亡保险。

（1）定期死亡保险，习惯上称为定期寿险，是指在保险合同约定的期间内，被保险人如果发生死亡事故，保险人依照保险合同的规定给付保险金。如果被保险人在保险期间届满时仍然生存，保险合同即行终止，保险人无给付义务，也不退还已交的保险费。

定期寿险的保险期间，通常为 1 年期、5 年期、10 年期、15 年期、20 年期或 30 年期，或者承保至被保险人满 55 岁、60 岁或 65 岁。一般地，定期寿险的被保险人在合同期满时不超过 65 周岁。保险人也可应投保人的要求，为特定的被保险人提供保险期间短于 1 年的定期寿险，如保险期间为几个月或几个星期的定期寿险。

定期寿险的保险条款大多规定，保险人承担的保险责任自保险人同意承保、收取首期保险费并签发保险单的次日零时开始，至合同约定终止时止。

由于定期寿险的保险费主要是依据被保险人的死亡概率计算出来的，因此储蓄因素极少，而且保险人承担死亡风险责任的期限是确定的。在保险金额相等的条件下，定期寿险的保险费，低于其他任何一种人寿保险，从而投保定期寿险可以以较低廉的保险费获得较大的保障。正因如此，定期寿险的逆选择风险较大。当被保险人在感到或已存在身体不适或有较大风险存在时，往往会投保较大金额的定期寿险。为了控制风险责任，保证经营的稳定，保险公司往往要对被保险人进行严格的核保。例如，对高额保险的被保险人进行严格的体检；对从事危险工作或身体状况略差的被保险人采用较高费率。

（2）终身死亡保险，简称终身寿险，是一种不定期的死亡保险。终身寿险的保险期间自保险合同生效时起至被保险人死亡时止。保险人须对被保险人的终身负责，不论被保险人何时死亡，保险人均依照保险合同的规定给付死亡保险金。通常被保险人的年龄以 100 岁或 105 岁为限，若被保险人在 100 岁或 105 岁时仍生存，也可以领取终身寿险金。终身寿险的最大优点是使被保险人得到永久性的保障。

终身寿险按照交费方式又可分为普通终身寿险、限期交费终身寿险和趸交终身寿险。

1）普通终身寿险，也称终身交费终身寿险。投保人按照合同规定定期交付保险费（通常为按年交付，也可按每半年或每季、每月交付），直至被保险人身故。

2）限期交费终身寿险，是指投保人按照保险合同约定的交费期间按期交付保险费的一种终身寿险。一般有两种情形：一是交费期间约定为 10 年、15 年或 20 年，由投保人自行选择；二是交付限定为被保险人年满 60 岁或 65 岁时止。在同一保险金额下，交费期越长，投保人每次交付的保险费越少，反之则反。在终身寿险中，投保限期交费终身寿险的人较多。

3）趸交终身寿险是指投保人在投保时一次性交清全部保险费。趸交终身寿险可以避免因停交费而致保险单失效的情况发生，但由于保险费需一次交清，因此金额较大。

无论定期寿险或终身寿险，保险人并非对所有原因造成的被保险人的死亡都承担给付责任。保险单中对不承担给付责任的责任免除做了明确说明。例如，投保人故意伤害、杀害被保险人；被保险人故意犯罪或拒捕、故意自伤；被保险人服用、吸食或注射毒品；被保险人在合同生效或复效之日起两年内自杀；战争、军事行动、暴乱或武装叛乱；核爆炸、核辐射或核污染等。

2. 生存保险

生存保险是指被保险人如果在保险期间届满时仍然生存，保险人依照保险合同的约定给付保险金。生存保险是以被保险人在合同约定期间届满时生存为给付条件的。如果被保险人在保险期内死亡，保险人不承担保险责任，并且不退回投保所交付的保险费。因此，保险人依照保险合同规定给付生存者的保险金，不仅包括其本人所交的保险费及保险费所产生的利息，而且包括保险期间内死亡者所交付的保险费及保险费所产生的利息。

生存保险的主要目的，是保障一定时期后被保险人可以领取一笔保险金，以满足其生活等方面的需要。例如，为子女投保子女教育保险，可以使子女在读大学时有一笔教育基金。

3. 两全保险

两全保险，又称生死合险，是指被保险人在保险合同约定的保险期间内死亡，或者在保险期间届满仍生存时，保险人按照保险合同均承担给付保险金责任的人寿保险。两全保险的死亡保险金和生存保险金可以不同，当被保险人在保险期间内死亡时，保险人按合同规定将死亡保险金支付给受益人，保险合同终止；若被保险人生存至保险期间届满，保险人将生存保险金支付给被保险人。

任何两全保险单中都载明一个到期日。如果被保险人至到期日仍然生存，保险人应将保险单规定的保险金额支付给被保险人。两全保险的期满日既可以是特定的年龄，也可以是某一特定时期的结束日。例如，一张20年期的两全保险单的到期日是自该保险单生效之日起满20年止。投保此类保险的人，除了希望在保险期间内获得保险保障，还想以储蓄为目的，期望在一定时期后有一笔较大收入用于特定目的支出。两全保险的到期日也可为被保险人生存至60岁或65岁止。这种类型对于那些既想在保险期间内获得保障，又想在年老退休后取得可观收入，被保险人生存至期满日或在期满日前死亡，两全保险单都将支付固定的金额。

两全保险具有保障性和储蓄性双重功能。两全保险对被保险人在保险合同约定的保险期间内可能发生的死亡事故提供保险保障，同时在保险期间内不断积累现金价值。因为两全保险通常采用均衡保险费制，在均衡保险费制下，保险人早期收取的保险费大于其用于赔付的部分，超过的部分不断积累起来构成准备金用于以后的支付，积累的准备金到保险期间届满时将等于保险金额。因此，两全保险具有很强的储蓄功能。正因为两全保险承担了双重的保险责任，所以其保险费率要比单纯的生存保险或死亡保险高。

目前两全保险的业务种类主要有：①普通两全保险，即无论被保险人在保险有效期死亡或生存至保险期满，保险人都给付保险金。②双倍两全保险，即被保险人如果在保险期间届满时生存，保险人给付一倍的保险金，若被保险人在保险有效期内死亡，保险人给付两倍的保险金。③养老附加定期寿险，即被保险人如果在保险期间届满时生存，保险人给付一倍的保险金；如果被保险人在保险期间内死亡，保险人按照生存保险金的若干倍给付保险金。④联合两全保险，即由两人或两人以上联合投保的两全保险。在保险期间内，联合被保险人中的任何一人死亡时，保险人给付全部保险金，保险终止；如果在保险期间内，联合被保险人中无一人死亡，保险期间届满时保险人也给付保险金，保险金由全体被保险人共同受领。

4．年金保险

年金保险是指在被保险人生存期间或某一特定期间，保险人按照合同约定定期向被保险人或其他年金受益人给付保险金的人寿保险。为了与两全保险区别，通常规定连续两次年金给付的时间间隔不超过1年（含1年）。

年金保险因其在保险金的给付上采用每年定期支付的形式而得名，通常以被保险人的生存为条件，从支付首期年金开始，只要被保险人生存，保险人即按月或季、半年、年给付年金直至保险期满或被保险人死亡时止。一旦被保险人在领取期间内身故，年金即停止支付。如果被保险人在交费期间内身故，保险人通常将保险单项下的保险费累积支付给受益人。还有一种不确定年金，年金支付期间完全是事先确定的，其计算基础只有预定利率和预定费用率，没有考虑生存率。此年金保险在合同约定期间，无论被保险人是否生存，都将支付年金。

与死亡保险不同，参加年金保险的被保险人，通常是身体健康、预期寿命长的人，因此无论是团体投保还是个人投保，一般不需要进行体检，凡年龄在65岁以下的居民，均可作为年金保险的被保险人。

年金保险在保障寿命较长者有稳定经济收入方面发挥了特殊的作用。由于年金保险较好地解决了社会生活中高龄者生活安定的问题，因此世界各国对年金保险都十分重视。目前全世界已有100多个国家和地区实行了老年、残废及遗属保险制度，其中绝大多数国家采取了年金给付方式，只是具体的名称和开办方式有所不同。

目前较为常见的年金保险主要有限期交费终身年金保险、最低保证年金保险和变额年金保险。

（1）限期交费终身年金保险。投保人在限期内交付保险费，被保险人生存至一定时期后，按照保险合同的约定，按期领取年金，直至身故为止。退休养老金保险都属于限期交费终身年金保险。年金受领人在年轻有固定工作收入时投保，按月交付保险费至满55岁或60岁退休时止，从退休次月起按月领取年金至身故时止。该年金保险大多是为解决劳动者在年老或丧失劳动能力之后以获得经济生活保障而开办的。

（2）最低保证年金保险。为适应某些年金购买者担心过早死亡而损失本金的心理，最低保证年金保险应运而生。最低保证年金分为两种：一种是确定给付年金，即规定一个最低保证给付年数，在规定期间内，无论被保险人生存与否均可取得年金给付。换言之，若被保险人领取年金的年数未满规定的年数而不幸身故，剩余期间的年金可由其受益人继续领取；若被保险人在领满固定年金后仍生存，可继续领取年金直至身故。另一种是退还年金，即当年金受领人死亡而其年金金额总额低于年金购买价格时，保险人以现金方式一次或分期退还差额。

（3）变额年金保险。近年来产生的一种新型的年金保险，也是一种投资连接保险。由于年金给付时间长，受通货膨胀的影响较大，为保证若干年后的年金实际购买力不低于投保时的购买力，人们在年老时获得充分的经济保障，能够依靠保险企业提供的年金安度晚年，因此采取变额年金的办法。传统年金保险的支付额一般是固定不变的，变额年金保险的出现克服了定额年金在通货膨胀条件下保障水平降低的缺点。

5.2.2 健康保险

1. 健康保险概述

（1）健康保险的含义。健康保险是指以被保险人的身体为保险标的，当发生疾病或意外事故时，保险人对由此导致的医疗费用损失或收入损失予以补偿的人身保险。从健康保险的定义来看，健康保险包含两层含义：一是健康保险承保的保险事故是疾病和意外伤害事故两种；二是健康保险所承保的危险是因疾病（包括生育）导致的医疗费用开支损失和因疾病或意外伤害致残导致的正常收入损失。

（2）健康保险承保的疾病需满足的条件。健康保险的承保条件一般比较严格，对疾病产生的原因需要相当严格的审查，所承保的疾病需要满足三个条件：一是该疾病是由内部原因造成的，二是非先天的疾病；三是偶然性原因所致的疾病。因此，在大多数的健康保险合同中，都明确载明了保险人的责任免除，由于下列原因引起的医疗费用，保险人不负责赔偿：战争、军事行动、暴乱或武装叛乱中发生的医疗费用；被保险人因意外伤害或其他医疗原因、进行整容手术而发生的费用；被保险人故意自伤；因不法行为或严重违反安全规则所致疾病等。

（3）健康保险费率的厘定。健康保险费率的厘定不仅取决于被保险人的年龄，还取决于被保险人的性别、健康状况、职业与嗜好等因素。例如，某些疾病的发病率与性别相关，某些职业的工作环境及特点与某些疾病的高发率相关。因此，健康保险的纯保险费是依据保险金额的损失率来计算的。

2. 健康保险合同中的特殊条款

（1）观察期条款。为防止已患病的被保险人投保，长期医疗保险单中常规定一年观察期（多为半年），被保险人在观察期内因疾病支出的医疗费，保险人不负责，观察期结束后，保险人才开始承担保险责任。

（2）免赔额条款。通常是一个固定额度，如100元或200元，只有当被保险人支付的医疗费用超过这一固定额度时，保险人才开始支付该保险单下发生的医疗费用。大部分医疗给付保险单中都包括一个年度免赔额。在每一日历年度内，被保险人必须先行支付规定的数额，保险人负责承担超过部分的医疗费用支出。

（3）比例分担条款。即超过免赔额以上的医疗费用，采用保险人与被保险人共同分担的比例给付方法。例如，许多医疗给付保险中都包含了20%的比例分担条款，在该条款下，被保险人在支付了免赔额之后仍需支付其余部分医疗费用的20%。

（4）最高限额条款。保险人在保险限额内支付被保险人所发生的费用，超过此限额时，则保险人停止支付，从而有助于保险人将医疗给付保险的成本控制在较低的水平上。

通过这些条款，既保障了被保险人的经济利益，又促进了被保险人对医疗费用的节约。除此之外，某些健康保险还规定了停止损失条款。停止损失条款规定当被保险人支付的医疗费用超过一定限额后，保险人将全额支付超过部分的医疗费用。

3. 健康保险的种类

健康保险包括医疗保险、疾病保险、失能收入保障保险、长期护理保险等。

（1）医疗保险。医疗保险是为被保险人治疗疾病时所发生的医疗费用提供保险保障的保险。这时，医疗费用不仅包括医生的医疗费和手术费，还包括住院、护理、使用医院设备的费用，以及各种检查费用和医院杂费等。医疗保险是健康保险的主要内容之一。

在医疗保险中，由于疾病的发生导致被保险人遭受实际的医疗费用损失（这种损失可以用货币来衡量），因此，医疗保险具有补偿性，即保险人在保险金额的限度内补偿被保险人实际支出的医疗费用。医疗保险可以采用定额给付方式，但只在某些特定保障项目中适用，如住院医疗费、手术费、护理费等。当医疗保险采用补偿方式时，保险人通常是在保险金额内按照实际医疗费用进行补偿。

医疗保险通常包括普通医疗保险、住院医疗保险、手术保险、综合医疗保险。

1）普通医疗保险。为被保险人提供治疗疾病时相关的一般性治疗费用，包括门诊费用、医药费用和检查费用。这种保险的成本较低，适用于一般公众。由于医药费用和检查费用的支出控制难度较大，因此这种保险单一般都规定免赔额和费用比例分担。

2）住院医疗保险。由于住院所发生的费用相当可观，因此住院医疗保险通常作为一项单独的保险承担。住院医疗保险一般采用按住院天数定额给付的方式，在保险合同中约定每天给付金额、免赔天数和最多给付天数。保险公司只对超过免赔天数、未超过最多给付天数的住院期间给付保险金。

3）手术保险。负担被保险人因必要手术发生的费用，一般负担部分手术费用。这种保险既可作为单独险种，也可列为附加险种。

4）综合医疗保险。为被保险人提供了全面的医疗费用保险，其保障范围包括医疗、住院、手术等一切费用。其保险费较高，一般都确定一人较低的免赔额和适当的分担比例（如15%）。

（2）疾病保险。疾病保险是指以合同约定的疾病为给付保险金条件的保险。不在合同约定范围内的疾病，则无须理赔，如重大疾病保险、特种疾病保险等。疾病保险通常不考虑被保险人的实际医疗费用支出，而以保险合同约定的保险金额给付保险金。通常情况下，疾病保险要满足健康保险承保疾病的三个条件，所以，如先天性疾病、在观察期内发生的疾病、意外伤害引起的疾病、保险责任内未列明的疾病、订约时已有的疾病、自杀所致疾病等都列为责任免除。

疾病保险由于承保的是某些特殊疾病，如癌症、心脏疾病等，这些疾病往往需要非常高的医疗费用，给病人带来灾难性的费用支出，因此疾病保险的保险金额通常也比较高，以足够支付其产生的各种费用。疾病保险一般采取一经确诊立即一次性支付保险金额的方式。

（3）失能收入保障保险。又称丧失工作能力收入保险、收入损失保险等，是指对被保险人因疾病或意外事故导致残疾、丧失部分或全部工作能力后，不能正常工作而失去原来的工作收入或减少收入的补偿保险。该保险并不承保被保险人疾病或意外伤害所发生的医疗费用，而仅仅保障收入损失部分。要求被保险人在投保时必须有固定的全职工作，补偿标准一般是工资水平的一定比例，而不是全部，既可以作为主险单独投保，也可以作为附加险投保。失能收入保障保险可采取一次性给付或分期给付的方式。

（4）长期护理保险。长期护理是指由于意外伤害、疾病或先天性残疾而在长期内无法自理其日常生活的人们所需要的各种支持性医疗、个人和社会服务。通常，被保险人如果无法从事保险单中规定的五项或六项日常生活（吃饭、洗澡、穿衣、大小便、自制能力、移动、服药）中的两项，就认为生活无法自理。

长期护理保险是指当被保险人无法安全从事日常生活的基本活动时，保险人给付保险金的保险。

5.2.3 人身意外伤害保险

1. 人身意外伤害保险的含义

人身意外伤害保险，简称意外伤害保险，是指对被保险人由意外事故所致死亡或残疾，或者支付医疗费用，按照合同约定给付全部或部分保险金的保险。

2. 意外伤害保险责任的判定

意外伤害保险的保险责任是被保险人由意外伤害所致的死亡或残疾，或者支付的医疗费用，不负责疾病所致的死亡或残疾。其主要由三个条件构成：被保险人遭受了意外且意外发生在保险期间内；被保险人在责任期限内死亡或残疾或支付医疗费用；意外伤害事故是死亡或残疾或支付医疗费用的直接原因或近因。被保险人遭受意外是构成意外伤害保险责任的首要条件。意外是指事故的发生是被保险人事先无法预见的，或者违背了被保险人的主观意愿，在技术上不能避免或由于法律或职责的规定不能逃避。而且，被保险人遭受意外伤害必须是客观发生的事实，不能是臆断或推测的。被保险人在责任期间内死亡或残疾或支付医疗费用是构成意外伤害保险的保险责任的必要条件之一。责任期间是意外伤害保险和健康保险的特有概念，是指自被保险人遭受意外伤害之日起的一定期间（一般为90日或180日）。只要被保险人遭受的意外发生在保险期间内，而且在责任期间造成死亡、残疾或支付医疗费用，即使被保险人死亡或被确定为残疾时保险期间已经届满，保险人仍须负责给付保险金。如果被保险人在保险期间内遭受意外伤害，在责任期间结束时治疗仍未结束，尚不能确定最终是否造成残废或造成何种程度的残废，则根据责任期间结束时这一时点上的具体情况确定残疾程度，并且按照这一程度给付残疾保险金。即使被保险人在此之后经治疗痊愈或残废程度减轻，保险人也不能追回残疾保险金；反之，若被保险人残疾程度加重或死亡，保险人也不追加给付。在意外伤害保险中，被保险人在保险期间内遭受意外伤害，并且在责任期间内死亡或残疾或支付医疗费用，不意味着必然构成保险责任。只有当意外伤害与死亡、残疾或支付医疗费用之间存在着因果关系，即意外伤害是死亡或残疾或支付医疗费用的直接原因或近因时，才构成保险责任。

3. 意外伤害保险的常见责任免除

被保险人故意犯罪；被保险人寻衅殴斗；被保险人醉酒；被保险人服用、吸食或注射毒品；战争、核辐射、医疗事故造成的意外伤害等。对于一些特殊风险，保险人考虑到保险责任不易区分或限于承保能力，一般不予承保，但经过投保人与保险人特别约定，通过额外加费也可予以承保。例如，被保险人在从事登山、跳伞、滑雪、江河漂流、赛车等高风险运动中遭受的意外伤害。

4. 意外伤害保险的费率

在意外伤害保险中，被保险人遭受意外伤害事故的概率多取决于其职业、工种或所从事的活动。在其他条件相同的情况下，被保险人的职业、工种或所从事活动的危险程度越高，发生意外的概率也越大。另外，意外伤害保险不承保疾病所致的死亡或残疾或医疗费用。因此，意外伤害保险的费率只与被保险人的职业、工种等有关，而不需要考虑被保险人的年龄、性别、健康状况等，所以承保条件较宽。一般的意外伤害保险不具有储蓄性，保险费率较低，仅为保险金额的千分之几。投保人只要交付少量保险费，就可以获得较大的保障。

5. 意外伤害保险的保险期间

意外伤害保险的保险期间较短，一般为1年，最多为3年或5年。有些极短期意外伤害保险的保险期间往往只有几天、几小时，甚至更短时间。例如，旅游保险，索道游客意外伤害保险，火车、飞机、轮船旅客意外伤害保险等。

6. 意外伤害保险责任的给付

当保险责任构成时，保险人按保险合同中约定的保险金额给付死亡保险金或残疾保险金或补偿医疗费用支出。意外伤害保险中的死亡给付是按照保险合同中的规定进行的，不得有所增减。我国现行的意外伤害保险条款均规定死亡保险金为保险金额的100%。残疾给付则根据残疾保险金额和残疾程度两个因素确定。当发生一次伤害、多次致残或多次伤害的情况时，保险人可同时或连续支付残疾保险金，但累计数额以不超过保险金额为限。

5.3 人身保险新型产品

5.3.1 人身保险新型产品概述

人身保险新型产品是相对于传统产品而言的。传统产品是指该类产品在市场上出现时间久、相对成熟的产品。而在市场上出现时间不长、不太成熟的产品，就被称为新型产品。在欧美等发达国家，人身保险新型产品主要是指投资型寿险产品，包括变额寿险、万能寿险和变额万能寿险产品，这三类寿险产品是20世纪70年代初才开始发展起来的，距今仅有40多年的历史。在中国，人身保险新型产品除投资连接保险产品、万能寿险产品之外，还包括分红型寿险产品，而且分红型寿险产品也视作广义的投资型寿险产品。实际上分红型寿险产品在中国是2000年以后才陆续大量发售的，距今也只是十几年时间。

1. 人身保险新型产品的特征

在西方，从20世纪80年代开始，人身保险新型产品在寿险市场的销售量逐步扩大，主要有如下特征：

（1）保险单构成要素更加灵活，变化类型日益增多。

（2）人寿保险现金价值的利率与当时市场的利率紧密联系。人身保险新型产品的利率不是固定的，而是随市场利率的变动而变动的。这种利率敏感型保险单既弥补了通货膨胀造成的保障水平的降低，又使被保险人充分享受到经济发展的成果，成为寿险发挥长期保障功能的具体表现。

（3）人寿保险的投资功能大大加强。新型险种将资金运用所取得的收益返还投保人，减少通货膨胀因素的影响,保护被保险人的利益。新型保险单已经作为一种金融资产,而不仅仅是保障手段。

（4）新型险种的营销方式充分促进了保险业和银行业的融合。保险业为了能更有力地参与竞争,借助银行的分支机构,迅速拓宽市场,增强自身的金融服务业务;银行也期望利用原有的客户向保险业渗透,发展银行保险业务,获得更多利润。

2．人身保险新型产品的趋势

人身保险新型产品的推出可以说是寿险业的一次革命,它产生了如下三大趋势:

（1）消费者意识的提高。传统型保险产品缺乏透明度,由于通常不清楚所交保险费中,所含的危险保险费（风险保险费）是多少,附加费用是多少,因此被保险人会觉得它是非公平产品;而投资型保险将保险单成本做了剖析,先扣除死亡保障所需的成本、投资管理费用及其他费用后,再将剩余的保险费换算成共同基金投资的单位数。这些扣除费用保险公司会预先向消费者讲清楚,同时提供一份"退保说明"让消费者了解退保须扣除的手续费,以避免产生可能的纠纷争议。

（2）投资选择自主性。20世纪70~80年代,除了高利率、高通胀,还被美国学者称为"储蓄革命"时代,消费者选择高投资回报的意识增强,不再满足于传统型保险的固定收益。投资型保险的推出,可以让消费者依照自己的资产状况,承担风险能力,选择不同的投资组合,从而满足了被保险人投资选择的自主性。同时,被保险人要自行承担投资风险,因此保险公司过度夸大投资回报率是不合适的。我国香港就明确规定投资回报率最低不低于5%,最高不高于11%。

（3）保险经营的创新。投资型保险将保障部分和投资部分的账户完全分开,将投资风险转移给保险单持有人,这对保险公司的资金运用是一项创新。保险公司不必担心市场低利率时的保险单预定的高利率。因为保险单持有人可通过投资型保险来选择最适合自己的投资组合。投资型保险也是寿险公司在全球金融整合浪潮下的一大调整。寿险业要想和其他金融行业一比高低,必须调整产品。从法国银行保险的发展趋势来看,20世纪70年代的养老保险、80年代的纯保障型到后来的投资型保险的持续发展可得到印证。

5.3.2 分红保险

1．分红保险的含义

人寿保险按照有无利益分配可以分为分红保险和不分红保险。分红保险是指保险公司在每个会计年度结束后,将上一会计年度该类分红保险的可分配盈余,按照一定的比例,以现金红利或增值红利的方式分配给被保险人的一种人寿保险。不分红保险有很多种,如重大疾病保险等。

股份制保险公司原本不销售分红保险单,但因为市场的竞争,为了增强保险单的吸引力,也借鉴了相互保险公司的做法,开始销售分红保险单。到20世纪60年代,西方发达国家的保险公司又对分红保险单进行了多样化的开发,使分红保险在200多年的发展历史中一直受到人们的普遍欢迎。在北美,80%以上的寿险险种具有分红功能。分红保险在我国自1999年面世以来,基本上各家保险公司都推出了具有各自特色的分红产品。分红保险也以其自身的优势很快地取代了传统的不分红保险产品,在市场上所占的比重越来越大。

2．分红保险单的红利来源与风险

分红保险单所分享的是公司的经营利润。那么，保险公司又是如何通过经营获取它们的利润的呢？

保险公司在原定保险费时考虑了三个因素，即预定死亡率、预定利率和预定费用率。保险公司的特殊性质决定了它必须遵循稳健经营的原则，因此在估计三个预定值的时候都会采取相对保守的数据。在实际营运过程中，实际死亡率可能低于预定死亡率，从而减少保险金的给付，我们称此部分为死差益。同样，一个投资动作良好的保险公司，可能投资回报率很高，超过预定利率，形成利差益，而内部管理科学完善的公司，也能使费用开支低于预定费用率，形成费差益。这三部分就形成了公司的利润来源。当然，如果"三差"是正的，保险公司就会拿出一部分利润与被保险人分享（分红比例一般在签单时确定，如可分配盈余的70%或更高）。而对于不分红保险单来说，这部分利润是公司独享的。

一家寿险公司所经营的寿险业务，既有分红寿险产品，也有不分红寿险产品，还可能有投资连接寿险产品，以及人身意外伤害保险、健康保险等险种。保险公司向分红寿险产品的投保人所分的红利，只能是经营分红寿险产品所获利润的一定比例，不能将经营其他产品所获得的利润分配给分红寿险产品的投保人。所以，保险公司要按产品的类别核算收入、成本和利润，计算出分红寿险产品的利润并且把此项利润的一定比例分配给分红寿险产品的投保人。按照中国保险监督管理委员会的规定，分红寿险产品向投保人的分红比例，不得低于可分配利润的70%。

分红保险单相对于传统寿险产品增加了分红功能，这就使被保险人有机会参与到保险公司的经营运作中。保险公司经营状况良好，死差益、利差益、费差益这"三差益"就很高，那么被保险人也将分享公司的成绩。"三差益"中最重要的部分是"利差益"，保险公司拥有作为专业技术机构的投资技术、投资渠道、投资人才、投资信息等，相对于单个投资者来说是存在优势的，因此一家成熟而优秀的保险公司能够获得较高的投资收益，从而可以分配给被保险人的"利差益"也会较多，这就使保险单持有者在享受风险保障的同时为资金找到了一条很好的投资途径，这也是分红保险的推出会在市场上引起强烈反响的原因。

当然，收益和风险总是对称的，因为被保险人有了参与分享公司利润的权利，所以一般分红保险单的保险费会略高于同类的传统保险单，并且如果公司运营情况不好，则可能无红利可分。因此，尽管有保底利率，但也有可能被保险人的回报甚至低于一张无分红的传统保险单。对此，被保险人一定要有心理上的充分认识。同时，这也凸显出了对于分红保险非常重要的一面，即对保险公司的选择。一家结构完善、运营科学且在投资方面具有丰富实践经验的成熟稳健的保险公司才可能提供给被保险人满意的分红回报。因此，投保时一定要慎重选择，并且要经常关注和分析保险公司的营运情况。

3．分红保险的红利领取方式

分红保险产品一般每年分配一次红利。具体的分红形式一般包括以下几种。

（1）现金分红。保险公司将每张保险单应当分配的红利，以现金形式支付给投保人。

（2）抵交保险费。保险公司将每张保险单应当分配的红利抵消投保人当年应交付的部分保险费，投保人只交付差额即可（在一般情况下，红利不足以抵消一年的保险费）。

（3）提高保险金额。保险公司将每张保险单应当分配的红利作为投保人增交的保险费，相应提高该保险单的保险金额，以提高保障程度。

（4）累积生息。保险公司将每张保险单各年度应分配的红利留存在保险公司，以一定的利息率按复利方式累积生息（利息率要在保险条款中列明或由保险公司每年公布），被保险人死亡、保险合同期满或投保人要求退保时，一并支付给投保人。

在保险条款中，可以列出若干种分红形式，由投保人选择、约定，也可以直接约定采用何种分红形式。在投保人没有选择分红方式时，一般默认为累积生息方式。

一般来说，投保人乐于选择现金分红形式，认为这样才"看得见、摸得着"，更现实。其实在绝大多数情况下，每年的分红额并不大，为了较小的金额（如几元、几十元、几百元）办理每张保险单的支付领取手续，实在是不划算。在分期交费情况下，抵交保险费与现金分红的实际效果是一样的，还可以减少许多小额的支付、领取手续。提高保险金额实际上是一种非常有意义的形式。因为购买寿险产品的主要目的和出发点应当是获取风险保障，无须增付保险费，以分红作为增付保险费提高保险额，符合购买保险的初衷。

4．红利分配的依据和基数

保险公司在每一会计年度决算后，计算出每一分红保险产品的利润及应当分配的红利总额，再将红利总额具体分配到每张保险单，因为各保险单交付的保险费不同，交费年期不同，如果平均分配，则会不公平。

如果把寿险产品看作储蓄的类似产品或替代产品，那么由于储蓄是以本金为基数计息的，因此似乎分红寿险产品应当以保险费为基数分红。不少投保人存在这一观念，他们认为，购买同一分红寿险产品，支付的保险费相同，分红就应当相同。但是，这一观念是错误的，因为寿险产品毕竟不是储蓄。

保险公司计算保险单分红的依据，理论上是按每张保险单对保险公司利润产生的贡献大小分配的。但实际上采用的方法非常复杂，而且有若干种，各种方法都有一定的科学性和合理性。下面仅简要、通俗地介绍分红计算的一般原理。

从理论上讲，红利的不同来源——利差益、死差益、费差益，应当有不同的分配基数。

（1）利差益是保险公司投资收益率超过保险单保证利率的所得。保险公司投资运用的资金包括两个来源，一个来源是保险公司的自有资金，也就是保险公司资本金中的一部分；另一个来源是投保人交付的储蓄保险费。资本金的投资收益当然不能分配给投保人，保险公司向投保人分配的只是储蓄保险费的投资收益。（分红保险单的纯保险费一般被分解成保障保险费和储蓄保险费两部分。）储蓄保险费的投资收益，扣除按保证利率计算的部分之后，才是可以分配的利差益，可分配利差按一定比例（70%以上）被公平、合理地分配到每张保险单。投保人历年所交的储蓄保险费一方面由于按保证利率计息而增值，另一方面每年由于用于承担保险责任（给付保险金）而扣减，所以利差益的分配不是简单地以每张保险单历年所交付的储蓄保险费为基数的，而是以每张保险单的责任准备金为基数的。

每张保险单的责任准备金，要运用复杂的精算技术进行计算，它大致相当于：从每张保险单历年所交付的全部保险费中，扣除附加保险费（用于向推销人员支付佣金和保险公司管理费用开支的部分），减去历年用于承担保险责任的保险费，加上按保证利率计息所生的利息。每张保险单在某一时刻的责任准备金，大致相当于这张保险单在这一时刻退保所能领取的保险单现金价值。

（2）死差益是保险公司承保的被保险人的实际死亡率低于预定死亡率使保险公司获得的利润。由于被保险人死亡或生存到保险期满时，保险公司要按保险金额给付保险金，因此从理论上讲，死差益的分配应当以保险金额为基数进行。

（3）费差益是保险公司实际费用开支少于所收保险费所含附加保险费所获得的利润，从理论上讲，费差益的分配应当以附加保险费为基数进行。

虽然利差益、死差益、费差益的分配基数从理论上讲应当不同，但是由于利差效力所占的比重一般较大，为了简化计算，也可以对所有红利的分配，均以平均责任准备金（一张保险单在会计年度初和会计年度末责任准备金的平均数）为基数。平均责任准备金与当年所交保险费之间没有确定的比例关系，会因被保险人年龄、保险期间、保险金额、交费年期、所在保险单年度等而有所不同。所以，同一分红寿险产品的两张保险单，在某一年度所交保险费相同，而分红额却可以不同。综上所述，从理论上讲，保险公司是按各张保险单对利润形成的贡献进行保险单分红的，其计算技术十分复杂。

5. 分红额与投资收益率的关系

保险公司在分红寿险产品的宣传材料中，往往列示本公司在上一年度或以前若干年度的投资收益率（包括综合投资收益率和大额协议存款、国债、证券投资基金等各类投资项目的收益率）。但是，保险公司的投资收益率与保险单分红额之间究竟是什么关系呢？保险公司的投资收益率一般来说与保险单分红额是成正比的，但不能误解为按投资收益率计算分红额。

（1）保险公司的投资收益率是投资收益与投资额的比率。投资额不一定等于保险费总额。

（2）保险公司分配的保险单红利，是经营寿险所获利润的一定比例。经营寿险所获利润来源于死差、利差、费差。保险公司的投资收益率较高，只能说明利差益较多，不能说明保险公司经营寿险的利润率一定也较高。如果存在死差损、费差损，就会抵消一部分利差益，使总体的利润率下降。

（3）即使不考虑死差、费差，假设保险公司只向投保人分配利差益，那么投资收益扣除按保证利率对储蓄保险费计息后，才是利差益，而且利差益也只是向投保人分配一定比例，而不是全部。

（4）投资收益率是投资收益相对于投资额的比率，投资额相当于储蓄保险费，少于投保人交付的全部保险费，投资收益相对于保险费的比率要小于投资收益率。

6. 分红保险宣传材料中的演示利率

为了让投保人简明、直观地了解分红产品，保险公司往往在宣传材料中演示未来的分红情况。演示一般分为高、中、低三种利率复利分红情况。根据保监会的有关规定，对于分红保险，暂定高、中、低三个演示利率分别不得高于6%、5%、4%，现金红利累积年利率不得高于3%。投保人往往误以为保险公司在一般年份会按中等情况分红，即使保险公司的经营状况较差，分红额也不会低于宣传材料中演示的低等分红额。实际上这是一种误解。能否分红以及分红额多少取决于保险公司的经营状况。如果保险公司的经营成果较差，分红额有可能达不到宣传材料中演示的低等分红额。如果保险公司发生了较大的亏损或偿付能力已严重不足，也有可能不分红。宣传材料中的演示利率，不是保证利率。保险公司不保证每年向分红保险单的投保人分红，更不能保证分红额不低于宣传材料中演示的低等分红额。

与传统的不分红寿险产品相比，分红寿险产品的特征就是投保人可以享受保险单分红。投保人在购买分红寿险产品时，除一般应予特别注意的事项外，还应特别注意：

（1）分红本身属于不确定的利益，每年分红额折算成利率也是不确定的，今年高，明年不一定高。对此，客户一定要有清醒的认识，不要被宣传材料中固定的演示利率所误导。

（2）红利累积生息利率由保险公司确定，一般不会高于银行定期存款利率，因为保险公司还需扣除账户管理费用等其他费用。另外，银行利率为单利，累积生息利率相当于复利。

（3）保险公司宣传材料中演示的较低分红情况，也不是保险公司保证的最低分红额。分红额有可能是零，也有可能不分红。

（4）了解保险公司以前各年度的实际分红水平。虽然以前年度的分红水平不能代表以后年度的分红水平，但分红水平毕竟有一定的连续性，在正常情况下，起伏一般不会太大。

5.3.3 投资连接保险

1．投资连接保险的含义

投资连接保险产品，在国内习惯上称为投连产品，在欧洲国家称为 Unit Linked（译为连锁寿险产品），在美国称为 Variable Life（译为变额寿险）。投资连接保险是一种融保险保障和投资理财于一身的新型寿险险种。具体地说，就是被保险人每年所交付的保险费，一小部分用于保险保障，大部分则转入专门设立的投资账户，由保险公司代为管理投资，投资收益除扣除少量管理费用外，全部归投保人所有。所谓"连接"，就是将投资与人寿保险结合起来，使被保险人既可以得到风险保障，解决自身家庭的未来收入、资产安排问题，又可以通过强制储蓄及稳定投资为未来需要提供资金。

投资连接保险起源于 20 世纪 70 年代的英国，保险公司为适应人们在人口老龄化加剧但政府减少社会养老福利开支的情况下纷纷制订个人养老计划的需要而推出的，由于它既有保障功能又有投资功能，并且分享了当时股票市场大幅上涨的成绩，因此它一经推出就引起了人们很大的购买热情。问世多年来，投资连接保险一直在欧美国家人寿保险中占有重要地位。

2．投连产品的经营过程

投连产品的保险责任一般为生死两全保险，保险期间可长达 10 年、20 年。以下就以两全的投连产品为例进行说明。虽然投连产品也是多种多样、各有特色的，但保险公司经营投连产品的过程大致如下。

（1）设立投资账户。

1）为了经营投连产品，保险公司首先要设立专用的投资账户。投资账户上的资产要与保险公司的其他资产，如资本金形成的资产、其他寿险产品收取保险费后形成的资产等严格区分，相互独立。保险公司可只设立一个专用投资账户，也可设立若干个投资账户，以满足不同投保人的需要。当保险公司设有多个投资账户时，一般给每个账户赋予一个名称，各账户的资产也相互独立。各账户之间的区别主要是投资方向和资产结构不同，因此风险和预期收益也不同。一般来说，高收益伴随着高风险。

2）各投资账户的全部资产应当划分为等额的投资单位，也就是把每个投资账户上的全部资产划分为一定数量的投资单位，每个投资单位的价值相等。假设某个投资账户上全部资产价值是 100 万元，若划分为 100 万个投资单位，那么每个投资单位的价值是 1 元。如果没有增加新的投资单位，这个投资账户上的资产经过一段时间的投资运作增值为 110 万元，那么每个投资单位的价值就变为 1.1 元。这种状况就如同股份有限公司将全部资本金划分为等额股份。投资账户上每个投资单位的初始价值（设立投资账户时每个投资单位的价值）由保险公司规定，一般是 1 元。

3）保险公司要定期评估、公布各投资账户上每个投资单位的价值。在投连产品经营过程中，由于投资账户上资产的价值和投资单位的数量每天都在变化，所以每个投资单位的价值也每天都在变化。一般来说，保险公司可以根据保险单数量每月或每周评估、公布一次投资单位的价值。评估投资单位价值的日子，称为评估日。按照中国保险监督管理委员会的规定，经营投连产品的保险公司至少每月评估、公布一次投资单位的价值。

（2）投保人交付保险费购买投资单位。投连产品的保险费一般每年交付一次。保险公司收到每一年度的保险费后，首先要从中扣除这一保险单年度需要的风险保障成本、附加保险费（如管理费用、佣金等），保险单的剩余价值部分才用于购买投资账户上的投资单位。至于购买哪个投资账户上的投资单位，则由投保人进行选择。

虽然投保人在每个保险单年度向保险公司交付的保险费金额相等，但保险公司在各保险单年度需开支的管理费用和向推销人员支付的佣金不等。在保险单年度的前几年，保险公司需开支的管理费用和向推销人员支付的佣金占保险费的比例很大，这就意味着用于购买投资单位的保险费较小。在各保险单年度投保人交付的保险费中有多大比例（或多少金额）进入投资账户用于购买投资单位，保险公司必须在保险条款中明确规定。

（3）保险事故发生及合同解除。

1）若被保险人在保险期间内死亡，保险公司首先要按照保险金额给付死亡保险金。其次，将该保险单拥有的投资账户上的资金退还，一般也由死亡保险金的受益人一并受领，其金额是被保险人死亡时，保险单所拥有的投资单位数量与每个投资单位价值的乘积。而投资单位的价值一般按被保险人死亡后第一个评估日的评估价值计算。

但是也有的投连产品在保险条款中规定，被保险人死亡时，保险公司只给付死亡保险金（按保险金额计算）和当时投资账户金额两者中数额较大的一项。如果采用这种办法，在计算保险费时就已考虑了这一因素。

2）被保险人生存到保险合同期满时，保险公司要给付满期生存保险金。投连产品的满期生存保险金不是按照固定的保险金额给付的，而是把投资账户上的金额给付被保险人，投资账户上的金额等于保险合同满期时保险单拥有的投资单位数量与价值的乘积。投资单位的价值按保险合同满期日之后的第一个评估日的评估价值计算。

3）在保险期间内，投保人可随时提出退保（解除合同），保险公司应向投保人退还保险单的现金价值。投连产品在某一时刻的保险单现金价值，就是这一时刻保险单拥有的投资单位数量与每个投资单位价值的乘积。因此，投保人要求退保时，保险单现金价值等于合同解除当日保险单拥有的投资单位数量与投资单位价值的乘积，投资单位的价值则应按合同解除日之后第一个评估日的评估价值计算。

不同的投连产品在一些细节上会有所区别,但基本过程和原理如上所述。

3. 投连产品与传统寿险的主要区别

与传统寿险相比,投连产品的最大特色是兼具保险保障与投资理财双重功能。传统寿险都有一个固定的预定利率,保险合同一旦生效,无论保险公司经营状况如何,这个预定利率都固定不变,所以保障金额固定不变。而投连产品有固定的保障作为基本保险保障,却没有固定的预定利率,被保险人的投资收益具有不确定性。投连产品与传统寿险的差异还体现在以下几个方面:

(1) 保险单价值不同。传统寿险的保险单价值是确定的,而投连产品由于有至少一个投资账户,其保险单价值必须与投资状况相联系,随投资状况的变动而不断变化。

(2) 费用收取不同。投连产品比传统寿险多收取了关于投资的费用,如印花税、交易费等。既然投资收益完全由被保险人获得,这部分费用也自然由被保险人承担。

(3) 保险费收取不同。在传统寿险中,交付多少保险费是和被保险人的年龄息息相关的,但投连产品支付的保险费与年龄无关。同时,传统寿险中被保险人不知道所交付的保险费是如何分摊的,而投连产品在运作上是透明的,被保险人能够知道所交付保险费的各项用途。

(4) 保险给付不确定。投连产品在发生死亡、全残或期满给付时是以保险金额与保险单价值二者中的较大值为准的,或者与投资账户价值相关联。而传统寿险则按事先约定的保险金额进行给付。

4. 投连产品与分红保险的主要区别

在前面曾经讲过,分红保险在提供保障功能的同时,能够参与公司经营利润的分配,保险单的投资收益率也不是固定的,同样具有一些投资理财功能。那么,投连产品与分红保险究竟有哪些主要的区别呢?

(1) 性质是不一样的,严格地说,分红保险从理论上讲仍然属于传统寿险。因其涉及投资收益即"利差益"分红,在中国与投连产品几乎同时出现,所以从广义的角度仍将其视作新型投资型寿险产品。但从本质上看,分红保险仍属于传统寿险,它除了可以参与公司利润分红外,在其他设计原理和运作基础方面和传统寿险是一样的。而投连产品是在传统寿险产品上的创新,重在其"投资连接"功能,因此,被称作"非传统寿险"。

(2) 保险单的收益来源不同。投连产品的收益只来源于"一差"即利差益,也就是投资账户的经营收益。投资账户的资金由保险公司的投资专家进行投资管理,投资所得收益(利差益)扣除部分账户管理经营费用之后全部摊入投资账户,回馈给被保险人。分红保险让被保险人分享的红利来源于"三差"(利差益、死差益和费差益),所以叫"三差分红",但实际上死差益与费差益占的比例很小,红利的大部分还是来源于投资收益。"三差益"实现的利润并不是全部分给被保险人,可分配盈余的多少,需公司方面做出决定。

(3) 被保险人承担的风险不同。投连产品的收益完全由被保险人享有,被保险人也相应地承担投资过程中的全部风险。分红保险的收益由保险公司和被保险人分享,因此投资风险也由双方共同承担。

(4) 收益的分配不同。投连产品投资账户的投资回报,保险公司除每月从中提取管理费用外，剩余的投资利润全部分配给被保险人。分红保险当年度的可分配盈余，保险公司最多可自留30%，70%或更多必须分配给保险单所有者。

（5）公司收取的费用不同。出售投连产品的保险公司每月按一定比例收取投资账户管理费用、保险单管理费用等。开办分红保险的保险公司在保险期间除了收取保险费及保险单分红管理费用之外，不再另外收取费用。

（6）退保支付不同。购买投连产品的被保险人如果要退保，保险公司将按收到退保申请后的下一个资产评估日的投资账户价值来计算保险单价值，退还给被保险人。投保分红保险的被保险人退保时，他得到的退保金是保险单现金价值与过去应该领取却未领取的累积红利的总和。

（7）身故保险金的给付不同。购买投连产品的被保险人身故后，保险公司将身故保险金额或投资账户价值或二者中的较高者给付受益人。分红保险的受益人在被保险人身故后除得到保险金额保障外，还可领取被保险人尚未领取的红利。

5．投连产品的透明度

相对于分红保险产品而言，投连产品的透明度较高，主要表现在以下方面。

（1）保险公司开设的各个专用投资账户的投资方向、资产结构应当在保险条款中说明，并且按照规定的资产结构进行投资运作。

（2）每张保险单在各保险单年度交付的保险费，保险公司从中扣除多少管理费用，有多少金额用于购买投资单位，以何种价格购买投资单位，投保人可以完全了解。

（3）保险公司按照一定的规定评估投资账户上资产的价值，在确定的新闻媒体上定期向社会公布投资账户资产的评估价值和每一投资单位的价值。投保人在任何时刻都知道自己拥有的投资单位数量，并且可随时了解到（估算出）保险单现金价值的变动情况。

（4）保险公司管理投资账户上的资产并进行投资运作，也要收取一定管理费用，从投资收益中直接扣除。收费标准要在保险条款中说明，投保人事先知情。

（5）保险公司必须严格按照《人身保险新型产品信息披露管理暂行办法》披露信息。

6．投连产品的经营费用

投连产品是人寿保险与基金相融合的新型寿险产品。在国外，投连产品又被称为基金连锁产品，是保险与基金相融合，兼具保险和基金性质的金融产品，具有风险保障与投资双重功能，而且具有很高的透明度。

保险公司从投连产品保险费中收取的费用一般包括以下几项：

（1）初始费用。保险费进入个人投资账户之前扣除的费用，用于向推销人员支付佣金及保险公司的管理费用。初始费用于每次收到保险费时扣除，以所交保险费为基数，按一定比例扣除。从各保险单年度所交保险费中扣除初始费用的比例可不同，一般第一年扣除的比例较高，以后年度扣除的比例较低。

（2）投资单位买卖差价。有的保险公司对投资单位以评估价为基础，分别规定投资单位的买入价和卖出价。买入价高于评估价（投保人购入的价格），卖出价低于评估价（投保人卖出投资账户中投资单位的价格），其差价收益为保险公司获得。投资账户中投资单位的买卖差价实质上是保险公司的一项收费，于投保人每次买入和卖出投资单位时收取。

（3）危险保险费的分离。也称风险保险费、保障保险费或保障成本，是保险公司为承担死亡给付责任而收取的费用。危险保险费一般每月或每年收取一次，从投资账户中扣除。扣除金额取决于被保险人年龄（死亡概率）和保险金额。

（4）保险单管理费用。为了维持保险合同而收取的费用，一般每月或每年收取一次，按一定的金额收取，如每月5元或每月10元等。

（5）手续费。保险公司在应投保人的要求办理投资账户转换手续时收取的费用。投保人进行投资账户转换时，保险公司不但收取投资单位买卖差价，而且可再收取手续费。有的保险公司对于投保人在一个保险单年度内转换一次或两次投资账户不收取手续费。转换投资账户的手续费可以按转换金额的一定比例收取，也可以按次收取。若投保人不要求转换投资账户，则不收取此项手续费。

（6）资产管理费用。保险公司为管理投资账户资产，将其进行投资增值而收取的费用。资产管理费用按投资账户资产净值的一定比例收取，一般每月从投资账户资产净值中扣取，其比例为每月末投资账户资产净值的 2‰ 左右。无论投资账户的资产是盈利还是亏损，是增值还是减值，保险公司都要按照既定的标准收取资产管理费用。

（7）退保险费用。投保人要求退保（解除合同）或领取部分保险单现金价值时，保险公司首先将投资单位按卖出价折为现金，然后再从中扣除一定比例退保险费用，才支付给投保人。退保险费用的比例各保险单年度可以不同，投保后第一个保险单年度内退保，扣除比例较高，以后年度递减，若干年后退保可不再收取退保险费用。

不同的投连产品，收取各种费用的项目、频度、比例、金额可不相同，但必须在保险条款中列明，不得单方面变更。在保险条款中未列明的费用项目，保险公司不得单方面决定收取。

5.3.4 万能寿险

1. 万能寿险的含义

万能寿险是集基本保险保障与投资理财功能于一体的新型寿险产品。"万能"的含义主要体现在两个方面：一方面是产品功能上，既有灵活可调的风险保障，又有独具优势的专家理财，保障、理财两相宜。另一方面，由于灵活可变的特点，同是一个险种，可以变化出千差万别的保险单。保险单所有人能定期改变保险费金额，可暂时停止交付保险费，还可以改变保险金额，真正是一张"万能"的保险单。

万能寿险最早出现于1979年，是美国人寿保险的创新品种之一。由于它的灵活多变性，因此很快受到了人们的青睐。1985年，美国万能寿险市场占有率为38%，至今仍占个人寿险新保险单的25%左右。

万能寿险同样为客户的资金设立专门的账户，但是它会提供一个基本的最低收益率，即保底收益率。例如，太平洋保险公司的万能寿险的保底收益率为银行同期两年期存款利率。一旦保险公司的实际投资收益率高于保证收益率（保底收益率），公司将把超额收益率拿出来与客户一起分享。

2. 万能寿险的经营过程

万能寿险产品是保险费交付方式灵活的寿险产品。万能寿险产品的储蓄保险费，既可以按固定的保证利率计算增值，也可以采用投连方式增值，与保险投资的资产收益直接挂钩。从保险责任上看，万能寿险产品可以是死亡保险，也可以是两全保险。为了便于理解万能寿险产品，我们描述一下万能寿险产品的经营过程。以两全万能寿险为例，其一般经营过程如下。

（1）投保人选定死亡给付的保险金额、保险期间，并且交付首次保险费后，保险合同生效。

（2）保险公司收到首次保险费后，首先从中扣除保险公司的管理费用和向推销人员支付的佣金，还要从中扣除在当期（一个月或一年、一个季度内）承担死亡给付责任所需的危险保险费。危险保险费的多少，取决于被保险人当时的年龄和保险金额。在做了上述扣除后，剩余部分就是储蓄保险费。若储蓄保险费采用投连方式增值，则将储蓄保险费购买保险公司投资账户的投资单位（其办法与投连产品相同）；若采用固定保证利率计算方式增值，则将储蓄保险费记入保险公司为每一投保人设立的个人账户，按保证利率计息增值。

（3）保险合同生效后，投保人可以不定期、不定额地向保险公司交付保险费。保险公司一般会规定每次交付的保险费的最低额（起点），这样，投保人可以在保险期间内的任何时间交付任何金额的保险费（起点以上）。

（4）自保险合同生效起，保险公司每月（每年或每季度，要在保险条款中明确规定）从投资单位的价值中或个人账户中扣缴一次用于当期（本月或本年、本季度）承担死亡给付责任的危险保险费。如果投资单位的价值或个人账户中的资金已不足以扣缴当期的危险保险费，保险公司会及时通知投保人交付保险费。如果投保人不按保险公司的通知及时交付保险费，则保险合同因此而终止。

（5）在保险期间内，被保险人死亡，保险公司按约定的保险金额给付死亡保险金，同时退还投资账户或个人账户的资金。若被保险人生存到保险期满，保险公司给付满期保险金，其金额是投资单位的总价值或个人账户上的资金。

（6）在保险期间内，投保人若急需现金，不必向保险公司申请保险单质押贷款，而是可以要求支取投资账户的部分价值或个人账户上的部分资金，但要保证账户金额足以扣缴下一期的危险保险费。若投保人申请退保，保险公司退还投资单位的部分价值或个人账户的全部资金。

（7）虽然投保人交付的保险费时间和金额是不固定的，但保险公司扣缴危险保险费的时间是固定的（如每月一次或每年、每季度一次）。扣缴危险保险费的金额则由死亡给付保险金额和被保险人在扣缴危险保险费时的年龄确定。随被保险人的年龄增大，每期扣缴的危险保险费逐年增加（在一个保险单年度内的各月、各季度相同），是事先就可以确定的（投保时）。投保人要保证其投资单位的价值或个人账户的资金足以扣缴下一期危险保险费，这就是对投保人交付时间和金额的硬性约束条件。

3．万能寿险产品的意义

虽然投连产品和万能寿险产品都被称为新型寿险产品，但投连产品改变了储蓄保险费的增值方式，而万能寿险产品并未增加新的储蓄保险费增值方式，只是增加了一种新的保险费交付方式，由按固定的时间和金额交付保险费，改为灵活交费（时间和金额不固定，但也要受约束）。

保险公司推出万能寿险产品的意义在于满足了一部分投保人的要求。

（1）有的投保人家庭收支不很固定，如从事个体经营的人，购买万能寿险产品可以根据自己的收支情况灵活地掌握交付保险费的时间和金额，不会因不能按时交付保险费造成保险合同失效（效力中止）。

（2）投保人急需资金时可支取部分投资账户的价值或个人账户的资金，无须偿还，不必办理保险单质押贷款手续，无限定的还款期限，不必支付贷款利息，较为灵活。

（3）在保证投资单位的价值或个人账户的资金足以扣缴下一期危险保险费的前提下，投保人交付保险费的多少，不影响死亡给付的保险金额，只影响满期给付的金额，从而使投保人可以根据需要的满期给付金额掌握交付保险费的金额。在储蓄保险费以投连方式增值时，投保人可以根据投资单位的增值情况决定交付保险费的时间和金额，做出有利于自己的选择，获得较高的收益。

（4）万能寿险产品对投保人的透明度较高。在储蓄保险费采用投连方式增值时，其透明度相当于投连产品；在储蓄保险费采用按固定保证利率计息增值时，其透明度也高于传统的不分红寿险产品，因为投保人可以知道在每期交付的保险费中，有多少被扣除用于保险公司的管理费用和向推销人员支付的佣金，可以知道保险公司每月（每年或每季）用于承担死亡给付责任所需的危险保险费是多少。如果投保人购买传统的不分红寿险产品，则不能了解这些信息。

4．万能寿险与投连产品的主要区别

万能寿险与投连产品都属于非传统寿险，都具有保险保障和投资理财双重功能。在具体操作上都是将投保人所交付的保险费分为两部分，在扣除附加费用后，一部分用于风险保障，另一部分记入由保险公司为其设立的个人投资账户，由保险公司投资专家进行管理投资，操作透明度高，被保险人能够参加到盈利的分配中。

作为创新产品的两个不同品种，它们还有着明显的差异。投连产品重在其"基金连接"性，风险和收益都更大一些；而万能产品重在其"灵活性"，风险相对较小，风格相对稳健。具体来说，差异表现在以下方面。

（1）承担的投资风险不同。万能寿险投资收益一般上不封顶，下有保底（设有保证利率），超过保证利率的超额利润部分，由保险公司和投保人分享；投连产品无保证收益率，完全根据实际投资情况，除管理费用外，投资收益全部归投保人所有，投资风险也全部由投保人承担。

（2）身故保险金不同。万能寿险的身故保险金由身故保险金额和账户余额（投资和收益总和）两部分之和构成；投连产品的身故保险金取两者较大者。

（3）灵活性程度不同。万能寿险灵活性很强，在交费时间和金额、保险金额、保险期间等方面都有很灵活的规定；投连产品在很多方面是固定不变的，如保险费的交付、保险金额的确定等。

5．万能寿险灵活性的具体体现

万能寿险的"万能"含义主要体现在其灵活性方面：

（1）在保险金额方面，万能寿险的保险金额由保险人与投保人在投保时进行约定，但确定承保的最低额。例如，太平洋保险公司的万能寿险的最低额为10 000元。保险金额没有最高限额。在购买了保险单之后，保险金额可根据自身需要，每年可调整一次，以确定

保障与投资的最佳比例。投保人在申请减少保险金额时，必须保证不低于最低限额。保险金额的调整一般以 1 000 元为最小调整单位。

（2）万能寿险交费较为灵活。表现在交费时间上，在保险期满之前，投保人可约定定期或不定期地交付。投保人不用因为哪段时间资金周转不过来而为交保险费发愁，完全可以根据自己的情况来自由安排保险费支出；表现在交费数额上，每次保险费的交付是多是少完全由投保人自己决定，只要保证最低金额在 1 000 元以上就可以了。

（3）在保险期间上，一些万能寿险设有 10 年、15 年、20 年、25 年、至被保险人 55 周岁、60 周岁和 65 周岁等七种保险期间供投保人选择，充分显示了万能寿险在保险期间上的灵活性。

（4）当投保人急需钱用或投资安排改变时，还可以从个人的单独账户中提取部分现金价值。以太平洋保险公司的万能寿险为例。在万能寿险合同生效期满 2 年后，投保人可以从个人账户中提取部分现金。但为保证合同有效，必须满足以下条件：①每年只能提取一次；②每次最低以 100 元为限，最高不超过上个结算日个人账户余额的 50%；③个人账户余额足以支持其一年的保障费用。满足这些条件后，万能寿险就能辅助投保人合理安排个人财务，真正实现个人理财投资。

6．万能寿险的费用扣除与利率结算

万能寿险的保险费主要由附加费用、保障保险费和投资（储蓄）保险费构成，在保险费进入个人投资账户之前，必须扣除：

（1）手续费。公司进行承保时所发生的各种费用，包括营业费用和代理佣金，一般为每次所交保险费的一定比例，为 7%～10%。

（2）管理费用。公司进行投资所发生的各种费用，在每一结算日按结算日账户余额比例计提，随合同生效期延长而扣除比例减少。

（3）保障费。用来对投保人身故、全残提供保险保障的费用，在第一次交费及每一结算日根据投保人选择的保险金额，以及投保人的年龄、性别、职业等情况扣除。

关于万能寿险每一期的利率结算，各种不同类型的万能寿险算法各有不同。下面以太平洋保险公司推出的"太平盛世·长发两全保险（万能型）"为例加以说明。该保险规定了它的单独账户保证的最低收益率，即银行同期两年期存款利率。在有超额投资收益率的情况下，公司与投保人分成。具体如下：

（1）当实际投资收益率≤银行同期两年期存款利率时，结算利率为银行同期两年期存款利率，也就是说，投资失败的损失由保险公司承担。

（2）当银行同期两年期存款利率<实际投资收益率≤银行同期五年期存款利率时，结算利率为实际投资收益率。

（3）当实际投资收益率≥银行同期五年期存款利率时，结算利率=（实际投资收益率-银行同期五年期存款利率）×80%+银行同期五年期存款利率。

也就是说，一旦投资成功，获得了超额的投资收益率，超出部分由公司和投保人"二八分成"。毕竟万能寿险提供了最低保证收益率，公司承担了一部分投资失败的损失，在有超额回报的时候，公司有权分享，这也是万能寿险与投连产品的一个显著区别。

保险公司每年会向投保人寄送万能寿险的个人账户对账单，在账户上详细列明上一年

个人账户的保险金额、交费、提取、各项费用扣除及投资增值情况，供投保人对账查询。投保人需要时可随时要求查询。

7. 万能寿险与传统寿险的比较

与传统寿险比较，万能寿险的优势主要表现在：

（1）风险承担方。传统寿险的风险承担方是保险公司，投保人不能分享到保险公司的投资利润。万能寿险的风险承担方主要是投保人，客户能分享到保险公司的投资成果，而且保险公司承诺保证收益率。

（2）现金价值。传统寿险的现金价值是保险公司预先设定好的；万能寿险的现金价值是随着投资账户价值变动的。

（3）死亡给付。传统寿险的死亡给付额是固定保险金额；万能寿险的死亡给付额为固定保险金额加上投资账户的余额。

（4）灵活性。传统寿险保险费的交付、保险金额的确定等都是在保险单订立时就已经确定的；万能寿险保险费的交付、保险金额的确定可以根据投保人的实际情况进行调整。而且，传统寿险没有加保选择权，但万能寿险有加保选择权。

（5）回报。传统寿险保险单的回报在合同中列明；万能寿险的回报和保险公司的资金运用盈利率紧密相关，一般"下有保底，上不封顶"。

（6）透明度。传统寿险的费用分摊及保险单的结构不透明；万能寿险保险单结构透明，投保人可以随时了解投资账户余额和各项费用情况。

万能寿险的产生是为适应投保人对保险的一些新的要求。投保人参加保险不单纯为了要求保险保障，也把保险当成了一种投资理财工具。因此，投保人对于万能寿险这类投资型保险的保值增值能力要求也较高。

8. 万能寿险的死亡给付方式

万能寿险主要提供两种死亡给付方式，称为 A 方式和 B 方式。A 方式是一种均衡给付的方式，这与传统的给付模式类似；B 方式是保险金额直接随保险单现金价值的变化而改变的方式。在 A 方式中，个人账户中的资金经过保险公司长期投资运用，其价值可能超过合同中约定的固定死亡给付额，从而使万能寿险变成了纯粹的投资工具，使投保人不能享受到法律提供的税收优惠政策。为了避免这种情况的出现，保险公司通常会规定一个最低净风险保险金额，从而使得总的死亡给付额增加。在 A 方式中，死亡给付额是固定的，是净风险保险金额加上个人账户现金价值的和。净风险保险金额每期都进行调整，以使得净风险保险金额与个人账户现金价值的和成为均衡的死亡给付额。这样，如果个人账户现金价值增加了，则净风险保险金额就会相应减少，投保人支出的净风险保险费也相应减少，总的死亡给付额不会发生变化；反之，如果个人账户现金价值减少了，则净风险保险金额就会相应增加，投保人支出的净风险保险费就相应增加，同样总的死亡给付额不会发生变化。在 B 方式中，死亡给付额是变动的，是净风险保险金额加上个人账户现金价值之和。在 B 方式中，净风险保险金额是固定不变的。如果个人账户中的现金价值增加了，不会改变净风险保险金额，但是总的死亡给付额会等额增加。在 B 方式中，由于净风险保险金额是固定的，因此净风险保险费是不变的。

思考与练习

1. 单项选择题

（1）人身保险的保险金额一般由（　　）。
　A．保险人确定　　　　　　　B．被保险人确定
　C．保险人和投保人协商确定　　D．保险人和被保险人协商确定

（2）人寿保险的保险标的是（　　）。
　A．被保险人的生命　　　　　B．投保人的生命
　C．被保险人的生命或身体　　　D．被保险人的身体

（3）人寿保险采用（　　），即保险人在各年度均收取数额相等的保险费，把被保险人应在若干年负担的保险费的总和，运用科学的计算方法平均分摊于各个年度。
　A．自然保险费　　　　　　　B．均衡保险费
　C．纯保险费　　　　　　　　D．总保险费

（4）按照（　　），年金保险可以分为定额年金和变额年金。
　A．保险费是否变动　　　　　B．保险金额是否变动
　C．给付额是否变动　　　　　D．给付期间是否变动

（5）以被保险人的身体为标的，使被保险人在疾病或意外事故所致伤害时发生的费用或损失获得补偿的人身保险业务称为（　　）。
　A．健康保险　　　　　　　　B．人寿保险
　C．意外伤害保险　　　　　　D．年金保险

（6）人身保险合同的保险利益必须在（　　）时存在。
　A．洽谈保险合同　　　　　　B．保险合同订立
　C．保险事故发生　　　　　　D．保险费终止交付

（7）不适用代位追偿原则的险种包括（　　）等。
　A．财产保险　　　　　　　　B．信用保险
　C．人身保险　　　　　　　　D．责任保险

（8）在人身保险中，若某人是多份保险单的被保险人，则保险事故发生时，（　　）。
　A．被保险人或受益人不能获得多重给付
　B．被保险人或受益人只能获得第一份保险单给付
　C．被保险人或受益人只能获得最后一份保险单给付
　D．被保险人或受益人可以获得多重给付

（9）当人身保险费率采用均衡费率的时候，人身保险合同具有的性质是（　　）。
　A．投资性　　　　　　　　　B．储蓄性
　C．补偿性　　　　　　　　　D．给付性

（10）投保时一次全部交清保险费的终身寿险称为（　　）。
　A．普通终身寿险　　　　　　B．短交终身寿险
　C．趸交终身寿险　　　　　　D．特殊终身寿险

2．多项选择题

（1）人寿保险均衡保险费的含义是（　　）。

A．随着年龄的增长，投保人每年需交付的保险费越来越多

B．随着年龄的增长，投保人每年需交付的保险费越来越少

C．投保人在各年度均交付数额相等的保险费

D．保险费不随被保险人年龄的逐年增长而变化

E．把投保人应在若干年内负担的保险费总额，运用科学的计算方法平均分摊于各个年度

（2）健康保险承保的疾病风险具有的特点包括（　　）。

A．由非明显的外来原因造成的

B．由非先天的原因造成的

C．由非长期的原因造成的

D．不是由偶然的原因造成的

E．由被保险人自身内在的原因引起的

（3）健康保险特别是医疗保险一般通过（　　）等方式进行成本分摊。

A．规定免赔款　　　　　　　　B．实行共同保险

C．规定给付比例　　　　　　　D．规定给付限额

E．比例再保险

（4）意外伤害保险中的意外事故的构成必须具备的要素是（　　）。

A．事故的发生是非本意的　　　B．是外来的

C．是突然发生的　　　　　　　D．是被保险人内在原因造成的

E．是可以预见的

3．简答题

（1）与财产保险相比，人身保险有何特点？

（2）人寿保险保险费计算的基础是什么？

（3）构成人身意外伤害保险责任的三个条件是什么？

4．案例分析

（1）田某为其妻子钱某投保了一份人寿保险，保险金额为10万元，田某为受益人。半年后田某与妻子离婚，离婚次日钱某意外死亡，死亡前未变更受益人。对保险公司给付的10万元保险金，钱某的父母提出，田某已与钱某离婚而不再具有保险利益，因此保险金应该由他们以继承人的身份作为遗产领取。

请问：这种说法正确吗？为什么？

（2）人身保险与财产保险能否双重索赔？

2016年6月21日，苍梧县的冯某驾驶摩托车与钟某驾驶的摩托车发生碰撞，导致钟某车上的9岁女孩小敏受伤。经治疗，小敏共用去医疗费4 830元。经交警部门认定，本次事故冯某承担主要责任，钟某承担次要责任，小敏不承担责任。伤愈出院后，小敏通过保险理赔报销了医药费3 083.14元。她的家人随后向法院提起诉讼，要求冯某投保交强险的保险公司，在保险限额内赔偿包含医疗费在内的各项损失共计6.8万元。在庭审中，双

方就小敏已理赔医疗费后，能否再获得赔偿展开激烈辩论。小敏的家人认为，已报销的医疗费是基于另行购买学生儿童意外伤害补偿医疗保险而取得的，理应自己受益，被告投保的保险公司仍应赔偿。而被告保险公司则认为，原告已获理赔的医疗费属人身损害赔偿，应适用财产损失补偿原则，再从其他途径获得补偿的部分应予扣除，不应得到双重赔偿。

请问：你更赞同谁的观点？

第 6 章 再保险基础

阅读要点

- 掌握再保险的概念和作用；
- 掌握比例再保险、非比例再保险、临时再保险、合同再保险；
- 熟悉再保险合同的主要内容；
- 理解国际主要再保险市场与中国再保险市场。

6.1 再保险概述

6.1.1 再保险的概念

再保险是指保险人将其承担的保险业务，以分保形式部分转移给其他保险人。再保险是保险人的保险，也称分保。

在再保险交易中，分出业务的公司称为原保险人，或分出公司、分出人；接受业务的公司称为再保险人，或再保险接受人、分入公司、分入人。

和直接保险转嫁风险一样，原保险人转嫁风险责任也要支付一定的保险费给再保险人，这种保险费叫再保险费。由于原保险人在业务承保、保全、理赔等业务管理过程中产生了一定的费用，原保险人向再保险人收取一部分费用加以补偿，这种费用称为再保险手续费或再保险佣金。

再保险人将其接受的业务进一步分给其他保险人，这种业务活动称为转分保。

危险单位是指保险标的发生一次灾害事故可能造成的最大损失范围。危险单位的划分非常重要且复杂，保险公司往往根据不同险别、公司的承保能力、保险标的的具体情况来划分，而且划分标准不是一成不变的。危险单位划分得恰当与否，直接关系再保险当事人双方的经济利益，甚至影响被保险人的利益。《保险法》第 103 条第 2 款规定："保险公司对危险单位的划分应当符合国务院监督管理机构的规定。"《保险法》第 104 条规定："保险公司对危险单位的划分方法和巨灾风险安排方案，应当报国务院保险监督管理机构备案。"

再保险的责任额度按再保险人对于每一具体的危险单位、每一事故或每一年度所承担的责任在合同中分别加以规定。原保险人根据偿付能力所确定承担的责任限额称为自留额或自负责任额；经过再保险，由再保险人承担的责任限额称为再保险额、再保险责任额或接受额。为确保保险企业的财务稳定性及其偿付能力，各国通过立法将再保险自留额列为国家管理保险业的重要内容。《保险法》第 103 条第 1 款规定："保险公司对每一危险单位，即对一次保险事故可能造成的最大损失范围所承担的责任，不得超过其实有资本金加公积金总和的百分之十；超过的部分应当办理再保险。"

再保险在本国范围内进行的，称为国内再保险。一些大的再保险项目，当其风险责任超过国内保险市场的承受能力时，需要在世界范围内寻求再保险保障，这种再保险称为国际再保险。无论是在国内还是在国外寻求再保险保障，分出公司在选择再保险合作对象时应审慎选择。《保险法》第 105 条规定："保险公司应当按照国务院保险监督管理机构的规定办理再保险，并且审慎选择再保险接受人。"中国保险监督管理委员会《关于再保险业务安全性有关问题的通知》中对保险公司如何选择再保险接受人从公司实力评级、注册资本金、偿付能力及有无重大违法违规行为等四个方面提出了具体的要求。

6.1.2 再保险与原保险比较

1. 再保险与原保险的关系

再保险与原保险具有既互相联系又互相区别的关系。其联系表现在：

（1）原保险是再保险的基础，是再保险存在的前提，再保险合同不以离开原保险合同而单独存在。同时，原保险承担的风险与责任也要依赖再保险才能进一步分散。

（2）再保险人的责任、再保险金额和有效期限均以原保险合同的责任、保险金额和有效期限为限。再保险人和原保险人是利益共享、损失共担的合作关系。

再保险与原保险的区别在于：

（1）主体不同。原保险主体一方是保险人，另一方是投保人与被保险人；再保险主体双方均为保险人。

（2）保险标的不同。原保险中的保险标的既可以是财产、利益、责任、信用，也可以是人的寿命与身体；再保险的保险标的只是原保险人基于原保险合同应该承担的赔偿或给付责任。

（3）合同性质不同。原保险合同中以有形的物质、无形的责任、信用为保险标的，财产保险合同及补偿型医疗费用保险合同都是补偿性的。而以人的寿命或身体为保险标的的人身保险合同是给付性的。再保险合同全部属于补偿性的。

2. 再保险与共同保险的区别

共同保险是由两家或两家以上的保险人联合直接承保同一保险标的、同一保险利益、同一风险责任而总保险金额不超过保险标的的可保价值的保险。共同保险的保险人在各自承保金额限度内对被保险人负赔偿责任。

共同保险与再保险均具有风险分散、扩大承保能力、稳定经营效益的作用。但二者又有明显的区别。共同保险属于原保险业务，是原保险业务的特殊形式，是风险的第一次横向的分散。而再保险是原保险业务基础上的第二次风险纵向分散。

6.1.3 再保险的作用

1. 再保险对原保险人的作用

（1）分散风险，均衡业务质量。根据大数法则，保险人承保标的的风险单位越多，风险的分散就越彻底，保险的财政稳定性就越好。但这里有一个条件，既不仅要求保险标的的性质（特别是损失经验）一致，还要求保险金额大致相等。通过再保险，将超过一定标准的责任转移出去，自留的同类业务的保险金额实现了均衡化，同时可以使承保业务跳出《保险法》的规定，承保更多业务，实现风险更大范围的分散。

（2）控制责任，稳定业务经营。由于承保风险的偶然性，保险公司各年的损失率必然呈现一定的波动性，造成保险业务经营的不稳定性。通过再保险，尽管因为支付再保险费而使盈利有所减少，但在损失较大特别是巨额损失的年份，则可减少其赔付金额，从而将自身的责任限定在一定范围内，使每年能获得均衡的利润。

（3）扩大承保能力，增加业务量。保险公司的承保能力，受其资本和准备金等自身财政状况的限制。利用再保险公司可以将超过自身财力的部分责任转移出去，从而可以大胆承保超过自身财力的大额业务，扩大业务量。

（4）降低营业成本，提高经济效益。第一，再保险使原保险人增加了业务量，保险费收入自然增加，而管理费用不会按比例增加。第二，在发生损失时，原保险人向再保险人分摊赔款，因而与没办理再保险相比，减少了赔款支出，从而降低了自身的赔付率；第三，增加了原保险人的可运用资金。保险公司办理再保险后，保险人可以扣留一部分再保险费作为赔款分摊准备金，同时可以收取一定再保险手续费，因此一方面降低了经营的业务成本，另一方面增加了佣金收入和可运用资金，这必然增加获利机会，提高经济效益。

2．再保险对再保险人的作用

（1）扩大风险分散面。一方面，再保险人对自己所接受的再保险业务，也要寻求风险的分散，争取风险单位的大量化。另一方面，在许多情况下，再保险人也直接承保业务，这便扩大了同类业务的风险单位数，风险分散面也就扩大了,特别是业务来自不同地区时，实现了风险在空间地域上的分散。

（2）节省营业费用。相对来说，再保险人接受分入业务所负担的费用，比直接承保业务所负担的费用少，因为再保险人不必为招揽业务而到处设立分支机构或代理机构，也不必为处理赔款而培训许多专职理赔人。此外，再保险可依靠少数几个合同，分入大量的业务，从而节省了直接承保险费用。

3．再保险对被保险人的作用

（1）加强安全保障，提高企业信用。被保险人在发生保险事故后虽然一般不能直接向再保险人请求赔款，但保险业务办理再保险后，再保险人实际上要承担再保险合同中所约定的赔偿责任，使被保险人的财产获得第二重保障，进而使得企业更容易得到银行的融资，有利于企业经营。

（2）简化了投保手续。有了再保险，投保人只需与一个保险人洽商即可，节省了时间和人力。而且在同一保险单下，权利和义务的规定是一致的，避免了与多家保险公司签订保险合同因内容有出入而可能造成的损失或纠纷。

6.2　再保险的合同形式

再保险的合同形式主要有三种，即临时再保险、合同再保险和预约再保险。

6.2.1 临时再保险

临时再保险是指保险人有再保险需要时，临时同再保险人达成协议的再保险行为，故又称选择性再保险或自愿再保险，也就是说，保险人对某一风险，是否安排再保险、自留额多大、分出额多大、再保险条件等具体要求，完全由保险人视风险特点和自身的财务能力，以及再保险人的有关情况等而定。保险人以一张保险单或一个危险单位为基础，逐笔与再保险人洽谈。再保险人根据风险的承保情况，如风险的性质、责任大小、与保险人的关系等因素，确定其接受金额或婉言拒绝。由此可知，临时再保险可以自由安排和选择，在业务成交前无约束力。

在再保险的各种安排方式中，临时再保险的历史最长，至今还在沿用。其特点，可归纳如下。

（1）以一张保险单或一个危险单位为基础。不论哪种保险单办理临时再保险，都要以一张保险单为基础，或者以一个危险单位为基础，如以一个工厂为危险单位安排火险临时再保险。

（2）保险人随意安排，再保险人自由接受。在临时再保险业务成交前，双方均不受任何义务的约束。

（3）再保险条件清楚。便于再保险人了解、掌握业务的具体情况，因此，责任不易累积。

（4）再保险手续费低。与合同再保险相比，临时再保险手续费一般较低，通常不扣保险费准备金和纯益手续费，账单编制发送较及时。

（5）费用较高。原保险人需逐笔业务与再保险人联系洽分或续转，手续烦琐，费用较高。

（6）时间性较强。若因工作疏忽或再保险条件的吸引力较差而未及时洽分完毕，一旦发生巨灾，保险人就要自食苦果。

临时再保险主要用于以下几个方面。

1．刚开办的新险种或新业务

保险公司刚开办的新险种或新业务，往往由于业务量不多，保险费较少，承保经验不足，业务稳定性也缺乏保障，尚不具备较稳定的合同再保险的条件，所以要用临时再保险方式安排再保险。

2．不属于合同承保范围的业务

经营再保险业务的保险公司，一般要组织安排不同种类的再保险合同，而各再保险合同都会规定严格的承保范围，因此，凡不属于承保范围的业务均不能放入再保险合同。因此，超范围的业务不得不另行安排，采用临时再保险方式。

3．合同规定的除外业务

不少再保险合同，往往规定除外业务，如货物运输合同，有的列明现钞险除外。保险公司若有此类业务，就须另行安排临时再保险。

4．不愿放入合同的业务

竞争、效益逼迫保险人将一些成绩不稳或质量较差的业务，本可放入合同的业务另行安排临时再保险，将所承担的责任转让出去。

5. 超过再保险合同限额的业务

再保险合同承保能力都有一定的限制，即规定一个限额。当有较大保险金额业务，超过合同规定的限额时，可运用临时再保险，以增强其承保能力。

6. 需要超赔保障的业务

对于个别应放入再保险合同的业务，原保险人为了本公司和再保险人的共同利益，有时可另行安排临时超赔保障，以减少其承担的责任。对此，所支付的再保险费，将按再保险合同当事人的比例予以分摊。所以，人们把这种超赔保险称为"共同"账务。

6.2.2 合同再保险

合同再保险是指由原保险人与再保险人预先订约再保险合同，在一定时期内对某类业务进行缔约人之间的约束性的再保险安排方法。在再保险合同中，再保险双方经协商将再保险方式及成分、再保险佣金、盈余佣金、自留责任、合同最高限额、业务明细表的编送、再保险业务账单的编送和结付、赔款的摊付、责任的开始与终了、货币的种类，以及汇率的变动、物价指数的变化等各种各样的再保险条件预先固定下来，以明确双方的权利和义务。凡属合同规定范围内的业务，原保险人自动分出，再保险人必须如数接受，对双方都有强制性。因此，这种再保险方式又称固定再保险。

合同再保险双方再保险关系固定，可以保证原保险人及时转移风险责任，有利于稳定经营；再保险人也可以比较均衡地得到数量多、风险较为分散的整批再保险业务。因此，它是国际再保险市场上普遍采用的主要再保险方法。归纳起来，合同再保险有以下特点。

1. 强制性

合同再保险具有强制性。再保险合同一经签订，便具有法律效力，缔约双方均应遵守，所有业务均按合同规定安排再保险。这就意味着，凡属合同规定范围内的业务，不论质量好坏，保险人应按合同约定成分向再保险人再保险，不得少分，也不得多分，也不必通知再保险人；再保险人对其承保范围内的业务没有挑选的余地，不管好坏，均须接受，不得拒绝。

2. 险种单一性

合同再保险的承保范围一般仅限于某一险种，如水险再保险合同、火险再保险合同、航空险再保险合同、建筑工程一切险再保险合同等。如果将不同险种的业务混在一起安排再保险，这种合同称为一揽子再保险合同，但这种情况比较少。

3. 稳定性强

在合同再保险中的业务通常较多，少则几十笔，多则上万笔。因此，业务数量多，风险分散；保险费多，即使个别保险标的发生全部赔偿，对整个合同来说往往也无足轻重，合同再保险业务较稳定。

4. 合同一般是不定期，或者期限较长

合同再保险的时限一般最低一年，通常不规定终止日，但往往规定年终前三个月或更长时间的提前通知注销合同的时限，没在规定时限前提前通知注销，合同自然延续。

5. 手续费较高，扣留保险费准备金，收取纯益手续费

合同再保险业务规模大，原保险人承担的承保、管理和理赔费用高，一般再保险人支付的再保险手续费也高；同时，为了确保再保险能够分担赔付责任，还扣留保险费准备金；当业务总体状况好，合同项下的业务有盈利时，再保险人还要支付给原保险人以纯益手续费。

6.2.3 预约再保险

预约再保险，又称临时固定再保险，是介于临时再保险和合同再保险之间的一种再保险安排方式。预约再保险规定，对某些特定的风险，在一定的限额内，原保险人有权决定是否进行再保险，而再保险人有义务接受原保险人分来的再保险业务。也就是说，原保险人对预约再保险规定的业务是否办理再保险，完全可以自行决定，而再保险人却是被动的，对属于预约再保险范围内的业务无权拒绝，有义务接受。

与合同再保险相比，预约再保险的业务量一般较少，因此业务稳定性较差，而且对再保险人来说又具有强制性，所以，这种再保险方式通常不太受再保险人欢迎。预约再保险具有以下几个特点。

（1）预约再保险原保险人可以自由决定是否办理再保险，这样有利于原保险人对超过合同限额的业务自动安排再保险。但对再保险人来说没有挑选的余地，犹如接受再保险合同一样。

（2）预约再保险较临时再保险手续简单，节省时间。

（3）再保险人对预约再保险的业务质量不易掌握。由于原保险人可以任意选择将其预约合同范围内的业务分给再保险人，而再保险人无法有选择地接受，所以对分出业务的质量很难掌握，特别是对那些由经纪人中介订立的预约合同业务更难了解。

（4）预约再保险业务的稳定性较差。由于原保险人可以自由决定是否分出业务，所以往往是将稳定性好的业务自留，而将稳定性较差的业务进行再保险，以稳定自己的经营，获得较大收益。

预约再保险主要适用于火险业务、水险业务。

6.3 再保险的业务方式

再保险的业务方式有两大类：一类是比例再保险，另一类是非比例再保险。

6.3.1 比例再保险

比例再保险是以保险金额为基础来确定原保险人自留额和再保险人承保险金额的再保险方式。比例再保险有成数再保险、溢额再保险及成数溢额复合再保险。下面主要介绍前两者。

1. 成数再保险

成数再保险是指原保险人将每一危险单位的保险金额，按约定的比率向再保险人再保险的方式。无论业务大小，凡属于合同承保范围内的每一笔业务，按照约定的成数自留，其余成数自动分给再保险人负责，再保险人必须接受。有关保险费的收取和赔款分摊及费用支出，均按缔约双方各占成数比率分给。

例如，某成数再保险合同，每危险单位的最高限额约定为 500 万元，自留比率为 25%，分出比率为 75%。保险责任分配如表 6-1 所示。

表 6-1　保险责任分配　　　　　　　　　　　　　　　　　　　单位：元

每一危险单位保险金额	自留比率 25%	分出比率 75%	其　　他
800 000	200 000	600 000	0
2 000 000	500 000	1 500 000	0
5 000 000	1 250 000	3 750 000	0
6 000 000	1 250 000	3 750 000	1 000 000

在上述合同中，超过限额的 500 万元，如无其他合同再保险人接受，则由原保险人自负。

成数再保险的责任、保险费和赔款的计算。例如，假定某原保险人在安排一份海上运输险的成数再保险合同，规定每艘船的合同最高责任限额为 500 万美元，原保险人的自留额为 40%，即 200 万美元，再保险人的接受限额为 60%，即 300 万美元。假定在该合同项下有四笔业务，每笔业务的保险金额、保险费和赔款情况及计算如表 6-2 所示。

表 6-2　四笔业务的详细情况　　　　　　　　　　　　　　　　单位：万美元

船名	总额 100%			自留 40%			分出 60%		
	保险金额	保险费	赔款	保险金额	保险费	赔款	保险金额	保险费	赔款
A	50	0.5	1	20	0.2	0.4	30	0.3	0.6
B	100	1	0	40	0.4	0	60	0.6	0
C	200	2	10	80	0.8	4	120	1.2	6
D	500	5	20	200	2	8	300	3	12

成数再保险有如下特点：

（1）合同双方利益一致。成数再保险对每一风险单位的责任均按保险金额由原保险人和再保险人按比例承担。因此，不论业务良莠、大小，不论经营的结果是盈是亏，双方利害关系一致。因此，成数再保险合同很少发生争执。

（2）手续简化，节省人力和费用。从上面的计算实例就可以看出，采用成数再保险，保险金额、保险费、赔款分摊都很简单，使再保险实务和再保险账单的编制手续简化，节省人力、时间和管理费用。

（3）缺乏弹性。对原保险人来说，虽然手续简便，但按固定比例分配保险金额，便失去了灵活性，质量好的业务不能多留，质量差的业务也不能少留，这样，往往不能满足原保险人获得准确再保险保障的需求。

（4）不能均衡风险责任。由于成数再保险的每笔业务的保险金额均按固定比例分配，原保险人对于危险度的高低、损失的大小无法加以区别并做适当安排，因此它不能使风险责任均衡化，也就是说，原保险保险金额高低不齐的问题依然存在。

成数再保险主要运用于以下几种情况或方面：

（1）经验不足的新公司；
（2）试办性的新险种；
（3）初次开办的新业务；
（4）成绩比较稳定的业务；
（5）需要互惠交换的业务。

2．溢额再保险

溢额再保险是原保险人先确定每一危险单位自己承担的自留额，当每笔业务保险金额超过原保险人的自留额时，才将超过部分分给再保险人。按约定，再保险人的承保限额应为自留额的一定线数（倍数），保险费和赔款分摊亦按自留额和分出额对保险金额的比例分配。限额、自留、线数为溢额再保险三大关键事项。限额是合同项下所承担的最高责任额。自留是原保险人自承担的责任额。线数是计算原保险人自留金额及再保险人接受金额的计算单位。如果某合同最高限额为10条线，原保险人的自留额为一条线，金额为100万美元，则合同限额为1 000万美元。

溢额再保险的风险单位、自留额、线数和合同的限额及其关系明确了，溢额再保险比例、各自责任、保险费和赔款分摊就比较容易了。

例如，假定某原保险人在安排一份溢额再保险合同，规定每一单位的合同自留责任限额为200万美元，原保险人的接受限额为5线即1 000万美元。假定在该合同项下有四笔业务，每笔业务的保险金额、保险费和赔款情况及计算如表6-3所示。

表6-3　四笔业务的详细情况　　单位：万美元

保险单	总额 100%			自　留			分　出		
	保险金额	保险费	赔款	保险金额	保险费	赔款	保险金额	保险费	赔款
A	50	0.5	1	50	0.5	1	0	0	0
B	200	2	10	200	2	10	0	0	0
C	500	5	20	200	2	8	300	3	12
D	1 000	10	30	200	2	6	800	8	24

溢额再保险的特点主要有两个：

（1）可以灵活确定自留额。对原保险人而言，可以根据不同的业务种类、质量和性质灵活确定自留额。还可以在第一溢额外，恰订第二、三溢额，对大额业务处理也有较大弹性。

（2）比较烦琐费时。办理溢额再保险时，要根据业务单证按每一危险单位逐笔计算再保险费，如发生赔款，也需要按不同比例分摊。在编制再保险账单和统计分析方面也比较麻烦。

6.3.2　非比例再保险

非比例再保险是指以赔款为计算基础，当原保险人赔款超过约定额度或标准时，其超过部分的一定额度或标准由再保险人承担的一种再保险。非比例再保险有险位超赔再保险、事故超赔再保险和赔付率超赔再保险三种方式。

1. 险位超赔再保险

险位超赔再保险的自留额是以赔款金额设定的。每一危险单位或每一保险单在一次事故中发生一次或一连串损失时，再保险人对超过原保险人自留额的损失负约定的限额或百分比的责任。例如，有一个超过 20 万元以后的 80 万元的火险险位超额赔款再保险合同，损失分摊如表 6-4 所示。

表 6-4　损失分摊　　　　　　　　　　　　　　　单位：万元

保　单	赔款总金额	原保险人自留额	再保险人分摊额
A	10	10	0
B	48	20	28
C	100	20	80

由于此种再保险以每一危险单位为基础，因此，每一危险单位的赔款自留额也是独立的，互不相关。自留额和赔款限额均以每一危险单位所发生的赔款金额来计算。它比较适合保障出险频率高而损失幅度比较平均的业务，如汽车保险或汽车乘客责任险等。

险位超赔再保险的主要优点是原保险人分出保险费较少，并且不必像溢额再保险那样追踪每一笔分出业务，管理费用较低。由于再保险费低，再保险人通常也就不支付再保险手续费。它在承担大型危险可能导致的巨额赔款方面较比例再保险更具优势。

2. 事故超赔再保险

事故超赔再保险是以每一次事故所造成的累积赔款总和作为划分自留额和再保险限额的基础，用来保障原保险人的累积责任的一种再保险方式，常用于巨额和巨灾风险的再保险，故又称巨灾再保险。

事故超赔再保险的自留额以一次事故造成的累积赔款总和为计算基础，而不以每一危险单位的单独赔款为计算基础。这样，对一次事故的界定就很必要。在合同中，通常以时间条款对一次事故空间和时间进行限制。例如：

（1）对于旋风、飓风、台风、地震和火山爆发等自然灾害规定为 72 小时。

（2）对于暴动、罢工、内乱和恶意破坏也规定为连续 72 小时，并且限于同一城、镇或乡的范围之内。

（3）其他巨灾事故规定为连续 168 小时。

事故开始时间可由原保险人选择，但最早不能超过原保险人所登记的第一次损失的时间。

事故超赔再保险的最高责任额，依当事人的协议而定，通常依起赔点的大小、业务内容、密集程度及过去赔款的经验等综合决定。如果起赔点太高，即将最高责任额度定得太低，则不能满足原保险人的需要；若起赔点太低，即最高责任额度太高，则使再保险人责任过分沉重，再保险费也很高。在实务中，便出现了分层再保险的做法。分层是指将整个所要求的超赔保险数额分割为几层。各再保险人可以选择参与某一层或若干层的超赔再保险，确认自己的接受成分。这样，也便于按层次分别制定费率。

例如，某公司拟安排一个超过 1 000 万元以后由再保险人负责 10 000 万元的巨灾再保险合同，可分四层安排超额赔款：

第一层 1 000 万元以后的 1 000 万元
第二层 2 000 万元以后的 2 000 万元
第三层 4 000 万元以后的 3 000 万元
第四层 7 000 万元以后的 4 000 万元

即第一层接受人承担 1 000 万元的赔款责任，第二层接受人承担 2 000 万元的赔款责任，第三层接受人承担 3 000 万元的赔款责任，第四层接受人承担 4 000 万元的赔款责任，累计 1 亿元。

3. 赔付率超赔再保险

赔付率超赔再保险方式是按年度以原保险人某特定部分业务所发生的赔款与入账保险费的比例为自留额与再保险责任额的计算基础，约定比例以内的部分由原保险人自负，超过约定比例的部分由再保险人负责至一定额度或一定金额。

赔付率超赔再保险是一种对保险人财务损失的保障，而不是对个别危险负责。它可以将原保险人某项业务的年度赔付率控制在一定限度之内，故又称损失中止超赔再保险。赔付率超赔再保险合同一般规定两个限额：一是自负损失赔付率限额，当损失达到此限额时，原保险人必然已蒙受若干亏损；二是再保险人给予的最高赔付率限额，这种补偿是在其他再保险已完成赔偿之后才负责的最后的保障，其功能在于稳定原保险人核保绩效，将遭受突然打击形式的亏损控制在原保险人财力所能承受的范围之内。对再保险人的责任同时可用一定金额限制。

例如，某原保险人就某类业务安排赔付率超赔再保险，赔付率在 60% 以下由自己负责，再保险人负责超过 60% 的赔款直至 125%。合同期内各年度业务经营和再保险情况如表 6-5 所示。

表 6-5 赔付率超赔再保险计算　　　　　　　　　　　　　　　　　　　单位：万元

年份	年净保险费	赔款净额	赔付率	原保险人自负责任	再保险人应负责任	其他
1	200	120	60%	120	0	0
2	240	180	75%	144	36	0
3	160	208	130%	96	104	8

赔付率是赔付率超赔再保险的核心问题。在实务中，通常采用以同一年度赔款净额与签单年度的净保险费额之比，作为该年度赔付率。

赔付率=（赔款净额÷年净保险费额）×100%

赔付率超赔再保险主要适用于农作物雹灾险和年度变化较大难以稳定的业务。对于小额损失集中、发生损失频率高，并且不能在短期内缓和解决的业务，往往也要用这种再保险形式。

6.4　再保险合同的主要内容

6.4.1　业务范围

业务范围通常订明再保险合同的种类和险别。一般来说，再保险合同的责任与原来的保险单相同，成数或溢额再保险合同约定的业务范围一般限于同一险种的保险业务。但各保险公司对同一类业务所承保的责任范围不完全一致，因此，在再保险合同的业务范围一项内，除规定一般的承保责任外，还要列明包括哪些附加险和责任免除等，以避免因原保险合同业务不同而造成不必要的麻烦和纠纷。

6.4.2 地区范围

地区范围是指合同承保业务的地理区域，通常说明列入合同的业务属于哪些特定的地区、国家或世界范围。由于原保险人的业务来源往往包括其所有的分支机构和代理机构的承保业务，所以合同中都说明不论任何地区所经营的某种业务的全部均以合同约定办理再保险。

6.4.3 责任分配

责任分配是指原保险人和再保险人的责任限制，即规定纳入再保险合同的每一个危险单位的自留责任和最高再保险责任，按比例或非比例安排再保险。

6.4.4 合同起始和终止

再保险合同的起始日必须明确规定。根据习惯做法，大多数比例再保险合同起始于日历年的1月1日，一般至少一年。非比例再保险合同的保险期间一般是一年。

再保险合同的终止，一般有三种情况。

1．期满终止

比例再保险合同的保险期间一般以一年为限。再保险合同满期以前原保险人若无续约表示，合同到期之日则自动终止，即期满终止；比例再保险，讫期通常不确定，须任何一方根据合同列明的时限发出注销通知后方能终止合同，否则自然延续。

2．通知终止

为了财务计算方便，再保险合同通常规定任何一方可在年终前三个月或更长时间书面通知对方，在12月31日24时终止合同。为了工作主动，再保险人往往根据合同要求提前发出合同临时终止通知，然后根据合同效益好坏及其他因素综合考虑，再做出是否正式注销的决定。

3．特殊终止

在再保险合同中还规定，由于以下特殊情况，可立即终止合同：

（1）合同双方无法控制的法律原因或事实上的原因使合同无法履行；
（2）任何一方经营不善，丧失已缴资本的部分或全部；
（3）任何一方被宣布清理、破产或经营执照被吊销；
（4）任何一方被其他公司收购、合并或控制经营权；
（5）合同方所在国发生战争；
（6）任何一方违反合同规定的应尽义务。

6.4.5 报表

报表,又称业务明细表。有的再保险合同规定原保险人应定期向再保险人或首席再保险人编送业务报表、已决赔款和未决赔款报表,或者超过一定保险金额的业务通知书等。

6.4.6 再保险佣金

再保险佣金,也称再保险手续费,是再保险人支付给原保险人的一定费用,用以分担公司为招揽业务及业务管理所产生的费用开支。在现代保险实务中,展业费用不断上升,再保险佣金率也表现出增长趋势。以英国为例,火险合同国内佣金率由原来的25%左右提高到30%,国外佣金率则为32.5%~35%,意外保险国外业务的佣金率还要高一些。

在实务中再保险佣金率有两种:

(1)固定佣金率。合同签订后,再保险佣金率固定不变,不受业务赔付率高低的影响。优点是,佣金计算简单。缺点是,合同业务出现亏损时,再保险人也必须按照合同规定比率支付佣金,对再保险人不公平。

(2)浮动佣金率。又称递增再保险佣金率,按赔付率的高低调整佣金率,使再保险佣金率在一定限度内与合同的赔付率具有直接的关系。如下例所示。

一再保险合同,规定再保险人付给原保险人的再保险手续费,临时先按再保险费的30%计算,之后以每一业务年度的赔付率为依据,按相应的浮动手续费进行调整。但赔付率超过65%时,手续费为25%,赔付率每降低1%,手续费增加0.5%,最高手续费为35%,如表6-6所示。

表6-6 赔付率对应的佣金率

赔 付 率	再保险佣金率
超过65%	25%
超过64%~65%	25.5%
超过63%~64%	26%
超过62%~63%	26.5%
……	……
超过46%~47%	34.5%
不超过46%	35%

例如,全年保险费为300万元,临时再保险佣金为300×30%=90(万元)。
年终结算时赔付率为54%,则佣金率为31%,再保险佣金应为300×31%=93(万元)。
再保险人还应支付给原保险人再保险佣金为93-90=3(万元)。

6.4.7 盈余佣金

盈余佣金是在合同有盈余时,再保险人按年度利润的一定比率支付给原保险人的佣金,也称利润手续费或纯益手续费。

$$盈余额=收入项目累计-支出项目累计$$
$$盈余佣金=盈余额×盈余佣金率$$

收入项目包括：

（1）本年度保险费；

（2）转回上年度未到期保险费；

（3）转回上年度未决赔款。

支出项目包括：

（1）本年度手续费；

（2）本年度已付赔款；

（3）提取本年度未到期保险费；

（4）提取本年度未决赔款；

（5）接受人管理费用。

6.4.8 再保险费准备金

为确保再保险人能依约履行义务，原保险人将应付再保险费的一部分留存一定时间，以备将来之需。留存的这笔资金，称为再保险费准备金。原保险人提存准备金的数额，一般为应付再保险费的35%~50%，由双方在合同中约定。准备金从每季应付的再保险费中提留，每季办理一次，留存准备金的期限为12个月。

6.4.9 赔款的处理

一般比例再保险合同规定，原保险人有权全权处理赔款，包括全部赔付、部分赔付和通融赔付、拒绝赔付等。由于比例再保险保险费、赔款分摊都定期结算，因此当赔款数额不大时，由原保险人首先垫付再定期结算。但当发生较大数量赔款，再保险人应分摊的赔款超过合同约定的限额时，原保险人将出险情况、估计赔款金额、出险日期和出险原因等用函电通知再保险人，要求再保险人迅速支付应当承担的赔款。再保险人接到现金摊赔通知后，在合同规定的时间内支付。

在非比例再保险中，如有赔款发生并可能涉及再保险人责任时，原保险人应及时通知。再保险人在接到赔款账单后，应在规定的期限内摊付赔款。

6.4.10 未了责任转移条款

当再保险合同终止时，再保险人所有分入业务的未满期部分为未了责任。解决这部分责任有两种办法：

（1）自然满期方式。即再保险合同终止时，新的业务不再接受再保险，但已接受还未到期的业务，再保险人会继续承担再保险责任，直至所有业务责任终了为止。

（2）结算方式。随着再保险合同的终止，再保险人对每笔再保险业务的责任同时终止，未满期责任的保险费退回原保险人；未决赔款按实际未决赔款结算。

未到期保险费的比较准确的计算方法，是逐张保险单按未到期的天数与365天的比例进行计算。这种方法称为日数比例计算法，公式为：

$$未到期保险费 = (未到期天数 \div 365) \times 保险费$$

为了方便起见，采用较多的是按保险费的一定百分比（如35%或40%）来计算未到期保险费。

未决赔款的转移一般是按实际未决赔款的 90%或 100%计算。

在再保险实务中,对未到期保险费和未决赔款具体的转移方法要在合同中具体规定。

6.4.11 错误遗漏条款

由于再保险工作非常烦琐,工作中出现错误、遗漏或延迟的情况在所难免,因此,在再保险合同中订有错误遗漏条款,规定订约双方不能因某一方在工作中发生了疏忽、延迟、遗漏或错误而推卸其对另一方原因承担的错误。在发现错误、疏忽、遗漏或延迟时,应给予对方进行修正的机会。

6.4.12 最后净损失条款

非比例再保险是以赔款为基础的再保险方式。最后净损失条款的设立是为了明确:原保险标的损失发生后,作为非比例再保险合同项下原保险人与再保险人分摊责任对象的赔款,应该是原保险人在此合同项下分摊赔款前的其他赔案的理赔工作已经全部结束时,原保险人对本非比例再保险合同项下的损失事故所应承担的赔款和相关费用的总额。只有原保险人所承担的最后净赔款超过合同规定的原保险人的自负责任额时,再保险人才对超过的部分承担赔偿责任。

最后净赔款=赔款总额+法律费用+其他费用(原保险人职工的工资除外,但专家费用包括在内,如理算费用等)–损余收回–向第三者追回的款项–从其他再保险人摊回的赔款

例如,某一险位超赔再保险合同,合同的责任划分为超过 50 万元以后的 100 万元。在一次碰撞事故中发生推定全损 187 万元。由于推定全损在保险责任范围内,原保险人应赔偿全部损失 187 万元。但保险标的受损后尚残存价值 25 万元,向碰撞责任的一方追偿回 38 万元。

该险位超赔再保险合同项下的最后净赔款为 187–25–38=124(万元)。

根据再保险合同条款,原保险人负责其中的 50 万元,超过 50 万元以后的 74 万元,因未超过再保险人的最高责任额 100 万元,因此超出的 74 万元由再保险人负责。

6.4.13 净自留成分条款

超赔再保险合同的责任包括原保险人的自负责任和再保险人的再保险责任两个部分。在超赔再保险合同项下由再保险人所承担的赔款,必须是超赔再保险合同实际启动前(利用超赔再保险合同条款划原保险人和再保险人的实际赔款责任前)原保险人所承担的净赔款(最后净赔款)超过原保险人自负责任额的部分。

6.4.14 任何一次事故条款

无论是事故超赔再保险还是险位超赔再保险,都与一次事故有关。就最后净损失条款而言,事故超赔再保险和险位超赔再保险的最后净损失,都应该是一次事故中的净赔款,只是二者所涉及的险位的数量不同。因此,在合同中明确定义一次事故,对于划分合同当事人的责任和计算各自分摊的赔款非常重要。

由于灾害事故发生后很可能会持续或长或短的时间,因此灾害事故造成的损失也会随着灾害事故持续时间的延长而增加。在非比例再保险实务中,常常用"时间条款"对任何

一次事故从时间上加以确定。例如：

（1）对飓风、台风、暴风、暴雨、冰雹等，规定不超过 48 小时或 72 小时为一次事故。

（2）对洪水、地震、海啸、火山爆发等，规定不超过 72 小时或 168 小时为一次事故。洪水将涉及很大的区域，故另有地区规定，通常以河谷或分水岭为划分同一洪水区域的依据。

（3）对罢工、暴动等，规定不超过 72 小时为一次事故。由于罢工、暴动可能同时在大小不同的区域发生，因此，对一次事故通常也有区域范围的限制。例如，规定发生在同一市、镇、村辖区内的罢工、暴动且不超过 72 小时为一次事故。

如果事故的持续时间超过上述规定，则原保险人可将其划分为两个或多个损失事故，各次事故时间上不能重叠。

6.4.15 责任恢复条款

责任恢复是非比例再保险的一个重要特点。责任恢复是指在发生再保险人的赔款从而使其再保险责任限额减少后，原保险人为了重新获得充分的再保险保障，将再保险人的再保险责任恢复至原有额度。责任恢复涉及两个问题：一是恢复责任的额度；二是为恢复责任是否需要加交再保险费，以及加交的数量。

（1）关于恢复责任额度的确定，通常是以原再保险责任额为一个单位，恢复一次责任就是增加一个再保险责任额，使再保险人的责任总限额增加到原再保险责任额的两倍。恢复一次责任意味着再保险人的责任限额可能经过一次或多次恢复，总的恢复额度为一个再保险责任额。

（2）关于加交保险费的问题，不同超赔再保险合同的规定不同。有的规定免费恢复责任，这种责任恢复称为自动恢复。但在一般情况下，由于责任恢复实际增加再保险人的责任，因此，责任恢复通常以加交再保险费的支付为条件。

例如，有一个超过 50 万元以后的 100 万元的事故超赔再保险合同，合同期限为一年（从 1 月 1 日至 12 月 31 日），规定一次责任恢复。假定再保险人全年分入的再保险费为 3 万元，当年 2 月 28 日再保险人分摊赔款 40 万元。在恢复一次责任的前提下，原保险人应追加的再保险费为 3×（40÷100）×10÷12＝1（万元）。

6.4.16 指数条款

由于通货膨胀的影响，非比例再保险合同常发生使再保险人责任增大的不公平现象。例如，有一个超过 50 万美元以后的 100 万美元的超赔再保险合同，现发生损失 49 万美元，如该赔案当年解决，再保险人不承担赔款。但由于案件数年后才解决，由于通货膨胀，该案赔款上升为 58 万美元。如果合同没有指数条款，再保险人要负责超过 50 万美元以上的 8 万美元的赔款。

为了保障再保险当事人双方利益，非比例再保险合同中均订有指数条款。所谓指数条款，就是指再保险合同生效时与赔款时因货币价值的不同，要以指数来重新核算和调整两者的数值，使赔款受币值影响的高涨部分，由原保险人和再保险人共同来分摊。具体操作如下：

（1）再保险人的责任额与原保险人的自负赔款额，应维持在合同生效日或双方统一之日为基准的一定的货币价值关系。

（2）在以后任何时间内所支付的赔款，均用第（1）项的货币价值关系来重新核算。货币价值关系以指数予以表示，故再保险人的责任额与原保险人的自负赔款额，均按指数上升或下降的比例增减。

（3）同一案件分次赔款时，对于每一次赔款，均按当时的指数计算，至全案最后解决，将各次计算所得汇总，以求自负赔款额的平均指数。

例如，有一赔款超过 50 万元以后的 120 万元的险位超赔再保险合同，现有赔款 90 万元，赔付时的物价水平比合同生效时上升了 40%。

如果没有指数条款，再保险人的赔付金额为 90-50=40（万元）。

如果有指数条款，则应按通货膨胀率 40%调整为：

自负赔款额=50×140%=70（万元）

再保险人的接受限额=120×140%=168（万元）

再保险人最后应承担的赔款额=90-70=20（万元）

6.4.17 汇率变动条款

涉及不同币种的业务，由于不同货币在不同时期兑换比率的变动会给再保险双方的责任分摊带来影响，因此再保险合同中常订有汇率变动条款以消除汇率变动影响，减少货币兑换风险。

6.5 再保险市场

6.5.1 再保险市场概述

1．再保险市场的概念

再保险市场是指从事各种再保险业务的再保险交换关系的总和。它可以有许多买方和卖方自由进出，在保险和再保险商品的价格、条件和可用性上自由讨价还价。鉴于世界再保险能极大提高原保险承保能力和分散承保风险，保障保险公司的稳定经营，再保险得到了保险人的重视，使全球的再保险业务量稳步上升。

2．再保险市场的必备条件

（1）比较稳定的政局；

（2）发达的保险市场；

（3）现代化的通信设备和信息网络；

（4）丰富的再保险知识和实践经验的专业人员；

（5）比较宽松的外汇制度；

（6）适当的律师、会计师和精算师等专业服务人员。

目前，保险界公认的世界前列再保险市场是伦敦、纽约、东京、慕尼黑、巴黎、苏黎世、新加坡、香港及百慕大。

3．再保险市场的分类

（1）以区域范围划分，再保险市场可分为国内再保险市场、区域性再保险市场和国际再保险市场。

（2）以再保险责任限制划分，再保险市场可分为比例再保险市场和非比例再保险市场。伦敦的超赔再保险市场是典型的非比例再保险市场，而德国的汽车再保险市场是典型的比例再保险市场。

4. 再保险市场的特点

（1）再保险市场是国际保险市场的重要组成部分。在再保险市场上全世界的保险人可以充分地安排再保险，确保业务的稳定性。如果离开了再保险市场，保险人在开展业务时会过多地考虑资金的风险平衡问题，从而限制保险业务的发展。相反，被保险人在投保时会担心索赔不易及时到位，从而对保险持怀疑态度，也会影响经济活动的正常进行。特别是国际间的重大经济贸易活动，如航空航天项目、核电站工程这样超巨大的风险责任，更加需要再保险。因此，尽管再保险市场是从保险市场发展而来的，但绝不是保险市场的简单延伸，而是国际保险市场不可缺少的重要组成部分。

（2）再保险市场具有广泛的国际性、网络性。虽然世界上有许多区域性再保险市场，但每一项巨额业务的再保险，几乎都要从一个市场向另一个市场再保险或转再保险，一旦发生赔款，牵连的保险公司多达几十家甚至几百家，这充分说明了再保险业务本身具有广泛的国际性、网络性。

（3）再保险市场交易体现了保险人和再保险人的合作精神。再保险市场的交易基础是互相信任，遵守最大诚信原则。一般的趋势是由保险公司依靠工作人员作为个别市场的参与者与客户建立和保持密切的联系，在保险人和再保险人之间，双方的良好接触起着决定性作用。对承保的风险及对风险的判断、鉴定都需要全面直接的了解，掌握第一手材料。对于签订长期的再保险合同，原保险人往往在订约前或订约后，要对可能发生的技术问题、市场问题，与再保险人进行磋商，所以，再保险交易在某种程度上也是一种合作经营。

（4）再保险市场上互惠交换业务方式盛行。所谓互惠交换业务，是指有再保险关系的保险人之间互相交换业务，一方保险人向一方保险人再保险，又从另一方保险人处获取再保险业务。如此互通有无，不但扩大了业务面，提高了净保险费收入，而且避免了总业务量的减少，进一步分散了风险，降低了费用开支。

6.5.2　国内国际主要再保险市场

目前，世界上主要的再保险市场是伦敦、美国和欧洲。我国的再保险市场才刚刚起步，发展得很不充分。现分述如下。

1. 伦敦再保险市场

伦敦再保险市场是以劳合社为主、众多保险公司并存、相互竞争、相互促进、完善有序的市场，主要包括劳合社再保险市场、伦敦保险协会再保险市场、伦敦再保险联营组织（集团）、伦敦保险与再保险市场协会。在近百年的发展过程中，英国的保险业已形成了严格的立法、严密的组织结构、广泛的配套网络、巨大的承保能力和很强的技术人才的保险及再保险市场。伦敦再保险市场是世界再保险中心之一。在世界保险市场中，航空航天保险及能源等保险的承保能力有60%以上集中在伦敦再保险市场。

2. 美国再保险市场

美国作为世界再保险最发达的国家之一，其再保险市场已越来越为人们所瞩目，其中最著名的是纽约再保险市场。美国保险市场广阔，保险费收入占全球保险费收入的40%左右。纽约再保险市场经过20多年的快速发展，已跻身于世界再保险市场前列。

纽约再保险市场主要由国内和国外专业再保险公司组成，公司的规模有大有小，组织结构多种多样，发展速度之快，业务来源之广，已使其成为世界再保险市场的主要力量。

纽约再保险市场的再保险交易主要有三种方式：第一种是通过互惠交换业务；第二种是由专业再保险公司直接与原保险人交易；第三种是通过再保险经纪人。其业务主要来源于北美洲、南美洲和伦敦市场。在拓展再保险业务问题上，美国再保险摒弃了欧洲再保险的传统做法，即不用打电话、直接飞来飞去的展业方式，而是选择长久的立足点渗入再保险市场。

3. 欧洲再保险市场

欧洲再保险市场主要由专业再保险公司构成，其中心在德国、瑞士和法国。欧洲再保险市场的特点是完全自由化、商业化，竞争很激烈，并且逐步从不很重要的位置变得在世界再保险市场中举足轻重。在国际上最大的20家经营再保险业务的保险公司和再保险公司中，欧洲市场就占有1/3之多。

欧洲市场最大的再保险中心是德国，在世界前15家最大的再保险公司中，德国占了1/3。德国的再保险市场很大程度上是由专业再保险公司控制的，直接由保险公司做的再保险业务量很有限。

欧洲市场第二大再保险中心是瑞士。瑞士稳定的社会和经济、成熟的金融业和自由的法律环境，特别是苏黎世金融机构的发展，瑞士法郎持续坚挺，资金流动和货币兑换无限制，使瑞士成为国际保险和再保险的中心。

4. 我国再保险市场

我国自1979年恢复国内保险业务，再保险业务由中国人民保险公司经营。1996年2月，中国人民再保险公司正式成立，成为我国第一家专业的再保险公司。1995年《保险法》出台，以法律形式确定法定再保险和商业再保险国内优先再保险制度，法定再保险比例为20%，取消了禁止向国外分出的规定。

1999年，中保再保险公司改组成中国再保险公司，成为独立的一级法人，经营各类再保险业务。2003年，中国再保险公司实施股份制改革，并且于2003年8月18日正式更名为中国再保险（集团）公司，由其作为主要发起人并控股，吸收境内外战略投资者，共同发起并成立了中国财产再保险股份有限公司、中国人寿再保险股份有限公司。

我国加入WTO后，外资再保险公司进入我国再保险市场。2003年下半年，慕尼黑再保险公司、瑞士再保险公司、通用科隆再保险公司相继开业。随着其分公司的开业，中国再保险市场由中国再保险公司垄断的局面彻底宣告结束。

按照加入WTO的承诺，法定再保险的比例自2003年起逐年递减5%，直到2006年1月1日完全取消。

1996年至2005年，我国法定再保险业务累计再保险费1 225.73亿元人民币，已决赔款674.80亿元人民币，再保险手续费362.14亿元人民币。已核算的1996年至2002年业务年度综合赔付率为95%,这与国际再保险市场综合赔付率基本一致。

2006年开始我国再保险市场正式进入商业化阶段,但是由于修订的《保险法》中有国内再保险"优先境内再保险"条款,因此2005年实施的《再保险业务管理规定》明确要求:直接保险公司办理合约再保险和临时再保险的,应当优先向境内至少两家专业再保险公司发出要约,并且要约分出的份额之和不得低于分出业务的50%。

2010年中国保险监督管理委员会对《再保险业务管理规定》进行修订,取消优先再保险条款,我国再保险市场全面进入商业化阶段。

2013年我国再保险保险费规模达到1 238亿元。目前,已有8家中外资专业再保险主体,境外有200多家离岸再保险人接受我国保险业务,初步形成了以中资再保险公司为主、外资再保险分公司为辅、离岸再保险人为补充的再保险市场体系。

2014年国务院下发《关于加快发展现代保险服务业的若干意见》(简称"新国十条"),明确提出加快发展再保险市场,增加再保险市场主体,发展区域性再保险中心。加大再保险产品和技术创新力度,加大再保险对农业、交通、能源、化工、水利、地铁、航空航天、核电及其他国家重点项目的大型风险、特殊风险的保险保障力度,增强再保险分散自然灾害风险的能力,强化再保险对我国海外企业的支持保障功能,提升我国在全球再保险市场的定价权、话语权。这意味着中国再保险市场继加入WTO逐步取消法定再保险之后,将迎来以对内资放开为标志的新一轮开放。

思考与练习

1. 单项选择题

(1)再保险人根据再保险费付给原保险人一定费用以支付分出为展业及管理等所产生的费用开支,叫作(　　)。

A. 盈余佣金　　B. 再保险佣金　　C. 纯益手续费　　D. 再保险费

(2)某一赔付率超赔再保险合同规定,再保险人承担超过60%之后的50%,假设当原保险人净自保险费为2 000万元,赔款2 500万元,则原保险人负担(　　)。

A. 1 200万　　B. 1 500万　　C. 1 000万　　D. 1 250万

(3)共同保险与再保险虽然都具有分散风险的职能,但是二者之间存在明显的不同。就风险的分摊方式看,再保险是(　　)。

A. 风险的第一次分摊　　　　　B. 风险的直接分摊
C. 风险的第二次分摊　　　　　D. 风险的横向分摊

(4)最早使用的再保险形式是(　　)。

A. 临时再保险　　B. 合同再保险　　C. 预约再保险　　D. 超赔再保险

(5)再保险的分类,若以责任分配方面来划分,可分为(　　)。

A. 国内再保险和国际再保险　　　B. 比例再保险和非比例再保险
C. 财产再保险和人身再保险　　　D. 专业再保险和兼业再保险

(6)非比例再保险是以(　　)为基础来确定原保险人的自负责任和再保险责任的。

A. 保险金额　　B. 保险利益　　C. 保险赔款　　D. 保险合同

(7)原保险人对合同规定的业务是否分出,可自由安排,无义务约束,而再保险人对合同规定的业务必须接受，无权选择的一种再保险安排方式是（　　）。

A．临时再保险　　B．固定再保险　　C．预约再保险　　D．合同再保险

（8）在比例再保险中最为基本且最为常用的两种方式是（　　）。

A．成数再保险和溢额再保险　　　　B．临时再保险和预约再保险

C．临时再保险和成数再保险　　　　D．成数再保险和临时再保险

（9）成数再保险一般不适用的情况是（　　）。

A．新创办的保险公司或新开办的保险险种

B．保险金额较低且均衡的业务

C．成绩不稳定的业务

D．互惠交换业务

（10）某保险公司安排了一个2线的火险溢额再保险合同，每线为500 000元，如果有一张保险单的保险金额为1 000 000元，那么，该合同中的自留比例是（　　）。

A．0　　　　　　B．50%　　　　　C．80%　　　　　D．100%

（11）原保险人自留额是50万元，保险金额200万元，保险费10万元，赔款100万元，则签订4线的溢额再保险合同的分入保险费和应付赔款分别是（　　）。

A．8万元和80万元

B．7.5万元和75万元

C．5万元和50万元

D．2.5万元和25万元

（12）有一超过2 000万元以上的3 000万元的船舶险位超赔再保险合同。一次事故推定全损6 000万元。三个月后向第三者追回款项2 000万元，则再保险人实际承担的赔款是（　　）。

A．1 000万元　　B．1 500万元　　C．2 000万元　　D．2 500万元

2．多项选择题

（1）下列关于再保险的描述正确的有（　　）。

A．再保险是对风险的第一次转嫁

B．再保险是对风险的第二次转嫁

C．再保险合同与原投保人没有直接关系

D．再保险人将所接受的风险再分摊给其他保险人的行为称为转分保

E．再保险是对风险的横向转嫁

（2）再保险与原保险的区别主要在于（　　）。

A．保险标的不同　　　　　　　　B．合同当事人不同

C．保险合同的性质不同　　　　　D．经营目的的不同

E．保险监管机构不同

（3）下列关于再保险与原保险的关系的描述正确的有（　　）。

A．它们是独立的合同

B．它们不是独立的合同

C．原保险是再保险的基础

D．再保险是原保险的后盾
E．原保险是再保险的后盾

3．简答题
（1）比例再保险与非比例再保险有何主要区别？
（2）原保险与再保险有什么区别？
（3）成数再保险有哪些特点？
（4）再保险合同包括哪些主要内容？

4．案例分析与计算题
（1）假定超额赔付率再保险合同规定，赔付率在70%以下由原保险人负责，超过70%~120%由再保险人负责，并且规定60万元为限额。原保险人当年净保险费收入为100万元，已发生赔款为135万元。请计算原保险人和再保险人的赔偿金额。

（2）某一超过100万元以上600万元的险位超赔再保险合同。如果一危险单位发生800万元的赔款，计算再保险人和原保险人分别应该承担多少赔款。

（3）某溢额再保险合同规定，原保险人的自留额为50万元，再保险额为"5线"。再保险人的最大接受额是多少？如果保险金额300万元，发生了150万元的赔款，计算再保险人和原保险人分别应该承担多少赔款。

第 7 章 保险组织与保险中介

阅读要点

- 掌握保险的组织形式；
- 熟悉保险公司的一般分类；
- 理解保险公司的基本内容；
- 熟悉保险代理人；
- 掌握保险经纪人；
- 熟悉保险公估人。

7.1 保险组织

7.1.1 保险的组织形式

依照保险业组织形式的法定主义，我国《保险法》最初规定保险公司应当采取下列组织形式：股份有限公司、国有独资公司。但2014年新修订的《保险法》对我国保险公司应采取的组织形式不再做出规定。

保险组织形式的原始形态，为古代中国、印度、希腊和罗马存在的非营利性的兄弟会组织，兄弟会向其成员提供疾病或丧葬方面的帮助。兄弟会作为保险业的组织形式存在于现代，但并不代表主流形式，保险的组织形式主要还是采用保险股份有限公司、相互保险公司或相互保险社等形式。由于各国的国情不同，保险的组织形式往往各有不同。例如，美国规定的保险组织形式是股份有限公司、相互保险公司、保险合作社、劳合社和自保公司；日本规定的保险组织形式是股份有限公司、相互保险公司和保险互济合作社；英国有保险股份有限公司、相互保险公司、保险合作社和"劳合社"（个人保险组织形式）；中国台湾有股份有限公司和保险合作社。纵观各国和地区的保险组织形式，最基本的有两种：保险股份有限公司和相互保险公司。同时辅助采取一些其他的保险形式，如国有独资保险公司、保险合作社、劳合社等。

1. 保险股份有限公司

股份有限公司是现代企业制度最典型的组织形式，它是由一定数目以上的股东发起组织的，全部注册资本被划分为等额股份，通常以发行股票来筹集资本，股东以其所认购的股份承担有限责任，公司以其全部资产对公司债务承担民事责任。股份有限公司的资本以股东购买股票的形式筹集，股东以领取股息或红利方式分配公司利润。公司内部组织机构主要由权力机构、经营机构和监督机构即股东会、董事会和监事会三部分组成。保险股份有限公司是世界各国的主要保险组织形式。在美国，保险股份有限公司的业务约占财产及责任保险业务的 2/3，而经营人身保险的机构约有 90% 为股份有限公司；在日本，23 家经营财产保险的公司中有 21 家采取股份有限公司的形式。

保险股份有限公司作为最基本、最普遍的保险组织形式有许多优势：一是保险股份有限公司的所有权与经营权相分离，有利于提高经营管理效率，分散风险，经营安全，对被保险人的保障强。二是保险股份有限公司通过发行股票容易筹集到大额资本，有利于业务扩展。三是保险股份有限公司由于组织规模较大、资本雄厚，容易吸纳优秀人才。四是保险股份有限公司采取确定保险费制，使投保人保险费负担固定在某一水平上，比较符合现代保险的特征和投保人的需要，为业务扩展提供了便利条件。当然，保险股份有限公司也有不足之处：公司的控制权操纵在股东手里，经营目的是为投资者攫取利润，被保险人的利益往往被忽视；由于利益上的考虑，保险股份有限公司往往不愿意承保那些风险较大、利润不高的险种，承保限制较多；一旦上市，公司将受到来自股市的巨大压力，波动的股市会对其经营产生不利影响。

2. 相互保险公司

相互保险公司几乎是与保险股份有限公司并驾齐驱的另一种重要的保险组织形式。据 2001 年美国《财富》杂志对 1999 年全球 500 强的分类统计，在全世界进入 500 强的 53 家保险公司中有 21 家是相互保险公司。1997 年，世界排名前 10 名的保险公司中有 6 家是相互保险公司，世界前 50 名保险公司中有 21 家为相互保险公司。

相互保险公司，是指投保人或被保险人依照公司法的规定自己出资而设立的经营保险业务的股份有限公司或有限责任公司。也就是说，相互保险公司是由所有参加保险的人自己设立的保险法人组织，相互保险公司为现代保险业的特有公司组织形态，其成员以投保人或被保险人为限。投保人作为法人的组成人员即社员设立公司，社员向公司交付保险费。公司在发生保险责任时进行保险赔付，出现盈余时，对社员进行分配。因此相互保险公司是公司保险与合作保险相结合的一种保险形式。其参与者并非股东，仅是合同当事人（会员），社员作为投保人，既是保险人，也是被保险人。当保险关系终止时，会员资格也随之消失。相互保险公司的组织机构为社员大会、董事会和监事会。社员大会或社员代表大会为公司最高权力机构，董事会为业务执行机构，监事会为业务监督机构。保险单持有人即相互保险公司的社员，有取得参加公司年会、表决、依照保险单取得股利、被选举为公司董事的权利。保险股份有限公司，可以依法改组为相互保险公司。

相互保险公司具有以下优势：一是相互保险公司的投保人同时为保险人，社员的利益也就是被保险人的利益，社员可参加业务的经营，这可以避免保险人的不正当经营和被保险人的欺诈行为。同时，由于社员身份的双重性，相互保险公司没有股份有限公司股东与经营者之间的明显利益冲突。二是相互保险公司不以营利为目的，而是以全体社员利益为重，因而对投保人即社员收取的保险费比较低，这为经济条件相对较差的客户寻求保险保障提供了机会。三是投保人可参与公司分配经营结果的盈余部分，有利于鼓励他们关心保险经营。四是对于长期保险项目更具有灵活性。与股份有限公司迫于营利的压力而较注重短期行为不同，相互保险公司对于那些对被保险人有利益的长期保险项目，可以灵活主动地进行开发，保持公司业务的持续发展。五是由于相互保险公司的投保人具有双重性，公司可以根据实际需要调整预定利率，从而可以避免利差损问题。

相互保险公司的劣势是：一是营运资金募集相对困难，利用资本市场的能力有限。相互保险公司成立时，须募集较多的资本作为业务费用和保证基金，因无利可图，投资者的积极性往往不高；在经营过程中，主要依靠留存盈余来扩大资本规模，不可以直接到资本市场筹资，因而其资本量远不能与股份有限公司展开竞争。二是保险费往往采取赋课制或确定保险费制，导致赔付保险金的能力受到一定的限制，特别是遇到经营不善时，将无法获得足额的赔偿。

综上所述，相互保险公司与保险股份有限公司有明显区别，各有利弊。二者的区别主要体现在以下方面：从企业主体看，保险股份有限公司的主体是股东；相互保险公司的主体是社员。保险股份有限公司股东因投资关系而成为股东，不限于投保人；相互保险公司的社员必须是投保者。从经营资本看，保险股份有限公司的资本来源于股东认购股本；相互保险公司则为基金，其来源不限于社员，可向外人借入，但偿还时要支付利息。保险股份有限公司股本为公司财产；相互保险公司的基金则系公司债务。从公司决策的地位看，相互保险公司社员的地位是平等的，实行社员每人一票的表决权；保险股份有限公司则依股东所持的股份数决定。从权益转让看，保险股份有限公司的股东对股本所有的权益有权加以处分，可自由转让股份，无须公司同意；相互保险公司的社员对其所持的权益如要转让必须经公司同意。

3. 国有独资保险公司

国有独资公司，是指国家授权投资的机构或国家授权投资的部门单独投资设立的有限责任公司。有限责任公司为企业法人的一种。经国家或地方政府依照保险法、公司法及其他法律的规定，出资组建的经营保险业务的国有独资公司，为国有独资保险公司。

国有独资公司一般设董事会和监事会。董事会是由全体董事参加的公司法定和常设业务执行机关。其主要职权有：决定公司的经营方针和投资计划；制订和审议批准公司的利润分配方案和弥补亏损方案；制订和审议批准公司的年度财务预算方案、决算方案；制订公司增加或减少注册资本方案；拟定公司合并、分立、变更、解散的方案，决定公司内部管理机构的设置；聘任和解聘公司副经理、财务负责人，决定其报酬事项；制定公司基本管理制度。监事会由保险监管部门、有关专家和保险公司的工作人员的代表组成，对公司提取的各项准备金、最低偿付能力和资产保值增值等事项，以及高层管理人员违反纪律、行政法规或章程的行为、损害公司利益的行为进行监管。

国有独资保险公司是国家加强对保险市场的宏观管理和调控的重要手段，并且担负着经营强制性保险业务的重要职能。在我国，中国人民保险公司、中国人寿保险公司、中国再保险公司为国有独资保险公司，在全国范围内经营保险和再保险业务。

4. 保险合作社

保险合作社是由一些对某种风险具有同一保障要求的人，自愿集股设立的保险组织。它一般属于社团法人，是非营利性保险经营机构。最早的保险合作社为1867年英国的合作保险公司。其后，该组织逐渐发展起来。迄今为止，全世界30多个国家和地区有保险合作社，其中，以英国的保险合作社数量最多、范围最大，是世界合作保险的中心。在法国、美国、日本、新加坡等国，保险合作社均有一定的影响。

与相互保险公司进行比较，保险合作社的基本特点有：一是保险合作社由社员共同出资入股设立，加入保险合作社的社员必须交付一定金额的股本；而相互保险公司无股本。二是只有保险合作社的社员才能作为保险合作社的被保险人，但社员也可不与保险合作社建立保险关系。因此，保险合作社与社员间的关系比较长久，只要社员认缴股本后，即使不利用合作社的服务，仍与合作社保持关系。而相互保险公司若保险合同终止，双方即自动解约。三是保险合作社的业务范围仅局限于合作社社员，只承担合作社社员的风险。四是保险合作社采取固定保险费制，事后不补交；而相互保险公司的保险费采取事后分摊制。

7.1.2 保险公司的基本内容

1．保险公司的设立

设立保险公司，应当符合国家规定的设立保险公司的各项条件，并且经中国保险监督管理委员会的批准。《保险法》第68条规定设立保险公司应当具备下列条件：

（1）主要股东具有持续盈利能力，信誉良好，最近三年内无重大违法违规记录，净资产不低于人民币二亿元；

（2）有符合本法和《中华人民共和国公司法》规定的章程；

（3）有符合本法规定的注册资本；

（4）有具备任职专业知识和业务工作经验的董事、监事和高级管理人员；

（5）有健全的组织机构和管理制度；

（6）有符合要求的营业场所和与经营业务有关的其他设施；

（7）法律、行政法规和国务院保险监督管理机构规定的其他条件。

《保险法》第69条规定，设立保险公司，其注册资本的最低限额为人民币二亿元。

2．保险公司的筹建

设立保险公司的申请经初步审查合格，申请人应当依照《保险法》和《公司法》进行保险公司的筹建。《保险法》第70条规定，申请设立保险公司，应当向国务院保险监督管理机构提出书面申请，并且提交下列材料：

（1）设立申请书，申请书应当载明拟设立的保险公司的名称、注册资本、业务范围等；

（2）可行性研究报告；

（3）筹建方案；

（4）投资人的营业执照或者其他背景资料，经会计师事务所审计的上一年度财务会计报告；

（5）投资人认可的筹备组负责人和拟任董事长、经理名单及本人认可证明；

（6）国务院保险监督管理机构规定的其他材料。

3．保险公司的登记

中国保险监督管理委员会自收到设立保险公司的正式申请文件之日起6个月内，应当做出批准或不批准的决定。经批准设立的保险公司，中国保险监督管理委员会应当向申请人颁发经营保险业务许可证。自取得经营保险业务许可证后，逾6个月无正当理由未向工商行政管理机关办理保险公司设立登记的，其经营保险业务许可证自动失效。

经营保险业务许可证，是国家允许保险公司经营保险业务的证明文件。《保险法》第73条规定，经批准设立的保险公司，由批准部门颁发经营保险业务许可证，并且凭经营保险业务许可证向工商行政管理机关办理登记，领取营业执照。工商行政管理部门收到设立保险公司的营业登记文件后，经审查无误，应当予以核准登记，并且发给企业法人营业执照。保险公司自领取营业执照之日起正式成立。

4．保险公司的变更

经批准设立的保险公司，不得任意变更批准事项。需要变更批准事项的，应当经中国保险监督管理委员会批准。《保险法》第84条规定，保险公司有下列情形之一的，应当经保险监督管理机构批准：

（1）变更名称；

（2）变更注册资本；

（3）变更公司或者分支机构的营业场所；

（4）撤销分支机构；

（5）公司分立或者合并；

（6）修改公司章程；

（7）变更出资额占有限责任公司资本总额百分之五以上的股东，或者变更持有股份有限公司股份百分之五以上的股东；

（8）国务院保险监督管理机构规定的其他情形。

5．保险公司的解散

保险公司的解散，又称保险公司的终止，是指依法设立的保险公司因为法定原因或经中国保险监督管理委员会批准，关闭其营业而永久停止从事保险业务。

（1）保险公司经中国保险监督管理委员会批准解散。保险公司因分立、合并或公司章程规定的解散事由出现，经中国保险监督管理委员会批准后，可以解散。《保险法》第89条规定，保险公司因分立、合并或公司章程规定的解散事由出现，经金融监督管理部门批准后解散。经营有人寿保险业务的保险公司，除分立、合并外，不得解散。

（2）保险公司被依法撤销而解散。保险公司违反法律、行政法规，中国保险监督管理委员会有权吊销其经营保险业务许可证，并且撤销保险公司；保险公司因主管机关的撤销令而解散。《保险法》第149条规定，保险公司违反法律、行政法规，被金融监督管理部门吊销经营保险业务许可证的，依法撤销。由保险监督管理部门依法及时组织清算组，进行清算。

（3）保险公司被依法宣告破产。保险公司不能支付到期债务，经中国保险监督管理委员会同意，由人民法院依法宣告其破产而解散。《保险法》第90条规定，保险公司有《中华人民共和国企业破产法》第2条规定情形的，经国务院保险监督管理机构同意，保险公司或者其债权人可以依法向人民法院申请重整、和解或者破产清算；国务院保险监督管理机构也可以依法向人民法院申请对该保险公司进行重整或者破产清算。

6．外国保险公司

外国保险公司，是指在我国境外依照外国法律登记成立的保险公司。外国保险公司在我国境内不得开展保险业务活动，除非其取得中国保险监督管理委员会的批准。

外国保险公司经批准在我国境内开展保险业务，主要采取设立外资参股的保险公司和设立分支机构的形式。外国保险公司参与我国境内的保险市场竞争，应当适用我国法律。《保险法》第183条规定，中外合资保险公司、外资独资保险公司、外国保险公司分公司适用本法规定；法律、行政法规另有规定的，适用其规定。

外国保险公司在我国境内设立分支机构，应当依照《保险法》向中国保险监督管理委员会申请核准，未经核准的，不得以任何形式在我国境内开展保险业务。外国保险公司经核准在我国境内设立分支机构，其分支机构不能独立承担民事责任，外国保险公司应当对其分支机构在我国境内的保险业务活动承担民事责任。

7.2 保险中介

7.2.1 保险中介概述

保险中介，是指依照保险法的规定，并且根据保险公司的委托或基于被保险人的利益而代为办理保险业务的单位或个人。保险中介，主要包括保险代理人、保险经纪人和保险公估人。《保险法》第112、122、124条规定保险公司应当建立保险代理人登记管理制度，加强对保险代理人的培训和管理，不得唆使、诱导保险代理人进行违背诚信义务的活动。个人保险代理人、保险代理机构的代理从业人员、保险经纪人的经纪从业人员，应当品行良好，具有从事保险代理业务或保险经纪业务所需的专业能力。保险代理机构、保险经纪人应当按照国务院保险监督管理机构的规定缴存保证金或投保职业责任保险。

《保险法》第125、126、127条规定个人保险代理人在代为办理人寿保险业务时，不得同时接受两个以上保险人的委托。第132条规定，保险代理人、保险经纪人应当具备中国保险监督管理委员会规定的资格条件，取得经营保险代理业务许可证或经纪业务许可证后，向工商行政管理机关办理登记，领取营业执照，并且缴存保证金或投保职业责任保险。

保险人委托保险代理人代为办理保险业务，应当与保险代理人签订委托代理协议，依法约定双方的权利和义务。保险代理人根据保险人的授权代为办理保险业务的行为，由保险人承担责任。

保险代理人没有代理权、超越代理权或代理权终止后以保险人名义订立合同，使投保人有理由相信其有代理权的，该代理行为有效。保险人可以依法追究越权的保险代理人的责任。

《保险法》第128条规定，保险经纪人因过错给投保人、被保险人造成损失的，依法承担赔偿责任。

7.2.2 保险代理人

《保险法》第127条规定，保险代理人是根据保险人的委托，向保险人收取佣金，并且在保险人授权的范围内代为办理保险业务的机构或个人。

1. **保险代理人的法律特征**

（1）保险代理人的保险代理行为是由民法调整的法律行为。法律行为是公民或法人旨在确立、变更和终止民事法律关系而实施的行为。代理是民事法律行为之一。《中华人民共和国民法通则》规定，代理人在代理权限内，以被代理人的名义实施民事法律行为。被代理人对代理人的代理行为，承担民事责任。因此，保险代理具备民事代理的一般特征：一是保险代理人以保险人名义进行代理活动；二是保险代理人在保险人授权范围内做独立的意思表示；三是保险代理人与投保人实施的民事法律行为，具有确立、变更或终止一定的民事权利和义务关系的法律意义；四是保险代理人与投保人之间签订的保险合同所产生的权利和义务，视为保险人自己所做的民事法律行为，法律后果由保险人承担。因此，保险代理行为是由民法调整的民事法律行为，应遵循民法的基本原则。

（2）保险代理人的保险代理是基于保险人授权的委托代理。保险代理产生于保险人的委托授权，因而属于委托代理。委托保险代理一般都采用书面形式。保险代理合同是保险人与代理人关于委托代理保险业务所达成的协议，是证明代理人有关代理权的法律文件。

（3）保险代理人的保险代理行为是代表保险人利益的中介行为。保险代理人在代理合同授权范围内，代表保险人开展业务，代表保险人的利益。在一定条件下保险人与保险代理人被视为同一人。

2．保险代理关系

保险代理人的代理行为和民法上的代理有相同的效果，除《保险法》另有规定外，保险代理适用民法关于代理的规定。

保险代理人经保险公司的授权，代办保险业务，不论其行为或结果是否有利于保险公司，保险公司均应当承担责任。《保险法》第128条规定，保险代理人根据保险人的授权代为办理保险业务的行为，由保险人承担责任。

保险代理人知悉的一切情况，均视为保险人已知悉，投保人向保险代理人所为告知，对保险人亦有效力。再者，保险代理人代为办理保险业务时，若有①欺骗投保人、被保险人或受益人；②对投保人隐瞒与保险合同有关的重要情况；③阻碍投保人、被保险人履行《保险法》规定的如实告知义务，或者诱导其不履行《保险法》规定的如实告知义务；④向投保人、被保险人或受益人承诺给予保险合同规定以外的保险费回扣或其他利益等行为，即使未经保险人授权，保险人也应当负责。

保险代理人应当在保险人的授权范围内，办理保险业务。保险代理人超越代理权限所为行为，应当区别以下四种情形而分别对待：①与保险无关的行为，保险人不承担责任；②保险代理人的越权行为未经追认，对保险人不发生效力；③保险代理人的越权行为经追认，对保险人发生效力；④保险代理人的越权行为，成立表见代理的，保险人应当承担保险责任。

3．保险代理人的种类

根据《保险法》及有关管理规定，中国保险代理人分为保险代理机构和个人代理人两种形式。保险代理机构又包括专门从事保险代理业务的保险专业代理机构和兼营保险代理业务的保险兼业代理机构。

（1）保险专业代理机构。根据保险人的委托，在保险人授权的范围内代为办理保险业务的单位。

（2）保险兼业代理机构。受保险人委托，在从事自身业务的同时，为保险人代办保险业务的单位。常见的兼业代理机构主要有银行代理、行业代理和单位代理三种。保险人利用银行与社会各行各业接触面广的特点，通过银行代理向企业和个人进行保险宣传，可取得十分显著的效果。行业代理的保险业务一般为专项险种，如由货物运输部门代理货物运输保险业务，由航空售票点代理航空人身意外伤害保险等，行业代理充分运用各行业的优势，对发展保险业务起到重要的推动作用。单位代理主要是由各单位工会、财务部门代理，办理一些与职工生活关系密切的保险业务，方便群众投保。

（3）保险个人代理人。根据保险人委托，向保险人收取代理手续费，并且在保险人授权的范围内代为办理保险业务的个人。

4. 保险代理合同当事人的权利和义务

保险代理合同当事人的权利和义务的具体内容是由当事人协商确定的，但一般来说，保险代理合同当事人的权利和义务主要包括以下内容。

（1）保险代理人的权利和义务。

第一，保险代理人的权利。保险代理人的权利是由接受保险人的委托并签订保险代理合同而产生的。由于保险代理人进行的是民事活动，因此其权利的产生必须符合法律程序并受法律保护。所谓符合法律程序，就是双方当事人必须签订明确双方权利和义务关系的保险代理合同，并且使合同的内容符合有关法律法规的规定。概而言之，保险代理人的权利主要有以下两个方面：

1）获取劳务报酬的权利。保险代理人有权利就其开展的保险代理业务所付出的劳动向保险人索取劳务报酬。获得劳务报酬是保险代理人最基本的权利。代理手续费的支付标准和支付方式应在保险代理合同中予以明确。在我国现阶段，保险代理费的支付不应突破国家的有关规定。

2）独立开展业务活动的权利。保险代理人在代理合同规定的授权范围内，具有独立进行意思表示的权利，即有权自行决定如何同投保人洽谈业务。例如，保险代理人在保证承保质量的前提下，有权自主选择投保人，在承保时间和地区上也有相对的自主权。

第二，保险代理人的义务。保险代理人的义务就是保险代理人依据代理合同约定，必须进行某种代理活动或不得进行某种代理活动，以实现保险人的合法权益。保险代理合同是义务合同，一方的权利就是另一方的义务。保险代理人的具体义务以下三个方面：

1）诚实和告知义务。保险代理人基于保险人的授权从事保险代理业务，承担着保险人所应承担的义务，所以，保险代理人必须遵循诚信原则，即保险代理人必须履行如实告知义务。诚信即诚实信用。告知，即对保险代理活动有影响的重要事项的申报。保险代理的诚信原则应反映在保险代理活动的全过程之中。一方面，保险代理人应将投保人、被保险人应该知道的保险公司业务情况和保险条款的内容及其含义，尤其是保险条款的责任免除事项如实告知投保人、被保险人；另一方面，保险代理人也应将投保人、被保险人所反映的实际情况如实告知保险人。

2）如实转交保险费的义务。受保险人委托，保险代理人可以在业务范围内代收保险费，代收的保险费应立即上交保险人或按合同规定的方式转账上交保险人。保险代理人无权擅自挪用代收的保险费。此外，对于投保人欠交的保险费，保险代理人也没有垫付的义务。

3）维护保险人利益的义务。保险代理人不得与第三者串通或合伙隐瞒真相，损害保险人的利益。在代理过程中，保险代理人有义务维护保险人的利益。这是由保险代理关系和代理活动的特点所决定的。因此,从某种意义上说,保险人的利益就应是代理人的利益。

(2)保险人的权利和义务。

第一,保险人的权利。保险人的权利也是根据签订的保险代理合同而产生的。

1)规定代理权限的权利。保险人有权规定保险代理人代理本公司的保险业务种类及业务范围。保险人也有权要求保险代理人按照保险人规定的条款、费率及实务手续开展业务活动。保险代理人无权擅自变更保险费率或保险条款及代理业务范围。

2)监督保险代理人代理行为及业务的权利。因为保险代理人的代理行为后果直接作用于保险人,所以,在不干涉保险代理人独立开展业务的前提下,保险人有权监督代理人的行为及业务活动状况。例如,一般保险代理合同都规定在一定期限内代理人应该完成的最低保险业务量,保险人则有权监督这一量化指标的完成情况。

第二,保险人的义务。保险人的义务就是保险人依据代理合同约定,必须进行的某种行为或不得进行的某种行为。

1)支付代理手续费的义务。保险人在接受保险代理人为其代理的业务成果的同时,必须按代理合同规定的标准和方式支付保险代理手续费。一般代理手续费的支付既要考虑代理业务数量,也应考虑其业务质量,即考虑退保率、赔付率等因素。这些因素的考虑应在保险代理合同中有关手续费的支付标准和方式上加以体现和明确。此外,任何形式的代理佣金的拖欠和减少均视为保险人的违约行为。

2)提供辅助资料的义务。保险人必须及时向保险代理人提供开展代理业务所必需的保险条款、费率、实务手续说明及各种单证等。

3)对保险代理人进行业务培训的义务。虽然保险人与保险代理人以平等的合同当事人身份签订代理合同,但在代理关系建立的初期,保险代理人对保险人的业务险种及公司的其他事项是完全陌生的。为了更好地让保险代理人了解公司的宗旨,以便积极地为公司开展业务活动,保险人有义务对保险代理人进行岗前培训;为了提高保险代理人的素质,增强其遵纪守法的意识,保险人有义务在代理期限内对保险代理人进行定期或不定期的业务培训、技术技巧训练和法律法规教育。

7.2.3 保险经纪人

《保险法》第118条规定,保险经纪人是基于投保人的利益,为投保人与保险人订立保险合同提供中介服务,并且依法收取佣金的机构。在我国,保险经纪人的存在形式是保险经纪公司。保险经纪人的发展,已经经历了较长的历史。17世纪和18世纪,英国成为海上贸易大国,海上保险业务随之兴起。由于早期保险业承保能力较低,没有哪个商人敢于单独承担一次航行的全部风险,一些人不得不跑遍伦敦全城安排许多商人来共同为一次远航的轮船提供保险,于是产生了早期的保险经纪人。此后,保险经纪人的数量不断发展壮大,业务量也不断上升。发展到现在,保险经纪业务已经成为世界性的行业,不仅其经纪的险种已经到了无孔不入的地步,而且出现了一些大型的保险经纪跨国公司,控制着大量保险业务。在英国,劳合社承保的每一笔业务都是以保险经纪人为媒介而实现的。作为保险经纪人,无论办理哪类业务,都必须进行以下业务操作:选择市场,接受委托,寻找业务接受人,准备必要的文件和资料;监督保险合同的执行情况,协助索赔。要熟练地开展以上业务,成为一名合格的保险经纪人,必须掌握大量的保险法律知识和保险业务实践经验,了解投保人所在行业的专业知识,具有良好的道德品质。世界各国对保险经纪人都有较高的资格要求,并且规定有专门的资格考试。我国保险经纪人发展的历史比较短,而且发展得相当缓慢,规模也很有限。大约在 20 世纪初,我国开始出现保险经纪人,到 20 世纪 30 年代,在几个主要城市保险经纪人具有了一定的规模,当时的保险经纪人多为洋商所控制。50 年代以后,我国保险经纪人逐渐在保险市场上消失。90 年代以来,随着改革开放步伐的加快,保险市场主体的增加,保险经纪人的市场需求日益明显。对此,中国保险监督管理委员会加大了保险经纪人队伍的建设力度,建立经纪人资格考试制度,批准保险经纪人公司进行筹备。不久将有一批保险经纪人活跃在我国保险市场上。

1. 保险经纪人的种类

(1)直接保险经纪人和再保险经纪人。根据委托方的不同,保险经纪人分为直接保险经纪人和再保险经纪人。

第一,直接保险经纪人。直接介于投保人和保险人之间,直接接受投保人委托的保险经纪人。按业务性质的不同,直接保险经纪人又可分为寿险经纪人和非寿险经纪人。

1)寿险经纪人。在人身保险市场上代表投保人选择保险人、代办保险手续并从保险人处收取佣金的保险经纪人。寿险经纪人必须熟悉保险市场行情和保险标的详细情况,掌握专项业务知识,懂法律,会计算人身保险的保险费,以便为被保险人获得最佳方案。在国外,寿险经纪人主要从事公司员工福利计划中的团体寿险和高收入者养老金保险的经纪业务。

2)非寿险经纪人。为投保人安排各种财产、责任保险,在保险合同双方之间斡旋,促成保险合同订立并从保险人处收取佣金的保险经纪人。由于保险产品的复杂性,因此非寿险经纪人必须掌握相关的专业知识,以便能与业务投保人进行沟通,为投保人提供风险评估、风险管理、选择最佳保险人和索赔等服务。非寿险是保险经纪人活动的主要领域。

第二,再保险经纪人。促成再保险分出公司与分入公司建立再保险关系的保险经纪人。他们把分出公司视为自己的客户,在为分出公司争取较优惠的分保条件的前提下选择分入公司并收取由后者支付的佣金。再保险经纪人不仅介绍再保险业务、提供保险信息,而且在再保险合同有效期间对再保险合同进行管理,继续为分出公司服务,如合同的续转、修改、终止等问题,并且向再保险接受人递送分保账单。

再保险经纪人应该熟悉保险市场的情况,对保险的管理技术比较内行,具备相当的技术咨询能力,能为分出公司争取较优惠的条件。他们与众多的投保人、保险人和再保险人保持着广泛、经常的联系,以便及时获取有用的信息,为分出公司争取再保险交易。事实上,许多巨额的再保险业务都是通过再保险经纪人促成的。由于再保险业务具有较强的国际性,因此充分利用再保险经纪人就显得十分重要,尤其是巨额保险业务的再保险。在保险业发达的国家,拥有特殊地位的再保险经纪人能够在有利条件下为本国巨额保险的投保人提出很多有吸引力的保险和再保险方案,并且把许多资金实力不强、规模有限的保险人组织起来,成立再保险集团,承接巨额再保险业务。

(2)个人保险经纪人、合伙保险经纪组织和保险经纪公司。根据组织形式的不同,保险经纪人分为个人保险经纪人、合伙保险经纪组织和保险经纪公司。

第一,个人保险经纪人。大多数国家都允许个人保险经纪人从事保险经纪业务活动,在英国、美国、日本、韩国等国家,个人保险经纪人是保险经纪行业中的重要组成部分。

为了保护投保人的利益，各国保险监管机构都要求个人保险经纪人参加保险经纪人职业责任保险或缴纳营业保证金。例如，英国保险经纪人注册委员会规定了个人保险经纪人的最低营运资本额和职业责任保险的金额。日本劳合社对其个人保险经纪人的职业责任保险的金额要求更高，要求个人保险经纪人缴存保证金或参加保险经纪人赔偿责任保险。韩国的要求更为严格，规定个人形式的保险经纪人的最低营业保证金为 1 亿韩元，如果保险经纪人参加了财政部实施令指定的保险经纪人赔偿责任保险，则可减少其应缴存的营业保证金，但不得少于最低限额。我国的《保险法》和《保险经纪公司管理规定》只认可法人形式的保险经纪人。

第二，合伙保险经纪组织。英国等一些国家允许以合伙方式设立合伙保险经纪组织，并且要求所有的合伙人必须是经注册的保险经纪人。合伙保险经纪组织是由各合伙人订立合伙协议，共同出资、合伙经营、共享收益、共担风险，并且对合伙企业债务承担无限连带责任的营利性组织。合伙组织是企业组织的一种重要形式，特别适合需要专门技术的服务性行业，如律师、会计师、建筑师等。

第三，保险经纪公司。一般是有限责任公司和股份有限公司形式。这是所有国家都认可的保险经纪人组织形式，也是我国《保险经纪公司管理规定》认可的形式。我国《公司法》规定，有限责任公司是指由两个以上股东共同出资，每个股东以其认缴的出资额对公司承担有限责任，公司以其全部资产对其债务承担责任的企业组织。各国对保险经纪公司的清偿能力都有要求，规定保险经纪公司要有最低资本金，并且缴存营业保证金或参加职业责任保险。我国也要求保险经纪公司按其注册资本金的 15%缴存营业保证金或购买职业责任保险。

2．保险经纪公司的业务范围

根据《保险经纪公司管理规定》，经过保险监督管理机构批准，保险经纪公司可以经营下列全部或部分业务。

（1）以订立保险合同为目的，为投保人提供防灾、防损或风险评估及风险管理咨询服务。保险公司与客户订立保险合同，是根据保险标的的风险状况来确定是否承保或以什么条件承保的。如果被保险人的防灾工作做得好，风险管理工作做得好，就可以以较低的费率获得保险保障。保险经纪人基于被保险人的利益，可以为被保险人提供防灾、防损或风险评估、风险管理方面的专业服务，以便减少被保险人的保险费支出。

（2）以订立保险合同为目的，为投保人拟订投保方案，办理投保手续。在标的庞大复杂特别是一揽子保险的情况下，投保方案的选择是一项专业技术性很强的工作。投保方案拟订合理，可以减少不必要的保险费支出，可以使标的获得最大限度的保障，这种工作通常不是被保险人自己能够胜任的。保险经纪人可以根据保险标的的情况及保险经营主体的承保情况，为投保人拟订最佳投保方案，代为办理投保手续。在国际上，一些大的企业和社会知名人士，往往聘请较为固定的保险经纪人，将自己的保险事宜委托经纪人办理，这种情况在我国也将成为趋势。

（3）为被保险人或受益人代办检验、索赔。在保险标的或被保险人遭遇事故和损失的情况下，索赔处理过程中有时需办理检验，有时还涉及向责任方的索赔，保险经纪人有专业知识，可以为被保险人或受益人提供服务。

（4）为被保险人或受益人向保险人索赔。一般社会大众的保险专业知识都较为有限，受专业知识、索赔经验及时间的限制，很多被保险人将把向保险人索赔的事宜交给自己的保险经纪人办理，这样可以更好地维护自己的利益。保险经纪人也乐于提供这种服务，因为这样可以更好地联络客户的感情，有助于使客户长期将保险业务交给自己办理。

（5）安排国内分入、分出业务。在再保险市场上，办理再保险业务的一方都希望把业务交给资信好、财务状况稳定、承保技术强、服务质量好的保险公司。相反，接受业务的一方都希望原保险人承保质量较好，坚持理赔原则。但事实上，要了解一家保险公司是否具有上述良好条件十分不易。出于同业竞争的原因，各保险公司一般都不愿意公开自身的经营状况。因此在再保险市场上，要想寻找到合适的买（卖）方，比较全面地了解对方，往往要耗费大量的人力和财力。而再保险经纪人却能凭借其特殊的中介人身份，与许多保险公司保险长期稳定的联系。他们熟悉各保险公司的情况，因此，他们安排国内分出、分入业务较为方便。

（6）安排国际分入、分出业务。国际再保险市场的情况比国内市场更复杂，基于与国内再保险业务中相同的理由，保险公司往往愿意通过再保险经纪人为其安排国际分入、分出业务。

3．保险经纪人和保险代理人的区别

保险经纪人与保险代理人同属保险中介范畴，均凭借自身的保险专业知识和优势活跃于保险人与被保险人之间，成为保险市场的重要组成部分，都应当具备金融监督管理部门规定的资格条件，并且取得金融监督管理部门颁发的许可证，向工商行政管理机关办理登记，领取营业执照，方可从事保险中介服务。但是二者具有明显区别，表现在以下几个方面。

（1）代表的利益对象不同。保险代理人是受保险人的委托，代表保险人的利益办理保险业务；保险经纪人则是基于被保险人的利益从事保险经纪业务，为被保险人提供各种保险咨询服务，进行风险评估，选择保险公司、保险险别和承保条件等。

（2）代理服务的产品范围不同。保险代理人通常是代理销售保险人授权的保险服务品种；保险经纪人则接受被保险人的委托为其与保险公司协商投保条件，向被保险人提供保险服务。

（3）代理佣金支付方式不同。保险代理人按代理合同的规定向保险人收取代理手续费；保险经纪人则根据被保险人的要求向保险公司投保，保险公司接受业务后，向经纪人支付佣金，或者由被保险人根据保险经纪人提供的服务，给予一定的报酬。

（4）代理行为的责任不同。保险经纪人的法律地位和保险代理人的地位截然不同，保险经纪人是被保险人的代表，其疏忽、过失等行为给保险人及被保险人造成损失，应独立承担民事法律责任；保险代理人的行为则视为保险人的行为，《保险法》明确规定，保险代理人根据保险人的授权代为办理保险业务的行为，由保险人承担责任。

（5）代理的合同性质不同。保险代理人与保险公司签订保险代理合同才能从事保险代理业务，保险经纪人开展业务活动前无须与被保险人签订固定合同。

7.2.4 保险公估人

保险公估人是指依照法律规定设立，受保险人、投保人或被保险人委托办理保险标的

的查勘、鉴定、估损及赔款的理算，并且向委托人收取酬金的公司。

保险理赔是保险经营的重要环节。在保险业发展初期，对保险标的的检验、定损等工作往往由保险公司自己进行。随着业务的发展，其中的局限性日益暴露。一是保险理赔人专业的局限性越来越难以适应复杂的情况。二是保险公司从经营成本考虑，也不可能专门配备众多的、门类齐全的工程技术人员。三是保险公司既是承保人又是理赔人，直接负责对保险标的进行检验和定损，其做出的结论难以令被保险人信服。于是，地位超然，专门从事保险标的查勘、鉴定、估损的保险公估人应运而生。保险公估人的出现，使保险赔付趋于公平、合理，有利于调停保险当事人之间关于保险理赔方面的矛盾。正因为如此，保险公估人在全球各个保险市场上均得到快速发展，现已成为保险市场中不可缺少的重要一环。以香港为例，仅1 069平方公里的土地上就有40多家保险公估人。

我国早在20世纪二三十年代就曾出现过保险公估人，如当时上海的"益中公证行""联合保险公证事务所""中国公证行""华商公估行"，天津的"永年公估行"，汉口的"保险赔案公断委员会"，重庆的"中国公估行"等，这些保险公估人对当时的保险业曾起过十分重要的作用。1949年以后的保险公估业起步较晚，发展也较缓慢，远远不能满足市场的需求。因此，加速开发保险公估市场，完善保险公估法律法规，促进保险公估事业健康稳定地发展，是当前保险中介产业建设的又一件大事。

保险公估人的主要职能是按照委托人的委托要求，对保险标的进行检验、鉴定和理算，并且出具保险公估报告。保险公估人的作用体现在其工作的公平、公正、公开、合理性方面。保险公估人及其工作人员在对保险标的进行评估时，主要通过查勘、检验（包括必要的检测及分析）、鉴定与估损等几大步骤，再通过综合汇总，最后提出一个完整的保险公估报告。保险公估报告必须基于公平、公正、公开、合理的理念做出，不能偏袒任何一方当事人。因此，保险公估报告可以作为保险合同各方当事人处理保险理赔的重要依据。保险公估制度的确立，有助于协调保险合同当事人出具的保险公估报告，在解决保险合同当事人的争议或诉讼过程中具有一定的权威性，但是不具有法律约束力。保险公估人对其提出的保险公估报告及有关文件材料负有相关的法律责任。

1. 保险公估的特征

（1）经济性。保险公估人通常通过储备专业技术人员，接受诸多保险人委托，处理不同类型的保险公估业务，积累保险公估经验，提高保险公估水平，从而可以帮助保险人降低成本，提高经济效益。

（2）专业性。由于保险公估人面向众多的保险人或被保险人处理不同类型的保险理赔、评估业务，因此，保险公估机构必须拥有具有各种专业背景并熟悉保险业务的专业工程技术人员，与保险公司的理赔人相比，他们处理保险理赔案件的技术更加熟练、经验更加丰富。

（3）超然性。保险公估人作为保险市场的中介人，相对保险当事人而言地位超然，在存在保险公估需求的情况下既可以接受保险人的委托，又可以接受被保险人的委托；在理赔过程中既为保险当事人提供理赔技术服务，又可以缓解当事人双方的矛盾。保险公估人的工作或保险公估结论容易被双方当事人特别是被保险人接受。

保险公估人的公估结论对保险当事人并不具有法律效力。如果保险人对保险公估人的公估报告不满意，保险人可以不予接受；如果被保险人对保险公估人的公估报告不满意，被保险人可以与保险人继续协商或通过法律程序解决。

2. 保险公估人的种类

（1）核保公估人和理赔公估人。根据执业顺序的分类，按保险公估人在保险公估执业过程中的先后顺序的不同，保险公估人可以分为两类：一类是核保时的公估人；另一类是理赔时的公估人。前者主要从事保险标的的价值评估和风险评估。后者是在保险事故发生后，受托处理保险标的的检验、估损和理算。保险理赔公估人依其执行业务的性质或范围，又可以细分为三种，即损失理算师、损失鉴定人和损失评估人。

（2）保险型公估人、技术型公估人和综合型公估人。根据保险公估人执业性质的不同，保险公估人可以分为三类：第一类是保险型公估人。英国的保险公估人多属此类。第二类是技术型公估人。该类保险公估人侧重于解决技术方面的问题，其他保险方面的问题涉及较少。德国的保险公估人多属此类。第三类是综合型公估人。这类保险公估人不仅解决保险性问题，同时解决保险业务中的技术性问题。欧洲其他国家的保险公估人多属此类。

（3）海上保险公估人、火灾保险公估人和汽车保险公估人。根据保险公估人参与保险公估业务内容的不同，保险公估人可以分为三类：第一类是海上保险公估人。这类保险公估人主要处理海上、航空运输保险等方面的业务。第二类是火灾保险公估人。这类保险公估人主要处理火灾及特种保险等方面的业务。第三类是汽车保险公估人。该类保险公估人主要处理与汽车保险有关的业务。

（4）受托于保险人的公估人与受托于被保险人的公估人。根据委托方的不同，保险公估人大体分为两类：一类是受托于保险人的保险公估人；另一类是既受托于被保险人又受托于保险人的保险公估人。例如，在德国和意大利，保险公估人可以为保险人或被保险人服务，而在法国、日本和韩国，保险公估人不可以为被保险人服务，只能受聘于保险人。

（5）雇佣保险公估人与独立保险公估人。根据保险公估人与委托方的关系，保险公估人可分为雇佣保险公估人与独立保险公估人。雇佣保险公估人一般长期固定受雇于某一家保险公司，按照该保险公司委托或指令处理各项理赔业务，这类公估人一般不能接受其他保险公司的委托业务。独立保险公估人可以同时接受数家保险公司的委托，处理理赔事务。

3. 保险公估人的设立

（1）保险公估人的从业资格。保险公估人居于第三者地位。由于保险经纪人从事保险居间业务或代投保人投保的佣金一般由保险人支付，为了防止保险经纪人为获得较高的佣金而损害投保人的利益，所以要在保险费收据中载明。相对而言，对保险公估人的要求比对保险经纪人的更高，要求前者是某方面的专家，因此，许多国家的保险法对保险公估人的资格予以严格的规定。根据《保险公估公司管理规定》，保险公估机构从业人员应当通过中国保险监督管理委员会统一组织的保险公估从业人员资格考试，考试通过取得"保险公估从业人员资格证书"，并且取得执业证书者，方可执业。凡通过保险公估从业人员资格考试者，均可向中国保险监督管理委员会申请领取资格证书。资格证书是中国保险监督管理委员会对保险公估从业人员基本资格的认定，不具有执业证明的效力。"保险公估从业人员资格证书"是保险公估从业人员开展保险公估活动的证明文件。

（2）设立的条件。设立保险公估公司应具备法律规定的条件。设立保险公估机构的条件一般包括资本金要求、章程要求、人员要求、高级管理人员要求、营业场所要求。具体对不同的组织形式要求不同。根据《保险公估机构管理规定》，①设立合伙企业形式的保险公估机构应同时具备下列条件：有两个以上的合伙人，并且具有相应民事行为能力；有符合法律规定的合伙协议；出资不得低于人民币 50 万元的实收货币；有符合法律规定的合伙企业名称和住所；具有符合中国保险监督管理委员会任职资格管理规定的高级管理人员；持有"保险公估从业人员资格证书"的保险公估从业人员不得低于员工人数的 2／3；法律、行政法规要求具备的其他条件。②设立有限责任公司形式的保险公估机构应同时具备下列条件：有 2 个以上 50 个以下的股东；有符合法律规定的公司章程；注册资本不得低于人民币 50 万元的实收货币；有符合法律规定的公司名称、组织机构和住所；持有"保险公估从业人员资格证书"的保险公估从业人员不得低于员工人数的 2/3；具有符合中国保险监督管理委员会任职资格管理规定的高级管理人员；法律、行政法规要求具备的其他条件。③设立股份有限公司形式的保险公估机构应同时具备下列条件：有 5 个以上符合法律规定的发起人；有符合法律规定的公司章程；注册资本不得少于人民币 1 000 万元的实收货币；有符合法律规定的公司名称、组织机构和住所；持有资格证书的保险公估从业人员不得低于员工人数的 2／3；具有符合中国保险监督管理委员会任职资格管理规定的高级管理人员；法律、行政法规要求具备的其他条件。

其中，保险公估机构的高级管理人员除应持有资格证书外，还应符合下列条件之一：具有经济、金融、理工、法律专业本科以上学历，从事保险公估或相关工作 3 年以上；具有非经济、金融、理工、法律专业本科以上学历，从事保险公估或相关工作 5 年以上；从事保险公估或相关工作 10 年以上的，其学历要求可适当放宽。

上述条件是对设立保险公估机构实质要件的规定，中国保险监督管理委员会审查设立申请时，除要审查上述条件外，还应考虑保险市场发展的需要。但是，依据有关法律、行政法规和中国保险监督管理委员会的规定不能投资于保险公估机构的单位和个人，不得成为保险公估机构的股东、发起人或合伙人。例如，各级党政机关、部队、社会团体及国家拨给经费的事业单位，以及保险公司不得向保险公估机构投资入股。

（3）设立审批。保险公估机构的设立，要经过一定的程序。首先，向保险监管机构申请，并且按规定提交有关资料，保险监管机构自收到申请成立的材料之日起，在 30 日内书面通知申请人是否受理。如果同意，经批准成立开业的保险代理机构应按规定领取"经营保险公估业务许可证"。其次，保险公估机构经中国保险监督管理委员会批准并颁发"经营保险公估业务许可证"，并且在工商行政管理机关注册登记后，取得营业执照，方可营业。

同时，保险公估机构应按其注册资本或出资额的 5%到中国保险监督管理委员会指定的商业银行缴存营业保证金，或者按中国保险监督管理委员会的规定购买职业责任保险。该规定在于保证保险公估公司具有偿付能力，因为"保险公估人在保险业务中的过失行为，对保险人或被保险人造成损失的，由保险公估人承担民事赔偿责任"。显然，为了保护保险人、被保险人的利益，只有保证保险公估人有足够的偿付能力，才能使保险人、被保险人的利益得到保障。

思考与练习

1. 单项选择题

（1）保险公司用于满足年度超常赔付、巨额损失赔付及巨灾损失赔付的需要而提取的责任准备金，称为（　　）。

  A．未决赔款准备金　　　　　　B．已发生未报告赔款准备金
  C．总准备金　　　　　　　　　D．未了责任准备金

（2）保险公司总准备金在（　　）中提取，逐年积累而成。

  A．税前利润　　B．税后利润　　C．保险费　　D．保证金

（3）根据我国《保险法》规定，经营财产保险业务的保险公司当年自留保险费，不得超过其实有资本金加公积金总和的（　　）。

  A．5倍　　　　B．4倍　　　　C．3倍　　　　D．2倍

2. 多项选择题

（1）保险组织的监管包括（　　）。

  A．组织形式的限制　　　　　　B．保险公司的设立
  C．保险公司的停业解散　　　　D．外资保险公司的监管
  E．偿付能力

（2）股份有限公司的内部组织机构应包括（　　）。

  A．股东大会　　B．董事会　　　C．监事会
  D．审核大会　　E．权力机构

（3）我国《保险法》第70条规定，申请设立保险公司，应当提交（　　）。

  A．设立申请书
  B．可行性研究报告
  C．投资人的营业执照或者其他背景资料，经会计师事务所审计的上一年度财务会计报告
  D．投资人认可的筹备组负责人和拟任董事长、经理名单及本人认可证明
  E．国务院保险监督管理机构规定的其他材料

（4）《保险公司管理规定》第12条规定，保险公司可以根据业务发展申请设立分支机构，分支机构应采取（　　）的形式。

  A．分公司　　　　　　　　B．（中心）支公司
  C．营业部　　D．经营部　　E．办事处

3. 简答题

（1）保险组织形式分为哪几类？
（2）什么是保险公司的解散？它分为哪几种情形？
（3）保险代理人与保险经纪人有何区别？
（4）保险公估人的特征有哪些？
（5）保险公估人的种类有哪些？

4. 案例分析

2009年6月15日,赵阳投保了100万元人寿保险,6月28日,保险公司同意承保并签发了正式保险单,保险单上约定承担保险责任的时间为6月28日零时。7月4日,赵阳在外出途中发生车祸,当场死亡,保险单受益人赵阳的父母向保险公司索赔。保险公司认为,根据该公司投保规定,人身保险合同金额巨大的,应当报总公司批准并且必须经过体检后方可承保。赵阳违反了保险公司关于投保方面的规定,因此,该保险单并没有发生法律效力。保险公司据此做出了拒赔决定。赵阳的父母不服,向法院起诉,要求保险公司承担给付保险金的责任。法院经审理认为,该案中的保险合同违反了保险公司的投保规定,因此,保险合同无效,保险公司将预收的保险费返还赵阳的父母,驳回赵阳父母的诉讼请求。法院判决后,保险公司出于人道主义的考虑,给予了赵阳的父母80万元的一次性通融赔付。赵阳的父母表示接受并放弃了上诉。

请问:本案中保险公司的内部规定对赵阳是否具有约束力?法院能否以保险公司的内部规定作为判定保险合同无效的依据?

阅读材料

1. 中国人民保险公司股改上市

2003年11月6日,中国人民财产保险股份有限公司在香港联合交易所主板挂牌交易,成为内地第一家在海外上市的金融机构。

中国人民保险公司重组改制海外上市工作历时三年,主要分为三个阶段。

(1)提出发展战略目标和思想动员阶段。

(2)重组改制阶段。2002年2月,公司成立了股改领导小组和股改办公室。股改进入实质性运作阶段。经过缜密的准备,重组改制上市方案于2002年12月23日获得国务院批准。同时,在麦肯锡公司的协助下,完成了股份公司的组织架构设计,为新公司的设立和发展奠定了基础。2003年6月23日,经国务院同意、中国保险监督管理委员会批准,中国人民保险公司独家发起设立中国人民财产保险股份有限公司(简称人保财险)。7月6日,中国人民保险公司股份正式成立。

(3)发行上市阶段。公司和有关中介机构完成了三年一期的财务审计报告、2003年盈利预测报告等重要文件,完成了招股说明书的撰写、修改工作。2003年7月11日,人保财险向香港联交所递交了上市申请文件。2003年8月至10月,公司完成了全系统范围的机构人员重组。为提升公司市场形象,推动经营理念的切实转变和关键技能的尽快提高,公司引入了AIG(美国国际集团)作为战略投资者。AIG持有公司本次发行后9.9%的股份,并且锁定五年。9月25日,公司最终通过了香港联交所的上市聆讯,从而进入了股票发行上市的路演阶段。

鉴于公司优良的素质和成功推介,市场对其股票的市场需求非常旺盛。截至簿记收口日,国际投资者订单总金额达108亿美元,公司最终股票发行价格为1.8元港币,属于定价区间的高端。这是一个非常理想的定价,因为这一市盈率高出美国上市财险公司平均水平16%,高出H股公司平均水平11%。与发行新股的财险公司相比,本次发行也非常成功。

此次上市募集资金后公司认可资产增加约86亿元人民币,实际偿付能力达到114亿元,偿付能力充足率为191.9%，比上市前增加126.2个百分点，为公司今后发展开辟了广阔的空间，打下了良好的基础。

2003年11月6日，公司股票在香港联交所正式挂牌交易。中国人民保险公司股票上市就以2.425元港币开盘，以2.7元港币收盘，涨幅达到50%。

2. 中国人寿保险公司股改上市

2003年12月17日和18日，中国人寿保险公司分别在纽约证券交易所和香港联合交易所上市，在行使超额配售权以后共发行股票74.4亿股，筹集资金34.8亿美元。公司因此成为中国内地第一家在海外上市的寿险公司，第一家在中国香港和美国两地同步上市的金融保险企业，并且创造了年度全球首次公开发行筹资额的最高纪录。中国人寿保险公司的重组上市工作，大致分为三个阶段：

（1）提出改革设想，制订实施方案。2000年7月提出要进行股份制改革，随后明确了重组改制的初步设想。2001年7月，经反复论证，拿出了重组改制并创造条件在境外上市的方案。总的原则是由中国人寿保险公司以99版及以后的寿险、健康险、意外险保险单及相应资产进行重组，独家发起设立中国人寿保险股份有限公司，并且以H股先在境外上市。2002年5月，方案上报国务院和有关部门，并且于12月24日得到国务院批准。

（2）开展清产核资，实现重组改制。全面进行清产核资和业务、资产的优化重组，以99版保险单为界对业务、资产进行实质性剥离。着手构建多元化、综合性保险金融集团发展平台，组建集团公司。按照现代企业制度要求，成功组建了具有较强竞争实力的股份有限公司。在重组过程中，聘请国际知名的咨询机构为股份公司设计了符合国际惯例的治理结构、组织架构、薪酬体系和激励机制，制定了符合公司实际和资本市场需要的新的保险发展战略和业务计划。公司的重组改制工作取得了阶段性成果。

（3）完成路演招股，成功发行上市。2003年8月28日和29日，公司分别向美国证监会和香港联合交易所进行了上市秘密申报。11月20日，公司通过了香港联合交易所的最后聆讯，美国证监会、香港联合交易所正式受理了公司的上市申请。12月1日至12日，公司兵分两路进行上市路演，反响热烈。92家参加"一对一"会谈的机构投资者全部下了订单，推介成功率达100%，全球超一级的101个大基金也都下单认购。据统计，全球机构配售部分的簿记总需求达到了550亿美元，相当于超额配售后发行规模的166倍。香港公开发行的总需求达到246亿美元。12月17日和18日，中国人寿分别在美国纽约证券交易所和香港联合交易所成功上市。中国人寿股份公司上市后，实际偿付能力额度由295亿元增加到582亿元，最低偿付能力由2.8倍提高到5倍多。

第 8 章　保险实务

阅读要点

- 掌握保险公司的承保；
- 熟悉保险公司的理赔；
- 熟悉保险公司的业务保全；
- 掌握保险的防灾防损。

8.1　保险公司的承保

8.1.1　保险的投保实务

1. 保险人的投保服务

投保人的投保，又称购买保险，即投保人通过购买保险与保险公司建立保险合同关系。正因为如此，一方面，保险人应加强对投保环节的经营管理，为投保人提供良好的服务，使投保人在投保时能真正享受到合理选择保险的权利；另一方面，投保人有责任自觉地增强保险意识，为自身的利益做出明智的投保选择。通常，投保人愿意向资金雄厚、管理良好、保障和服务都能满足自己需要的保险公司投保。因此，投保人衡量保险公司是否提供良好服务的标准之一，就在于它是否能为投保人提供较多选择的机会。

在保险活动中，投保人需要保障的基本权利有：第一，获得准确保险信息的权利；第二，保证安全的权利；第三，自由选择保险险种的权利；第四，申诉、控告所遭受不良待遇的权利；第五，要求开发和改进险种的权利；第六，获得良好售后服务的权利等。

保险人应当了解投保人可用于投保的资金并不完全在于个人收入的数额，更重要的是，在于个人的生活方式，在于个人对未来风险的认识。有些人的实际收入并不低，但将主要部分用于提高和丰富现实生活，这样就使能用于保险的资金大为减少。对于这种人，保险人应帮助他们处理好维持现时生活与获得风险保障二者之间的关系。保险人替投保人安排保险计划时确定的内容应包括保险标的情况、投保风险责任的范围、保险金额的多寡、保险费率的高低、保险期间的长短等。

2. 投保人的投保选择

保险意识较强的或明智的投保人，在购买保险时应该做出对自己负责的选择，包括选择保险中介人和保险公司。

（1）选择保险中介人。相当多的投保人是通过保险中介人来实现投保的。因此，投保人必须学会选择保险中介人。选择保险中介人，必须了解他们的业务、工作性质和资格限定等信息。保险中介人可以分为保险代理人和保险经纪人等。

（2）选择保险公司。投保人在选择保险公司时需要考虑各家保险公司的经营品种、保险价格、偿付能力、经营状况、理赔方式和服务水平等方面，同时要注意选择公正的价格而不是最低的价格。选择公正的价格的方法之一，就是对各家公司相同险种的费率进行比较。在比较费率时应注意两种情况：一是费率开价较高的保险公司，通常费率高的原因或是其保险单具有特殊的优势，或是该公司有着不同于其他公司的优越之处。二是费率开价较低的公司，或是免责规定过多，或是在续保时加上一些限制性保险条款，等等。可见，选择保险价格时应首先了解开出价格的保险公司的情况。从长远的观点来看，经济效益好的保险公司，往往是价格最便宜、服务最好的公司。

投保人选择保险公司应着眼于它的经济实力，而对其实力的考察，又以其偿付能力和经营状况为主。考察保险公司偿付能力的方法有两种：一是查看保险监管机构或评级机构对保险公司的评定结果。国际上有许多专门对银行、保险公司等金融机构的信用等级进行评估的机构，如美国的穆迪公司、标准普尔公司、贝思特公司和日本投资家服务公司等。如果评定的等级越高，就表明该保险公司的偿付能力越强。二是对保险公司的年终报表进行直接分析。如果净资产与负债的比率为1∶1，说明该公司有足够的偿付能力。此外，还要分析保险费与净资产的比率。一般来说，保险费与净资产的比率不超过2∶1被视为安全。如果超过这个比率，就说明保险费收入过多，所承担的赔偿责任也相应增大，而现有的准备金就会相对不足，保险公司的偿付能力就会受到威胁。

8.1.2 保险的承保实务

保险承保是保险合同的签订过程，即保险公司对投保人所提交的投保单进行审核并同意接受的行为。广义上，保险承保工作包括保险业务的要约、承诺、核查、订费等签订保险合同的全过程。保险承保的基本要求，一是既要扩大承保的业务面，保证业务质量，又要根据保险公司本身的承保能力承保保险业务，采取有效的方法分散风险；二是既要合理收费，又要保证保险合同中所规定的义务切实执行。

保险承保是一项专业性、技术性很强的工作。要保证每笔业务都符合保险人的经营方向和原则，业务来源有利于分散风险，就必须对保险标的的信息做进一步的审核并对保险合同的内容做进一步的控制，这种控制我们称为保险承保。具体地说，保险承保就是保险人依据保险条款承担投保人的保险标的的保险责任的行为，是保险人对愿意参加保险的人所提出的投保申请经过审核、决定是否接受的过程。承保是保险经营的一个重要环节，承保质量的好坏直接关系到保险人经营的财务稳定性和企业经济效益的好坏。同时，它是反映保险人经营管理水平高低的一个重要标志。

保险人提供的保险商品是面向全社会的，任何一个人都可以向保险人提出投保申请，然而并不是所有投保人的投保对象即保险标的的预期损失都是相等的，有的高于平均数值，有的低于平均数值。例如，在财产保险中，保险标的物的火灾发生率要受到许多因素的影响，如标的物本身的物理性能、防火设施状况、周围环境状况等，这就使财产保险标的发生火灾的概率各异。同理，在人寿保险中，保险人经营的危险是死亡危险，而人的死亡率是受许多因素影响的，尤其是年龄因素，它使每个人在不同年龄的死亡危险呈递增趋势，而其他因素的影响又使同龄人的死亡危险也有所不同，从而所适用的保险费率也有差异。然而，保险危险的同质性要求每个投保单位发生损失的机会是相等的。因此，在保险经营中，承保是非常重要的环节，承保人通过承保，对危险程度不同的保险标的分类，按不同标准决定是否承保，以及实行怎样的费率。另外，在保险投保中经常发生逆向选择的现象，从保证保险业务稳定的角度出发，保险人也必须进行承保活动。

1. 保险承保的要求

（1）扩大承保能力，保证保险人经营的稳定性。保险经营是否稳定不仅关系到保险企业自身的生存和发展，还关系到对被保险人赔偿责任的履行，直接影响着社会经济生活。因此，要求保险经营的承保金额要与其承保能力相适应，即保险人的总承保金额要等于或小于其总承保能力。所谓的承保能力，是指基于公司净资产规模基础之上的公司业务容量。它是通过净承保保险费对公司净资产的比率，即业务容量比率来衡量的。保险人在一个给定的时期内（通常为一个会计年度）所发售的所有有效保险单的保险费之和为总承保保险费，也包括再保险保险费，而净承保保险费只包括原保险保险费。

承保能力成为限制公司接受新业务的理由在于：第一，保险费实际上是保险人对投保人的负债，保险人接受的保险单越多，其负债越大；同时，发售新保险单意味着保险人要支付新的费用，如保险单的制作、代理人的佣金、经营的各项成本等，这在短期内必然会造成保险企业净资产的减少。第二，如果保险公司接受的新业务太多，损失和费用又超过了净承保保险费，公司就必须动用以前的盈余来偿还债务。这两种情况无疑都将增大保险人的经营风险。因此，保险人必须在其业务容量允许的范围内保持业务量的增长。保险公司对某一投保单位的总承保能力等于自留额与可能分出去的分保险金额的总和。保险公司的自留额直接受其自身偿付能力的制约，而保险人的偿付能力又是由保险人能用于补偿或给付的资本金及公积金总和所决定的。在资本金及公积金既定的情况下，保险人可以通过对危险的分散、对现有承保资源的充分利用、对分保方式的运用三种方法来维持和扩大其承保能力并保证经营的稳定性。

1）对危险的分散。根据不同的情况，可以从两方面来理解。首先，由于每个保险人的承保能力都要受到一定的限制，保险人应在自己的经营业务范围内尽可能广泛地分配自己的资源，即通过不同类型的业务、不同的市场、不同的地域来分散自己的业务。例如，在承保水灾险时，保险公司不宜在一个经常有水患的地区，一次性地大量、巨额地接受多家大型被保险人的投保单。因为，一旦该地区发生水灾，保险人就会面临巨额的赔偿给付义务。其次，我们对危险分散原则也可以反过来理解。保险的意义就在于将某一同质的危险集中到保险人处，并且通过保险人向广大被保险人收取保险费的形式，使危险造成的损失在广大被保险人之间得以分摊。保险人也就是这种互助制度的中介，损失的赔偿金额最终由全体被保险人共同负担，保险人不应该以自己的资本金赔付被保险人的损失。因此，保险人必须以合理的方法，准确地计算保险经营的成本和收益。为使保险的数理基础大数法则充分发挥作用，所需具备的条件是应存在相当多同质的危险单位。因此，就某一险种而言，同性质的保险标的越多越好。例如，儿童人身意外伤害险，参加的适龄儿童越多，危险也就越分散。

2）对现有承保资源的充分利用。保险人的承保资源既包括资金、办公场所、工具设备之类的有形资源，也包括人力资源、技术与管理和品牌等无形资源。保险人可以通过加强管理，使保险企业的人力、财力、物力保持正常的结合状态，形成一种综合的创造力，并且得到合理利用；还可以通过加强管理，充分挖掘保险企业内部和外部各方面的潜力，调动一切积极因素，减少开支，降低保险经营损耗，不断提高保险企业的整体效益水平。

对于任何一家保险公司来说，承保管理的一个重要的基本原则是：不要承保自己不熟悉的业务，即在对承保险种的选择问题上，选择自己最有优势的险种，以发挥自己的优势。在自己有较大优势的险种上，保险人有专业的险种设计、展业、承保、理赔，以及防灾防损人员和机构，有长期积累的相关经验和一整套的规章制度，在该保险市场上有一定的比例和份额，从而更具有竞争力。保险人如果脱离自己具有比较优势的险种，而从事并不在行的险种的承保，由于保险人过去在这一方面没有多少经验，承保人和理赔人在这方面的知识和经验也都非常有限，要识别可能引起重大损失的危险因素，要确定理赔，都是很困难的而且代价是非常昂贵的，那么防灾防损工作就可能起不到应有的作用，贪大求全往往不利于保险公司的稳健经营。为了防止这种经营风险，我国的保险监管当局禁止一家保险公司同时从事人身保险和财产保险业务。

3）对分保方式的运用。分保，又称再保险，是直接承保人将其所承保的保险业务的部分或全部分出给其他承保人的过程。分保与承保在现代保险运行中具有极为密切的关系。虽然从理论上可以把承保和分保分为两个环节，在顺序上也可以认为是先有承保，后有分保，但在实践中，承保和分保是同一过程的两个方面。保险人在承揽保险业务时，往往要确定自身的自留额，也就确定了向其他承保人的分出额，自留额与分出额共同构成了承保险金额。不仅如此，在现代保险制度下，分保大多是采取预先商定的分保合同形式进行的。某一保险人在承保前，必须事先签订分保合同。从这个意义上讲，分保是承保的一个前提条件。

分保有利于扩大保险人的承保能力，增加业务范围。保险人自身的承保能力与其资本金之间存在制约关系，分出的保险业务则不计算在其中，而且分保有利于分散风险，控制承保责任。当保险人独自承保大额的保险合同或承保的责任超过其经济实力时，一旦发生重大的保险事故，将会使保险人陷入危机。而通过分保，将自己承保的保险金额控制在其最高赔付能力的额度内，将超过自留额的部分分给其他保险人，从而将危险也分散给其他保险人，自身的赔付责任得到控制，以实现稳健经营的目标。

（2）保证承保质量，获得最大经营收益。保险人所承保的危险并不是没有条件限制的所有危险，也并非对所有的保险标的都给予承保。为了保证保险业务的质量，保险公司对保险标的要认真进行选择，区别对待，对符合承保条件的保险标的应该积极地给予承保；对出险具有必然性的保险标的不予承保，即拒保；对于高出一般危险程度的保险标的应通过提高费率进行承保。对于保险责任以外的危险可在增加附加条款的前提下给予承保。

对是否给予承保的分析实际上是在保险费收入和损失支出之间进行比较和取舍。一份非常严格，即选择标准很高的保险单可能降低损失率，但也会减少保险费收入，而保险费收入本身又是获取投资收益和支付损失即费用开支的基础；但一份选择标准很低的保险单将提高损失率,甚至会使额外增加的保险费不足以支付额外的损失赔偿和给付。因此,承保人需要依据成本与收益的比较,在保险费收入和损失率之间进行审慎的选择。

在保险合同签订后,承保人还要定期或不定期地检查保险标的和被保险人的情况,以便观察这些条件和因素是否发生了重大的变化。如果保险标的的危险因素增加了,那么承保人在进行续保业务时,可能需要提高保险费,以反映危险因素增加这一客观事实,甚至不接受投保人的续保。

承保活动需要在保险财务稳定的前提下获得最大的盈利。保险盈利来源于保险费,在一般情况下,保险费越多,盈利也会越多。在费率一定的情况下,保险费的多少取决于所承保的总金额的大小,承保金额越大,保险费就越多,盈利也就越大。由此可见,保险人的盈利与承保金额呈正相关关系。但是,如果承保总金额超过了保险人承保能力的限度,又会导致财务的不稳定。承保金额与盈利既统一又矛盾。因此,实现最大盈利就要求寻找承保险金额与盈利的最佳结合点。

若要找到最佳结合点,保险经营者首先要合理选择保险标的。在财产保险中,根据保险标的危险的不同性质和程度来收取保险费。在人身保险中对被保险人进行适当的分类,分类的标准主要是年龄、性别、职业、生活习惯、收入水平等,针对不同的被保险人确定适当的费率。其次,保险人所定的费率,不是以保险标的已经发生损失的资料为基础的,而是依照过去的损失统计与费用记录为基础的,即以过去的损失资料作为计算今后成本的依据,而且需要依赖大数法则的原理来加以平衡,同时要求在计算保险费率时,将特大事故发生的因素考虑进去。由于危险的因素是在不断变化的,保险费率也必须不断得到修正以反映这些变化。虽然费率是由精算师确定的,但承保人的工作也是定价过程中一个非常重要的组成部分。事实上,对一些罕见的保险标的来说,其费率往往由承保人根据以往的经验来决定。最后,要科学合理地确定每个危险单位的自留额,在保证保险人经营稳定的前提下,承保最高的自留额。

2. 保险业务的核保

在保险承保过程中应加强保险业务的核保。核保,又称风险选择,是对投保的保险标的或被保险人的风险程度进行评估与分类,并且做出是否承保,适用何种费率或采取什么限制措施的决定。也就是说,保险业务的核保包括保险业务的选择与承保的控制。在保险实务中,承保只不过是签单、出单、通知、登记存档等工作,而承保前大量实质性的、关键性的和技术性的工作是核保。从这个意义上讲,核保是承保的前提。

核保工作的目的,在于辨别投保风险的优劣,并且使可接受承保的风险品质趋于一致,从而保证业务质量,保证保险企业的稳健经营。核保的重要性具体体现在以下方面:一是通过核保,淘汰不宜承保的投保申请;二是通过核保对承保的保险标的或被保险人分别确定采取何种费率,是否要限制保险金额或责任免除事项,从而维持差别费率的公平原则,并且防止逆选择;三是加强核保,有利于防范保险欺诈。

(1) 核保的资料。

1) 财产保险核保资料。

①要保书。要保书即投保单,是核保工作的主要资料来源。设置要保书是为了向保险人提供有关承保所需的基本情况。要保书一般由投保人填写。在西方财产保险市场上,多

数要保书是由代理人或经纪人代为投保人填写的。投保人应遵循诚信原则，正确、详细地填写要保书内容，作为核保的主要依据。

②保险代理人或经纪人的意见。代理人、经纪人日常要与投保人打交道，对保险标的风险状况比较了解，所以他们的意见很重要。核保人员在核保时应注意听取代理人或经纪人的初步审核意见，以作为核保的参考。

③调查报告。对于保险金额较大或风险因素较为复杂的某些保险标的，进行实地调查是非常必要的，核保人员可从中获得第一手资料。在西方财产保险市场上，这项工作一般由公司的风险管理部或工程部的高级工程师完成。这些工程师对本行十分精通。他们所提供的实地调查报告可以作为核保的重要资料。

④其他资料来源。除上述核保资料来源外，核保人员还可从有关方面了解保险标的周围环境、最近的损失记录、被保险人的道德因素和管理水平等。

2）人身保险核保资料。

①投保单。投保单是保险合同的组成部分。保险人从投保单上可以得到重要的核保信息：被保险人的年龄、性别、职业状况、健康告知的情况、家族史、生活习惯、以往的保险记录等。

②业务员报告书。业务员报告书并非保险合同的一部分，保险公司有义务对其内容保密，因此业务员可以真实地在其中披露有关投保人与被保险人各方面的详细信息。业务员报告书可以为核保人员提供投保单之外的关于被保险人的情况，如认识被保险人时间的长短和途径，是主动来投保的还是经介绍来投保的，有无听到被保险人诸如不良习惯、患病、参加非法组织等，或者是否知晓任何不利的信息，等等。总之，一份准确、客观而翔实的报告对核保的帮助极大，核保人员可从中发现一些重要的细节，以利于判断调查的方向和做出正确的核保结论。

③体检报告书。每家保险公司都有各自的体检规定，不是对所有被保险人均要求体检。体检的内容与被保险人的年龄、保险金额有关，体检后应填写体检报告书，包括三部分内容：被保险人对体检医师的书面健康陈述；医师对被保险人进行体检结果的记载；体检医师对被保险人的综合健康评价。对于体检报告而言，通过完成对准被保险人的身体检查后，体检医师记录下检查情况并给出关于准被保险人健康风险的综合评价。这份体检报告对核保人员评估风险具有十分重要的意义。

④病史资料。核保人员可能会在以下情况索要病史资料：告知近期有常规体检史；告知有特定疾病；根据各公司核保规程的要求，符合一定保险金额的高额保险；某些保险公司还会在核保规程中要求超过一定年龄的被保险人提供病史资料。

⑤生存调查报告。由于部分投保人对重大告知事项有可能隐瞒，或者保险金额较大或保险人认为需要对被保险人的有关情况做进一步了解的，在此情况下，有时需要进行生存调查。保险公司通过对被保险人直接或间接调查来获得投保人、被保险人的资料，包括投保动机、财务状况、健康状况及职业等有关信息，并且形成生存调查报告。核保人员通过生存调查报告可获得核保所必需的信息、查证有关投保单告知的问题及深入调查的情况，这对于准确评估风险十分重要。

⑥各类问卷及补充告知。它包括婴幼儿问卷、财务问卷、残疾人问卷、职业及驾驶问

卷和特定疾病问卷等。这些问卷有些是在投保时必须填写的，如职业及驾驶问卷、婴幼儿问卷等；有的是在核保过程中或体检中填写的，如财务问卷、特定疾病问卷等。核保人员可从这些问卷中进一步了解被保险人有关健康、职业、爱好及财务等方面的情况，为准确做出评估提供了更为详尽的资讯。

(2) 核保的内容。

1) 对投保人的核保。根据《保险法》的规定，投保人必须具备两个条件：一是具有相应的民事权利能力和民事行为能力；二是投保人对保险标的应具法律上承认的利益，即保险利益。审核投保人的资格主要是审核后者，即了解投保人对保险标的是否具有保险利益。一般来说，在财产保险合同中，投保人对保险标的的保险利益来源于所有权、管理权、使用权、抵押权、保管权等合法权益；在人身保险合同中，保险利益的确定是采取限制家庭成员关系范围并结合被保险人同意的方式。保险人审核投保人的资格，是为了防止投保人或被保险人故意破坏保险标的，以骗取保险赔款的道德风险。

2) 对保险标的的核保。保险标的是保险人承担危险责任的对象，保险标的的性质、状况及环境与危险的大小直接相关。例如，化工厂发生爆炸的可能性比机械厂大，油漆商店比一般商店遭遇火灾的可能性大等。即使在同类企业中，管理水平的高低也会使危险大小产生差异。因此，保险人对保险标的的控制，主要是审核保险标的的危险状况。对那些危险较大的标的，承保人应拒绝承保或采用较高的保险费率。

3) 对保险责任的核保。通过对危险的评估，确定承保责任范围，明确对所承保的危险应付的赔偿责任。只有通过风险分析与评价，保险人才能确定承保责任范围，才能明确对所承担的风险应负的赔偿责任。一般来说，对于常规风险，保险人通常按照基本条款予以承保，对于一些具有特殊风险的保险标的，保险人需要与投保人充分协商保险条件、免赔金额、责任免除和附加条款等内容后特约承保。特约保险是在保险合同中增加一些特别约定，其作用主要有两个方面：一是为了满足被保险人的特殊需要，以加收保险费为条件适当扩展保险责任；二是在基本条款上附加限制条件，限制保险责任。通过对保险责任的控制，将使保险人所支付的保险赔偿额与其预期损失额十分接近。

4) 对人为风险的核保。避免和防止逆选择和控制保险责任是保险人控制承保风险的常用手段。但是有些风险，如道德风险、心理风险和法律风险，往往是保险人在承保时难以防范的。因此，有必要对这些风险的控制做出具体的分析。

任何国家的法律对道德风险都有惩罚的方法，而且保险人对道德风险尚可在保险条款中规定，凡被保险人故意造成的损失不予赔偿。但心理风险既非法律上的犯罪行为，保险条款又难制定适当的规定限制它。因此，保险人在核保时常采用的控制手段有：第一，实行限额承保。即对于某些风险，采用低额或不足额的保险方式，规定被保险人自己承担一部分风险。保险标的如果发生全部损失，被保险人最多只能够获得保险金额的赔偿；如果只发生部分损失，被保险人则按保险金额与保险标的实际价值的比例获得赔偿。第二，规定免赔额（率）。免赔额有绝对免赔额和相对免赔额之分。绝对免赔额是指在计算赔偿金额时，不论损失大小，保险人均扣除约定的免赔额。相对免赔额是指损失在免赔额之内，保险人不予赔偿，损失额超过免赔款时，保险人不仅要赔超额部分，还要赔免赔额以内的损失。这两种方法都是为了刺激被保险人克服心理风险因素，主动防范损失的发生。

保险人控制逆选择的方法是对不符合保险条件者不予承保，或者有条件地承保。事实上，保险人并不愿意对所有不符合可保风险条件的投保人和保险标的一概拒保。例如，投保人就自己易遭受火灾的房屋投保火灾保险，保险人就会提高保险费率承保；又如，投保人患有超出正常危险的疾病时，保险人就会不同意他投保定期死亡保险的要求，而劝他改为投保两全保险。这样一来，保险人既接受了投保，又在一定程度上抑制了投保人的逆选择。

法律风险主要表现有：保险监管机构强制保险人使用一种过低的保险费标准；要求保险人提供责任范围广的保险；限制保险人使用可撤销保险单和不予续保的权利；在保险合同当事人对保险合同条款存在疑义时，法院往往会做出有利于被保险人的判决；等等。这种风险对于保险人的影响是，保险人通常迫于法律的要求和社会舆论的压力接受承保。例如，我国机动车第三者责任险就是一种强制性保险，其费率不高，赔偿责任却不小，保险人不能以此为由不承保该项保险业务。

5）对保险金额的核保。保险金额是保险人确定其可以承担的最高责任限度。保险金额的确定依据是，标的的价值及投保方对标的所具有的保险利益额度。任何背离这两个依据的保险金额，都可能诱发道德风险。因此，一定要避免超额承保。控制保险金额除了避免超额承保外，对于一些高危险、高保险金额的业务，应注意控制保险人所承担的保险金额限度。在实践中，应根据不同业务特点对保险金额进行控制。例如，对于人身保险的高额投保，保险人应注意保险金额的大小应与投保人的收入和财产状况相一致。

3．保险承保的程序

（1）接受投保单。投保人购买保险，首先要提出投保申请，即填写投保单，交给保险人。投保单是投保人向保险人申请订立保险合同的依据，也是保险人签发保险单的凭证。投保单的内容包括投保人的名称、投保日期、被保险人的名称、保险标的名称、种类和数量、投保金额、保险标的的坐落地址或运输工具名称、保险期间、受益人和赔付地点等。

（2）审核验险。保险人收到投保单后，应详细审核投保单的各项内容，如保险标的及其存放地址、运输工具行使区域、保险期间、投保明细表、对特殊要求的申请等。

验险是对保险标的的风险进行查验，以便达到对风险进行分类的目的。验险的内容，因保险标的的不同而有差异。

人身保险的验险内容包括医务检验和事务检验。医务检验主要是检查被保险人的健康情况，如检查被保险人过去的病史，包括家族病史，以了解各种遗传因素可能给被保险人带来的影响。有时也会根据投保险种的需要进行全面的身体检查。事务检验主要是对被保险人的工作环境、职业性质、生活习惯、经济状况和社会地位等情况进行调查了解。

财产保险的验险内容主要包括以下六个方面：①查验投保财产所处的环境。例如，对所投保的房屋，要检验其所处环境是工业区、商业区还是居民区；附近有无易燃易爆的危险源；一旦发生火灾，有无蔓延的可能；附近救火水源如何，距离最近的消防队有多远，房屋周围是否通畅，消防车是否能靠近；是否属于高层建筑等。②查验投保财产的主要风险隐患和重要防护部位及防护措施状况。首先，要认真查验投保财产可能发生损失的风险因素，如查验投保财产是否属于易燃易爆或易损物品，对温度和湿度敏感如何；机器设备是否常常超负荷运转，使用的电压是否稳定；建筑物的材料结构状况；等等。其次，要重点查验投保财产的关键部位，如建筑物的承重墙是否牢固；船舶、车辆的发动机保养是否良好。再次，要严格检查投保财产的风险防范情况，如有无消防设施、报警系统、排水通风设备；机器有无超载保护、降温保护设施；运输货物有无符合要求的包装；运输方式是否合乎标准；等等。③查验有无正处在危险状态中的财产。正处在危险中的财产意味着该项财产必然或即将发生风险损失。如果保险人承保必然或确定发生的风险，就会造成不合理的损失分摊，这对于其他被保险人不公平。④查验各种安全管理制度的制定和落实情况。健全的安全管理制度是预防和降低风险发生的重要保障。因此，保险人要检查投保人是否制定了安全管理制度及其实施情况。若发现问题，应督促其及时改正。⑤查验被保险人以往的事故记录，包括被保险人发生事故的次数、时间、原因、损害后果及赔偿情况。⑥查验投保人或被保险人的数量及相互关系。

（3）数字准确。填制保险单时，每个数字都代表着保险人和被保险人的利益。在这些数字上的疏忽都可能给保险合同当事人造成重大损失，或者导致不该发生的纠纷。例如，在填写保险金额时，若100万元的数字因疏忽少写一个零，就可能给被保险人造成90万元的损失而得不到保险保障的后果。所以填制保险单时一定要反复核对每个数字，切实做到数字准确无误。

（4）复核签章。保险人签发的保险单是保险合同成立的依据之一，其他单证也是保险合同的重要组成部分。因此，每种单证都要求复核签章，如投保单上必须有投保人的签章；验险报告上必须有具体承办业务员的签章；保险单上必须有承保人、保险公司及负责人的签章；保险费收据上必须有财务部门与负责人的签章；批单上必须有制单人与复核人的签章；等等。

（5）签发保险单。即与那些通过核保确认可以承保的投保人签订正式保险合同。保险单的签发意味着保险经济关系的正式确立，保险双方将各自履行义务，行使权利。签发的保险单的基本内容主要有以下几项：

1）声明事项。载明保险人的名称和住所，投保人、被保险人的名称和住所，保险标的，保险期间，保险金额，保险费率，保险费和支付方法等。

2）保险事项。载明保险人承担赔偿责任的范围，即保险责任。例如，财产保险基本险规定的保险责任是火灾、雷击、爆炸、飞行物体及其他空中运行物体坠落等造成的保险标的的损失。又如，车辆损失险的保险责任为碰撞、倾覆、火灾、爆炸、外界物体倒塌、空中运行物体坠落、行使中平行坠落、雷击、暴风、龙卷风、暴雨、洪水、海啸、地陷、冰陷、崖崩、雹灾、泥石流、滑坡等原因所造成的保险车辆的损失。

3）免责事项。明确列明不属于保险赔偿范围的责任。例如，一般人身意外险规定战争行为、叛乱、罢工、暴动或核辐射而致的伤残或身故；疾病、传染病、分娩、怀孕及内外科治疗手术而致的伤残或身故；自致伤害、自杀或犯罪行为而致的伤残和身故；打猎、登山、参加各种竞赛、滑雪、斗殴或因酒醉、服用药物、神经错乱而致的伤残或身故，保险人不负赔偿责任。

4）条件事项。即保险双方的其他权利和义务的规定。例如，保险人的赔偿处理义务、被保险人及投保人的如实告知义务、对保险标的的安全管理义务和施救义务等。

（6）单证管理。签发保险单后，经过投保人或被保险人交付保险费和签收保险单环节，有关单证应即归档，并且妥善保管。尤其是人寿保险有关单证，更需要长期保管。我国一些保险机构，借助现代科学技术，建立了保险单证电子微缩管理库和全方位的电子查询网络，标志着保险单证管理工作进一步走向现代化、高效化。

8.2 保险公司的理赔

8.2.1 保险理赔的基本内容

1．索赔与理赔的含义及其关系

索赔是指被保险人或受益人在保险标的遭受损失后，按照保险单有关条款的规定，向保险人要求赔偿损失的行为。

理赔是指保险人在保险标的发生风险事故后，对被保险人或受益人提出的索赔要求，按照有关法律、法规的要求和保险合同规定进行赔偿处理并支付保险金的行为。

保险索赔与理赔具有密切的联系，索赔在前，理赔在后，理赔的发生直接由索赔引起。索赔是保险合同赋予被保险人或受益人的权利，理赔是保险人承担的义务。

2．保险理赔的意义

（1）保险理赔是保险人履行合同义务的最终体现。理赔使保险经营活动得以完成，使保险的基本职能——分散风险、经济补偿得以实现。被保险人通过与保险人签订保险合同来转移自己所面临的危险，获得了一旦发生危险事故、造成经济损失即可获得经济补偿的权利。保险理赔是保险补偿功能的具体体现，是保险人依约履行保险责任和被保险人或受益人享受保险权益的实现形式。理赔工作做得好，被保险人的损失才可得到应有的补偿，保险的职能作用才可能有效发挥，社会再生产的顺畅运行和人民生活的正常安定才可能得到保障。

（2）理赔是客户服务的最后一个环节，直接影响保险公司的美誉度。当今保险市场的竞争趋势是服务的竞争，这一点在我国加入 WTO 后体现得尤为明显。实践表明，优质服务带来的良好效应丝毫不亚于优势产品的研发问世。牢牢抓住客户的心比短期占有市场具有更持久、更深远的意义。作为客户服务的重要组成部分，也是客户服务的最后一个环节，理赔是保险公司获取人心的最稳固的手段。理赔服务质量的优劣直接影响着保险公司在市场上的美誉度。

（3）理赔是保险公司控制经营风险的重要手段。保险公司专门从事风险的经营，其自身经营中也面临种种风险，因此对风险的防范与控制是其发展壮大的前提和基础。保险公司在经营过程中有多种风险，以保险合同所带来的风险为核心。理赔作为保险公司合同风险的出口阀门，是保险公司控制经营风险的重要手段，在很大程度上决定着保险公司长期经营目标的实现。此外，通过理赔服务可以了解保险公司在承保时风险选择是否恰当。理赔是对承保质量的最有效的检验，它不仅可以促使保险人不断改善承保质量，而且有利于保证良好的赔付能力，维持经营的稳定。

（4）良好的理赔会给保险公司带来直接和间接的经济效益。通过识别骗赔、有效核赔等手段，保险公司减少了赔款金额，带来了直接经济效益。同时，良好的理赔给公司带来了美誉度和进一步的业务，也促进公司管控风险、完善管理，给公司带来了间接的经济效益。

3. 保险理赔的基本原则

（1）重合同、守信用原则。重合同、守信用是保险在理赔过程中应遵循的首要原则。在保险合同中，明确规定了合同双方的权利与义务，合同双方都应该恪守合同约定，保证合同顺利实施。对于保险公司来说，处理理赔案件时，一切应从事实和证据出发，不得主观臆断，应严格按照合同的条款规定受理赔案。

（2）实事求是原则。保险条款虽然对保险责任做了原则性的规定，但实际发生的案情却是千变万化的。因此，在理赔工作中，一方面要按合同办事，另一方面要具体情况具体分析，根据条款实事求是地按照具体情况，合情合理地加以处理。

（3）效率原则。理赔必须主动、迅速、准确、合理。理赔人在处理理赔案件时应积极主动受理，不推诿、不拖延，分清责任，合理定损，准确履行赔偿义务。对于不属于保险责任的案件，也应当及时向被保险人发出拒赔的通知，并且说明不予赔付的理由。

4. 保险理赔的资料

当被保险人或受益人报案、发出索赔申请后，保险人将展开理赔工作。为证明保险事故确已发生，阐明保险事故的具体情况，并且方便理赔工作顺利展开，索赔人需要提供一系列理赔所需的资料。这些理赔资料往往根据险种案情不同而有不同的要求。

（1）人身保险理赔所需资料（见表 8-1）。

（2）财产保险理赔所需资料。财产保险险种多，每个险种理赔时所需要的资料又不同。表 8-2 以车险为例展示车险理赔所需要提供的资料。

8.2.2 保险理赔的程序

保险理赔，是保险人按照《保险法》的规定和保险合同的约定，对发生的保险事故决定是否承担保险责任，以及如何承担保险责任的处理过程。人身保险与财产保险程序类似，本节将以财产保险为例介绍保险理赔的程序。在实务中，财产保险理赔分为案件受理、审核保险责任、损失调查、赔款理算、结案归档五个环节。

1. 案件受理

案件受理是指保险财产发生损失后，被保险人根据保险条款的规定及时通知保险人，保险人登记相关保险信息，核对被保险人投保情况，并且做出是否派员赴现场查勘的过程。具体操作流程如图 8-1 所示。

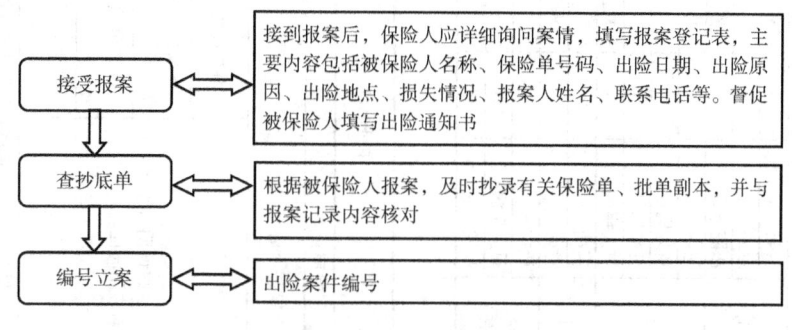

接受报案	接到报案后，保险人应详细询问案情，填写报案登记表，主要内容包括被保险人名称、保险单号码、出险日期、出险原因、出险地点、损失情况、报案人姓名、联系电话等。督促被保险人填写出险通知书
查抄底单	根据被保险人报案，及时抄录有关保险单、批单副本，并与报案记录内容核对
编号立案	出险案件编号

图 8-1 案件受理操作流程

表 8-1 人身保险理赔所需资料

理赔项目		理赔申请书	保险合同	被保险人身份证或户籍证明	受益人身份证或户籍证明	死亡证明、户籍注销证明及火化证明三者中的两者	意外事故证明	病理报告/诊断证明书	残疾程度鉴定书	门诊、急诊或住院病历	医疗费原始发票	出院证明	住院费用清单	存折首页复印件	公司认为必要的其他文件
死亡给付	疾病	√	√	√	√	√								√	√
	意外	√	√	√	√	√	√							√	√
	法院宣告	√	√	√	√	√								√	√
健康给付	住院医疗	√	√	√						√	√	√	√	√	√
	意外医疗	√	√	√			√			√	√			√	√
	日额津贴	√	√	√						√		√		√	√
	重大疾病	√	√	√				√		√				√	√
残疾给付	疾病	√	√	√					√	√				√	√
	意外	√	√	√			√		√	√				√	√
免交保险费（投保人责任）	死亡	√	√	√		√									√
	重大疾病	√	√	√				√		√					√
	高度残疾	√	√	√					√						√

表 8-2 车险理赔所需资料

单证名称		涉及财产损失赔案	涉及人员伤亡赔案	获取渠道	相关要求和适用范围
共用单证	保险单正本	√	√	被保险人提供	查验原件
	索赔申请书	√	√	保险公司提供，被保险人填写	须由被保险人签字确认（被保险人为个人，或加盖单位公章（被保险人为单位）
	事故证明	√	√	路政、交管、气象、消防等部门	未经保险公司查勘核实的单方事故
索赔对应不同证	事故责任认定书、调解书	√	√	公安交管部门	通过交警处理的事故
（不同事故明）	自行协商处理协议书	√		当事人填写	双方当事人依法自行协商处理的事故
	判决书或裁决书或调解书或仲裁书	√	√	法院、仲裁机构	法院审理的诉讼案件仲裁机构审理的仲裁案件
	驾驶员驾驶证、营运客车驾驶员提供资格证、专用机械车/特种车驾驶员提供操作证	√	√	当事驾驶员提供	查看原件，留存复印件或照片
	机动车行驶证	√	√	被保险人提供	查看原件，留存复印件或照片
	向第三方支付赔偿费用的过款凭证或法院执行凭证	√	√	公安交管部门、法院、仲裁机构	涉及第三方赔付时，须由事故处理部门签字确认

续表

	单证名称	涉及财产损失赔案	涉及人员伤亡赔案	获取渠道	相关要求和适用范围
车辆财产损失	车辆修理发票	√		修理厂（二类以上修理资质）	涉及车辆损失时
	施救费（拖车、吊车费用）发票及清单	√		拖车、吊车提供机构	涉及车辆施救时
	财产损失清单（设备总价值及损失程度证明或工程预算书）、修复受损财产的费用单据	√		被保险人和专业机构提供	涉及财产损失时
	购置、修复受损财产的费用单据	√		公安、路政管理等部门	
医疗及其他费用	伤者住院、出院证明（住院病历）	/	√	医疗机构	须由县级（含）以上医院出具
	伤者医院诊断证明	/	√	医疗机构	须由县级（含）以上医院出具
	伤者医疗费报销凭证及费用明细	/	√	医疗机构	须附处方及检查、治疗、用药明细清单
	伤者需要时护理的证明，护理人员误工及收入证明	/	√	护理机构收入证明：护理人单位	涉及护理费赔偿时
	伤、残人员，亡者处理事故人员误工证明及收入证明、纳税证明	/	√	误工证明：医疗机构、医疗机构和所在单位 质的医疗鉴定机构 收入证明：伤者本人单位	涉及误工费赔偿时，有固定工作单位的，应加盖单位公章或人事劳资部门印章，收入超过纳税起征点的应提交纳税证明
	残者法医残疾鉴定证书	/	√	有资格的伤残鉴定机构	涉及残疾补助费赔偿时
	残者、亡者家庭情况证明、户籍证明、被扶养人丧失劳动能力证明	/	√	户籍证明：公安机关 丧失劳动能力证明：民政部门、司法鉴定机构	涉及被扶养人生活费赔偿时
	亡者医学死亡证明或户籍注销证明或户检报告、火化证明	/	√	死亡证明：医疗机构 户籍证明：公安机关 户检报告：公安机关 火化证明：殡葬机构	涉及死亡补偿时，领取费中一项即可
	交通费、住宿费用报销凭证	/	√	交通、住宿费提供单位	涉及住宿费、交通费赔偿时
领取赔款	被保险人身份证明	√	√	被保险人提供	查看原件，留存复印件
	领款人身份证明	√	√	领款人提供	查看原件，留存复印件
	领取赔款授权书	√	√	保险公司提供，被保险人填写	被保险人委托他人领取赔款时
	赔款收据	√	√	保险公司提供	由被保险人签字或签章

涉及机动车辆盗抢赔案需提供的材料：
1. 保险单正本；2. 机动车行驶证；3. 机动车登记证书；4. 机动车来历凭证（车辆销售或交易发票）；5. 车辆购置完税证明（车辆购置附加费交费证明）或免税证明；6. 车辆管理所出具的车辆停驶手续；7. 出险当地县级以上公安刑侦部门出具的盗抢立案证书；8. 被保险人出具他人的权益转让书；9. 车辆修理发票（涉及车辆修复时）。

2．审核保险责任

当保险人收到出险通知书以后，应当先研究以下问题，以便确定保险责任：

（1）保险单是否仍有效力；
（2）被保险人提供的单证是否齐全和真实；
（3）损失是否由所保风险引起；
（4）已遭受损失的财产是否为保险财产；
（5）保险事故发生的地点是否在承保范围之内；
（6）保险事故发生的结构是否构成要求赔偿的条件；
（7）请求赔偿的人是否有权提出赔偿请求；
（8）损失发生时，投保人和被保险人是否对于保险标的具有保险利益。

针对人身保险，保险人除了要审核以上要点外，还要特别调查清楚以下问题以确定是否给付保险金：

（1）索赔是否有欺诈或误告；
（2）死亡的原因是什么，是正常死亡、自杀还是意外；
（3）被保险的年龄或性别是否有误述；
（4）如果被保险人失踪了，能否确定失踪地址；
（5）领取死亡津贴的受益人是否指定受益人；
（6）索赔人的伤残是否真正符合合同规定的要求；
（7）医院是否提供了超额费用的账单；
（8）伤残开始的确切日期是哪一天。

3．损失调查

保险人审核保险责任后，应派人现场查勘，了解事故情况，以便分析损失原因，确定损失程度。具体操作流程如图 8-2 所示。

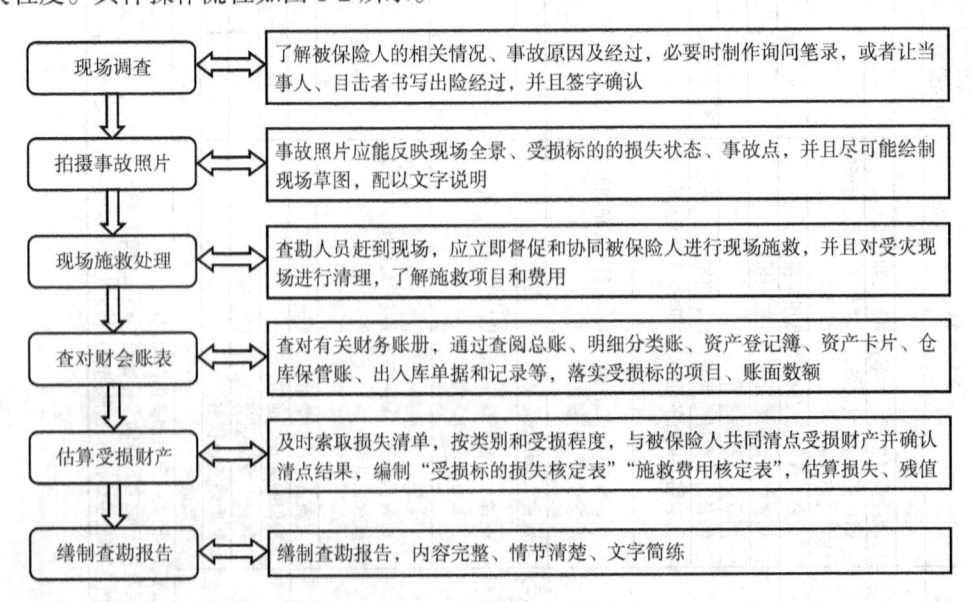

现场调查	了解被保险人的相关情况、事故原因及经过，必要时制作询问笔录，或者让当事人、目击者书写出险经过，并且签字确认
拍摄事故照片	事故照片应能反映现场全景、受损标的的损失状态、事故点，并且尽可能绘制现场草图，配以文字说明
现场施救处理	查勘人员赶到现场，应立即督促和协同被保险人进行现场施救，并且对受灾现场进行清理，了解施救项目和费用
查对财会账表	查对有关财务账册，通过查阅总账、明细分类账、资产登记簿、资产卡片、仓库保管账、出入库单据和记录等，落实受损标的项目、账面数额
估算受损财产	及时索取损失清单，按类别和受损程度，与被保险人共同清点受损财产并确认清点结果，编制"受损标的损失核定表""施救费用核定表"，估算损失、残值
缮制查勘报告	缮制查勘报告，内容完整、情节清楚、文字简练

图 8-2　损失调查操作流程

现场查勘是指当保险标的遭受保险事故时，保险人到灾害事故现场实地了解出险情况和核定损失的工作。

（1）现场查勘的任务。

1）查出险时间。出险后，应先查明是否在保险有效期限之内。如果在投保时已经出险或期满后未办续保手续而出险，应拒赔。

2）查出险地点。查出险地点的目的主要是核实是否与保险单所载明的地点和范围一致，是否属于保险单所载明的保险标的。要核对出险地点与保险单所载明的财产坐落地点是否相符。如不符，应将情况调查清楚，作为判定是否构成保险责任的依据。

3）查出险原因。保险财产的出险原因是多种多样的，而保险责任是有一定范围的。保险财产出险后需要查明其原因，其目的在于明确是否属于保险责任范围，以确定是否应予赔偿。

4）收集证明材料。在现场查勘中，应广泛收集各种与案件有关的证明材料和单证。对各种调查所得的材料，要反复加以分析研究，有时还可以根据现场条件进行模拟试验。

（2）施救和保护受损财产。保险财产发生保险责任范围内的损失后，及时、正确地采取施救和保护措施，对于减少国家和人民生命财产损失，提高保险企业自身经济效益是十分重要的。因此，理赔人到达现场后，应立即会同被保险人及有关部门共同研究救灾方案，采取紧急抢救措施。

（3）处理损余物资。核赔人员在处理损余物资时要坚持"物尽其用"的原则。对遭受损失以后的残余部分，应当由保险人与被保险人议定价值后折归被保险人，并且在赔款中扣除。

（4）核算实际损失。受损财产经过施救整理后，应对财产的实际损失进行计算和核实。其内容如下：

1）核对账册。主要核对哪些项目属保险范围，核实损失价值。

2）对房屋建筑的估损。要了解其建造金额，对残余材料要逐项登记并确定其价值。例如，发生全损时要了解其最近的账面折旧率；如系估价投保，要了解其估价依据；如系选择投保，要注意建筑物是否在保险范围以内；如系部分损失，要计算出受损部分的比例。

3）对机器设备的估损。要掌握机器的种类、数量、损失程度，逐一加以核对，并且了解机器的折旧程度。

4）对产品、物资的估损。要分别核对企业的产品、物资等流动资产，如原材料、辅助材料、半成品、产成品等的账面价值是否与损失清单所列相符。

5）缮制查勘报告。财产保险的赔案，无论其赔款金额大小，均应有调查报告，真实、全面地反映案件的情况，作为理赔工作的重要依据。

4．赔款理算

（1）理算原则。赔付被保险人因发生保险事故的赔偿金额以不超过保险单明细表中载明的保险金额或责任限额为准。

（2）缮制理赔计算书。保险金给付计算完毕，理赔人应立即缮制理赔计算书。缮制理赔计算书时，应注意：对有关单证进行清理，列出清单输入计算机生成理赔计算书；理赔计算书对赔偿计算一栏应按分项分列清楚；未超过本级公司理赔权限的赔案，理赔计算书一式三份；超过本级公司理赔权限的赔案，应根据上级公司要求增加份数；理赔计算书缮制完毕，经办人员、理赔负责人应分别签章并注明缮制日期后，及时送交核赔人员审核。

5. 结案归档

赔案材料的缮制和收集整理工作完成以后，理赔人应对全案进行检查，经检查无误并签注经办人意见后，送负责人进行审批或报批。赔案的核批，应根据上级公司规定的核批权限，按规定核批，不可越权批案。赔案一经审批，理赔人应在"赔案登记簿"上进行登记，并且迅速将赔案送财会部门支付赔款。

最后，将理赔的各项单证材料按要求进行装订、归档，做好理赔档案的管理工作。

8.3 保险保全业务

8.3.1 保险保全的基本内容

1. 保全

保全是指保险公司为了维持现有的人身保险合同持续有效，根据合同条款约定及客户要求而提供的一系列售后服务。

2. 保险单的状态

保险单所处的状态不同，其间可进行的保全操作的内容也不同。一般来说，保险单的状态有以下几种。

（1）标准状态。保险责任尚未终止且保险合同依然有效，投保人也未申请迁出、保险金额变更等的保险单。在此种状态下，保险公司可受理投保人各项保全申请，变更各项信息，如养老金领取、满期给付、保险单补发、续期交费、转换险种等。

（2）退保状态。在保险合同自然终止前，投保人提出提前终止保险合同，并且领取保险单的现金价值，保险人不再承担相应责任。在此状态下，保险公司不受理任何保全申请。

（3）终止状态。保险合同所约定的保险期间已届满，保险合同自然终止。在此状态下，保险公司不受理任何保全申请。

（4）失效状态。对于非趸交保险单，投保人因各种原因而欠交保险费，在超过约定的宽限期（一般为60日）后，保险单处于失去效力状态。在此种状态下，保险公司接受投保人在失效两年内提出的复效申请，其他保全服务不受理。

（5）迁出状态。在被保险人因工作或其他原因从一地迁往异地，为交费和领取保险金方便，因此向保险公司提出变更托管公司的状态。在此状态下，保险公司不受理其他任何保全申请。

（6）领取状态。年金类保险单和其他返还性保险单已经进入领取期的状态。在此状态下，除可受理领取方式的变更和基本信息变更外，不受理其他变更操作。

3. 保全业务内容

合同保全是为了维护已生效的人身保险合同，保险公司根据合同约定和客户需求所提供的一系列服务举措。保险公司在合同成立后的不同阶段可提供相应的保全业务项目。具体保全业务内容如表8-3所示。

表 8-3　保全业务内容

序号	保全业务项目	保险公司提供服务的时间		
		保险期间内		年金给付期内
		交费期间内	非交费期限内	
1	通信地址/住所变更	√	√	√
2	文字变更	√	√	
3	证件类别及号码变更	√	√	
4	性别错误更正	√	√	
5	出生日期错误更正	√	√	
6	更换投保人	√	√	
7	受益人变更	√	√	
8	增加附加险	√	√	
9	附加险续保	√	√	
10	投保要约的确认	√	√	
11	保险合同补/换发	√	√	
12	解除合同	√	√	
13	保险关系转移	√	√	
14	保险单借款	√	√	
15	续期交费通知	√		
16	保险费抵交	√		
17	保险费自动垫交	√		
18	交费方式变更	√		
19	授权账号变更或撤销	√		
20	减保	√	√	
21	保险金额增加权益	√		
22	减额交清	√		
23	可转换权益	√	√	
24	合同效力恢复（复效）	√	√	
25	利差返还	√	√	√
26	红利给付			√
27	生存金领取通知	√	√	√
28	年金领取方式变更	√	√	√
29	年金领取年龄变更		√	
30	犹豫期撤单	投保人签收合同的 10 天内		

8.3.2　保险保全的基本程序

合同保全是对保险合同效力的维护，保险公司一般经过客户申请、受理初审、经办、复核、单证缮制与清分和日结归档六个处理阶段，如图 8-3 所示。

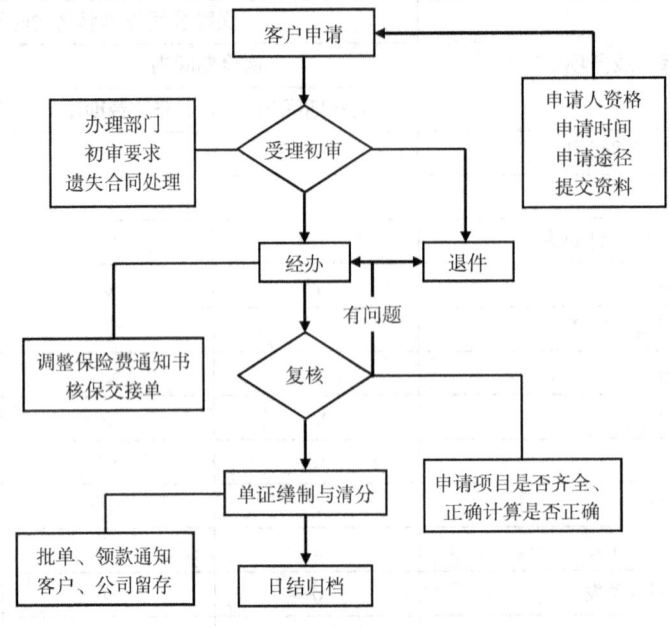

图 8-3　保险保全的基本程序

1．客户申请

客户申请是指客户就其投保的保险合同，向保险公司提出变更合同内容、变更通信地址、住所或联系电话、解除保险合同等愿望或请求，并且按合同约定提交相关资料的过程。客户申请既是客户向保险公司请求服务的过程，也是合同保全服务的开始。

（1）申请主体资格的限制。申请主体（申请资格人）一般为投保人、被保险人或受益人。在具体的保全作业中，不同的作业项目，其申请主体不同。当申请主体为未成年人时，应由其法定监护人代为行使申请权。具体如表 8-4 所示。

表 8-4　申请主体资格的限制

保全项目	资 格 人
受益人变更	被保险人（投保人申请须经被保险人同意）
养老金领取	被保险人
领取期内被保险人身故后受益人领取	相关受益人
其他保全项目	投保人（单位）

（2）保全业务申请的途径。

1）到保险单签发地公司柜台办理。

2）客户可委托他人或业务员到保险单签发公司柜台办理，但需提供授权委托书及双方的有效身份证明文件。

3）其他受理渠道，如电话、网上、信函、传真等方式进行保全，但此类保全申请一般仅限于通信地址/住所变更、解除保险合同等保险公司认可的保全项目。

2. 受理初审

受理初审是指保险公司保全人员根据客户提交的保全变更申请书（见表 8-5）和相关资料，判断客户是否有申请权利，申请书填写是否完整、清晰，递交资料是否齐全等，以决定是否受理客户申请的过程。保全人员在受理客户申请时，最重要的是，要全面、真实、准确地了解客户意图，这是做好合同保全服务的基础。

3. 经办

经办是指保全人员录入客户申请资料，并且根据客户申请进行保险合同变更处理的过程。经办是合同保全服务的关键环节，保全人员不仅要检查客户提交资料是否与系统数据一致，还要保证经办过程符合合同约定和公司的保全规定。

4. 复核

复核是指保全审核人员通过核查客户提交的申请资料、保全经办结果等，以决定合同变更处理结果是否准确、合理、合规，并且签署审核意见的过程。复核是对经办结果的审核，同时是对经办人员处理时效的监督。

5. 单证缮制与清分

单证缮制与清分是指经办处理意见经审核通过后，由保全人员制作批单或打印批注，并且将变更后的保险合同按营业单位分类、整理后送交业务员的过程。批单或批注是保全处理结果的书面反映，将是保险合同的理赔依据。保全人员在制作过程中需仔细审核批单的打印、盖章、粘贴、清分等每一道工序，确保正确无误。

6. 日结归档

日结归档是指保全人员每日营业终了，核对、整理当日保全处理资料，打印保全业务处理清单，并且定期将整理好的客户资料与业务处理资料，随同归档清单送交档案保管部门的过程。日结归档是合同保全服务的终结，保全资料应及时整理、分类归档，做到资料完整、保存有序、查询有据。

表 8-5　保全变更申请书

生命人寿保险股份有限公司
SINO LIFE

保全申请单条形码编号：	收件章

保险合同编号：＿＿＿＿＿＿＿＿　投保人：＿＿＿＿＿　被保险人：＿＿＿＿＿　申请日期：＿＿＿年＿＿月＿＿日

申请人声明：同意变更生效日以生命人寿保险股份有限公司出具的批单生效日为准。变更申请书中所有陈述均属真实并亲笔签名。

01□联系方式变更	□投保人在本公司的所有保险单　□仅本合同
	联系地址：＿＿＿＿＿　省/自治区　＿＿＿＿＿　市　＿＿＿＿＿　区/县
	邮编：＿＿＿＿　固定电话：＿＿＿＿＿　移动电话：＿＿＿＿＿　E-mail：＿＿＿＿
02□续期交费方式变更	○现金　○银行转账（开户银行：＿＿＿＿＿　账户持有人：＿＿＿＿＿　账号：＿＿＿＿＿）
	注：若您选择的续期交费方式为转账，本公司视为您已详细阅读并同意申请书背面的"续期保险费转账付款授权客户须知"内容。

续表

03□客户资料变更	**选择变更对象代码：**____ 1. 投保人 2. 被保险人 3. 其他被保险人（若选此项请注明为第____个其他被保险人） 4. 受益人（若选此项请选择所对应的被保险人类型：A. ○被保险人 B. ○其他被保险人） □姓名：　　　　　□性别：○男 ○女　　□出生日期：　年　月　日 □证件类型　　　　□证件号码 如果有多个变更对象请分别说明：
04□职业变更	**选择变更对象代码：**____ 1. 投保人 2. 被保险人 3. 其他被保险人（若选此项请注明为第____个其他被保险人） 现服务单位名称　　　　　　　就职日期　年　月　日 现职务内容　　　　　　　　　职业代码
05□受益人变更（请列出变更后所有受益人信息）	选择变更的受益人所对应的被保险人代码：____ 1. 被保险人 2. 其他被保险人 **选择变更的受益人类型代码：**____ 1. 身故受益人 2. 生存受益人 3. 其他____ 受益顺序　受益份额　姓名　性别　出生日期　证件号码　与被保险人关系
06□更换投保人	新投保人姓名：_____ 与被保险人关系：1. ○本人 2. ○配偶 3. ○父母 4. ○子女 5. ○其他： 注：变更投保人请同时变更续期交费方式和联系方式，并且填写《更换人员告知书》。
07□变更投保人签名 08□变更被保险人签名	投保人新签名样本：_____ 被保险人（监护人）新签名样本：_____ 声明：自即日起，本人签名样本以本次变更签名样本为准。此前所签署的本合同的相关文档本人承认其签署真实有效。
09□变更健康情况	变更对象：○投保人 ○被保险人告知事项：_____ 注：变更健康情况时，请填写《最新个人资料告知书》。
10□挂失及补发合同	投保人声明：自保险单补发之日起，原保险单作废。本次补发为第_____次补发。
11□犹豫期合同撤销	注：该项变更仅限于有合同撤销条款的险种。
12□合同解除	申请合同解除的原因：1. ○经济原因 2. ○险种不理想 3. ○服务不理想 4. ○业务员不实告知 5. ○其他：____
13□合同复效	注：申请复效时，请填写《最新个人资料告知书》。
14□复交	○自动垫交复交 ○保险单贷款还款 注：复交利息以本公司收到您的书面申请为准。
15□减额交清	注：填写本栏视为您已详细阅读并同意申请书背面的"减额交清客户须知"内容。
16□红利处理方式选择	○累积生息 ○现金领取
17□自垫选择权变更	○同意保险费自动垫交 ○不同意保险费自动垫交
18□年金给付方式选择	○一次性给付 ○保证给付年限（20年）　　○年领　○月领 ○身故返还本金　　　　　　○年领　○月领 ○保证给付总额（○30年 ○40年）○年领 ○月领
19□主险交费期变更	○交费____年 或 ○交至____岁 注：若由短交费期变更为长交费期，请填写《最新个人资料告知书》。
20□主附险保险金额变更	险种名称　　　　　　　　　变更后保险金额/保险费 □增加　□减少 □增加　□减少 □增加　□减少 注：若增加主险或附加险保险金额，请填写《最新个人资料告知书》。

续表

21□附加保险合同变更	附加险名称		基本保险金额	交费期限	保险期间
	□新增 □解除				
	□新增 □解除				
	□新增 □解除				
	注：若申请增加附加险，请填写《最新个人资料告知书》。				
22□溢交保险费	□溢交保险费领取　□溢交保险费处理方式1.○转续期　2.○不转续期				
	领取金额：人民币（大写）____拾____万____仟____佰____拾____元____角____分；人民币（小写）_____元				
23□其他说明：					
退费授权银行转账信息					
如果本次保全申请涉及退费，本公司将通过银行转账的方式支付。请确定转账账户为：1.○续期保险费交费账户　2.○其他账户					
如果您选择其他账户，请同时填写账户信息，并且提供存折复印件：					
开户银行：_____　　账户持有人：_____　　转账账号：_____					
注：填写本栏视为投保人和被保险人均已详细阅读并同意申请书背面的"保险款项转账收付授权客户须知"内容。					
申请类型：1.□本人申请　　2.□委托公司服务人员代办　　3.□委托他人代办					
注：如果以上申请项目中，存在部分或全部申请项目不符合本公司作业要求的，本公司有权撤销不符合作业要求的申请，但其他申请事项不受影响。					
注：您在以下签名栏中签名，本公司将视为您已详细阅读并同意申请书背面的客户须知内容。					
投保人（签名）：	被保险人或其监护人（签名）：		其他被保险人或其监护人（签名）：		
新投保人（签名）：	保险金受益人（签名）：				
代办人（签名）：	代理人/客户经理编号：				

8.4　保险的防灾防损

8.4.1　保险防灾防损概述

1. 保险防灾防损的含义

保险防灾防损是保险人对其所承保的保险标的可能发生的危险采取各种组织措施和技术措施，以减小保险标的发生灾害事故的可能性，以及在灾害事故发生时，尽可能降低保险标的发生损失的程度。保险防灾防损与一般性社会防灾防损既有联系又有区别。一般性社会防灾防损，是指为预防和减少灾害事故的发生，及其所造成的生命和财产损失而采取的各种组织措施和技术措施。一般性社会防灾防损并非保险经营的特有内容，而是在人类产生后为适应人类生存和社会发展的需要而产生并逐步发展的。在早期人类社会，灾害事故的种类较少，主要是各种自然灾害，如洪水、干旱、地震等。随着科技进步和人类社会的不断发展，人类在防灾防损方面取得了一定成效。但灾害事故本身也日益复杂，灾害事故种类日益增多，尤其是各种人为灾害事故不断增多；灾害事故发生的范围越来越大；灾害事故发生的频率越来越高；灾害事故所导致的后果越来越严重。对安全的需求是人类的基本需求之一，人类发展的历史也就是与灾难斗争的历史。在长期的防灾防损实践中，人们建立了各种防灾防损制度，规范了各种防灾防损秩序，采取种种事前预防、事后应急处理的措施，对灾害事故加以控制或施加影响，降低灾害事故的发生频率，减轻灾害事故的损失程度。

保险作为一种处理危险的普遍可靠的方法，保险企业的防灾防损工作走在全社会防灾防损工作的前列。对于理解保险防灾防损的含义，应明确以下几点：

（1）防灾防损的主体不同。保险防灾防损的主体是保险人，而社会防灾防损的主体广泛，包括社会专门防灾的机构或部门，以及全体社会成员。

（2）防灾防损的范围不同。保险防灾防损的范围是保险人所承保的保险标的范围，而社会防灾防损的范围是全体社会成员的生命财产及全部社会财富，覆盖面非常广。

（3）防灾防损的对象不同。保险防灾防损的对象是保险人承保范围内的危险事故，而社会防灾防损的对象是各种各样造成社会财富损失的灾害事故。

（4）防灾防损的依据不同。保险防灾防损的依据是保险合同，根据保险合同权利与义务的规定所表现出的保险人和被保险人之间的经济利益关系，而社会防灾防损的依据是社会成员的利益动机，以及国家法律法规的强制规定。

2．保险防灾防损的手段

（1）法律手段。法律手段是管理保险经济的基本的、重要的手段，也是保险防灾防损的手段之一。它是通过国家颁布有关的法律法规来实施保险防灾防损管理。例如，《保险法》第36条规定，被保险人应当遵守国家有关消防、安全生产操作、劳动保护等方面的规定，维护保险标的的安全；根据保险合同的约定，保险人可以对保险标的的安全状况进行检查，及时向投保人、被保险人提出消除不安全因素和隐患的书面建议；投保人、被保险人未按照约定履行其对保险标的的安全应尽的责任的，保险人有权要求增加保险费或解除合同；保险人为维护保险标的的安全，经被保险人同意，可以采取安全预防措施。

（2）经济手段。经济手段是当今世界各国普遍运用的进行保险防灾防损管理的基本手段。通常，保险公司根据客户防灾防损的动机和措施不同而采取不同的费率来体现这一经济手段。也就是说，在其他条件相同的情况下，通过调整费率的高低来保护和促进防灾防损活动。

（3）技术手段。技术手段即运用先进的技术和设备从事保险防灾防损活动，是目前发达国家较为普遍运用的科学而先进的手段。一些发达国家的保险公司专门设立从事防灾防损技术研究的部门，对保险防灾防损进行有关的技术研究。它们运用有关的技术和设备对承保危险进行预测，对保险标的进行监测，研制各种防灾防损的技术和设备，以及制定有关的安全技术标准。这些国家的保险公司的防灾防损活动不仅使保险公司获益，而且使公司在社会上获得了良好的声誉，而它们的防灾防损技术往往领先于社会其他部门，从而又促进了社会防灾防损技术的发展。

（4）行政手段。行政手段即通过行政命令等强行规定保险人和被保险人必须采取某些防灾防损措施。行政手段在社会保险及一些具有强制性的险种中常有运用，但在服从市场规律的商业保险中，运用得越少越好。

8.4.2 保险防灾防损的内容

保险防灾防损包括两方面内容：一是积极参与社会的防灾防损工作；二是把防灾防损贯穿于整个保险经营实务中。

1. 积极参与社会的防灾防损工作

（1）加强与其他防灾防损组织的联系，加强防灾防损宣传。防灾防损是全社会人们共同的责任和义务，在完成这一社会系统工程的各种社会力量中，保险企业以其特有的经营性质和技术力量，走在社会防灾防损前列，发挥着越来越大的作用。保险企业要注意保持和加强与各专业防灾防损部门的联系，并且根据企业主客观条件，积极派人参加各专业防灾防损的活动。参与社会防灾防损组织与活动，既是保险企业对社会的贡献，也是对保险企业防灾防损技术和能力的综合检验；同时，在与社会各专业防灾防损部门的合作中，通过与各专业专家的接触与交流，还可使保险防灾防损工作博采众长，增长保险防灾防损工作人员的专业知识，提高防灾防损技术水平和综合能力。

另外，还要配合各级公安消防部门、各级防洪防汛指挥部、气象台、气象站或气象中心、地震局，以及各种安全管理委员会等开展防灾防损宣传，让广大被保险人意识到，保险防灾防损，是保险人的利益所在，也是被保险人和整个社会的利益所在。做好保险防灾防损，既是保险公司的应尽职责，也是被保险人必须履行的义务，保险双方应相互配合，协同社会有关部门，共同做好这项工作。保险人应重点宣传国家颁发的各种安全法规和条例，使各级负责人和广大群众提高执法、守法的自觉性；树立以预防为主的指导思想，建立严格的安全管理制度，使防灾防损工作纳入制度化、法制化轨道。此外，还应宣传防灾防损的基本常识，提高全社会防灾防损的能力。

（2）进行防灾检查，参与抢险救灾。对被保险人要经常进行防灾防损检查，不断发现危险隐患，减少不安全因素。保险公司的防灾防损人员应深入现场，对保险标的进行检查。防灾防损检查是发现和消除隐患，落实整改措施，预防灾害事故的重要手段，也是保险防灾防损技术服务的基础工作。防灾防损检查应根据不同的险种、投保的对象和季节有所侧重。保险防灾防损人员可以组织进行电气、消防器材、机动车辆等单项检查，也可以进行防火、防洪、防盗等系统检查。汛期应重点检查工厂、商店、仓库的防洪、防雨、防风等安全措施。在检查中，若发现不安全因素和事故隐患，保险公司要向被保险人及时提出整改建议，并且在以后就整改建议进行复查，确保保险标的的安全。

参与抢险救灾，不仅可以抢救所承保的保险标的，减少保险赔款，而且可以提高保险企业的声誉，加深与被保险人的联系，扩大保险的社会影响，为保险展业开辟道路。在灾害事故发生时，要与社会防灾防损部门及被保险人一起，组织抢救保险财产，防止灾害进一步蔓延。在灾害事故发生之后，要与被保险人对受灾财产进行整理、保护和妥善处理损余财产。

（3）开展灾情调查，积累统计资料。加强对各种危险因素的分析研究，便于了解和掌握发生灾害的规律性，为有关部门提供比较可靠的防灾防损信息，有利于指导和提高今后的防灾防损工作。在灾害事故发生之后进行有关灾情的调查研究和积累大量的灾情资料也是十分必要的。在保险防灾防损工作中，无论是制订防灾防损计划，还是开展防灾防损宣传，都离不开真实、系统的灾情资料。而且，完备的灾情资料，也是制定保险费率、进行保险理论研究和业务开拓的重要依据。因此，保险防灾防损工作中的一项重要内容，就是要广泛地开展灾情调查，认真、实事求是地收集、整理灾情资料，然后，按照档案资料管理规章，妥善保管。为使积累的灾情资料更加全面和具有代表性，保险人应主动与社会防灾防损部门合作，并且建立长期的资料交换关系。

（4）提供防灾防损费用，增强社会防灾防损的力量。保险人每年从收入的保险费中提取一定的比例作为防灾防损基金，并且以其中的一部分作为社会防灾防损的补助费用，结合保险业务的开展，与社会有关防灾防损部门一起，对社会防灾防损工作提供一定的支持，主要用于补助当地消防、交通、航运等部门增添防灾防损设备。另外，保险人可以根据自身经营的不同险种，针对具有共性的、覆盖面积大的灾害事故，以及新的防灾防损技术，同各大专院校、科研机构的专家合作研究，支付课题费用。例如，美国的一些财产和责任保险公司，为搞好防灾防损，减少社会财富和保险标的的损失，扩大保险公司的影响，资助汽车和高速公路的安全行车装置的设计开发。随着保险业务的迅速发展，防灾防损费用将不断增加，其资助范围也将逐步扩大。不论如何增加和扩大，都必须掌握一个基本原则：资金运用要有利于减少保险事故的发生，有利于降低保险标的的损失程度，有利于保险人的经营。

2．把防灾防损贯穿于整个保险经营实务中

保险防灾防损与保险承保、保险理赔一起，构成了保险经营实务的主要内容。保险防灾防损工作应贯穿到保险承保、保险理赔等各经营环节中，因为它们之间有着相辅相成的关系。在保险承保工作中，要由保险防灾防损人员对准备承保的标的物进行检查，提供场所、机器设备、生产操作等方面的安全管理情况。这是承保的重要信息来源，有利于提高承保工作的质量，对发现的不安全因素提出纠正措施，并且把它作为承保的一项条件，这样就有可能使一些本来不合格的业务转变为可以承保的业务，扩大了承保面。在保险理赔工作中，熟悉保险标的的防灾防损人员可以向理赔人提供技术援助。在比较复杂的赔案中，调查出险原因和核定损失时经常需要专职的防灾防损工作人员到现场参加调查，并且总结事故发生的经验教训，提供防灾防损的建议。由此可见，保险防灾防损工作直接影响到展业、承保和理赔工作的质量，是保险经营的一个重要环节。把防灾防损贯穿于保险经营实务的整个过程中，主要体现在以下两个方面。

（1）在保险承保工作中，要进行防灾防损措施和安全管理制度的全面检查，提出整改建议。承保时和承保后，要由保险防灾防损人员对保险标的进行检查，了解和熟悉被保险人的基本情况。例如，保险标的所处位置，面临的危险状况，被保险人防灾防损的措施、设备，各项安全制度的制定与执行情况等。又如，在承保检查方面，要对建筑结构、电源、易燃品、易爆品的储存和保管，生产工艺流程的危险部分（如锅炉、电焊）以及消防设施和安全管理制度进行全面检查，整改建议应摘录存档，并且在提出整改措施后予以复查，以确保保险标的的安全。再如，对参加人寿保险的被保险人的不良生活习惯，以及不利于健康的生活环境，必要时在合同中列明特别禁止条款以约束被保险人的行为。

（2）把保险防灾防损工作与理赔相结合。从保险经营环节的角度看，由于受科技水平限制，加之灾害事故的偶然性与必然性，因此，尽管防灾防损卓有成效，但灾害事故的发生总是难免的。灾害事故总是有原因和规律的，而理赔则是寻找这种规律和原因的重要途径。在保险标的出险后，通过理赔过程可以从中了解到出险的直接原因，以及与出险有关的其他制约条件和因素，对收集的大量出险信息进行综合分析处理，认清导致出险的内在规律性和外在制约条件，从而使防灾防损更富于科学性和针对性。这样的防、理结合，不

仅帮助被保险人查明了事故原因，促使他们增强了"防"的意识，而且为保险人提高防灾防损的工作质量积累了经验，创造了条件。

思考与练习

1. 单项选择题

（1）保险人在承保管理中，审核投保人资格时不要审核的内容是（   ）。
   A．投保人对保险标的的保险利益　　B．投保人的民事行为能力
   C．投保人的民事权利能力　　　　　D．投保人的交费能力

（2）风险程度高的人比风险程度低的人更愿意投保，这种倾向称为（   ）。
   A．保险欺诈　　　B．逆选择　　　C．负选择　　　　D．道德风险

2. 多项选择题

（1）保险人提供的投保服务包括（   ）。
   A．帮助投保人分析自己所面临的风险
   B．帮助投保人确定自己的保险需求
   C．帮助投保人估算投保险费用
   D．帮助投保人制订具体的保险计划
   E．帮助投保人选择保险公司

（2）保险公司承保管理程序的内容包括（   ）。
   A．接受投保单　　B．审核验险　　　C．接受业务
   D．缮制单证　　　　　　　　　　　E．计划赔款

（3）保险公司的理赔原则包括（   ）。
   A．恪守信用原则　　　　　　　　　B．自我有利原则
   C．实事求是原则　　　　　　　　　D．赔付最小原则
   E．公平合理原则

（4）承保管理的内容包括（   ）。
   A．审核投保申请　　　　　　　　　B．审核保险责任
   C．控制保险责任　　　　　　　　　D．进行损失调查
   E．接受业务

（5）审核投保申请主要包括（   ）。
   A．审核投保人的资格　　　　　　　B．审核保险标的
   C．审核保险费率　　　　　　　　　D．审核保险责任
   E．审核验险

（6）控制保险责任通常包括（   ）。
   A．控制损失　　B．控制逆选择　　C．控制保险责任
   D．控制人为风险　　　　　　　　　E．控制保险金额

（7）保险人在核保时对心理风险常采用的控制手段有（   ）。
   A．限额承保　　　　　　　　　　　B．规定免赔额（率）

C．验险　　　　　　　　D．体检
E．不予承保

3．简答题
（1）什么是防灾防损？
（2）防灾防损的主要手段有哪几种？
（3）什么是保险理赔？它的基本要求是什么？

4．案例分析
王某为自己投保了一份终身寿险保险单，合同成立并生效的时间为1997年3月1日。因王某未履行按期交付续期保险费的义务，此保险合同的效力遂于1999年5月2日中止。2000年5月1日，王某补交了其所拖欠的保险费及利息。经保险双方协商达成协议，此合同效力恢复。

2001年10月10日，王某自杀身亡，其受益人便向保险公司提出给付保险金的请求。而保险公司则认为"复效日"应为合同效力的起算日，于是便以合同效力不足两年为理由予以拒赔。试说明保险公司是否应给付王某受益人保险金。

阅读材料

车辆保险索赔指南

1．保险车辆发生单方肇事如何索赔？发生双方肇事如何索赔？

如果您的车辆发生单方肇事，应在出险后24小时内向承保公司报案。索赔时应向承保公司提供以下材料：保险单正本、保险公司出具的估价单、修车发票及修车清单、司机写的事故经过、驾驶证复印件、出险通知书、施救费用的原始单证、肇事的旁证证明。

保险车辆发生双方肇事，应及时保护现场，通知当地交警事故处理部门并在24小时内向承保公司报案。经交警事故处理部门处理完毕后提供以下材料向承保公司索赔：保险单正本、保险公司出具的估价单、修车发票及修车清单、司机写的事故经过、驾驶证复印件、出险通知书、施救费的原始单证、事故调解书及责任认定书、第三者的车损发票、车损估价单及人员伤亡的诊断证明（人员伤亡的医院诊断证明必须以县级以上医院为准）、住院证、出院证及医疗费发票、伤残等级鉴定书、公安部门出具的死亡证明等有关证明材料。

2．保险车辆在外地出险如何报案？

各大保险机构遍布全国，全系统内制定了委托代查勘、代定损制度。如果您的车辆在省内肇事，应及时保护现场，通知当地交警事故处理部门，同时通知当地保险公司代查勘、代定损并拍损失照片；如果您的车辆在外地肇事，应及时保护现场，通知当地交警事故处理部门，同时通知承保公司，承保公司同意后以书面形式委托当地保险公司代查勘、代定损并拍损失照片。事故处理完毕带回代查勘报告、代定损清单、照片向承保公司索赔。

3．保险车辆被盗或被抢劫如何报案？

保险车辆在停放中被盗或在使用过程中被抢劫，经向公安部门报案，在三个月以上仍未破案，提供以下材料向承保公司索赔：向当地登报启事，市、区县公安刑侦部门的报案证明、购车发票、车辆所有权益转让书等有关证明材料。

第9章 保险公司的内控与监管

阅读要点

- 掌握保险的经营风险；
- 理解保险公司的内控；
- 熟悉保险公司的监管。

9.1 保险的经营风险

保险的经营风险具有潜伏期长、隐蔽性强、震动面广、危害性大等特点，因此，必须提高防范保险经营风险的认识。

保险公司内部管理不科学、不规范、不严格是产生保险公司经营风险的根源。因此，建立科学的管理体制，强化保险公司的内控是防范保险公司经营风险的有效保证。

保险公司内部组织结构的设置是否适当，直接关系到公司能否合理地组织经营活动，及时发现和处理经营活动中所出现的问题，保证公司经营活动能够有序协调地进行。凡是机构臃肿，人浮于事，工作就会拖拉、疲沓、扯皮、推诿，管理效率就会降低。保险公司应加强对组织结构设置的控制，保证整个保险经营机制的良好运行。

在选择"总公司—分公司—支公司"组织形态的保险公司中，总公司是法人机构，分、支公司不具备法人资格；只有总公司才具有民事权利和民事行为能力；总公司以其全部资产对其债务承担有限责任，分、支公司对其债务不具备承担责任的资格；总公司享有法人财产权，分、支公司不享有。在我国，保险公司选择的是"总公司—分公司—支公司"的组织形态，必须强化统一法人制度，在组织形态上体现法人的单一性。由于长期以来受计划经济体制的影响，保险公司没有坚持和落实统一法人制度，造成管理混乱。尤其是计划经济体制下形成的企业"行政级别"观念，应在实行统一法人制度下逐渐淡化消除，分公司的"行政级别"只是执行具备法人资格的公司的决策，服从公司的利益。因此，保险公司应建立、健全各级分支机构的授权管理制度。只有健全和落实各级机构的授权管理制度，才能正确处理个人与集体，局部与整体，分、支公司与总公司的关系；才能明确各自权利与义务的界限，实现科学管理和规范经营，从而有效地防范内部经营风险。

在建立科学的组织结构基础上建立适当的责任制度，是组织控制的一项重要内容。责任制度以明确责任、检查和考核责任履行情况为主要内容。在保险内部经营管理过程中，一方面要实行部门责任控制，合理确定各个部门的工作内容、责任范围，合理制定部门之间的联系和协调制度，并且经常检查执行情况，使企业内部各部门既能各司其职，又能协调配合，从而有条不紊地完成各自的工作任务，实现企业的总体目标；另一方面要推行岗位责任制，在合理分工的基础上划分一个个工作岗位，然后按照岗位明确责任，考核责任，以考核成绩决定奖罚，从而提高每个职工的责任心和工作效率。

在保险经营业务管理过程中，要加强业务质量控制。按公司制定的险种条款、费率、规章和实务规程，以及保险业务管理办法，规定保险业务的处理程序，使业务处理规范化、标准化。目前，保险公司应重点加强对承保业务质量、理赔业务质量、投资业务质量的控制，建立和完善核保、核赔制度，严格控制承保、理赔风险，加强资金运用管理，有效地控制投资风险。

保险公司的内控是规范经营、防范风险的关键环节。保险经营风险大，必须大力加强内控制度建设，建立企业内部稽核机构，加大稽核力度。定期检查财务收支和清查财产，及时发现问题，堵塞漏洞，防止弄虚作假、擅自提高费用标准、扩大开支范围等违反法律的行为，保证公司财产的安全。通过内部稽核机构或人员对保险经营活动进行的监督，有效地防范保险经营风险。

9.2　保险公司的内控

内控在公司管理中的特殊地位和作用，决定了只有抓好内控，才能带动公司全面科学的管理，而系统、全面地理解内控则是加强公司内控的前提。关于内控的含义有多种说法，最权威的莫过于 COSO（美国反欺骗性财务报告委员会）对内控所下的定义：内控是一个靠组织的董事会成员、管理层和其他员工去实现的过程，实现这一过程是为了合理地保证组织经营的效果性和效率性、财务报告的可靠性、对有关的法律和规章制度的遵循性。

1. 保险公司内控的主要内容

（1）控制环境。包括公司实行内控的各种影响因素，其中包括公司特征、产品与服务构成、公司文化、领导风格、法律制度、管理层对内控的认识和公司信息管理系统等。这些因素都直接或间接地对内控的推行、效果或效率产生正面或负面的影响。例如，公司的结构发生变化可能意味着公司业务面临重组，公司的经营过程、局部目标或业务范围发生变化，内控的方式与范围必然相应地发生转变。

（2）风险评价。内控的目标是发现风险、分析风险、防范风险，并且使风险可能造成的损失降至最低。其中，重要内容是对风险本身进行评价，即对风险的真实性、风险可能造成的损失、防范风险可能采取的有效措施、这些措施可能产生的效果和风险发生后将产生的内外部影响进行分析和评价。所谓的风险，是指公司运行过程中出现偏离公司目标的情况及其可能带来的损失。对公司来说，研究、开发、销售、质量、财务、资产、组织运行与人事稳定性都可能发生偏离既定目标的情况。内控应当对这些风险进行即时监控与分析。更重要的是，内控应当建立相应的风险自动反应机制，以便对公司可能出现的风险做出即时反应。

（3）控制活动。对可能发生或已经发生的风险采取应对措施，纠正偏差，使公司的运行朝既定目标发展，其中包括相关的政策和程序。

（4）信息和沟通。内控涉及公司的各个环节和各个方面，特别是涉及管理层的态度、管理层对风险的看法和对控制措施的配合，甚至可能涉及一些利益团体或项目团队的集体态度。为了获得有关内控充分准确的信息，为了使控制措施得到充分的响应和有效的配合，同时为了使风险评价客观公正，广泛的信息来源和相关人员之间的充分沟通与理解是内控中十分重要的工作环节。

（5）监督。整个内控过程，包括风险评价和控制措施，本身都必须处于有效的监控之中，并且根据具体情况进行及时的动态调整，以提高内控的准确性、有效性和控制效率。

2．保险公司内控的方式

按照控制与事件发生的时间先后顺序，内控可以分为前馈控制、同期控制和反馈控制。

（1）前馈控制。发生在实际工作之前，是未来导向的。质量控制培训项目、预测、预算、实时的计算机系统都属于前馈控制。前馈控制是管理者最渴望采取的控制类型，因为它能避免预期出现的问题，而不必当问题出现时再补救。

（2）同期控制。发生在活动进行之中，最典型的方式是监督视察。同期控制可能使管理者在问题发生时及时纠正问题。

（3）反馈控制。发生在行动之后，通常是通过实际与标准或预算的对比来确认差异，在问题出现后要求采取纠正措施。客户回访、对承保和理赔情况进行检查和分析、评估客户投诉、监督退保情况等都属于反馈控制。反馈控制的主要缺点在于管理者在损失发生后才获得信息。其优点表现在两个方面：一是它为管理者提供了关于计划的效果究竟如何的真实信息，能够使管理者通过实际与计划来分析偏差产生的原因，便于管理者制订更有效的新计划；二是它能够增强员工的积极性，因为人们希望获得评价他们绩效的信息，而反馈恰好提供了这样的信息。

9.3 保险公司的监管

9.3.1 保险监管的含义

保险监管是指政府对保险业的监督管理，是保险监管机构依法对保险人、保险市场进行监督管理，以确保保险市场的规范运作和保险人的稳健经营，保护被保险人利益，促进保险业健康、有序发展的整个过程。

我国自 1979 年恢复国内保险业务以来，保险监管方面的法规建设得到了加强。1985年国务院发布了《保险企业管理暂行条例》；1992 年中国人民银行公布了《保险代理机构管理暂行规定》，并且于同年 9 月 11 日公布了《上海外资保险机构暂行管理规定》；1995年第八届全国人大常委会颁布了《中华人民共和国保险法》；1996 年 2 月 2 日中国人民银行公布了《保险代理人管理暂行规定》，同年 7 月 25 日又公布了《保险管理暂行规定》；1997年 11 月 30 日中国人民银行修订并公布了《保险代理人管理规定（试行）》；1998 年 2 月 24日中国人民银行公布了《保险经纪人管理规定（试行）》；1999 年中国保险监督管理委员会公布了《保险公司管理规定（试行）》，2000 年又公布了《保险公估人管理规定（试行）》，同时与此相关的法律法规亦已颁布；2002 年国务院发布了《中华人民共和国外资保险公司管理条例》；2002 年 10 月 28 日第九届全国人大常委会修订并颁布了《保险法》，从而初步形成了以《保险法》为核心的保险法律、法规体系。

保险监管和保险内控存在一定的关系。保险监管是政府为保护被保险人的合法利益对保险业依法监督管理的行为；而保险内控则是保险公司在国家法律允许的范围内为维护本公司利益而采取的行为，如股份有限公司的监事会就是企业内控的一个方面，监事会对股东大会负责，对董事会监督，从而保证公司既合法经营，又执行股东大会的决议。因此，两者的共同点是都以国家的保险法为其基本依据，但目标存在区别，保险监管的最基本的目标是保护被保险人的合法利益；而保险内控的目标则是在法律允许的条件下维护公司的合法利益。

1. 保险监管的目标

不同国家对保险监管的目标存在一定的差异，同一国家随着经济的发展和保险业所处的不同阶段，保险监管的目标也会有所侧重或不断产生新的监管目标。一般地，保险监管的目标主要表现在以下四个方面。

（1）维护被保险人的合法权益。保险监管必须把保护被保险人的合法权益放在第一位。保险监管机构通过对市场准入、条款审核备案、费率厘定、准备金提取等方面的监督管理，来确保保险公司的偿付能力和保护被保险人的合法权益。

（2）促进保险业持续健康协调发展。保险监管机构通过制定保险业长远发展规划、调整实施监管政策、完善市场结构、创造良好竞争环境等措施来促进保险业的持续健康协调发展。在市场条件成熟时，可以适当加快批准符合条件的内、外资保险机构和中介机构，适当放宽保险资金运用范围等。这样做有利于开创良好的竞争环境，为保险公司的进一步发展创造条件。

（3）维护正常的保险市场秩序和公平竞争的环境。保险市场秩序正常与否，对于公平竞争、行业发展、行业形象、行业核心竞争力等有着重要的影响，因此，通过整顿保险市场，维护正常的保险市场秩序是保险监管不可或缺的目标。

（4）防范和化解保险经营风险。防范和化解经营风险是保险业持续健康发展的重要内容。对于不同发展阶段的保险公司，这一方面的监管目标又略有差异，对新成立的公司应着重防范其经营风险，而对于经营时间较长的公司应将防范和化解风险并重。注重对保险公司偿付能力监管，保证保险人有足够的财务实力履行其对保险单所有人的保障责任，及时对偿付能力不足的保险人采取有效监管措施，是防范化解风险的核心。

2. 保险监管的原则

保险监管的原则与保险监管的目标是一致的，二者相互促进、相辅相成。

（1）依法监管原则。法律是国家意志的最高体现，是依靠国家机器的强制力来实现的，任何个人或单位必须在法律允许的范围内行事，不能凌驾于法律之上，否则就会受到相应的法律制裁。在市场经济条件下，保险公司必须依法接受保险监管机构的监督管理，而保险监管机构也必须依法进行监督管理。在保险市场中，为了维护被保险人的合法权益，确保保险业的健康协调发展，必须保持保险监管的权威性和强制性，从而达到保险监管的有效性。

（2）适度监管原则。完全竞争的市场是理想化的市场，现实中的市场普遍存在种种市场失灵的现象。为此，必须引入外部的适当干预，即适度的保险监管。为了维护保险市场的正常运行，防止保险市场失灵、减少由市场失灵造成的危害，保险监管的重点应该是创造适度竞争的市场环境，保持适度竞争的格局，防止出现过度竞争或恶性竞争。

保险监管必须避免两种极端观点。一要避免过度监管。某些人认为保险监管是万能的，从而任意干预保险公司的内部经营管理。保险公司是自主经营、自负盈亏的独立法人，有权在法律法规允许的范围内，独立地决定自己的经营方针和发展策略，尤其是在市场经济条件下，只要保险公司不违反国家有关法律法规和政策，不违反社会公共利益和公共道德，保险监管机构就不应该任意干预其经营行为。保险监管不是万能的，监管失灵与市场失灵同样存在，不能认为保险市场中存在的任何问题都可通过某种或某些监管手段得以纠正和解决，否则容易导致过度干预，扰乱市场信号，使市场机制无法有效发挥作用，不利于保险业有效竞争机制的建立和完善。二要避免过度放松监管。某些人盲目崇拜市场机制的作用，抹杀政府监管的应有地位和积极作用。这些人更倾向于能不监管就不监管，以免监管不当遭起诉，更易导致过度放松监管，弱化保险监管功效，滋生市场恶性竞争，损害保险行业信誉，削弱行业竞争能力。事实上，保险监管应该努力做到管而不死，活而不乱，既鼓励竞争，又规范竞争，促使保险公司科学合理地权衡利润和风险。

9.3.2 保险监管的内容

1. 保险监管的方式

（1）公示方式。国家对保险业的实体不加任何直接监管，而是把保险业的资产负债、经营成果及其他相关事项予以公布。至于业务的实质及其经营优劣由社会公众和被保险人自行判断。关于保险业的组织、保险合同格式的设计、资金运用由保险公司自主决定，政府不做过多干预，这是国家对保险市场最为宽松的一种管理方式。其优点是通过保险业的自主经营，使保险业在自由竞争的环境下得到充分发展。其缺点是社会公众往往缺乏对保险业进行合理评判的标准和能力。采用这种监管模式的国家必须具备相当的条件：客观上该国国民经济高度发展，保险竞争主体多元化，投保人具有选择优劣的可能，保险公司具有一定的自制、自律能力，市场具有平等竞争条件和良好的商业道德；主观上国民具有较高的文化水准和参与意识，投保人对保险公司的优劣有适当的判断能力和评估标准。这种方式在采用英国监管模式的国家较为常见。

（2）规范方式。又称准则主义，是由政府规定保险业经营的一定准则，要求保险业共同遵守。政府对保险经营的重大事项，如最低资本金要求、资产负债表的审核、法定公司事项的主要内容、管理当局的制裁方式等都有明确规定。这种方式比公示方式对保险业的管理有所进步，但政府对保险业是否真正遵守规定，仅仅在形式上加以审查。由于保险专业技术性强，有关法规很难适用所有保险机构，因此，形式上合法、实质上不合法的行为时有发生，存在较大的执行难问题。

（3）实体方式。又称许可方式，即国家制定完善的保险监管规则，国家保险监管机构具有较大的权威和能力。在保险组织的创设时，必须经政府审批核准，发放许可证；经营开始后，在财务、业务等方面进行有效的监督和管理；在破产清算时，仍予以监管。这是当今多数国家，如美国、德国、日本等采用的监管模式，我国也采用该种方式。目前在保险费率监管、保险条款审定、竞争约束、资金运用等方面，许多原来监管严格而市场秩序较好的国家，对此有放松监管的趋势。

2. 保险监管的方法

（1）现场检查。保险监管机构履行监管职能的重要方式。可以确保职能部门独立地审查保险公司的承保、理赔、内部管理和财务状况，直接观察保险机构的经营管理水平和财务会计系统的质量。建立规范化的现场检查制度，是实施有效监管的重要手段。检查工作要围绕促进保险业持续健康发展这个中心任务，结合倾向性问题，突出重点，组织力量按规定程序对保险机构进行定期或不定期的现场检查，达到彻底澄清事实，掌握真实情况的目的，以便对可能发生的风险进行及时的救助，把握监管工作的主动权。

现场检查工作一般可以划分为三个阶段。

1）准备阶段。在每次实施现场检查之前，根据近期监管工作的重点，结合收集到的材料和掌握的信息，确定检查工作的目标和内容，编制检查项目工作计划。根据检查项目工作计划，组成检查工作组，对与本次检查相关的被检查单位的业务经营和财务管理等情况进行检查前的调研，在调查研究的基础上拟订具体的检查工作方案。检查工作方案的主要内容包括：检查的目的和要求、检查的范围和内容、检查人员的分工、检查的方式和方法、工作时间表、检查统计和记录。准备工作就绪后，向被检查单位下达书面的检查通知书。

2）实施阶段。现场检查的实施阶段是指从检查工作组进驻被检查单位开始，直到检查工作结束，撤出被检查单位为止。在实施阶段，检查工作组要向被检查单位领导和相关人员明确本次检查的目的和内容，提出具体的工作要求。检查工作组要在计划的期间内完成进点会谈、调阅资料、对账表的现场审核、内控测试、执行检查程序、检查质量控制、编制工作底稿等。在现场审核过程中，检查工作组首先应对被检查单位账表数据的真实性、完整性和合法性进行现场检查，其目的是避免有问题的账表数据误导检查人员。检查工作底稿是检查过程中连贯的具体的检查工作记录，是编制检查工作报告的基础性资料，它包括被检查单位和个人提供的证明材料、会计原始凭证、账簿和报表的复印件证明，有关的业务文件摘录证明，实物证据等。检查人员要特别注意做好检查记录，提供完整的检查工作底稿。

3）终结阶段。检查工作组根据编制的检查工作底稿，对被检查单位的检查事项做出客观公正的分析、评价和决定，编制检查工作报告，依照程序征求被检查单位对检查报告的反馈意见。经审定的检查报告作为检查终审报告。报告的内容应当包括本次现场检查的目的、内容、投入工作量、审计金额状况、存在问题、金额情况、检查的起止日期、检查工作的重大情况、发现的主要问题及其性质、评价和处理建议。保险监管部门根据检查工作组提交的检查报告，对检查监督意见书和检查监督决定进行审核并签署意见，报送有关领导审批执行。在现场检查工作终结后，凡记录检查过程、反映检查结果、证明检查结论的文件、数据资料及工作底稿都应依照有关的规定立卷归档。

通过现场检查，可以强化对保险公司的稽核监督，对公司经营管理和经济效益给予客观、公正的评价，针对保险公司在业务活动和经营管理方面存在的问题，提出稽核检查建议和整改措施。同时，可以审核保险人和被保险人的行为是否合理、合约、合法，权利和义务是否对等，责任是否明确，是否有利于保险人的正常经营和被保险人的根本利益不受侵犯，是否能够促进我国保险业稳定、持续、快速、健康发展。

（2）非现场检查。保险监管机构可以通过检查各保险机构报送的报表、资料，以及其他辅助表格或事项，从资本充足率、责任准备金、资产质量、管理水平、盈利能力、资金流动性、偿付能力等几个方面入手来判断保险机构是否达到了手续健全、稳健经营的要求。我国保险业的非现场检查制度处于刚刚起步阶段，正逐步建立健全监管报表报送制度、各种报告制度及监管报表分析制度，努力完善适合我国国情的非现场检查考核体系。非现场检查是对保险业实施日常监管的重要方式。

依据监管报表报送制度，各保险机构定期向保险监管部门报送各种监管报表，主要包括资产负债表、损益表、资金运用表、业务统计表、最低偿付能力状况表、利润分析表、分保业务统计表等。同时，我国的精算报表体系逐步完善起来，主要包括责任准备金评估报表和业务统计报表两大类别。为确保报表的真实性、及时性和规范化，监管报表实行法人代表签字制度。监管报表分析是保险监管的基础性工作，可以通过对各种报表、统计表及其他资料的分析，了解保险机构的业务状况、财务状况和资金运用状况，从分析中找到监管的依据；同时，通过建立电子化保险监管的信息网络，形成预警系统，以便加强事前监督，引导和规范保险业的健康发展。我国的保险监管报表分析，已经形成了比较成熟的监管指标体系，为分析结果的准确性、科学性和实用性打下了良好的基础。

保险监管指标按反映对象分为非寿险业务指标、寿险业务指标、资金运用指标、财务状况指标四类。非寿险业务指标主要用于监测财产保险、意外伤害保险和短期健康保险业务。寿险业务指标主要用于监测长期寿险业务和长期健康保险业务。资金运用指标主要用于监测各类保险公司资金运用状况。财务状况指标主要用于监测各类保险公司的偿付能力和保险公司财务状况。

保险监管指标按性质分为约束性指标和关注性指标。约束性指标是指保险公司的指标值必须在规定的指标值范围以内，否则即违反有关法律法规，监管部门将视其情节轻重及造成的影响给予处罚并责令其纠正。关注性指标是指保险公司的指标值以在设定的范围以内为宜。如果超出设定的范围，不一定表示保险公司有违法行为或财务状况恶化，但监管部门要对该公司进行跟踪调查，结合其他相关指标综合分析，必要时可要求该公司给出合理的解释。

约束性指标一般仅适用于保险法人机构。我国保险监管指标体系中主要包括以下四个约束性指标。

1）非寿险业务中的自留保险费率指标。

$$自留保险费率 = 本期自留保险费 \div (实收资本 + 公积金) \times 100\%$$

该指标主要监测财产保险公司自留保险费规模，指标值越高，表明保险公司最终抵御风险的能力越低。按照《保险法》规定，该指标值应小于400%。

2）单类资金运用率和单类资金运用变化率指标。

$$单类资金运用率 = 单类资金运用金额 \div 资产总额 \times 100\%$$

$$单类资金运用变化率 = 本期单类资金运用率 - 上期单类资金运用率$$

这两项指标分别监测保险公司各资金运用项目在总资金运用中的比重，以及是否按照规定的保险资金运用项目来运用保险资金，使其资金运用风险不致过于集中。

3）最低偿付能力指标。保险公司最低偿付能力指标是指保险公司实际资产减去实际负债的差额。该指标主要监测保险公司的最低偿付能力。

4）固定资产率指标。

$$固定资产率=固定资产总额÷（实收资本+资本公积）\times 100\%$$

在现行的指标体系中，"固定资产总额"包括"在建工程"项目所占用的资金，该指标主要监测保险公司固定资产占资本金的比重，控制保险公司的实物资本比例。该指标值应小于或等于50%。

（3）外部监管。1995年10月1日《保险法》的实施标志着我国的保险监管工作开始走向正轨。但是，由于多方面的原因，我国的保险监管工作与快速发展的保险业相比还有很大距离。主要表现在：一是监管力量不足；二是基础性工作薄弱；三是法律、法规不健全。这在一定程度上制约了我国保险事业的进一步发展。在努力建立健全现场检查制度和非现场检查制度的同时，也要争取依靠并运用外部资源，包括注册审计师、注册会计师以及各种与保险业相关的专业人才，提高保险监管业务水平。

审计监督是中国保险监督管理委员会实施保险监管的主要内容。从国内外审计的现状来看，按不同的审计主体可以划分为政府审计、内部审计和注册会计师审计。政府审计（也称国家审计），是由国家审计机关代表国家依法对国家经济活动进行的审计。在我国，政府审计主要监督检查政府部门的财政收支及公有制经济域的资金收支、运用状况。内部审计是由各部门、各单位内部设置的审计部门进行的审计。内部审计主要监督检查本单位的财务收支和经营管理活动。注册会计师审计（也称独立审计、民间审计），是由经政府有关部门审核批准的注册会计师组成的会计师事务所进行的审计。会计师事务所不附属于任何机构，自收自支、独立核算、自负盈亏、依法纳税，它具有独立的法人资格，在业务上具有较强的独立性、客观性和公正性。

在审计监督体系中，政府审计、内部审计和注册会计师审计既相互联系，又各自独立、各司其职。在保险业的监管过程中，中国保险监督管理委员会的职能部门，要充分考虑这三种审计的特点，依靠政府有关部门认可的审计师和注册会计师，保证监管质量。参与保险业审计工作的专业人员，在出具审计意见时，通常包括以下三个方面的内容。

1）合法性。参与保险业审计工作的审计人员应当判明，被审计单位会计报表的编制与其财务会计处理是否遵循了有关会计准则及国家其他有关财务会计法规的规定。

2）公允性。参与保险业审计工作的审计人员应当判明，被审计单位的会计报表是否公允地反映了被审计单位在会计核算期末的财务状况及整个会计核算期间的经营成果和资金变动情况。审计人员的审计意见应当合理地保证会计报表使用者确定已审计的会计报表的可靠程度，从而促使中国保险监督管理委员会职能部门做出科学的判断或决策。

3）一贯性。参与保险业审计工作的审计人员应当判明，被审计单位的会计处理方法是否符合一贯性原则的要求，实质上也就是合理地保证中国保险监督管理委员会职能部门使用的会计报表所反映的信息是否具有可比性。

3．保险监管的手段

各国对保险市场管理手段因监管方式的不同而异。一般地，保险监管的手段包括法律手段、经济手段和行政手段。

（1）法律手段。作为保险监管手段的法律，一般是指有关经济方面的法律和保险法规。保险法规包括保险法律、规定、法令和条例等多种形式。国家通过保险法规对保险公司的开业资本金、管理人员、保险公司经营范围、保险费率、保险条款等重大事项做出明确规定。公司法、票据法、海商法、保险法是西方各国法律的四个主要部分。保险法包括保险公司法和保险合同法两大部分，可以分别制定，也可以合二为一。我国1995年10月1日实施的《保险法》采用合二为一的体例，这是我国保险法律体系的核心部分。

（2）经济手段。经济手段是根据客观经济规律的要求，国家运用财政、税收、信贷等多种经济杠杆，正确处理各种经济关系来管理保险业的方法。用经济手段管理保险市场，客观上要求做到：尊重经济规律，遵守等价交换原则，充分发挥市场、价格、竞争等作用，讲求经济效益。通过调整经营者利益或损失的方法来实现鼓励或抑制其经济活动的目的，如为促进农业保险业务发展，国家采取财政补贴或减免税收等倾斜政策予以扶持。

（3）行政手段。行政手段是发展中国家监管保险的重要手段。行政手段就是依靠国家和政府，以及企业行政领导机构自上而下的行政隶属关系，采用指示、命令、规定等形式强制手段干预保险活动。商品经济并非绝对排斥国家和政府的行政管理，有时还要凭借这些行政力量为保险经济运行创造良好的外部环境和社会条件，及时纠正干扰保险市场正常秩序的不良倾向。但是，过分集中化、行政化管理会阻碍保险业务的拓展和保险经营者的积极性发挥，因此，在行使行政手段时一定要妥善把握好度。

4．保险监管的趋势

（1）保险监管理念将不断提升。我国保险业的发展空间巨大，但保险业能否快速健康发展、能否在经济建设和社会发展中发挥更大的作用，监管理念是关键因素。保险监管机构将紧紧围绕全面建设小康社会的奋斗目标，坚持寓监管于服务之中的指导思想，加强和改善监管，把监管职能继续转移到主要为市场主体服务和创造良好发展环境方面，始终将加快发展作为首要任务，充分发挥保险功能，更好地服务经济建设和社会发展全局。

（2）保险宏观调控将逐渐加强。宏观调控是国家综合运用经济、法律和行政等手段，对国民经济运行过程进行全面监控和调节。保险业进行宏观调控，就是按照保险业初级阶段的特点和状况，运用行政、经济、法规和政策指导等手段对保险市场运行、保险机构经营和风险状况等进行监控和调节，对保险业发展趋势进行有效分析和科学把握，实现保险业持续健康发展、市场公平竞争、公司偿付能力充足和保护被保险人利益等调控目标。当前，随着市场取向改革的大力推进和《行政许可法》的颁布，建立宏观监管调控体系、加强保险市场宏观调控是监管机构面临的一项新课题。

（3）保险监管法规将逐步健全。在《保险法》修订实施后，原来适用的许多法规、条例都必须进行相应的调整或修正。在完善监管法规的基础上，坚持依法监管十分重要。我国逐步建立的市场经济的实质是法制经济，对于保险监管而言，就是要根据市场取向原则依法监管、依法行政。随着由法律、行政法规、规章和规范性文件等组成的保险监管法规体系逐步建立和健全，监管机构将进一步加大普法力度，提高执法水平，坚持依法监管。

（4）市场行为监管将继续强化。在我国保险业处于初级阶段的发展时期，加强市场行为监管，整顿和规范保险市场秩序是重要工作之一。保险监管机构将重点加强以下几方面的监管：一是严肃查处寿险新型产品的误导行为，强化保险机构对代理人的管理责任，更好地保护被保险人的利益；二是进一步整顿车险市场秩序，坚决制止借车险改革之机扰乱市场秩序和侵害被保险人利益的行为，维护市场正常的竞争秩序；三是加大保险中介机构违规行为的查处力度，建立相应的市场退出机制，通过市场竞争和优胜劣汰，优化中介市场结构，形成一批信誉好、实力强和经营规范的保险中介机构；四是加快保险业信用体系建设，逐步建立健全保险信息披露制度、保险信用评级制度和保险失信惩戒制度。

抓好上述各项监管工作的关键是加强对法人机构的监管。保险市场上的各种违法违规行为，表面上看在分支机构和代理人，其根源还是出自总公司。加大对法人机构的监管力度可以起到事半功倍的效果，具体包括：一是深化公司体制改革，完善法人治理结构，促使法人加强对分支机构的管理；二是加大对法人机构的检查力度，开展治理结构、内控制度等项检查，防范和化解系统风险；三是建立违法违规行为定期通报制度，实行分类和差异化监管，跟踪、关注重点公司的市场行为。

（5）偿付能力监管将持续推进。偿付能力涉及保险公司业务运作的各个环节，不仅依赖于产品定价、准备金提取、再保险安排和投资收益等内在因素，还受宏观经济环境、市场利率、资本市场等外部因素的影响。我国保险业的偿付能力监管制度建设已经取得积极进展，今后将进一步补充、完善和落实。2003年3月颁布的《保险公司偿付能力额度及监管指标体系管理规定》为偿付能力监管打下了良好的基础，中国人民保险有限公司、中国人寿股份有限公司、中国平安保险（集团）股份公司相继在海外、境外成功上市，有效地缓解了我国保险行业偿付能力不足的问题。下一阶段将从以下几方面进一步完善和落实：一是抓紧制定监管会计准则；二是出台《非寿险责任准备金提取办法》，统一非寿险业务准备金的计提标准和计提方法；三是健全保险保障基金制度；四是加强保险资金运用监管，建立投资决策、投资交易和资金托管相分离的防火墙制度；五是加强与有关部门的合作，防范系统风险。

（6）新的监管课题将不断涌现。随着经济全球化、金融创新的发展，金融融合趋势日益明显。近年来，我国陆续出现了一批保险集团公司，如中国人保控股、中国人寿（集团）、中国再保险（集团）、中国保险（控股）、中国太平洋保险（集团）、中国平安保险（集团）。如何加强对保险集团公司的监管成为今后的监管新课题。

保险公司股份制改革和上市又是近年来做大做强保险业的重大举措，其根本目的在于转换经营机制、提高竞争能力，真正建立资本充足、内控严密、运营安全、服务效益良好的现代保险企业。保险公司上市后与资本市场联系更为紧密，对金融改革进程的推进有着重要影响。今后还有一些保险公司将陆续上市，这对保险监管工作提出了新的要求和挑战。

促进保险公司的公司治理结构将日益成为今后监管及保险业关注的重点。尽管在技术层面上风险管理的技术已取得很大的发展，但近年来国内外大型公司，尤其是金融类企业失败的案例都显示出一个值得关注的共同特征，即如果一个公司在所有人、所有人代表机构与经理人之间没有一个可约束的、清晰的、权力平衡的治理监督结构，风险控制可能在最重要的环节上遭到有意或无意的破坏。这方面的例子既包括大股东通过直接控制公司运营的某一方面操纵，掠夺公司资源，也包括在没有有效权力制衡、监督情况下产生的经理人玩忽职守，造成公司重大损失的案例。因此，深入探讨有效的公司治理结构，做出相应要求，采取适当监管措施，将是保险监管的重要任务。

思考与练习

1. 判断题

（1）根据《保险法》的规定，拒绝、阻碍保险监督管理机构及其工作人员依法行使监督检查、调查职权，未使用暴力、威胁方法的，依法给予治安管理处罚。（ ）

（2）根据《保险法》的规定，保险人、被保险人为查明和确定保险事故的性质、原因和保险标的损失程度所支付的必要的、合理的费用，由投保人承担。（ ）

（3）根据《保险法》的规定，保险公司应当按照国务院保险监督管理机构的规定，建立对关联交易的管理和信息披露制度。（ ）

（4）根据《保险法》的规定，责任保险的被保险人给第三者造成损害的，被保险人对第三者应负的赔偿责任确定的，根据被保险人的请求，保险人应当直接向该第三者赔偿保险金。被保险人怠于请求的，第三者有权就其应获赔偿部分直接向保险人请求赔偿保险金。
（ ）

（5）根据《保险法》的规定，责任保险的被保险人给第三者造成损害的保险事故而被提起仲裁或者诉讼的，被保险人支付的仲裁或者诉讼费用以及其他必要的、合理的费用，除合同另有约定外，由保险人承担。（ ）

（6）根据《保险法》的规定，国务院保险监督管理机构审查保险公司的设立申请时，应当考虑保险业的发展和利益的需要。（ ）

（7）根据《保险法》的规定，国务院保险监督管理机构根据保险公司的业务范围、经营规模，可以调整其注册资本的最低限额，但不得低于规定的限额。（ ）

（8）根据《保险法》的规定，设立保险公司，其注册资本的最低限额为人民币一亿元。
（ ）

（9）根据《保险法》的规定，保险公司在中华人民共和国境内设立分支机构，应当经保险监督管理机构批准。（ ）

（10）根据《保险法》的规定，保险公司从事保险销售的人员应当符合国务院保险监督管理机构规定的资格条件，取得保险监督管理机构颁发的资格证书。（ ）

（11）根据《保险法》的规定，国务院保险监督管理机构应当对设立保险公司的申请进行审查，自受理之日起六个月内做出批准或者不批准筹建的决定，并且书面通知申请人。决定不批准的，应当书面说明理由。
（ ）

（12）根据《保险法》的规定，申请人应当自收到批准筹建通知之日起一年内完成筹建工作；筹建期间不得从事保险经营活动。（ ）

（13）根据《保险法》的规定，国务院保险监督管理机构有权要求保险公司股东、实际控制人在指定的期限内提供有关信息和资料。（ ）

（14）根据《保险法》的规定，破产财产在优先清偿破产费用和公益债务后，再赔偿或者给付保险金。（ ）

（15）根据《保险法》的规定，保险公司分支机构不具有法人资格，其民事责任由保险公司承担。（ ）

（16）根据《保险法》的规定，违反法律、行政法规的规定，情节严重的，国务院保险监督管理机构可以禁止有关责任人员一定期限直至终身进入保险业。（   ）

2．简答题
（1）简述保险经营风险防范的意义。
（2）简述保险公司内控的主要内容。
（3）简述保险公司内控的三种方式。
（4）简述保险监管的原因。
（5）简述保险监管的趋势。

3．案例分析
（1）2009年，某保险公司分支机构为应对激烈的市场竞争，对直接承保的业务，默许业务员将业务挂靠某保险代理公司获取费用，用于支付客户回扣或业务员本人收入的一部分；对于电话销售渠道业务，采取买机动车交强险赠送价值200元加油卡的促销活动，其费用在燃油费中列支。

请分析该分支机构存在的违规行为。

（2）2009年2月，某财产保险有限公司及其上海分公司考虑业务发展的需要，经公司研究决定，租赁上海市标志性建筑之一的金茂大厦作为办公场所，以提升公司的影响力和更好地拓展保险业务。2009年5月，在未取得保监会批准的情况下，某财产保险有限公司及其上海分公司完成营业场所的搬迁工作。

请分析该公司变更营业场所违反了当时哪些法律法规。其正确的做法应当是什么？

阅读材料

《保险法》说她该得27万元保险金 《刑法》说她该坐10年大牢

一起案情并不复杂的骗保案，何以历时两年仍悬而未决？何以惹得省市县七个公检法机关纠缠其中，并且要最高法院亲自释法化解？"帅英骗保案"的背后，不仅是保险市场上可能产生的连锁反应，也不仅是民法与刑法的法律冲突，更重要的或许是，法律理念上的激烈碰撞，普通人及至法律界对保险法认识的缺失。

帅英原本只是一名普普通通的会计，在四川省达州市渠县有庆镇财政所工作，但经过一起曲折的"骗保案"后，她出名了。

她曾两度被关进看守所，第一次85天，第二次143天。她说，她几年前为母亲投的人寿保险，恰好撞进《保险法》和《刑法》交叉的盲区。

2003年领到中国人寿保险公司渠县分公司理赔的27万元后，她和丈夫将其中一部分用于装修新家和购买家具。岂料数月之后，2003年7月24日，帅英被警察从新家带走了。

警察说她修改母亲年龄，保险理赔获得的钱不是合法收入。帅英丈夫廖顺洪连忙四处筹钱，想着退了钱妻子就能回家了。然而，当他把钱送到派出所时，警察出示了逮捕证——如果保险诈骗罪名成立的话，27万元的诈骗金额可让帅英坐牢10年以上。

1．修改年龄投保

这场突如其来的祸端在七年前已经生根。一切皆来源于两份"康宁终身保险"（下称康宁险)。

康宁险的合同约定，"凡70周岁以下，身体健康者均可作为被保险人"。被保险人身故后，保险公司将赔付基本保险金额三倍的保险金。据达州分公司理赔中心杨晓辉经理称，康宁险在全国很受欢迎。

1998年、2000年帅英两次为母亲投保。其实，1998年时帅英母亲已有77岁高龄。

事发后帅英向法庭申辩，母亲在乡政府的集体户口由于其他私人原因，在投保前已经修改过，她在第一次投保时曾经问过保险业务员，业务员说按户口情况填就可以；第二次投保时她照样问过，业务员让她照第一份保险单的内容填。

母亲的实际年龄可能是帅英和保险业务员一个心照不宣的秘密。当2001年帅英母亲过80岁大寿时，镇代办所一名保险业务员还前来贺寿吃酒。

2003年帅英母亲身故后，渠县分公司进行理赔调查，帅英再次修改母亲入党申请书上的年龄。帅英说，年龄是她和一名保险业务员商量后改的。

当时的业务员，其中一名已经不在当地工作，另一名称"这个情况我不清楚"。

后来一名法官说，保险公司这样审查是不负责任的，乡政府的集体户口、入党申请书等"查了都不能代表他们查了"，只有公安机关的户籍登记才能作为法定证据。

帅英获得的27万元保险金，是当时达州市最高的一笔人寿赔付金额。渠县分公司专门在镇里召开现场会，市、县分公司领导以及一名副县长亲自到场。保险公司希望现场会的示范效应能够引来更多的保险单。

但现场会不久，四川省分公司收到了十多个具名举报，称帅英母亲年龄有假。达州市分公司接到省分公司转来的举报信后立即报案，公安局仅立案侦查一天便宣告破案。

2. 渠县检察院不起诉

在看守所里，帅英并没有意识到问题的严重性。她在日记中写道："我不想把保险业务员的误导及欺骗说出来（因大家是朋友），同时，市公司经理也向我说明了他们不想让我刑拘，因此我一人揽了责任。"

帅英两次修改母亲年龄的事实确凿，但是她是否就是保险诈骗罪犯却难下结论。在渠县检察院以及之后进行的一审、二审都演变成为一场法律辩论，帅英的命运维系在法官对法律的认识上。

《刑法》这样定义保险诈骗罪：投保人故意虚构保险标的，骗取保险金。邹宏律师代理此案后，向渠县检察院递交了一份关于帅英的行为不构成保险诈骗罪、请求变更强制措施的紧急报告。他试图说服检察官接受这样的观点：一、康宁险的保险标的指的是人的寿命和身体，也就是人的生存状况和健康状况。此案中，标的是帅英母亲的生或者死，不是她的年龄，因此帅英没有虚构标的，不适用《刑法》；二、《保险法》对帅英这种情况已经明确规定，保险公司如在两年内不解除合同的话，合同将受法律保护。

后者指的是《保险法》第54条。"第54条是《保险法》中非常重要的一个条款，它规定了一个两年的除斥期，在两年内如果保险公司查出问题，可以在扣除手续费后解除合同。满两年后，保险公司就不能以投保人在订立合同时不诚实而解除合同，这个合同就是有效的。"邹宏说。

渠县检察院随后做出了一个"需要勇气"的决定：不起诉。

"我们内部有争议，但主流意见还是觉得帅英不构成犯罪。"渠县检察院公诉科科长聂定说，"这个案子影响很大，因为帅英这种情况在达州很多。1998年保险业务刚刚起步的时候，业务员发保险单像发传单一样，不见被保险人也不审查。"如果从这个角度解读，渠县检察院的不起诉决定书恰恰在"起诉"保险业务员的不负责任。

3．一审宣判无罪

在渠县检察院做出不起诉决定之后，公安局马上做出反应：要求复议此案。负责侦查此案的警察曾跟邹宏律师讲："司法太腐败了，帅英这么重的罪还被说成无罪。"

市检察院复议后觉得渠县检察院的法律适用有问题，担忧这样的骗保案子如果不遏制的话，后果不堪设想。于是，市检察院指定另一个检察院——大竹县检察院起诉。

据悉，市检察院给了大竹县检察院一个"优惠"政策：如果帅英今后被宣告无罪，将不按"错案追究制"追究检察院和检察官责任。有业内人士把市检察院的这个"松绑"政策解读为大竹县检察院不愿意接受此案，因为二者的法律观点有冲突。

2004年3月，已经开始正常生活的帅英再次被刑拘。

法律辩论再度展开。大竹县法院开庭审理时，市公安局两名办案警察和市分公司杨晓辉经理特地驱车70多千米前往旁听，许多与帅英情况近似的投保人也悄悄赶到法庭。大竹县检察院出庭公诉的是副检察长和公诉科正、副科长。邹宏律师称，公诉人规格之高"实属罕见"。

大竹县检察院认为，帅英的行为具有严重的社会危害性，这种危害性已经不能用《保险法》这样的民法来遏制，必须使用《刑法》来调整。虽然帅英后一次篡改年龄是在两年的除斥期之外，但这两次篡改年龄具有连续性，犯罪行为在她拿到钱时才形成。大竹县检察院认为帅英的行为属故意诈骗，是《保险法》第54条的例外。

同时，年龄与人的寿命或者身体不能单独分开，也就是说，年龄是康宁险的标的。

但大竹县法院没有支持检察院的观点，宣告帅英无罪，理由是投保距离案发超过两年，帅英的投保行为已经产生法律效力，应当受到法律保护。

4．一直争到最高法院

大竹县法院宣判帅英无罪之后，大竹县检察院提起抗诉，市检察院支持再度公诉。有检察官称，大竹县检察院抗诉是依照检察系统的一个惯例，凡是涉嫌重大刑事犯罪的，如果法院宣判无罪，检察院一般都会抗诉，让高一级法院进行审理。有法官诉病这实际上是检察系统的"错案追究制"在制造麻烦。

虽然邹宏拼命为帅英辩护，但他也没有必胜的把握，特别是检察院提起公诉之后。邹宏的家庭也卷入这场辩论中，以致一个冬天晚上夫妻俩辩论到深夜12时睡觉之后，还两次叫醒对方起床再辩。

鉴于案件争议极大，帅英没有被三度刑拘。达州市中院开庭审理时，达州市分公司有50多名员工到场旁听，用杨晓辉经理的话说，"这也是一个教训"。

达州市中院形成了两派意见，一种称适用《保险法》，另一种则称适用《刑法》。两派争执不下，此案随后报给四川省高级人民法院。

据悉，省高院同样出现两种观点，此案又被上呈最高人民法院。据多名业内人士忖度，最高人民法院可能正咨询相关部门，了解《保险法》第54条的立法本意。

不过，有检察官觉得这场法律之争是不必要的，"《保险法》第54条本身已经承认有虚构年龄的情况，并且给了保险公司两年的审查期限，双方的民事责任规定得很清楚。两年内查不出问题合同就有效，帅英的27万元是合法收入。所以，虽然帅英有修改年龄的行为，但她获得的不是非法收入，《刑法》保护的正是公民的合法收入。这才是案件的关键地方"。

"这个案件的意义就在于，当民事法律已经有明确规定的情况下，还需不需要刑事法律来调整。"这位检察官称，在民法和刑法之间还有很多类似交叉的条款。例如，民法上的"不当得利"和刑法上的"侵占罪"行为上基本一致，两者的界限在于非法收入2 000元以下或者以上，"当民事法律有明确规定之后，如果刑事法律再介入就是对民事法律的干预了"。

5．有罪无罪影响巨大

"保险合同讲究诚信原则，我们不是公安部门，只能靠客户提供资料，我们也没想到投保人会篡改年龄。"杨晓辉经理说。同时她表示，此案的理赔调查，保险公司已经尽了责任。但后来中国人寿保险公司称杨晓辉接受采访未经总部同意，她的陈述是不负责任的。

2003年帅英被抓在当地引起轰动。帅英单位里就有两名同事修改年龄参保。邹宏律师说："一名业务员在我的证词里讲到，在保险业务刚刚打开时，我们巴不得有人投保，还理他的年龄？如果我们不拉，别人就拉走了。"

调查发现，许多人以同样的手段投了同样的险种，他们从帅英身上看到了问题的严重性。据镇上一个居民称，帅英被抓之后，镇里掀起了一股退保高潮。另一个居民称渠县分公司经理告诉他，帅英案发后保险公司的损失已经上百万元了。

达州市分公司否认这种说法。不过很多检察官、法官、居民都不约而同地阐述一个事实：帅英这种情况不在少数。一名市民甚至认为帅英被抓只是她"运气不好"："我父母都是保同样的险，改小年龄20多岁，保险金比帅英的还多。"

帅英的两名同事在事发后均到渠县分公司退保。有一部分人则选择恢复真实年龄，补齐少交的费用。渠县保险市场上这些小震动凸显了帅英一案的影响力。

杨晓辉经理认为帅英有罪，哪怕是给她最轻的刑罚："宣判无罪会引起连锁反应。员工都说大家以后都可以改年龄了。"

目前，帅英正在家里等待最后的判决。她说自己对判决结果已经麻木了。

第10章 保险经营环节与原理

阅读要点

- 掌握保险经营的特征与原则；
- 理解保险产品开发；
- 熟悉保险市场营销；
- 理解保险资金运用。

10.1 保险经营的特征与原则

10.1.1 保险经营的特征

虽然保险企业正在由单纯的保险产品提供者向综合性的金融产品服务提供商转变，但经营风险管理业务，为企业、家庭与个人提供经济保障，仍是保险企业的核心业务。在核心业务方面，保险经营的特征有以下几点。

1．保险经营提供经济保障服务

不断创新服务，改进服务过程质量。通过服务创造客户价值，是保险企业保持竞争优势的源泉。在经营含有保障成分的产品方面，保险企业不能离开客户购买保险产品的根本目标——在发生保险事故时，迅速获得理赔服务。

2．保险经营资产具有负债性

在保险经营的资产中，自有资本所占的比重很小，绝大部分来自投保人按照保险合同向保险企业交付的保险费、保险储金，以及保险企业从保险费中所提取的各项准备金。保险企业经营资产的很大一部分实质上是其对被保险人未来赔偿或给付的负债。

3．保险经营成本具有不确定性

首先，保险费率是根据过去的统计资料计算出来的，与未来的情况有偏差；其次，保险事故的发生具有偶然性；最后，就每一保险单而言，在保险期间内，保险事故发生得越早，成本越大，如果保险事故在保险期间内未发生或者保险合同期满，就基本上不存在保险成本。

4．保险经营利润具有特殊性

保险企业经营的利润在以当年收入减去当年支出的基础上，还要调整年度的业务准备金，调整数额的大小直接影响企业的利润。从直观的角度看，寿险企业的利润基本上来自利差益、死差益与费差益。

5．保险投资是保险经营的基石

保险经营中的保险费的交付与赔偿或给付存在时间与数量上的不对称，从而形成一笔闲置资金，构成投资的资金来源。现代保险业由于承保利润很低，甚至发生连续的承保亏损，因此为了保证赔偿或给付，形成与增加经营利润，必须运用好闲置资金，追求比较好的投资实绩。而优秀的投资业绩有利于推行更低的费率，扩大承保业务，增强企业的竞争能力，使保险经营呈现良性发展态势。

6．保险经营具有分散性和广泛性

保险企业承保的风险范围广，经营险种多，囊括社会生产和生活的各个领域，影响面广泛。

10.1.2 保险经营的原则

保险经营活动既有商品经营的一般共性，也有别于其他行业的经营特性。因此，保险经营除贯彻一般商品经营原则，如经济核算原则、随行就市原则、薄利多销原则等，还应遵循一些特殊的经营原则，包括风险大量原则、风险选择原则和风险分散原则。

1．风险大量原则

风险大量原则是在可保风险的范围内，保险人根据自己的承保能力，努力承保大量的具有同类性质与同类价值的风险与标的。这是保险经营的基本原则。

遵循这一原则的原因如下：

（1）大数法则的要求、稳定经营的需要。保险经营是以大数法则为基础的，需要有一个最低保险标的数量，这样才能使实际保险责任事故的发生频率更接近于损失期望值，从而保证保险经营的稳定。

（2）降低保险成本、增强保险人承保能力的需要。承保的保险标的越多，可使保险人经营收入增加，经营费用相对较为节约，从而能降低保险成本，增强承保能力。

2．风险选择原则

风险选择原则是指保险人对投保人所投保的风险种类、风险程度和保险金额等应有充分和准确的认识与评估，并且根据判断做出选择。这是因为：为了保险经营的稳定性，不仅必须有大量的保险标的，而且应尽量使保险标的的风险性质相同，或者在风险程度有差异的情况下体现费率公平，这样才能充分发挥大数法则的作用，使风险平均分散。

风险选择有事先选择和事后选择两种形式。

（1）事先选择。事先选择是在承保前考虑决定是否承保，包括对人和物的选择。对人的选择，是对投保人或被保险人的评价和选择；对物的选择，是对保险标的物的评价和选择。事先选择考察被保险人或保险标的是否符合可保风险的条件与范围，从而决定是承保、有条件的承保还是拒保，以保证对承保风险的有效控制。有条件的承保，是针对那些存在明显较大风险的保险标的，保险人可以承保，但必须与投保人协商，调整保险条件，附加限制性条款，如提高保险费率、提高免赔额、附加特殊的风险责任、有条件的赔偿等。

（2）事后选择。事后选择是在承保后若发现保险标的有较大的风险存在，而对合同做出淘汰性选择。保险合同的淘汰通常有两种方式：一种是等待保险合同期满后不再续保；另一种是保险人若发现有明显误告或欺诈行为，保险人可中途终止承保。需要注意的是，保险人在风险选择时应防范逆选择。所谓的逆选择，是指投保人选择对自己有利而对保险人不利的保险险种。例如，在人身保险方面，体弱或年老的人选择死亡保险；体格强壮的人选择生存保险。

3. 风险分散原则

风险分散原则是保险人为了保证经营稳定性，应使风险分散的范围尽可能扩大。如果保险人承保的风险过于集中，一旦发生保险事故，就可能产生责任累积，使保险人无力承担保险责任。

风险分散分为宏观与微观两个层面。宏观层面上的风险分散包括三方面内容：

（1）风险按地理范围分散，最理想的是在全球范围内分散。

（2）多种经营补偿，保险公司不能只经营一种保险业务。要经营多样化的业务，从而可以利用不同险种的风险组合来达到部分抵消。

（3）跨时间的风险分散，即通过时间来减少公司利润的波动。

微观层面上的风险分散包括承保前分散和承保后分散两种方式。

（1）承保前分散，主要体现在承保时要合理划分危险单位，使每个危险单位尽可能独立。

（2）承保后分散，主要采取共同保险和再保险的方法。共同保险特别适用于保障大工业风险，不适用于中小型风险，因为后者的营业费用太高。再保险无疑是在时间、空间和通过保险金额的同类性获得风险补偿的理想办法。保险人将超过其财务力量和影响其业务量平衡的任何风险的一部分分散出去，可以使其灵活经营，同时能向客户提供优质服务。

10.2 保险产品开发

10.2.1 保险产品开发的基本内容

保险产品，即针对社会满足保险客户风险转嫁需求的风险保障项目。它一般以保险单为基本单位，以保险条款为基本内容。例如，家庭财产保险、企业财产保险、人寿保险、汽车保险、核电站保险等就是保险产品。保险产品开发，是指保险公司根据保险目标市场的需求，在市场调查的基础上，组织设计保险新产品及改造保险旧产品等活动的过程。它是实现保险公司经营目标的重要手段，是保险经营的起点。

只有保险公司拥有了可供选择的多样化产品，才能吸引客户并最大限度地满足保险客户的需求；只有保险公司开发出新的保险产品，保险经营的其他活动，如保险营销、保险承保、防灾防损及保险理赔才能围绕着保险产品进行。各国保险公司大多注重保险产品的开发。因此，保险产品的开发对于保险公司的市场开拓及保险经营目标的实现具有十分重要的意义。

1. 保险产品开发的意义

（1）保险产品开发是保险公司其他经营活动的基础。保险产品设计对于保险经营具有重要意义，它是保险经营的起点。保险是经营风险的，但并非所有风险保险公司都可以经营，这主要受营利目的的限制。在有利可图的前提下，对何种标的提供经济保障，承保什么风险，不承保什么危险，承保多大程度的风险，保险费率如何测算与制定，如何规定保险期间等有关保险的重要内容都有赖于保险产品开发。因此，保险产品开发是保险展业、承保等其他经营活动的前提条件。

（2）保险产品开发是增强保险公司竞争实力的后盾。在保险市场上，保险的供给者通常不是唯一的而是多数并存的。在这种条件下，竞争是保险经营者不可避免的经营环境。为了在竞争中获得有利的地位，保险经营者就要面对需求市场，千方百计地研究人们的需求动向，从而开发设计保险产品，以新取胜便成为重要的竞争策略。保险需求由于受各种客观因素的影响，变化往往呈多变性、快速性。其变化的程度和特性决定着险种的兴衰，关系着保险经营者在竞争中的成败。如果保险产品衰退，则表明该产品已不适应需求的变化，已不能满足保险需求。倘若不重新加以设计，该保险产品将失去保险市场，保险经营者将处于劣势。反之，如果保险经营者能根据保险需求的变化，不断进行保险产品开发，投放出适应需求的保险产品，保险经营者就可把握保险市场，从而使保险经营者在竞争中居于优势。可见，保险产品开发是保险经营者在竞争环境中求生存、谋发展的重要战略和手段。

（3）保险产品开发是推动保险公司技术进步的动力。保险新产品的开发往往涉及经济学、大数法则、概率论、保险法律及灾害学、心理学等多方面的知识，具有很强的技术性。要开发高水平、有吸引力的险种，须有较高水平的人才和技术手段。所以，重视险种开发有利于促进保险公司技术管理水平的提高。

2. 保险产品开发的原则

保险产品开发的目的，既是为了满足保险客户对风险保障的需要，又是巩固、拓展业务，提高经济效益和对外竞争能力的需要。因此，在产品开发过程中，保险公司一般要遵循下列原则。

（1）市场需求原则。由于受消费水平、价值观念及投保动机等多种因素的影响，因此客户对保险的需求呈现出多层次性和多类别性。尽最大可能满足不同客户对风险保障的不同需求是险种开发的基础。保险公司在进行险种开发时，应将客户需求放在首位，既要注重客户的现实需求，又要注重客户的潜在需求；既要考虑客户的近期需求，又要考虑客户的长远需求。新的保险产品终究要接受市场的检验。如果市场上对它没有需求，或者需求甚少，这种产品开发很可能得不偿失。因此，保险产品的开发应将满足客户需求放在首位。由于保险客户在经济收入、职业、文化水平等方面的差异，以及经济、社会环境的变化，社会上对保险需求呈现多样性和多变性，所以全面准确地分析市场需求状况及其背后的影响因素。

（2）费率科学原则。科学合理地确定保险产品的价格——保险费率，是产品开发的重要内容。保险公司所能承保的只能是那些可以价值化、数量化的风险保障需求，纯费率部分要与损失概率或给付水准相一致，附加费率要与险种经营费用率相一致，并且力求所开发的产品有适当的利率。在美国，保险费率的高低是保险监管注重的重要事项。1980年保险客户的人寿保险费支付甚至引起了各州及联邦政府的重视。可见，在公平的保险市场上，科学地计算费率确实是保险公司进行保险产品开发的一项重要原则。保险公司在进行产品开发时，必须通盘考虑客户需求、支付能力和保险公司的管理水平、承受能力。如果保险公司只注重客户的需求而忽略自身的实际情况，就会出现超负荷现象，即业务量大于保险公司的管理与承受能力，最终会使业务经营陷入危机；反之，如果保险公司不注重客户的需求，也会使客户产生不满足感，影响业务与市场的拓展。

（3）可保利益原则。为了避免保险业务经营中的道德风险，各国保险公司在产品开发中都重视可保利益原则，即重视投保客户对保险标的具有合法的经济利害关系。坚持这一原则，实际上是坚持保险公司经营内容和法律原则的一致性。因此，这一原则不仅在产品开发时要作为衡量投保人资格的条件，而且是贯穿保险经营全过程的一项原则。

（4）满足竞争原则。新产品进入市场后，既要接受客户的挑选，也要面临同类产品的竞争。因此，保险产品开发时，必须考虑待开发产品市场的竞争格局、竞争者的产品特点及其竞争战略和策略、竞争者的优势与劣势等，然后设计、开发出与竞争者有所不同的产品，使其更具竞争性。

（5）经营效益原则。保险产品开发的目的应该是促进产品和企业竞争力的提高，并且为企业带来一定的利润。因此，在开发过程中，应在选择有前景的市场基础上，设计好产品的功能、保险条款和产品形象，科学计算费率。然后，借助适当的促销活动，提高市场对该产品的关注度和购买率，实现产品的效益性。

（6）国际接轨原则。随着保险市场的逐步开放，保险竞争日益全球化，保险产品的开发可以参照国外的先进技术和通常做法，在产品功能、风险范围、理赔、服务规范，以及一些国际性通用条款（如寿险中的不可争条款等）方面，尽可能与国际市场接轨。

（7）合法合规原则。保险产品比较特殊，它是以合同形式体现的。世界各国对保险产品都有一定的法律规范。我国《保险法》第 135 条规定，关系社会公众利益的保险险种、依法实行强制保险的险种和新开发的人寿保险险种的保险条款和保险费率，应当报保险监督管理机构审批。其他保险险种的保险条款和保险费率，应当报保险监督管理机构备案。在依法治国观念日益深入人心的今天，保险产品的开发设计，一定要遵循合法合规原则。保险条款的设计不仅措辞要准确合法，而且不能与现存的相关法律、法规相冲突。例如，责任保险的保险标的是依法产生的经济赔偿责任，因此，责任保险条款就不能与相关的法律赔偿责任相抵触。

10.2.2 保险产品开发的策略

保险产品开发的策略是指保险产品开发的方法和途径，它集中地体现着保险公司的业务经营策略，是保险公司经营策略的重要构成部分。产品开发的目的在于选准公司的业务经营方向和战略，争取有利的竞争地位和较大的市场份额。各保险公司在产品开发时可以根据保险市场的具体情况和公司的现实条件采用不同的技术策略、组合策略、组织策略、时机策略。

1. 保险产品开发的技术策略

（1）创新策略。根据市场需求特点及趋势，设计开发出全新保险产品。著名的英国劳合社在保险产品开发上曾经多次首开先河。例如，开发过世界上第一张汽车保险单、第一张飞机保险单、第一张海洋石油保险单、第一张卫星保险单等无数个新险种，从而也奠定了其在世界保险业中 300 年来的特殊地位。但是因创新型产品属于首创，故保险公司要承担较大的风险。产品技术创新需要企业具有雄厚的技术实力、管理实力和营销实力，一般的小保险公司难以为之。

（2）改进策略。对现存保险公司的险种进行技术改进，保持其长处，克服其缺陷，以便对保险客户更具吸引力。该策略的运用可节省保险公司的人力、物力，所以许多保险公司采用该策略来竞争保险业务，但它也存在着险种面孔老并易被其他公司仿效的缺陷。对于小保险公司而言，走技术创新之路比较困难，而对现有产品进行适当改进，应该是一条捷径。例如，在传统的人寿保险产品基础上推出的变额人寿保险、可调整的人寿保险、万能人寿保险和变额万能人寿保险等产品。改进可以是功能上的完善，也可以是保险费率、交费方式、服务形式等方面的进步。

（3）引进策略。直接从其他保险公司那里原样引进险种。这种策略因有具体参照物又不费财力、人力，风险甚小，虽然在运作中具有滞后性，但亦为许多保险公司所采用。例如，中国平安保险公司参照日本一家保险公司率先开办了"癌症保险"，结合中国的实际情况，推出了保障癌症风险的"平安康乐"保险。被保险人于保险单生效后一年内如因疾病（包括癌症）身故或全残，保险公司将按保险金额 20%给付身故或全残保险金，并且返还所有已交保险费（不计利息）；被保险人经医院确诊于保险单生效一年后初次患癌症，并且以此为直接目的施行手术，每次手术时，公司按保险金额 20%给付"癌症手术医疗保险金"，在保险单有效期内最多给付次数不超过三次；此外，还以合理的实际住院天数为准，每日按保险金额的千分之一给付"癌症住院医疗津贴"等。

（4）更新策略。对公司过去开发过的老险种进行改进，使之符合保险客户的现实需求。例如，在我国香港特别行政区、日本等地的寿险市场上，寿险保险单就被寿险公司不断翻新。一些保险公司纷纷在原有寿险保险单的基础上推出分红保险单、保值保险单等多种保险单，以确保保险客户的投保信心，分担保险客户投保过程中十分担心的通货膨胀风险。

2．保险产品开发的组合策略

在对现有保险产品进行横向、纵向或交叉组合的基础上，可开发出适合市场需求的保险新产品。

（1）财产险之间的组合。对现有财产保险产品进行合理重组，如汽车保险与汽车第三者责任保险组合在一起销售，家庭财产保险附加盗窃险等。

（2）人身险之间的组合。对人身险所属的各种产品进行合理重组，如养老金保险为主险，大病保险为附加险的组合。

（3）财产险与人身险相组合。对这两个大类所含小类进行合理组合，如财产险系列中附加人身意外伤害险。

3．保险产品开发的组织策略

在开发产品的过程中，如何组织人力、财力、物力和技术，保险公司需要根据实际情况采取不同的组织策略。

（1）自主开发险种。保险公司通过自己的市场调查部门、产品设计部门及专门人员来开发保险产品。它一般为实力雄厚的大保险公司所采用。

（2）联合开发险种。保险公司通过与其他保险公司、代理人、经纪人或有关社会机构的合作，共同设计推出新险种。例如，直接聘请有关社会机构的专家（保险的、法律的、制造工艺的专家等）介入险种开发，让他们参与险种设计，就可以少走弯路，并且提高险种的质量。依靠代理人或经纪人的调查和意见开发新险种。对一些涉及面较大的巨额风险，多个保险公司联合攻关、共同承保。这些均是各国保险公司惯常采用的险种开发组织策略。保险产品的开发过程需要有效地组织和协调。

4．保险产品开发的时机策略

险种开发出来后，找准适当的时机进入市场也是很重要的。在保险经营实践中，不是各种险种都是率先投入市场就好，反之就不好。例如，在20世纪80年代末，某公司开发长效还本家财险并率先投入市场，当时因通货膨胀率很高，市民投保踊跃，但保险公司因随后银行利率的下降而亏损。因为该险种收取的是保险储金，保险费是储金所生利息，投保当年的年利率曾达到11%，后来却逐步降到7%以下。因此，保险公司在通货膨胀率高的时期开发类似性质的险种可以以此为鉴。保险竞争需要抓住时机，但何时开发新产品，是要仔细研究的，主要有抢先、跟随和拖后三种策略。

（1）抢先策略。争取在保险市场上最先推出某种新产品。因为市场上有需求，又无竞争者，所以抢先推出新产品可能为企业带来可观利润，可实现最先占领某类保险市场、提高公司的形象和信誉，但正因为抢先一步，无先例可资借鉴，也面临着一定的风险。竞争中处于市场领先地位的企业通常采用这一策略。

（2）跟随策略。根据其他保险公司的某一新险种经营情况，摸清市场情况及该险种效益情况后，结合本企业特点，紧跟潮流开发新产品，分享该险种市场和效益。同时，当某一险种的效益滑坡、走向衰竭之时，迅速撤离市场，避免损失。

（3）拖后策略。先观察其他企业的产品经营绩效，借鉴其经验，吸取其教训，再开发或改进产品。虽然在产品开发时间上落后了，但往往具有后发优势，开发出更新、更有吸引力的险种去吸引保险客户，亦会取得良好的营销效果。

总之，保险公司在观念上应以动态的观点去看待保险产品，因为保险产品存在的意义在于，其能够满足保险客户的需求，而保险需求在不断变化，保险产品也应随之变化。由于保险需求具有多层次性，保险产品的保障内容也应具有多层次性。保险产品开发必须为保险营销、保险承保、防灾防损和保险理赔等打好基础，为其他保险经营环节的顺利开展做好准备。

10.2.3 保险产品开发的通常程序

尽管各国保险公司甚至各个保险公司的保险产品开发均有自己的特色，但就其通常程序而言，主要包括以下六个步骤。

1．保险市场调查

保险公司必须先进行市场调查，了解保险客户对新的风险保障的需求及其市场潜力，调查公司原有的经营状况，从中寻找保险产品开发的方向和设计点。将了解到的市场上所关心的、期望的甚至急需的风险防范事项进行研究，从而为开发能够唤起客户需求的保险产品提供思路。例如，随着我国人口老龄化的来临，老年人的保险需求量将大大增长，由此我们可以进一步调查分析，需要的规模有多大等。

2．可行性分析

可行性分析即新产品的开发要与保险企业的精算技术、营销实力、管理水平相适应，并且通过对新产品的预计销售额、成本和利润等因素的分析，判定产品是否符合企业目标、营销战略，以及是否能够有利可图。保险公司要根据自己的业务经营范围，在市场调查的基础上对险种开发进行可行性分析，选择险种开发的重点，初步构思开发什么保险业务，其内容一般包括险种名称、业务性质、主攻方向及其与公司现有业务的联系等。例如，从长远看，我国年金保险产品大有前途，但并不是每家公司都能够开发和经营的，因为它涉及科学的精算技术和保险投资战略与技巧等。

3．保险产品设计

保险产品包括核心产品、有形产品和附加产品三个层次，因此保险产品设计就包括这三个层次的设计。

（1）核心产品设计。核心产品即保险产品的基本功能或者说对被保险人提供的基本利益。不同的保险产品，基本功能有所不同。这些基本功能又是通过具体保险条款来确定的。由于保险条款是保险险种的主要内容，因此保险条款的设计便成了险种开发的关键环节。

设计保险条款时要注意的问题有：

1）明确保险标的的范围。例如，财产保险条款应对保险财产、特约保险财产和不可保财产明确区分，让投保人容易了解。

2）确定保险责任和责任免除。保险责任是确定保险人承担危险的依据，是保险人对所承保的保险事故发生时应承担的损失赔偿责任或保险金给付责任。责任免除是保险合同列明的不属于保险人赔偿范围的责任。确定保险责任和责任免除时，既要考虑保险人承担危险的大小，又要适应市场的需求。

3）确定保险金额和偿付计算方法。保险金额是保险人承担赔偿或给付保险责任的最高限额。在财产保险中，保险金额确定的方法一般以保险标的的保险价值为依据；人身保险的保险金额确定方法原则上由投保人与保险人约定而成。保险赔偿和给付是保险人在保险标的遭遇保险事故导致被保险人财产损失或人身伤亡时依法履行的义务，因此，其计算方法一般在条款中明确规定。

4）确定保险期间。保险期间是保险人承担保险责任的时间。保险期间的确定有两种方式：一是定期保险，即规定半年、一年为保险期间；二是航程保险，即以某一事件的自然发生过程为保险期间。无论以何种方式确定，都应在保险条款中明确。

5）确定保险费率及保险费支付办法。保险费是投保人付给保险人使其承担保险责任的代价。保险条款应对保险费率、交付保险费的方式、交付保险费的时间和次数明确规定。

6）列明被保险人的义务。被保险人是受保险合同保障、享有保险金请求权的人。在保险条款中应明确被保险人负有的主要义务，如损失通知义务、防止和减少损失义务等。

（2）有形产品设计。有形产品设计实际上是保险核心产品的有形展示问题，包括品牌设计、形象设计等。产品形象实际上是企业形象的体现，在设计操作上应与企业宗旨、企业文化、业务特色相吻合，与企业形象相一致。

品牌是企业用来区分与市场上其他企业的同类产品而使用的一个名称、标记、符号、图案或者这些因素的组合。它是卖方为买方提供的某一产品的特点、利益和服务的允诺。

由于品牌是产品的组成部分之一，因此创立一个知名品牌有助于产品竞争力的提高。一些享誉全球的品牌如可口可乐、迪士尼、麦当劳、索尼、丰田、柯达等，不仅为其企业带来了丰厚的利润，而且已成为其所属国家商业文化的一部分。保险品牌设计就是要创造出优异的符号价值，它包括品牌名称设计、品牌标志设计。

品牌名称设计，首先，考虑与保险产品的特色相符，如承保对象是 0~15 岁的少儿，保险起名"育英才""小福星"；承保对象是 16~60 岁（男）、16~55 岁（女）的，包括意外伤残给付、养老金给付的终身寿险产品起名"老来福"。其次，名称应尽可能有文化内涵。保险产品固然是风险管理工具，但起名应避免采用"风险""损失"之类的词汇。例如，中国人寿保险公司推出的养老金保险起名"66 鸿运"，终身寿险起名"88 鸿利""99 鸿福"等就给人以幸运、吉祥等美好的联想和感觉，很符合中国人的传统心理。同时，名称应简洁明快，易读易记，朗朗上口。例如，中国人寿保险公司推出的"一生康宁""金手杖""鸿寿"等寿险产品。最后，名称还应力求有鲜明的个性。例如，中宏公司推出的"灿烂人生"终身寿险产品。品牌标志设计应通过适当符号（标志）、文字、颜色等组合反映产品特色。

（3）附加产品设计。附加产品即保险公司提供给投保人或被保险人的附加利益或服务。可根据产品的不同特点，建立适当的机构和制度，配置适当的人员为客户提供咨询、核保、承保、防灾、防损及理赔等服务，努力提高产品的竞争力。

4. 保险产品鉴定

保险产品设计完成后，保险公司一般由其专门的险种设计委员会或有关专家顾问咨询机构对其进行鉴定。其内容主要包括：险种的市场及业务量大小；险种能否给公司创造效益，以及条款设计中有无缺陷等。如果鉴定通不过，则需重新进行市场调查、可行性论证及条款设计工作。因此，鉴定环节实质上是公司对险种开发部门的设计进行审核和把关。

5. 保险产品报批

保险公司的保险产品，事先由保险公司设计推出，事后为保险客户所购买。产品设计是否合理，直接关系到保险客户的切身利益，因此在一些国家，险种报批是保险法律规定的一项必经程序。审批保险条款等亦是保险监督管理机构的法定权力，对一些主要险种更是如此，以便维护保险客户的权益。在有些国家，一些主要的保险产品在正式推出之前，须报保险监管机构批准。我国也是如此，《保险法》对此有明确规定。

6. 正式进入市场

经过上述五个步骤，保险产品即可投入市场，但对新产品而言，其生命力往往要经过保险市场的检验，因此，保险公司产品开发的最后阶段便是试办，待试办证实该产品的生命力后再大规模推广，并且争取迅速占领市场。另外，在做出正式进入市场决策时，必须考虑针对已选定的目标市场决定推出的时机、推出的地点。推出时机的选择往往考虑与目标客户消费时机或消费旺季相吻合，如旅游意外伤害保险可选择在旅游旺季到来之前推出。推出地点的选择则必须考虑能与目标客户群相吻合。

总之，上述程序是险种开发中的通常程序。对于各保险公司而言，其具体步骤与内容可能有所差异。例如，有的公司设有专门的市场调查部门、险种开发部门，拥有一支专门的险种设计队伍。有的公司则由展业或承保部门负责进行；有的公司借助代理人的力量；还有的则缺乏自己的新险种，即只是借鉴或照搬其他保险公司的条款开展业务。

10.3 保险市场营销

10.3.1 保险市场概述

保险企业与保险市场存在着固有的联系。保险企业的营销活动只有面向保险市场，时刻同保险市场保持紧密联系，才能生存和不断取得发展。保险市场不仅是保险企业经营活动的出发点和归宿点，也是保险企业与外界建立协作关系、竞争关系的传导和媒介，同时是保险企业经营活动成败的最高的评判者。因此，深刻地认识保险市场，努力地适应保险市场，全力地驾驭保险市场，在保险企业活动与社会需要相协调的基础上，不间断地展开保险的创新活动，是保险营销活动充满活力的前提。

1. 保险市场的含义

保险市场是一种以商品交换为内容的经济联系形式。它是社会分工和商品生产的产物。在社会产品存在不同所有者的情况下，生产劳动的社会分工使他们各自的产品互相变为商品，即出现了商品的供与求，从而产生了相互交换作为商品的劳动产品市场。"市场是买者和卖者相互作用并共同决定商品或劳务的价格和交易数量的机制"。市场的形成要具备三个必要条件：存在可供交换的商品；存在可提供商品的卖方和具有购买商品欲望和能力的买方；具有买卖双方均可接受的商品的价格。唯其如此，才能实现商品的让渡，形成有意义的现实的市场。这些必要条件正是制约市场营销活动的要件。

市场是一个具有多重意义的概念：

（1）从地理或地域角度看，市场是进行商品交换的场所或地域的总称。

（2）从供求关系角度看，市场是供求关系的总和。这个定义是从供求关系角度提出来的。"买方市场""卖方市场"反映了供求力量的强度。当某商品供大于求时，就形成买方市场，这时商品的价格趋于下降；反之，当供不应求时，就形成卖方市场，这时商品的价格趋于上升。

（3）从商品流通全局看，市场是商品交换关系的总和，这是社会整体市场的概念。例如，在社会流通中，这个人的买（或卖）与另一个人的卖（或买）是联系在一起的。无数商品形态变化组成的循环不可分割地交织在一起，就形成无数并行发生和彼此连接的商品交换过程，形成了商品交换的全局。它启示我们，商品的买卖活动，必然与其他商品生产者的买卖活动发生联系。因此，企业只能在整体市场上开展营销活动。

（4）从营销角度看，市场是某一时间某一地域商品的所有现实和潜在需求的集合，可称为消费者市场。它是将客户作为市场，是从商品供给方的角度对市场做出的定义。企业要了解自己的产品市场有多大，市场由哪些消费者构成，明确自己的客户需求的现实情况和未来的需求动向等，这些是制定企业营销战略和各项具体决策的依据。我们所说的企业要面向市场，实质就是要面向客户的需求。

保险市场营销学所说的保险市场，就是保险产品潜在和现实的购买者，即保险市场指的就是保险消费者市场。这就是从营销角度所界定的保险市场的概念。

2. 保险市场的组成

保险市场由潜在市场和现实市场组成。由潜在市场变成现实市场要具备五个必备条件：一定数量的客户；客户要具有投保能力；客户要具有投保资格；客户要有投保愿望；要有投保渠道。保险营销的首要任务就是要先搞清"市情",即:潜在保险市场和现实保险市场的情况;潜在保险市场向现实保险市场转化的条件是否具备。由此来判断保险的有效需求情况,最后做出自己的营销决策。

例如,中国是拥有众多人口的发展中国家,拓荒阶段的人寿保险市场,无论是从市场容量和保险深度、保险密度还是从保险公司的数量来看,发展潜力都很大。但是潜力大不一定能形成有效的保险购买力。因此,在分析和研究寿险市场时,不能把中国寿险市场潜力盲目扩大化,只有理性分析寿险市场潜力,找准人寿保险的有效需求,才能推进寿险业的有效发展。保险是经济发达的产物,个人财富达到一定程度以后才能产生有效保险需求。一般来讲,我国人均年收入 5 000 元人民币以下的居民有保险需求,但无有效的保险购买力。而有足够经济实力来解决养老和医疗问题的人群,有购买力但没有通过保险来解决后顾之忧的需求。以居民储蓄余额为例,2002 年居民储蓄余额为 8.7 万亿元。有一种说法是,20%的人拥有 80%的储蓄余额,这意味着 2.6 亿人拥有 69 600 亿元储蓄,人均 26 769 元。就这个数字而言,富裕阶层解决了子女上学、住房、就医后所产生的有效保险需求有限。80%的人拥有 20%的储蓄,意味着 10.4 亿人拥有 17 400 亿元储蓄,人均为 1 673 元。如此少的货币资产,很难产生有效的保险需求。因此,像我国这样的发展中国家,拓荒阶段的保险市场,尽管具有市场潜力,但真正要形成市场购买力,还需要多方面的努力。

10.3.2 保险营销的内容

19 世纪以来,随着工业、商业及海外贸易的发展,保险业进入现代化保险的时期。到了 20 世纪,特别是第二次世界大战以后,保险业发展迅速,保险对象、经营范围不断扩大。保险市场规模的扩大和竞争的加剧,促使保险营销观念和保险营销战略在保险行业中得到深入、广泛的应用。

1. 保险营销的含义

保险营销是在变化的保险市场环境中,旨在满足被保险人风险保障需要、实现保险企业的经营目标和为社会安定谋福利而进行的保险商务活动的全过程。它包括保险市场调研、选择目标市场、新险种开发、厘定费率、营销渠道选择、保险商品促销及保后的一系列服务活动。

保险营销不同于保险推销,保险推销只是保险市场营销过程的一个阶段。但是,保险营销特别注重推销。保险商品具有特殊性,即保险企业经营的是看不见、摸不着的风险,"生产"出来的产品仅是对保险消费者的一种承诺,而且这种承诺的履行只能在保险事故发生或约定的期限届满时,而不像一般商品或服务立即有所感受。保险单从其外在形式来看只不过是一张纸,它虽然代表了保险公司的信用,但对投保人而言,无法在买保险时立即见到保险单的收益及效果。此外,保险商品抽象,保险单过于复杂,使得人们对保险商品了解甚少,在没有强烈的销售刺激和引导下,一般不会主动地购买保险商品。正是这种购买欲望的缺乏使保险推销成为保险营销中的一个重要组成部分,即保险营销必须靠推销。

在保险营销定义中包含以下要点:

(1)保险营销是一个动态的管理过程。

(2)需求是保险营销的基础与前提。

（3）保险商品实用性与服务的时效性是交换的必要条件。

（4）研究客户的心理与行为非常重要，只有如此，才能正确地发现客户需求并采用适当的方法去满足他们。

保险营销的重要性主要表现为：

（1）大数法则的必然要求。保险经营以大数法则为技术基础，因此必须大量销售保险单，也只有通过展业承保大量风险，才能接近风险同质与风险分散。

（2）保险商品的特殊性导致保险营销是保险经营不可缺少的环节。保险商品属于无形商品且是一种承诺，其效用也很难立即感受到，因此必须通过大量的说服工作才能促使投保人投保。保险不是由投保人来购买的，而是推销出去的。

（3）保险企业大量招揽业务，可使保险费收入大量增加，积累雄厚的保险基金，降低经营费用，增强其竞争能力。

2．保险营销的作用

在保险商品生产和销售过程中，需求与供给之间存在着诸多方面的矛盾。

（1）保险日益增长的需求和新产品开发滞后的矛盾。随着经济的发展、社会的进步和生活水平的不断提高，人们的保险需求将呈日益增多的趋势，保险供给滞后于市场的需求的矛盾将日益突出。

（2）客户潜在需求和现实购买的矛盾。客户虽然对保险商品有潜在需求，但由于保险产品技术较复杂，一般客户往往对其使用价值认知不足，这样就难以形成现实的购买行动。

（3）个性化需求与保险产品及其服务一般化的矛盾。随着社会的发展，人们对保险产品和服务的需求日益追求"个性化"和"差异化"。然而，现实的情况是保险产品往往趋同，缺少特色；保险服务往往一般化，缺少"量体裁衣"式的服务。这种情况将极大地影响保险企业核心竞争力的形成。

（4）人们的投保需求与投保渠道不畅的矛盾。人们有了投保的愿望，但往往投保渠道很少或不畅通，这将严重影响潜在客户的投保热情。

（5）出险后理赔不到位的矛盾。保险理赔是服务的核心内容。如果出险后被保险人不能及时准确地得到补偿，将使被保险人的利益受到损害，而保险公司在公众心目中的形象也将受到损害。现实的情况是"惜赔""滥赔"的现象时有发生，这常常是引发保险纠纷的重要原因。

（6）保险价格的矛盾。一般来说，保险生产者按成本费用和竞争价格来对保险产品进行估价，而投保人则习惯按经济效用和支付能力来估价。如何协调双方的矛盾，需要一种有效的机制来进行协调。

保险业在发展进程中的诸多矛盾，对于保险公司来说，都是必须解决的问题。

保险营销的作用如下：

（1）以卓有成效的运行机制，有效地形成保险供给与需求的平衡，解决保险商品生产与消费的各种分离、差异和矛盾，使得保险商品生产者方面各种不同的供给与投保人各种不同的需要与欲望相适应，具体地实现保险生产与消费的统一。

（2）满足被保险人的需要，维系个人、家庭和社会生活的稳定。在满足客户需求的同时，使本公司的经营利润最大化，企业实现可持续发展。

3. 保险营销的策略

（1）无差异性营销。以整个市场为营销对象，不强调细分市场的差异性。企业所设计的险种与营销方案，都是针对大多数客户的。保险公司的许多险种都适用无差异性营销，因为保险客户对保险需求的共性一般大于其差异性。例如，家庭财产长效还本保险迎合了大多数客户怕麻烦、省却每年续保手续的共同需要。

（2）差异性营销。针对不同的细分市场及该市场的需求来设计产品及营销策略，有的放矢，提高市场占有率，但营销成本提高。差异性营销适用于小型企业或新进入市场的企业。

（3）集中性营销。选择一个或几个目标市场，制订一整套营销方案，集中力量争取在这些市场上占有大量份额，而不是在整个市场上占有小量份额。集中性营销能充分满足细分市场的需要，实行专业化经营，但目标过分集中，经营风险大，不适用于资源有限、实力不强的保险公司。

保险公司在选择营销策略时需要综合考虑下列因素。

（1）公司的资源。如果保险公司资源有限，实力不强，最好采用集中性营销。

（2）险种的情况。在险种方面着重考虑两方面：一方面是险种的差异性，对于差异性小的险种采用无差异性营销，而对于差异性大的险种则采用差异性营销；另一方面是险种的生命周期，对新险种可实行无差异性营销，或者针对某一特定市场实行集中性营销，当险种进入成熟期后，则可实行差异性营销。

（3）市场的情况。若市场为"同质市场"，则采用无差异性营销，反之则采用差异性营销。

（4）竞争者的战略。一般来说，应该同竞争者的战略有区别。保险公司在对这些因素综合考虑后，选择适当的保险营销策略。

10.4 保险费率的构成、厘定与计算

10.4.1 保险费率的构成与厘定原则

1. 保险费的含义与构成

保险费是保险金额与保险费率的乘积。保险人承保一笔保险业务，用保险金额乘以保险费率就得出该笔业务应收取的保险费，即：

$$保险费 = 保险金额 \times 保险费率$$

保险费由纯保险费和附加保险费构成，纯保险费是保险人用于赔付被保险人或受益人的保险金，它是保险费的最低界限；附加保险费是由保险人所支配的费用，由营业费用、营业税和营业利润构成。

2. 保险费率的含义与构成

保险费率是保险费与保险金额的比率。保险费率，又称保险价格，是投保人为取得保险保障而由投保人向保险人所支付的价金，通常以每百元或每千元的保险金额的保险费来表示。

保险费率一般由纯费率和附加费率两部分组成。习惯上，将纯费率和附加费率相加所

得到的保险费率称为毛费率。

3．厘定保险费率的基本原则

（1）充分性原则。充分性原则是指所收取的保险费足以支付保险金的赔付及合理的营业费用、税收和公司的预期利润。充分性原则的核心是保证保险人有足够的偿付能力。

（2）公平性原则。公平性原则是指一方面保险费收入必须与预期的支付相对称；另一方面被保险人所负担的保险费应与其所获得的保险权利相一致。

（3）合理性原则。合理性原则是指保险费率应尽可能合理，不可因保险费率过高而使保险人获得超额利润。

（4）稳定灵活原则。稳定灵活原则是指保险费率应当在一定时期内保持稳定，以保证保险公司的信誉。同时，要随着风险的变化、保险责任的变化和市场需求等因素的变化而调整，具有一定的灵活性。

（5）促进防损原则。促进防损原则是指保险费率的制定有利于促进被保险人加强防灾防损。

4．厘定保险费率的一般方法

（1）分类法。分类法是在按风险的性质分类基础上分别计算费率的方法。依据该方法确定的保险费率常常被载于保险手册中，因此又称该方法为手册法。

分类法的优点在于便于运用，适用费率能够迅速查到。

（2）观察法。观察法，又称个别法或判断法，是按具体的每一标的分别单独计算确定费率的方法。该方法费率确定由核保人员依据经验判断，提出一个费率供双方协商。

（3）增减法。增减法，又称修正法，是在分类法的基础上，结合个别标的的风险状况予以计算确定费率的方法。

10.4.2 非寿险费率的厘定

非寿险费率的厘定是以损失概率为依据的，通过计算保险金额损失率加均方差来计算纯费率；纯费率与附加保险费率之和即毛费率。

非寿险费率的厘定步骤如下。

1．确定纯费率

纯费率是纯保险费占保险金额的比率。它是用于补偿被保险人因保险事故造成保险标的损失的金额。其计算公式为：

$$纯费率=保险金额损失率+均方差$$

（1）计算保险金额损失率。保险金额损失率是赔偿金额占保险金额的比率。其计算公式为：

$$保险金额损失率=赔偿金额÷保险金额×1\,000‰$$

（2）计算均方差。均方差是各保险金额损失率与平均保险金额损失率离差平方和平均数的平方根。它反映各保险金额损失率与平均保险金额损失率相差的程度。它说明平均保险金额损失率的代表性，均方差越小，则其代表性越强；反之，则代表性越差。若以 σ 表示均方差，则其计算公式为：

$$\sigma = \sqrt{\frac{\sum_{i=1}^{n}(x_i - \bar{x})^2}{n}}$$

对于平均保险金额损失率附加均方差的多少，取决于损失率的稳定程度。对于损失率较稳定的，则其概率[P(A)]要求不太高，相应地，概率度(t)为1即可；反之，则要求概率较高，以便对高风险的险种有较大的把握，从而稳定经营，相应的概率度为2或3。

（3）计算稳定系数。稳定系数是均方差与平均保险金额损失率之比，它衡量期望值与实际结果的密切程度，即平均保险金额损失率对各实际保险金额损失率（随机变量各观察值）的代表程度。其计算公式如下：

$$V_s = \frac{\sigma}{\bar{x}}$$

稳定系数越低，则保险经营稳定性越高；反之，稳定系数越高，则保险经营稳定性越低。一般在10%～20%之间较为合适。

（4）确定纯费率。财产保险的纯费率是财产保险的纯保险费占保险金额的比率，是作为保险金用于补偿被保险人因保险事故造成保险标的的损失金额。其计算公式为：

纯费率=保险金额损失率±均方差

或 =保险金额损失率×[1±稳定系数]

所以，若以68.27%的概率估计，$t=1$，则纯费率为（$x-\sigma$, $x+\sigma$）。

若以95.45%的概率估计，$t=2$，则纯费率为（$x-2\sigma$, $x+2\sigma$）。

若以99.73%的概率估计，$t=3$，则纯费率为（$x-3\sigma$, $x+3\sigma$）。

对稳定系数低的险种，则稳定性高，附加的均方差就可小些；反之，对高风险的险种，其保险金额损失率所附加的均方差就应该大一些。在一般情况下，保险公司为了经营稳定性，对附加的均方差一般采用"加"而不采用"减"的形式。因此，如果稳定系数小于10%，说明稳定性很高，是低风险的险种。

2．确定附加费率

附加费率是附加保险费与保险金额的比率。它是以保险人的营业费用为基础计算的，用于保险人的业务费用支出、手续费支出以及提供部分保险利润等，通常以占纯费率的一定比例表示。附加费率由营业费用率、营业税率和营业利润率构成。其计算公式为：

附加费率=附加保险费÷保险金额×1 000‰

营业费用率=营业费用÷保险费收入×100%

营业税率=营业税÷保险费收入×100%

营业利润率=营业利润÷保险费收入×100%

通常，附加费率可根据纯保险费与附加保险费的比例来确定，即：

附加费率=纯费率×附加保险费与纯保险费的比例

其中，附加保险费与纯保险费的比例=附加保险费÷纯保险费×100%。

3．确定毛费率

由于财产保险的毛费率由纯费率和附加费率构成，因此毛费率的计算公式为：

毛费率=纯费率+附加费率

或 ＝（保险金额损失率+均方差）+附加费率

或 ＝保险金额损失率×（1+稳定系数）+附加费率

10.4.3 寿险费率的厘定

1．寿险保险费的构成与类型

（1）寿险保险费由两部分构成：纯保险费和附加保险费。前者用于保险金的给付；后者用于保险公司业务经营费用的开支，二者的总和就是营业保险费，亦称毛保险费。其计算公式为：

$$毛保险费=纯保险费+附加保险费$$

保险费精算现值为纯保险费精算现值与附加保险费精算现值之和，从而可得：

纯保险费精算现值+附加保险费精算现值=保险金精算现值+各项业务费用精算现值

据此情形，可分别计算纯保险费和附加保险费。即：

$$纯保险费精算现值=保险金精算现值$$

$$附加保险费精算现值=各项业务费用精算现值$$

（2）寿险保险费的分类。

1）自然纯保险费与均衡纯保险费。自然纯保险费是分别以各年岁的死亡率为交付标准计算的保险费。它是以每年更新续保为条件，签订一年定期保险合同时，各年度的纯保险费。因为各年岁的死亡率不同，所以保险费必须随着变动。

均衡纯保险费是在约定交费期限内每次交费金额始终不变的均衡毛保险费中扣除均衡附加保险费的剩余部分。

2）年交纯保险费和趸交纯保险费。年交纯保险费是自投保之日起分若干时期交清的年交毛保险费中扣除附加保险费后的剩余部分。

趸交纯保险费是在投保之日一次性交清的趸交毛保险费中扣除附加保险费后的剩余部分。如果把各个年岁应交的自然纯保险费都折算成投保时的现值，合并为一个总数，就是趸交纯保险费。

3）纯保险费和附加保险费。纯保险费包含保险责任事故的危险性，同时要估计到保险基金的利息收入；附加保险费是保险公司在业务管理上可能遇到的费用，如工资、租金、各种业务开支，合理地分摊到每笔业务上去的数目。

2．寿险费率的计算依据

（1）生命表的概念和种类。生命表，又称死亡表或寿命表，是根据一定时期的特定国家（或地区）或特定人口群体（如寿险公司的全体被保险人）的有关生命统计资料，经整理、计算编制而成的统计表。生命表中最重要的就是设计产生每个年龄的死亡率。

生命表的分类主要有：国民生命表和经验生命表；完全生命表和简易生命表；选择表、终极表和综合表；寿险生命表与年金生命表。

（2）生命表的选用。经营人寿保险业务应该使用经验生命表，而不能使用国民生命表，这是因为经验生命表的死亡率具有代表性。

3．纯保险费的计算

（1）趸交纯保险费的计算。趸交纯保险费是在长期寿险合同签订时投保人将保险期间应交付保险人的纯保险费一次全部交清。趸交纯保险费应与保险合同所规定的保险人在整个保险期内的给付义务相等价。根据险种不同，趸交纯保险费分为定期生存保险、定期死亡保险和两全保险趸交纯保险费。

（2）年交纯保险费的计算。年交纯保险费的计算就是将趸交纯保险费改为按年均衡地交费的计算。由于趸交保险费的方式，要求投保人一次交付数目很大的保险费，实为一般收入的投保人所难以负担，因此，在实际业务中绝大多数的寿险业务采用分期交费的方式，可以按年交付，也可按半年、按季或按月交付。年交纯保险费是指年交均衡纯保险费，即每年交付的纯保险费数量都相等。

（3）定期死亡保险的纯保险费计算。定期死亡保险是被保险人在保险期间内因发生保险事故而死亡由保险人给付保险金的保险。该保险对于保险期间届满时仍然生存的被保险人不给付保险金。

（4）两全保险的趸交纯保险费计算。两全保险是被保险人至保险合同规定的期限届满时，无论生存或死亡均可按保险合同约定领取保险金的保险。既然被保险人在保险期间届满时无论生存或死亡均享有保险金请求的权利，因此，也应承担交付生存和死亡两份保险费的义务，即为生存保险与死亡保险趸交纯保险费之和。

4．营业保险费的计算

（1）附加费用的构成。

1）新合同费。也称原始费用，是保险公司为招揽新合同，于第二年度所必需支出的一切费用，如宣传广告费、外勤人员招揽费（薪金、佣金）、体检费、各种单证印刷及成本费等。

2）维持费。与新合同费不同，维持费是契约自一开始至终了为止，整个保险期间为使合同维持全所必需的一切费用，如寄送催交保险费通知单、合同内容的变更、保险单质押贷款、固定资产折旧等为维持保险单保全工作的各项费用。

3）收费费用。即保险费收取费用，包括收费员的薪金、对与公司订有合约代收保险费的团体所支付的手续费，以及其他与收费事务有关所支出的费用。

（2）营业保险费的计算法。

1）比例法。比例法是将营业保险费的一定比例作为附加保险费。这个比例一般根据以往业务经营的经验确定。若以 P' 表示营业保险费，k 表示附加保险费占营业保险费的比例，P 表示纯保险费，则有：

$$P'=P+kP'$$
$$P'=P\div(1-k)$$

若以 L 表示附加保险费，则：

$$L=kP'=kP\div(1-k)$$

2）比例常数法。该方法首先根据以往的业务资料确定每单位保险金额所必须支出的费用，作为一个固定费用（用常数 a 表示）；然后确定一定比例的营业保险费作为其余部分的附加费。即：

$$P'=P+a+kP'$$

所以，

$$P'=(P+\alpha)\div(1-k)$$

3）三元素法。三元素法是将附加费用分解成新合同费、维持费、收费费用三个部分，并且假设：一是新合同费用，是一次性费，单位保险金额的费用为 α；二是维持费，单位保险金额每年的费用为 β；三是收费费用，每年占营业费用的比例为 γ。然后，根据"总保险费现值=净保险费现值+附加费现值"的原理来计算营业保险费。

10.5 保险资金运用

10.5.1 保险资金运用概述

1. 保险资金运用的含义

保险资金运用，也称保险投资，是指保险公司在损失补偿或经济给付的过程中，利用保险资金收支的时间差，将积聚的保险资金部分投资于资本市场，使保险资金保值增值的活动。但是，从严格意义上来讲，保险投资和保险资金运用这两个概念在内涵和外延上有所区别。

经济学意义上的投资指的是增加或更换资本资产的支出，最终目的是在现有资本存量增加的基础上，实现扩大再生产。保险投资的侧重点有所不同，主要是通过各种投融资活动增加金融资产，直接实现公司盈利的行为。保险资金运用概念的外延比保险投资更为广泛，包括保险公司对资金的占用和使用两个部分，既体现为实物资产的增加，也包括金融资产的增加。保险投资仅仅是保险资金运用的一种方式，保险资金运用并不完全等同于保险投资。由于保险公司经营的特殊性，保险资金运用以保险投资为主，故而在理论上对二者并没做严格的区分，通常将保险资金运用等同于保险投资。

2. 保险资金的性质

（1）负债性。保险公司负债经营的特点和保险资金运动的规律，决定了保险公司内部必然沉淀相当数量的闲置资金。在保险公司的经营过程中，由于风险发生的不确定性和损失程度的波动性，在某一时点上，保险费的收入与支出之间必然存在时间差和数量差，即保险公司收取的保险费不会立即并全额用于赔偿或给付。这种时间差和数量差的存在，使得一部分资金沉淀下来，这部分闲置资金同时构成了可运用保险资金的主要来源。在保险公司资产负债表上，这部分闲置资金体现为负债项目的各项准备金，其中大部分资金在将来某一时点将以赔款或给付的方式返还。保险资金的负债性决定了大部分保险资金只能由保险人加以管理，以履行将来的赔付责任。

（2）稳定性。保险资金的稳定性是指可运用的保险资金能在数量上持续保持一定的规模，为保险投资活动提供稳定的资金来源。保险资金的来源主要是资本金及准备金，其来源决定了保险资金必然具有稳定性。

从静态的角度来分析，首先，资本金作为保险公司的自有资金，提供了最为稳定的资金来源。资本金是股东对保险公司的投资，按照《公司法》的规定，股东一般不得抽回资金，从而在法律上保证了保险资金的稳定性。其次，保险公司的准备金包括普通责任准备金和总准备金。普通责任准备金因性质不同，闲置时间也不同。特别是寿险责任准备金，往往长期处于闲置状态，成为寿险公司可运用保险资金的主要组成部分。总准备金用来满足非正常年景下的赔款支出，在正常年景下一般很少动用。总准备金在保险公司持续经营期间，不断扩大规模并积累增值，成为保险资金的稳定来源之一。

从动态的角度来分析，保险公司在持续经营的过程中，一方面由于赔偿或给付导致现金流出，另一方面由于续保或承保新的业务导致现金流入。随着保险公司业务规模的扩大，持续的现金净流入使得可运用的保险资金能够保持稳定的存量。

（3）社会性。保险资金是保险公司通过收取保险费建立专门的保险基金，用以在发生自然灾害或人身事故时履行保险合同所规定的赔偿或给付义务。保险资金来源于社会各个层面的个人或单位，任何个人或单位均可根据自身转嫁风险的需要，在支付相应的价金之后，就可获得相应的保险保障。所以，保险从本质来看是一种建立在互助基础上的经济保障制度，任何单位和个人面对的约定风险通过这种制度安排就可以实现在全社会范围内的分散。由于风险事故的发生具有不确定性，费率的厘定必须以大数法则和概率论为基础。费率厘定的特点使风险可能带来的损失在时间和空间上充分分散，社会上分散的各投保单位和个人在交付少量的保险费之后汇集成可观的保险资金，因此保险资金来源具有广泛的社会性。

3. 保险资金运用的原则

保险资金的性质决定了保险资金运用的原则。一般来说，保险资金运用应遵循安全性、收益性和流动性的原则。

（1）安全性原则。安全性原则是指保险资金的运用必须以安全返还为条件，保证保险资金在投资过程中免遭损失，到期按时收回投资的本金、利息及利润。安全性原则是保险资金运用首要和基本的原则。保险资金在构成上主要是各项准备金，具有负债性质。从其运行的过程来看，最终都要以赔偿或给付的方式实现对被保险人的返还。如果出现投资失败，就可能导致保险公司的偿付能力不足，从而影响保险损失补偿职能的实现。为了防范保险资金运用的风险，保护被保险人的权益，各国都以法律或法规的形式对保险资金的安全运用予以明确规范。

我国对保险公司资金运用的形式和限额实施了比较严格的监管。我国《保险法》规定："保险公司的资金运用必须稳健，遵循安全性原则，并且保证资产的保值增值。保险资金的运用，限于在银行存款、买卖政府债券、金融债券和国务院规定的其他资金运用形式。保险公司的资金不得用于设立证券经营机构，不得用于设立保险业以外的企业。保险公司运用的资金和具体项目的资金占资金总额的具体比例，由保险监督管理机构规定。"

（2）收益性原则。保险资金运用的直接目的是获取投资收益。较高的投资收益一方面可以提高公司的经济效益，另一方面可以带来良好的社会效益。但在保险资金投资活动中，收益与风险往往是呈负相关关系的：收益率越高，风险也越大，保险资金的安全性也越差。收益性作为保险资金运用的直接目标，往往与流动性和安全性原则相矛盾。由于保险公司首要的职能是实施损失补偿，保险资金的运用必须首先满足安全性和流动性，并且在此基础上追求投资收益以获取利润。特别是对传统的长期寿险产品而言，在产品定价之初，资金增值的因素已包含在产品的价格里面。如果预定的投资收益率低于实际的投资收益率，保险公司在保险期届满时将出现偿付能力缺口，缺乏足够的资金来履行给付义务，这就要求保险公司在以资金安全为前提的条件下追求收益的最大化。随着寿险业务从传统的保障型向投资型业务发展以及寿险产品预定利率的下调，保险公司将投资型寿险业务中面临的利率风险也完全转嫁给投保人。与之相应的是，保险公司在对该类业务的保险资金制定投资策略时，往往把收益性作为优先考虑的因素。

（3）流动性原则。流动性原则指的是保险投资项目应有充分的变现能力。流动性作为保险资金运用的原则，是由于保险经营过程中的风险不确定性和损失不确定性决定的。特别是对于财产保险公司，保持资产的流动性尤为必要。流动性原则并不是要求每一个投资项目都能随时变现，而是要求保险公司根据保险资金的来源实现投资结构的合理化，将一部分资金投向变现能力强的项目上，同时将另一部分投向收益较高而变现能力较差的项目上，只要在总体上保证保险资金的流动性即可。

财产保险和人身保险在业务上的差别决定了其对流动性要求的不同。对于财产保险而言，由于具有保险期间短、风险事故发生的随机性大的特点，对保险资金的流动性要求较高。一般来说，财产保险公司中的短期性投资在总投资额中的比重较高。而对于人身保险而言，特别是人寿保险，风险事故的发生往往具有稳定性，每年保险费收入与各项给付都能加以较为准确的预测。因此，寿险投资对流动性的要求往往要低于财险投资。相应地，流动性较高的投资项目在整个投资结构中所占的比例也要较低，中长期投资项目在整个资金运用的结构中所占比重较大。

10.5.2 保险资金的来源与运用

1．保险资金的来源

保险资金的主要来源是权益资本和各项责任准备金。

（1）权益资本。也称资本金，是保险公司在工商行政管理部门登记的注册资金，按规定注册资本金不得低于法定资本金。资本金是保险公司设立和经营的基础，也是保险公司正常经营和独立承担民事责任的必要条件。为了保障被保险人的利益，各国对保险公司在开业之初的资本金都设有最低限额的要求。《保险法》第69条规定："设立保险公司，其注册资本的最低限额为人民币二亿元，保险公司注册资本最低限额必须为实缴货币资本。"

（2）非寿险责任准备金。非寿险是除寿险业务之外一切业务的统称，包括财产保险、信用保险、责任保险等保险业务，在性质上属于补偿性保险。非寿险的基本特点是保险期间较短，一般为一年或一年以下。非寿险的责任准备金可以分为未到期责任准备金、赔款准备金、总准备金及长期责任准备金四个部分。

1）未到期责任准备金。未到期责任准备金，又称保险费准备金，是保险人在会计年度决算时将保险责任期尚未届满、应属于下一年度的部分保险费提存出来而形成的准备金。非寿险的合同期限大多为一年，由于会计年度与保险年度不一致，部分保险单的有效期必然要跨年度。对于前一年度终了未满期的保险单，其保险费不能全额作为已赚保险费入账，必须提存未到期责任准备金，作为保险公司履行责任的准备。未到期责任准备金在会计年度决算时一次计算提取。未到期责任准备金的提取方法一般采用加权平均法或比例提留。未到期责任准备金是财产保险公司可运用保险资金的主要来源。

2）赔款准备金。赔款准备金是保险人在会计年度决算时，为该会计年度已发生保险事故应付而未付赔款所提留的一种资金准备。赔款准备金包括未决赔款准备金、已发生未报告赔款准备金及已决未付赔款准备金三种类型。我国《保险公司管理规定》第77条规定："保险公司应当按照已经提出的保险赔偿或者给付金额提取未决赔款准备金；对已经发生保险事故但尚未提出的保险赔偿或者给付应当提取已发生未报告责任准备金，提取金额按不超过当年实际赔款支出额的百分之四计提。"由于这部分资金缺乏稳定性，一般保险公司将其投资于流动性较强的资产上，如银行存款、短期公债、回购协议等。

3）总准备金。总准备金是保险公司为满足超常年度赔付、巨额损失赔付以及巨灾损失赔付而提取的责任准备金，也称公积金。总准备金按保险管理部门规定一般在税后利润中提取，逐年累积而成。《保险法》第96条规定："保险公司应当依照有关法律、行政法规及国家财务会计制度的规定提取公积金。"

4）长期责任准备金。长期责任准备金是指保险公司对损益结算期在一年以上的保险业务，在未到结算损益年度之前，按业务年度保险费收入与赔款支出的差额提取的准备金。例如，长期工程保险、出口信用保险等的损益核算期都大于一年。提取的准备金计入当期损益，下期再转回做收入处理。

（3）寿险责任准备金。寿险责任准备金是指保险人把投保人历年交付的纯保险费和利息收入积累起来，作为将来保险给付和退保给付的责任准备金。寿险的基本特点是保险期间长，保险费按月、季、年均衡交付或一次性趸交。由于寿险业务保险费的收取与保险金给付有很长的时间滞差，寿险责任准备金一般可用于期限较长的投资，如股票、中长期公债、不动产等。

（4）保险保障基金。保险保障基金是指为保障被保险人的合法权益，在保险公司破产之后仍能获得相应的补偿而依法建立起来的专门保护基金。这种基金是保险公司的一种或有负债，不仅起到保护被保险人利益的作用，对促进社会稳定和经济发展也有重要的作用。由于保险保障基金的重要性，其投资运用也必须保证绝对的安全。《保险法》第97条规定："为了保障被保险人的利益，支持保险公司的稳健经营，保险公司应当按照保险监督管理机构的规定提存保险保障基金。保险保障基金应当集中管理，统筹使用。"我国保险公司的保险保障基金是按照当年保险费收入1%的标准单独提取的，当保险保障基金达到保险公司总资产的6%时候，停止提取。保险保障基金专户存储于中国人民银行或中国人民银行指定的商业银行。

（5）其他资金。其他资金包括未分配盈余、负债收入、应付同业款项、应付和递延税款、福利和退休基金以及拆入短期资金。这部分资金一般占可运用保险资金的比例较小，但不同保险公司的差异较大。

2．保险资金的运用

从各国保险资金运作的实际经验来看，主要的投资形式包括银行存款、同业拆借、有价证券、贷款、寿险保单贷款和不动产投资等形式。

（1）银行存款。银行存款是指保险公司将闲置的保险资金存入银行以获取利息收入。一般存款具有良好的流动性和安全性的特点，但收益率相对较低。根据国外保险公司的实践，银行存款所占的比例都不大，一般只用作满足保险公司正常的赔付或寿险保险单满期给付的准备金。目前，我国保险资金运用的主要形式还是银行存款，其中又以大额协议存款为主。

（2）同业拆借。同业拆借市场是金融机构之间以货币借贷方式进行短期资金融通活动的市场，主要是银行等金融机构之间相互借贷在中央银行存款账户上的准备金余额，用来调剂准备金头寸市场。

（3）有价证券。有价证券是保险资金最重要的投资形式，按投资的工具不同可以分为股票、债券和证券投资基金。

1）股票。股票是股份有限公司公开发行的用以证明投资者股东身份和权益，并且以此获取股息和红利的凭证。股票具有收益高、流动性好、风险大的特点，在发达国家的保险投资中占有较为重要的地位。股票一经发行，股票持有人即成为公司的股东。

2）债券。债券是投资者向政府、公司或金融机构提供资金的债权债务合同，该合同载明发行者在规定日期支付利息并在到期日偿还本金的承诺，其要素包括面额、利率、利息支付日期和次数及到期日。债券是一种标准化的证券，一般具有安全性好、变现能力强、收益稳定的优点，已成为各国保险资金运用的主要方式之一。按发行的主体不同，债券可以分为政府债券、公司债券、金融债券。

3）证券投资基金。证券投资基金是指通过发行基金证券将投资者分散的资金集中起来，交由专业管理人员分散投资于股票、债券或其他金融资产，并且将投资收益分配给基金持有者的一种制度。证券投资基金是一种间接投资工具，具有专家管理、规模经营、分散投资、流动性高等优点，其投资收益一般要高于债券投资，投资风险要低于股票而高于债券。

（4）贷款。贷款是保险公司向需要资金的单位或个人提供融资的信用活动。贷款的收益率主要取决于市场利率。贷款按形式可以分为抵押贷款和信用贷款。抵押贷款具有较好的安全性和较高的收益率，比较适合寿险公司长期资金的运用。抵押贷款按抵押物的不同，可以细分为有价证券抵押、不动产抵押、信用保证贷款等。抵押贷款面临的主要风险是抵押物贬值或不易变现的风险。信用贷款（包括保证贷款）面临的主要风险是信用风险和道德风险。

（5）寿险保险单贷款。寿险保险单贷款是在寿险保险单现金价值的基础上，保险公司根据保险合同的规定对保险单持有人的贷款，也称保险单质押贷款。寿险保险单贷款的额度为保险单现金价值的一定比例，贷款人到期要归还本金及利息。当贷款的本息超过保险单的现金价值时，保险单失效。因此，保险人发放寿险保险单贷款一般不需要承担任何风险。这种资金运作方式一方面可以盘活保险公司的闲置资金，增加收益；另一方面可以作为一种服务项目，提高公司的知名度和竞争力。

（6）不动产投资。不动产投资是指保险公司通过购买土地、房产等获取收益的投资形式。不动产投资的特点是资金投入量大、投资期限长、收益高、风险大。一般来说，不动产投资比较适合中长期寿险资金的投资需求。但不动产投资的流动性差，使得保险公司面临着极大的收益风险。因此，各国对保险公司投资不动产往往加以严格的限制。

保险资金的运用除了上述形式之外，还有黄金、外汇、项目投资等。

思考与练习

1. 单项选择题
（1）保险资金中闲置的部分重新投入社会再生产的过程中发挥的功能称为（　　）。

A．社会管理功能　　　　　　B．社会保障功能
C．损失补偿功能　　　　　　D．资金融通功能

（2）下列保险中，不能影响保险费多少的因素是（　　）。
A．保险金额的大小　　　　　B．保险费率的高低
C．交付条件　　　　　　　　D．保险期间

（3）保险人计算保险费的依据，也是保险人承担赔偿或给付保险金责任的最高限额，称为（　　）。
A．保险价值　　B．保险金额　　C．保险责任　　D．保险范围

（4）在汽车保险中，上一保险年度未享受无赔款保险费优待的，续保时优待比例为（　　）。
A．12%　　　　B．15%　　　　C．20%　　　　D．10%

（5）当人身保险费率采用均衡费率的时候，人身保险合同具有的性质是（　　）。
A．投资性　　　B．储蓄性　　　C．补偿性　　　D．给付性

（6）简易人寿保险防止逆选择的方法是（　　）。
A．规定等待期　B．体检　　　C．提高保险费率　D．增加保险金额

（7）团体人寿保险采用的费率形式是（　　）。
A．基本费率　　B．自然费率　　C．均衡费率　　D．经验费率

（8）健康保险厘定费率时考虑的主要因素是（　　）。
A．死亡率　　　B．费用率　　　C．利息率　　　D．疾病率及疾病持续时间

（9）在人身保险中，对于非标准体，保险人不能按照标准保险费率承保，但可以使用特别附加条件承保，如（　　）。
A．增收特别保险费　　　　　B．增加特别保险责任
C．增加特别保险金额　　　　D．增加交费频率

（10）在普通个人人寿保险中，由于不同年龄、性别的被保险人的死亡率不同，所以保险费率的制定依据是（　　）。
A．事故率表　　B．死亡率表　　C．伤残率表　　D．患病率表

2．多项选择题

（1）当保险标的的保险金额增加时，一个溢额分保合同不能满足分出公司的业务需要，则解决溢额的途径有（　　）。
A．第二溢额分保合同　　　　B．预约分保
C．临时分保　　　　　　　　D．超额赔款分保
E．合同分保

（2）在下列各种财产中，不能作为企业财产保险的保险标的的是（　　）。
A．账外财产　　B．邮票　　　C．有价证券
D．账册　　　　　　　　　　E．工厂厂房

（3）团体人寿保险通过一张保险单承保一个团体的全部或部分人员，其优点是（　　）。
A．不体检　　　B．费率较低　　C．手续简单
D．保障范围广　　　　　　　E．保险及时

（4）风险转移包括（　　）。
A．建立自保公司　　　　　　B．建立损失储备基金
C．非保险转移　　　　　　　D．保险转移
（5）按照经营目的的不同可以将保险分为（　　）。
A．财产保险　　B．社会保险　　C．人身保险　　D．商业保险
（6）取得投保人资格必须具备的要件有（　　）。
A．必须具有权利能力　　　　B．必须具有行为能力
C．必须具有可保利益　　　　D．必须承担交付保险费的义务
（7）可保利益的构成条件包括（　　）。
A．必须是确定的利益　　　　B．必须是可以实现的利益
C．必须具有经济价值　　　　D．必须是合法的
（8）损失补偿原则中保险人对赔偿金额有一定限度，即（　　）。
A．以实际损失为限　　　　　B．以保险金额为限
C．以可保利益为限　　　　　D．上述三者之中，以低者为限
（9）保险合同发生争议后的解决方式主要有（　　）。
A．协商　　　　B．仲裁　　　　C．诉讼
D．支付违约金　　　　　　　E．支付赔偿金

3．简答题
（1）保险经营的特征有哪些？
（2）保险经营的原则有哪些？
（3）保险产品开发有何意义？
（4）保险的市场营销策略有哪些？
（5）保险资金运用的原则有哪些？

阅读材料

推销之神原一平

1904年，原一平出生于日本长野县。

因为家境富裕，从小他就像个标准的小太保，叛逆顽劣的个性使他恶名昭彰而无法立足于家乡。

23岁时，他离开长野到东京打天下。

1930年，原一平进入明治保险公司成为一名"见习业务员"。

原一平刚刚涉足保险时，为了节省开支，他过的是苦行僧式的生活。

——为了省钱，可以不吃中午饭。

——为了省钱，可以不搭公共汽车。

——为了省钱，可以租小得不能再小的房间容身。

当然，这一切并没有打垮原一平，他内心时刻燃着一把"永不服输"的火，鼓励着他

愈挫愈勇。

1936年，原一平的业绩遥遥领先公司其他同事，成为全公司之冠，并且夺取了全日本的第二名。

36岁时，原一平成为美国百万圆桌协会成员，协助设立全日本寿险推销员协会，并且担任会长至1967年。

因对日本寿险的卓越贡献，原一平荣获日本政府最高殊荣奖，并且成为美国百万圆桌协会的终身会员。

原一平50年的推销生涯，可以说是由一连串的成功与挫折所构成的。他成功的背后，是用泪水和汗水写成的辛酸史。

"我不服输，永远不服输！"

"原一平是举世无双、独一无二的！"

第 11 章 社会保险概述

阅读要点

- 了解社会保险的起源与发展;
- 掌握社会保险的含义与特点;
- 掌握社会保险的重要意义;
- 理解社会保险与商业保险的关系;
- 熟悉社会保险的主要类型;
- 掌握社会保险基金的筹集模式。

11.1 社会保险的起源与发展

11.1.1 社会保险产生的历史背景

1. 工业化进程的发展

在 18 世纪以前的农业社会,劳动者以家庭为基本生产单位,以手工为主要生产方式的自给自足的小农经济在社会中占主导地位,当劳动者遇到年老、疾病、伤残、生育等风险时,主要依靠家庭成员和亲戚朋友、邻里等渡过难关,家庭保障是维护社会成员基本生活的安全网。18 世纪 60 年代产生的产业革命和工业化进程,以大机器的使用和无生命能源的消耗为核心的专业化社会大生产占据了社会经济的主导地位,劳动者开始离开家庭,从农村向城市转移,城市化进程加快,传统大家庭结构解体,家庭的保障功能日益弱化。社会分化剧烈、社会流动性增强,业缘关系取代了血缘和地缘关系而成为社会关系的主要形式。在这种情况下,迫切需要政府出面制定和建立一种社会化的保障体系或社会化的安全网,社会保险应运而生。

2. 经济市场化加大了收入损失风险

随着工业化、市场化的发展,经济波动的周期性日益增长。在经济繁荣期间,生产规模扩大,可吸纳大批劳动力,在经济萧条期间,企业破产、工人失业、劳动者收入中断,劳动者及其家庭成员的基本生活因失去保障而陷入困境。随着家庭传统保障功能的弱化和收入损失风险的加大,劳动者急需政府帮忙解决失业及疾病、伤残、年老等风险。

社会保险是社会化大生产条件下的必然产物,是经济发展和人类文明进步的重要标志,在整个国民经济体系中发挥着越来越显著的作用。

11.1.2 社会保险发展简史

1. 世界社会保险发展简史

（1）《济贫法》的诞生。英国在 1601 年伊丽莎白一世时代颁布了《济贫法》，用立法的形式对济贫进行了法律规范，并且在 1834 年颁布了新《济贫法》，首次明确获得救助是公民的一项权利，从而确立了政府为主体的社会救助原则，明确了政府在社会保险中的责任。

（2）社会保险制度的诞生。1883 年，德国颁布《疾病社会保险法》，标志着世界社会保险制度的诞生，迄今已有 130 多年的历史。1884 年和 1889 年德国政府又分别制定了《工伤社会保险法》和《老年、残疾、死亡保险法》，德国成为世界上第一个具有比较完整的社会保险制度体系的国家。继德国之后，奥地利、瑞典、匈牙利、丹麦、挪威、英国、法国、罗马尼亚、卢森堡等欧洲资本主义国家相继建立各种社会保险制度。

（3）第一部社会保险法令的产生。1918 年苏联颁布了《劳动者社会保险条例》，这是第一部社会主义的社会保险法令。

（4）美国社会保险制度的产生。1929 年，资本主义世界爆发了前所未有的经济危机，当时许多工厂倒闭，大量的工人失业，失业工人示威游行此起彼伏，资本主义国家的政府承受了巨大压力。在这种背景下，各国政府开始考虑采取新的社会保险制度，以保持社会稳定。1935 年 8 月，在罗斯福总统的主持下，美国国会通过以社会保险为主体的历史上第一部《社会保障法》，包括老年社会保险、失业社会保险、贫穷盲人补助、未成年人补助，由政府提供最低生活保障金，同时确立了由联邦政府、州和地方政府共同参与、分级办理的社会保险体制。

（5）福利国家社会保险制度的产生。第二次世界大战后，西方国家以建立"福利国家"为政策目标，社会保险制度得到了充分发展，许多国家建立了"从摇篮到坟墓"的完备的社会保险体系。"福利国家"首先是英国人贝弗里奇提出的。1942 年，英国牛津大学经济学教授威廉·贝弗里奇提交了一份社会保险及有关服务的报告，即"贝弗里奇报告"，报告描绘了全民社会保险的蓝图，该报告认为社会保险应体现"普遍和全面"的原则，应能满足全体公民的不同社会保险需要，因此，他主张建立一个囊括养老、疾病、失业、生育、残疾等项目的社会保险体系，要求政府对国民提供儿童补助、养老金、残疾补助、丧葬补贴、丧失生活来源补助、妇女福利和失业工人的救济等全面保障。英国政府于 1944 年发布了社会保险白皮书，基本接受了贝弗里奇报告的建议，出台了一整套"从摇篮到坟墓"的福利政策，并且于 1948 年宣布建成了福利国家。瑞典、芬兰、挪威、法国等欧洲国家也不甘落后，先后建立了有本国特色的福利国家。

进入 20 世纪 70 年代以来，西方资本主义国家的经济出现了一系列问题：石油危机；布雷顿森林体系瓦解；经济陷入了滞胀状态。在这种大的经济背景下，西方国家的社会保险制度亦陷入了困境。从目前的情形看，社会保险改革的任务艰巨，但各国的改革进程有一个共同的倾向，即社会保险制度的持续发展需要借助商业保险尤其是人寿保险的发展，换言之，商业保险的发展能够弥补社会保险的不足，同时为降低社会保险水平创造条件。因此，社会保险与商业保险的联系日益密切，并且在许多国家得到共同发展。

2. 中国现代社会保险发展简史

（1）民国时期的社会保险。1928 年，中国国民党公布了《工人运动纲领》，规定：要

"制定劳工保险法、疾病保险法、灾害救济法、死亡抚恤法、年老恤金法等"。1929年，国民政府"劳动法起草委员会"完成《劳动法典草案》。1947年10月31日，国民政府社会部制定《社会保险法原则》，这是国民政府在大陆期间制定并正式通过的唯一一部社会保险法规。

（2）中华人民共和国成立初期的社会保险。1951年2月23日，政务院第73次会议通过了《中华人民共和国劳动保险条例》（以下简称《劳动保险条例》），并且于1953年1月2日进行了修订，这是一个包括养老、疾病、工伤、生育等多方面内容的综合性的社会保险行政法规，标志着中华人民共和国社会保险制度建设的开端。《劳动保险条例》中没有失业保险条例。

中华人民共和国初期至"文化大革命"以前（1949—1965年），中国政府除了在城市建立职工的养老保险、医疗保险、工伤保险和生育保险制度以外，还颁布了《高级农业生产合作社示范章程》（1956年6月30日第一届全国人民代表大会第三次会议通过）等。

（3）"文化大革命"时期的社会保险。"文化大革命"期间（1966—1976年），各项社会保险制度继续发挥作用，农村合作医疗和赤脚医生制度在此期间得到推广，发展到了最高点。最大的变化是"文化大革命"前由工会统筹的社会保险停止了，城镇形成了"单位保险"制度。从此，中国形成了企事业单位各自为政、保险福利单位化的局面，这对以后的经济改革和发展形成障碍。

（4）改革时期的社会保险。从1977年至1985年，中国社会保险一是恢复正常局面，解决"文化大革命"中的各种遗留问题；二是静观经济体制改革，酝酿重建一个适合新经济体制的社会保险制度。这个时期在养老保险制度方面的作为有两点：一是恢复重建职工退休制度；二是突破了"高级干部终身制"的传统，完善了退休制度。

1986年是中国社会保险制度建设转折创新之年，过去计划经济时代的"国家保险型"模式的根基开始发生了动摇，模式替换的伟业从此开始。这一年7月12日，国务院颁布了《国有企业实行劳动合同制暂行规定》和《国有企业职工待业保险暂行规定》。这两个文件对原有社会保险制度的突破点是：一是企业和个人开始向社会保险主管部门缴纳社会保险费；二是由社会保险主管部门（而不是本企业）负责保险金的管理和发放。其意义是：第一，"单位保险"走向了"社会保险"；第二，为建立社会保险新模式奠定基础。

1997年7月，国务院《关于建立统一的企业职工基本养老保险制度的决定》（国发〔1997〕26号）颁布，向全国推广"社会统筹与个人账户相结合"的养老保险模式，正式宣告了中国社会保险模式转换完成。在中国社会保险史上，这是一个具有里程碑意义的法规。

城镇居民养老保险和医疗保险是在2002年中国共产党第十六次全国代表大会以后，统筹城乡社会保险制度的基础上发展起来的，2007年7月，国务院正式发布了《关于开展城镇居民基本医疗保险试点的指导意见》（国发〔2007〕20号），城镇居民基本医疗保险制度开始试点。

在农村社会保险方面，除了扶贫救助，还开始了"新农合"和"新农保"的推广。2002年10月，《中共中央、国务院关于进一步加强农村卫生工作的决定》指出：要逐步建立以大病统筹为主的新型农村合作医疗制。根据中国共产党第十七次全国代表大会和中国共产党第十七届中央委员会第三次全体会议精神，国务院决定，从 2009 年起开展新型农村社会养老保险试点。

2010 年 10 月 28 日，《中华人民共和国社会保险法》获得通过，自 2011 年 7 月 1 日起施行。社会保险法进一步从法律上明确国家建立基本养老、基本医疗和工伤、失业、生育等社会保险制度，开始了我国用法律代替行政规定的过程。

11.2 社会保险的基本内容

11.2.1 社会保险概述

1. 社会保险的含义

社会保险是国家通过立法形成专门的保险基金，对社会劳动者在年老、疾病、失业、伤残、生育、暂时或永久丧失劳动能力、失去工作机会造成的收入不稳定、生活无保障的困难时，由国家和社会对劳动者提供基本生活保障的一种社会保障制度。社会保险是一种特殊的强制性保险，是不以营利为目的的社会福利事业。社会保险制度一般由法律支撑，要求政府、雇主、雇员三方共同筹款，建立社会保险基金。社会保险是现代社会保障体系的核心与主体，被称为"社会安全网与稳定器"，社会保险与商业保险共同构成一个全方位的风险保障网络。

2. 社会保险的特点

社会保险与商业保险和其他的福利、救济措施一样，目的都是为了保障人民生活安定，保证社会再生产顺利进行，从而促进社会经济的发展。由于国家体制、经济水平、文化环境存在差异，因此世界各国的社会保险制度和实施形式有所区别，但其共性特点仍然十分明显。

（1）强制性。强制性是指凡属于法律规定范围内的劳动者都必须无条件地参加社会保险，并且按规定履行缴纳保险费的义务，这是社会保险的首要特点。社会保险的强制性特点，一般是通过国家立法和国家强制征收社会保险费来具体体现的。社会保险的缴费标准和待遇项目、保险金的给付标准等均按国家和地方政府的法律、法令统一确定，劳动者对于是否参加社会保险和投保的项目以及待遇标准等均无权任意选择和更改。

（2）保障性。社会保险是在劳动者部分或全部丧失劳动能力或者失业时，由国家通过法律保证而获得物质生活权利，提供切实可靠的基本生活保障。社会保险的保障性特点不仅为社会成员提供了安全感，解除了后顾之忧，而且维护了社会安定。当然，基本生活需要的标准不是固定不变的，它将随着生活内容的变化而变化，因此，社会保险的给付标准也应加以适时调整。

（3）社会性。社会保险的社会性体现在以下方面：第一，实施范围广。它可以把劳动者普遍面对的危险都列入相关的保险项目，并且将符合规定的劳动者全部纳入社会保险范畴，能够使所有劳动者得到相应的保障。第二，社会保险基金来源于政府财政拨款、企业缴纳保险金、劳动者个人缴纳保险金等多种渠道，从而体现了明显的社会性。第三，社会保险在经营管理上也体现了社会性的原则。社会保险的经营主体主要是政府和政府授权的社会保险机构，它们往往直接接受国家的财政补贴，作为公营事业机构依法代行国家和社会的职能，经营管理服从国家的社会目标。

（4）互助性。社会保险的互助性贯穿于整个社会保险基金的筹集、储存和分配过程中。主要表现为，被保险人缴纳的保险费，在保险范围内进行地区之间、企业之间、强者和弱者之间、老年人和青年人之间的调剂使用，实行风险分担，达到参保劳动者之间的互助共济。有的情况是"取之于我，用之于人"，有的情况是"取之于人，用之于我"。

（5）公平性。公平与效率问题一直是实行市场经济国家面临的选择难题。社会保险通过国民收入的再分配而实现。社会保险费的筹集，通常由国家、企业和个人共同按比例负担，不完全由个人负担。国家对亏损部分给予财政补贴，保障的水平以劳动者丧失劳动能力时的基本生活需要为标准，采取的是有利于低收入劳动者的原则。社会保险是一种社会公平，这与社会保险的基本目标——维持社会生产正常进行、保障社会生活稳定是相适应的。

3．社会保险的原则

（1）权利与义务相对应。社会保险的参保人（单位、个人）必须尽到缴费的义务，才有可能享受到社会保险的待遇。社会保险在权利和义务的关系层面上不同于社会福利和社会救助，可以说，权利和义务相对应是社会保险制度的重要原则。

（2）保障水平和经济发展相适应。社会保险的保障水平既不能太低，也不能太高，要与经济发展水平一致。保障水平太低，就不能起到基本保障的作用，同时挤占了社会救助的空间；保障水平过高，将导致社会保险基金的滥用，给政府和单位、缴费方造成缴费的压力，进而影响制度的良性运行和可持续发展。一般来说，在保障水平的设置上，国家会给予一定的指导性意见，各省、各地区可以根据自身的经济状况在该基础上进行适当调整。

（3）一体化和社会化相一致。完善的社会保险体系应该遵循一体化原则，即统一的社会保险项目、统一的社会保险标准、统一的社会保险管理及实施机制。一体化既解决了社会保险的公平性问题，也为社会保险的转移接续提供了便利，有利于劳动力的自由流动。现代社会保险涉及千家万户的民生工程，社会化不仅是指参保面的社会化，还包括社会保险的筹资、服务、监督管理等，都要做到社会化。

（4）普遍性与选择性相统一。社会保险的普遍性原则是其公平正义价值理念的体现，是社会保险发展到一定阶段的必然产物。例如，我国的社会养老保险和社会医疗保险就遵循普遍性原则。选择性更多地倾向于社会保险的差别化，可以照顾不同群体的个性需求，同时在一定程度上减轻政府的财政压力。

（5）保障功能和激励机制相结合。保障功能和激励机制相结合，要求社会成员在主张享受保障权益时先尽义务。

4．社会保险的功能

（1）社会保险是社会稳定的防护网，是社会矛盾的减震器。在现代社会化大生产和分工协作的条件下，社会保险的目的是维持社会稳定，使老有所养、病有所医，保障劳动者及其家庭的基本生活，消除社会不安定因素，减少社会震荡，所以有时称社会保险为社会的"减震器"和"防护网"。这一作用，在现代社会保险发展历程中体现得尤为明显。现代西方资本主义国家的社会保险就是在日益高涨的工人运动的压力下，为了确保资本主义经济的稳定和资产阶级统治地位的巩固，国家不得不给予劳动者"实惠"，以缓和阶级矛盾的产物。社会保险便是"实惠"的一部分。从实际效果看，尽管这些国家在第二次世界大战后经济危机时起时伏，失业率大多经常保持较高纪录，但社会一直比较稳定，劳动者的实际生活水平也有了大幅提高，其中社会保险起了十分重要的作用。而社会主义国家的社会保险在最终实现社会主义的生产目的，促进经济的发展、政治的安定，实现公民的宪法权利等方面也有重大贡献。

（2）社会保险调节国民经济运行，促进经济的可持续发展。通过社会保险而聚集起来的雄厚的社会保险基金可以对经济发展起到一定的支撑作用。社会保险具有储蓄性的特点，通过劳动者、企业和国家三方出资的形式，形成了规模巨大的社会保险基金收入，成为影响一国经济运行的不可忽视的力量。社会保险制度的运行对储蓄、投资、财政金融状况乃至国际经济活动均会产生重要的影响。通过强化社会保险基金的管理，提高其投资经营效果，注重投资方向与结构的调整，将有利于促进经济发展，促进国家基础产业的成长，促进金融市场的发展与完善。注重社会保险基金对经济的促进作用，已成为许多国家社会保险制度改革发展的新特点。

市场经济运行具有周期性。在经济繁荣时期，劳动就业机会增多，劳动者收入增加，社会保险支出减少，社会保险基金积累增多，从而达到抑制需求、快速增长的目的；在经济衰退时期，劳动就业机会减少，劳动者收入减少，社会保险支出增加，社会保险基金积累减少，从而起到增加需求、延缓衰退的作用。社会保险基金的筹集、支付及其投资活动，也是一种国民收入分配和再分配活动，它对国民经济的运行产生调节作用，在一定程度上促进了社会总需求与总供给达到平衡，保证经济的可持续发展。

（3）社会保险保证劳动力再生产顺利进行，为经济发展提供后备力量。劳动者因疾病、伤残、失业而失去正常的劳动收入，会使劳动力再生产过程处于不正常的状况。通过社会保险的经济补偿，使劳动力的再生产过程得以延续，从而使社会化大生产得以顺利进行。人作为劳动者，对生产起着决定性作用。物质资料的再生产要求劳动力再生产与之相适应，而随着工业化的进程，传统的大家庭逐渐解体而被夫妻结构的小家庭所取代。劳动收入是家庭的主要收入来源。当劳动者遭遇各种危险而丧失劳动能力时，家庭的保障功能大大削弱了，这样势必影响劳动力的供应。因此，只有国家出面干预，以强制保险的方式，集聚众多的经济力量，才能使劳动力再生产得以顺利进行。

社会保险通过社会保险金的发放，对劳动者实行经济补偿，保障劳动者的基本生活，保证劳动力再生产顺利进行，为经济发展提供后备力量。

（4）社会保险调节社会成员收入差距，有利于实现社会财富的公平分配。社会保险的分配原则以公平为主，兼顾效率，对高收入者的社会保险要有一定的限制，对低收入者的生活要给予保证。凡是领取的社会保险金达不到基本保障线的，要提高到基本保障线以上，以缩小社会保险金水平的差距。由于社会保险是国民收入再分配的渠道之一，可以起到调节社会成员收入差距悬殊的作用，有利于实现社会财富的公平分配。在市场经济条件下，人们的收入水平由其在经济活动中拥有的生产要素的市场稀缺程度和要素价格以及他们的能力和工作业绩来决定。由于人们拥有要素的质和量不同，工作能力也有高低，因此人们之间的收入拉开了差距。社会保险通过社会保险金的发放，为社会生活中的低收入人群提供基本生活保障，维护了社会稳定。社会保险通过社会保险基金的筹集，对社会个人消费品分配实行的直接干预，将高收入者的一部分收入转移给低收入者。这种干预的基本目标，就是调节劳动者个人收入上过大的差距，使之保持适度的水准，从而实现人们对社会分配公平的普遍要求，在一定程度上实现了收入均等化，缓解了社会矛盾，为市场经济的高效运行营造了一个良好的社会环境。

11.2.2 社会保险与相关制度的关系

1. 社会保险与商业保险的联系与区别

社会保险与商业保险同为保险制度，具有一定的相同点。例如，都需要筹集资金作为制度运行基础，都具有风险分摊机制，都通过风险转移的方式来降低损失，都能够为参保人提供经济补偿，都具有为偶然性风险提供保障的特征。当然，社会保险和商业保险也具有一定的区别，具体如下。

（1）实施目的不同。社会保险是国家强制性的社会保障，其目的是对社会劳动者提供基本生活保障，保护劳动者在特殊情况下的基本权利，保证劳动力再生产顺利进行，为整个社会经济的正常运行创造良好的社会环境。社会保险是国家保证劳动者的一项基本权利，并且不以营利为目的，属于国家基本保障的性质。

而商业保险，首先是一种商业活动，人们自愿投保，没有任何强制性，是以营利为主要目的的企业经营活动。保险公司是自负盈亏的经济实体，作为企业，其经营的首要目的就是经济效益。

（2）权利与义务关系不同。社会保险的权利与义务关系建立在劳动关系的基础之上，只要劳动者履行了为社会劳动的义务，就能获得自身及其供养的直系亲属享有相关社会保险待遇的权利。劳动者缴纳一定的保险费，但给付金额与其所缴纳的保险费额无绝对联系，而以被保险人基本生活需要为标准。保险费的征收只依据公民的收入水平而定，不依据保险项目风险的大小。

而商业保险是一种经济活动，以营利为目的，实行严格的权利与义务对等关系。投保人根据自身的经济实力和面临的风险种类和大小，选择适合自己的险种和保险金额向保险公司投保，按期交付保险费，并且签订保险合同。投保人依据保险合同享有保障的权利。商业保险的商业性和营利性决定了这种权利的享受必须以"多投多保、少投少保、不投不保"的等价交换为前提。

（3）保险对象不同。社会保险保障的对象是社会劳动者，基本职能是当劳动者面临特定风险（如年老、疾病、失业、伤残、生育等）时，保障其基本生活，维持社会劳动力再生产的正常进行。

而商业保险的保险对象较灵活，是一切自愿投保的国民，无论是劳动者还是非劳动者，均可投保。人们可自由选择、自愿参加，其基本职能是分散风险职能和损失补偿职能。商业保险在被保险人中分摊保险费，当某一被保险人发生保险事故造成经济损失时，对其给予保险合同规定的经济补偿。

（4）实施方式不同。社会保险主要采取强制方式实施，属于强制保险。凡属于社会保险范围的保险对象，无论其是否愿意，都必须参加，并且缴纳保险费；当被保险人在遇到生育、年老、疾病、伤残、失业等情况而没有收入时，政府必须按法定标准给付。这种强制性保证了社会保险的参保规模，有效地减少了逆向选择。

而商业保险一般采取自愿原则，属于自愿保险，投保人是否投保、投保什么险种、投保多少等，由投保人自行决定。

（5）资金来源不同。社会保险的资金来源主要有政府财政拨款、企业缴纳保险费、劳动者个人缴纳保险费三个渠道，是集国家、企业、个人等社会各方面力量来保障社会成员的基本生活要求。

而商业保险的资金只能来源于保险客户所交付的保险费，虽然通过对保险资金的运用可以获得一定的投资收益，但是保险公司的管理费用需要保险客户来承担。

（6）保障水平不同。社会保险是对劳动者基本生活水平的保障，是较低层次的保障。其保障水平的确定，既要考虑劳动者原有生活水平和社会平均消费水平，又要考虑在职职工平均工资的提高幅度、物价上涨因素和国家在一定时期财政上的负担能力。随着社会生产的发展，社会保险待遇的总水平也会相应提高。社会保险作为特殊领域的分配手段，在保障水平的确定上，采取的是有利于低收入劳动者的原则。

而商业保险是个人自愿购买的形式，是较高层次的保障。其保障水平取决于投保人交付保险费的多少和实际受损的性质与程度。商业保险保障水平的确定原则，不取决于被保险人的实际收入和生活水平，而是严格按对等原则来确定的。

（7）经营主体不同。社会保险的经营主体是政府或由政府指定的专门的职能部门，它除了管理社会保险基金的征集和给付之外，还要管理与之相关的其他活动，如负责某些服务工作等；由于社会保险的政策性和"人、财、物"的统一管理，决定了国家财政对其负有最后保证责任。

而商业保险经营主体主要是以营利为目的的商业保险公司。商业保险业务的开展，在法律规定的范围之内，可以由保险双方自行订立条款，保险公司自主经营、自负盈亏。

2．社会保险与社会保障的关系

我国社会保障是以全体国民为对象，当其面临劳动能力丧失、失业、突发性灾害或其他法定经济损失时，由政府或社会采取一系列公共措施为其提供保护，以便稳定社会经济和政治秩序，并且在此基础上通过完善各种公益性服务和津贴制度，提高整个社会的福利水平。我国社会保障体系包括社会救助、社会保险、社会福利、社会优抚四大部分，因此，社会保障的概念更大，范围更广，包括了社会保险。社会保险的社会保障体系的主体部分，是社会保障体系中最重要的一部分。

11.3　社会保险的主要类型

我国《劳动法》第 70 条规定，国家发展社会保险事业，建立社会保险制度，设立社会保险基金，使劳动者在年老、患病、工伤、失业、生育等情况下获得帮助和补偿。第 73 条规定，劳动者在下列情形下依法享受社会保险待遇：退休；患病、负伤；因工伤致残或患职业病；失业；生育。劳动者死亡后，其遗属依法享受遗属津贴。因此，上述各项可归并为社会保险的五种类型：社会养老保险、社会医疗保险、失业保险、工伤保险和生育保险。

11.3.1 社会养老保险

1. 社会养老保险的含义

社会养老保险是国家和社会根据一定的法律和法规，为解决劳动者在达到国家规定的解除劳动义务的劳动年龄界限，或因年老丧失劳动能力退出劳动岗位后的基本生活而建立的一种社会保险制度。社会养老保险属于国民收入再分配的范畴。一个国家有无社会养老保险，与一个国家生产力发展水平有着极大的关系。养老保险一般是通过建立离休、退休制度来实现的，并且以国家立法加以保证。它是以立法形式确定的一个全国统一的退休养老的年龄标准。劳动者到了退休年龄后，国家依据退休制度一方面保障他们有获得物质帮助和社会服务的权利；另一方面要妥善地安排他们退出原来的职业或工作，不再承担社会劳动的义务。劳动者退休后享受一定的养老待遇，这是他们履行了一生的劳动义务后应享受的权利。为使社会劳动力不断更新，保证社会生产的正常发展，劳动者到达退休年龄后，无论其实际劳动能力是否丧失，都应按时退休，这是他们在享有社会养老保险待遇时应该放弃和解除劳动义务的前提。

2. 社会养老保险的特征

第一，社会养老保险由国家建立或实施，并且由国家制定相关的法律法规，所以社会养老保险具有法律强制性；第二，社会养老保险的享受对象必须是因年老而丧失劳动能力的劳动者；第三，社会养老保险具有长期性和管理复杂性。

3. 社会养老保险的功能

社会养老保险是社会保险的主要项目之一，也是整个社会保障制度极其重要的组成内容。建立并完善社会养老保险制度，是国家和社会应尽的义务。这种制度的建立和完善，能给老年人提供稳定的基本生活保障，使其不受物价波动的影响并分享社会经济发展的成果，有利于切实保障老年人安度晚年的合法权利，保证老年人能够老有所养、老有所医、老有所乐，同时有利于消除在业人员的后顾之忧，调动其生产积极性，为社会提供更多更好的物质财富，从而为包括社会养老保险在内的整个社会保险制度的巩固和实施储备雄厚的物质基础。

4. 我国社会养老保险的实践

（1）我国多层次养老保险的构成。社会养老保险实行国家法定基本养老保险、地方补充养老保险和单位补充养老保险等多层次的养老保险。政府依法组织实施国家法定基本养老保险，积极创造条件建立地方补充养老保险，鼓励、支持用人单位根据实际情况为职工参加单位补充养老保险，提倡个人参加储蓄性养老保险。

（2）我国社会养老保险财务机制选择。我国社会养老保险采取社会统筹与个人账户相结合的方式。社会统筹是指在国家行政强制力和国家信用保证的基础上，对养老保险基金采取的社会统一筹集、统一管理和统一支付，体现公平；个人账户一般是指在国家行政强制力和部分信用保证的基础上，采取"个人预缴专款储金"的养老保险形式，体现效率。

（3）社会养老保险基金的筹集。社会养老保险费用由国家、单位和个人三方合理负担。个人缴费基数为被保险人本人上月工资的百分之八，被保险人月工资收入超过本市（区）上年度职工月平均工资百分之三百部分，不计征养老保险费；低于本市（区）上年度职工月平均工资百分之六十的，按所在地上年度职工月平均工资百分之六十计征。个人缴费全部记入个人账户，只用于职工养老，不得提前支取。职工调动时，个人账户全部随同转移，职工或退休人员死亡，个人账户中余额可以继承。

单位按照所属被保险人上月缴费工资总额的一定比例缴纳养老保险费。具体缴费比例由市人民政府根据统筹基金收支的情况决定并公布，但最高不得超过国家和省规定的比例。缴费工资是指被保险人实际计征养老保险费的工资。

养老保险基金由以下来源构成：单位和被保险人缴纳的养老保险费；养老保险基金的银行存款利息及国家允许的其他投资收益；养老保险费滞纳金；地方财政拨款；社会捐赠；其他收入。

（4）我国社会养老保险实施的原则。社会养老保险应当遵循公平与效率相结合、权利与义务相对应、保障水平与社会生产力发展水平相适应的原则。

（5）我国社会养老保险的待遇。关于养老保险待遇，我国《社会养老保险条例》（2006年1月1日实施）的规定如下。

第二十六条 被保险人经社保经办机构核准，达到法定退休年龄，符合下列条件之一的，按月领取基本养老金，直至死亡：（一）1998年7月1日（含本日，下同）后参加养老保险，缴费年限累计满十五年；（二）1998年6月30日（含本日，下同）前参加养老保险，缴费年限累计满十年。

第三十一条 符合本条例第二十六条规定的被保险人，1998年7月1日后参加养老保险的，基本养老金由基础养老金和个人账户养老金两部分组成；1998年6月30日前参加养老保险的，基本养老金由基础养老金、个人账户养老金、过渡性养老金和调节金组成。基本养老金计发标准如下：（一）基础养老金月标准为所在市（区）上年度职工月平均工资的百分之二十；（二）个人账户养老金月标准为个人账户储存额（含利息，下同）除以120；（三）过渡性养老金月标准为：以被保险人指数化月平均缴费工资乘以被保险人1998年6月30日前缴费年限的百分之一点二（缴费不满十五年的为百分之一）为基数，并且从2001年7月1日起每年按所在市（区）退休人员过渡性养老金调整办法调整；（四）调节金月标准为所在市（区）1997年度职工月平均工资的百分之十五。离休人员基础养老金加发上年度职工月平均工资的百分之五。从事过特殊工种的被保险人，按其1998年6月30日前在特殊工种岗位工作的年限，每满一年增发本人指数化月平均缴费工资百分之零点二。被保险人因病完全丧失劳动能力提前退休的，每提前一年，减发本人基础养老金、过渡性养老金及调节金之和的百分之二。

第三十二条 基础养老金、过渡性养老金和调节金由养老保险统筹基金支付；个人账户养老金由个人账户支付，个人账户支付完后，转由养老保险统筹基金支付。基本养老金每年7月调整。基础养老金按所在市（区）上年度职工月平均工资的增长率同步调整；过渡性养老金、调节金和个人账户养老金按所在市（区）上年度平均缴费工资增长率的百分之四十至百分之六十调整。所在市（区）上年度职工平均工资、平均缴费工资负增长时不调整。被保险人养老保险待遇的核定，以最后缴费地的职工月平均工资为基数计算。

第三十三条 被保险人达到法定退休年龄，缴费年限不符合第二十六条规定的，不得按月领取基本养老金。1998年7月1日后参加养老保险的被保险人，只能一次性领取其个人账户储存额，同时终止养老保险关系。1998 年 6 月 30 日前参加养老保险的被保险人，只能一次性领取个人账户储存额和一次性老年津贴，同时终止养老保险关系。一次性老年津贴按 1998 年 6 月 30 日前的缴费年限，每满一年计发两个月本人指数化月平均缴费工资，由养老保险统筹基金支付。

11.3.2 社会医疗保险

1．社会医疗保险的含义

社会医疗保险以保障居民平等的健康权利为目的，由政府推动并承担一定责任，进行社会化管理，通过立法强制全部或部分居民参与，国家、单位和个人共同筹资，当人们因生病、受伤或生育需要治疗时，由国家或社会专门机构向其提供必需的医疗服务或经济补偿的一种社会保险制度。医疗保险所保障的是一般疾病、患病和伤残。其中，这种疾病或患病是劳动者自身所致的，不是职业病，其伤残是指非工伤致残丧失劳动能力，其发病、致残原因与劳动无直接关系。

2．社会医疗保险的特征

（1）对象的普遍性。社会医疗保险的对象是全体居民，从刚出生的孩子到老人，从官员到贫民，不管身体健康者还是重病患者，所有人员都有权利参加社会医疗保险而且必须参加医疗保险，没有缴费能力的居民可以由政府补助参保。

（2）涉及面的广泛性和复杂性。社会医疗保险系统包括医疗机构、参保人、用人单位、社会保险经办机构、政府等，涉及面广。在运行过程中，政策制定部门要掌握医疗服务的需求和供给，引导医疗保险供需双方行为，确保医疗保险和卫生资源的合理利用，操作非常复杂。

（3）赔付的短期性和经常性。社会医疗保险承保的是疾病风险，由于疾病风险的特殊性，疾病特别是门诊疾病的发生率高，所以赔付具有短期性和经常性。

（4）补偿形式的特殊性。社会医疗保险的补偿额与参保人缴纳的保险费数额没有直接关系，一般与所在地区的基本医疗保险保障水平、疾病状况、医疗需求有关。大多都遵循损失补偿原则，不是定额给付，操作起来比较复杂。

（5）保险费测算的复杂性。由于发病率的不确定性，以及疾病治疗方案的多样性，所以社会医疗保险保险费的测算较为复杂。

3．社会医疗保险的作用

首先，实行医疗保险可以使劳动者弥补收入损失、恢复劳动能力、重返生产和工作岗位，从而有利于保障劳动者及其家属的生活稳定，有利于提高国民健康水平，有利于维持劳动力的再生产，有利于经济发展和社会进步。

其次，社会医疗保险可以促进医疗卫生服务的社会化，有利于筹集社会卫生经济资源，有利于社会化的医疗保健服务的展开，如预防保健服务、重点疾病的控制等，进而促进卫生事业发展，同时可以提高有效的医疗需求特别是穷人的有效医疗需求，减少医疗浪费。

再次，由于社会医疗保险有政府部门（人力资源和社会保障部）的介入，能对卫生服务供方和需方的行为进行一定的规范和约束，进而提升医疗机构的医疗服务水平。

最后，社会医疗保险具有再分配的功能，能在一定程度上降低贫富差距。

4. 我国社会医疗保险的实践

（1）我国医疗保险的操作办法。我国基本医疗保险实行社会统筹和个人账户相结合，基本医疗保险基金由统筹基金和个人账户构成。职工个人缴纳的基本医疗保险费，全部记入个人账户。用人单位缴纳的基本医疗保险费分为两部分：一部分用于建立统筹基金；一部分划入个人账户。具体比例由统筹地区根据个人账户的支付范围和劳动者年龄等因素确定。统筹基金和个人账户要划定各自的支付范围，分别核算，不能互相挤占。

基本医疗保险在运行过程中，采用的是属地化原则，基本医疗保险以地级以上行政区（包括地、市、州、盟）为统筹单位，也可以县（市）为统筹单位。所有用人单位及其职工都要按照属地管理原则参加所在统筹地区的基本医疗保险，执行统一政策，实行基本医疗保险基金的统一筹集、使用和管理。因此，不同地区的缴费率和待遇水平不一样，各地政府要确定支付的待遇标准，包括统筹基金的起付标准、共担比例和最高支付限额。起付标准以下的医疗费用，从个人账户中支付或由个人自付。起付标准以上，最高支付限额以下的医疗费用，都要从统筹基金中支付，个人也要负担一定比例。超过最高支付限额的医疗费用，可以通过商业医疗保险等途径解决。统筹基金的具体起付标准和最高支付限额，以及在起付标准以上和最高支付限额以下医疗费用的个人负担比例，由统筹地区根据"以收定支，收支平衡"的原则确定。

（2）我国社会医疗保险的发展历程。我国医疗保险制度建立于20世纪50年代初，包括公费医疗和劳保医疗制度。享受公费医疗的范围：各级政府、党派、人民团体及文化、教育、科研、卫生等事业单位职工，二等乙级以上伤残人员，高等学校在校生及研究所研究人员。公费医疗的经费来源于国家财政。1953年修订的《劳动保险条例》规定享受劳保医疗的范围：全民所有制企业和城镇集体所有制企业的职工及离退休人员。劳保医疗的保险项目和待遇标准与公费医疗基本相同。经费从企业按现行工资总额的14%提取的职工福利费中列支。1989年《公费医疗管理办法》规定公费医疗待遇：除挂号费、营养滋补药品以及整容、矫形等少数项目由个人自付费用外，其他医药费全部或大部分由公费医疗经费开支。

1998年《国务院关于建立城镇职工基本医疗保险制度的决定》规定，城镇所有用人单位，包括企业（国有企业、集体企业、外商投资企业、私营企业等）、机关、事业单位、社会团体民办非企业单位及其职工，都要参加基本医疗保险。乡镇企业及其职工、城镇个体经济组织业主及其从业人员是否参加基本医疗保险由各省、自治区、直辖市人民政府决定。

11.3.3 失业保险

1. 失业的概念

失业是指在劳动年龄之内，具有劳动能力，有要求就业的部分人员尚未能就业的一种社会现象。构成失业有四个基本特点：一是在劳动年龄之内；二是有劳动能力；三是有就业意愿；四是没有找到工作。这样规定，就可以把那些由于严重病残丧失劳动能力的人和未到或超过劳动年龄的没有职业的人，以及暂时没有就业要求待升学的人和从事家务劳动的人划到失业之外，因此就不需要给他们安排工作。

2．失业保险的概念

失业保险是国家通过立法对劳动者因遭受本人所不能控制的失业风险而暂时失去收入，提供一定物质帮助以维持其基本生活的一种社会保险。在工业化进程中，失业已成为社会问题，必须由社会解决。目前，世界上大多数国家已实施了失业保险制度，其中约80%是第二次世界大战以后实施的。失业保险在国民经济运行中发挥着润滑剂的作用，为失业人员重新进入工作岗位起到了积极的促进作用。由于失业保险的强制性和政策性，因此我国商业保险未介入失业保险领域。

3．失业保险的特征

（1）强制性。要求单位和职工必须参保，缴纳失业保险金。

（2）预防性。可以预防职工一旦失业，生活限于困境。另外，人力资源和社会保障部也会采取一定的措施预防职工失业或保障职工再就业。

（3）互济性。失业保险具有保险的最基本功能，就是互助共济性，众人投保，失业者得惠。

（4）补偿性。失业保险能够对劳动者失业期间的收入损失进行一定的补偿，保障劳动者失业后的基本生活水平。

（5）公正性。所有劳动者均有参保的资格，失业后有获得保障的权利，权利与义务对等。

4．失业保险的功能

失业保险具有保障劳动者再就业、保障失业人员基本生活水平、促进经济稳定的功能。

5．我国现行失业保险的主要内容

（1）失业保险的范围。按我国1999年施行的《失业保险条例》，目前我国失业保险的实施范围包括国有企业、城镇集体企业、外商投资企业、城镇私营企业、其他城镇企业及城镇事业单位。

（2）失业保险的条件。享受失业保险的条件：按照规定参加失业保险，所在单位和本人已按照规定履行缴费义务满1年的；非因本人意愿中断就业的，已办理就业登记，并且有就职要求的。失业人员在领取失业保险金期间，按照规定同时享受其他失业保险待遇。

（3）失业保险期间。失业人员失业前所在单位和本人按照规定累计缴费时间满1年不足5年的，领取失业保险金的期限最长为12个月；累计缴费时间满5年不足10年的，领取失业保险金的期限最长为18个月；累计缴费时间为10年以上的，领取失业保险金的期限最长为24个月。

（4）失业保险金的标准。失业保险金的标准，按照低于当地最低工资标准，高于城市居民最低生活保障标准的水平，由省、自治区、直辖市人民政府确定。

11.3.4　工伤保险

1．工伤保险的概念

工业社会的发展，给人们带来了丰富的物质生活，同时，无情地把工作事故、职业病等带给了劳动者。工伤造成了劳动者身体上的伤害、精神上的痛苦。

工伤保险由社会保障机构统一筹集工伤保险基金，对劳动者在工作中遭受事故和职业病伤害后进行医疗救治、职业康复以及因工死亡者供养直系亲属的基本生活提供经济补偿的一种社会保障制度。

2．工伤保险的原则

目前各国实行的工伤保险制度，归纳起来，大致都遵循以下原则。

（1）无责任补偿原则，又称"无过失补偿"原则。它是指劳动者在生产和工作过程中遭遇工伤事故，无论事故属于本人、企业（或雇主）还是相关第三者，均应依法按规定的标准给付工作保险待遇。待遇给付与责任追究相分离，不能因为保险事故责任的追究与归属而影响待遇给付。当然，本人犯罪或故意行为造成的"工伤"除外。

（2）损失补偿原则。同其他社会保险相比，工伤保险具有明显的经济补偿作用。由于工伤事故是劳动者在为企业工作期间发生的，劳动者不仅付出了劳动，而且可能为此付出健康乃至生命的代价，因此，各国劳动法和社会保险法均规定，在劳动者发生工伤时，均应该得到经济补偿。

（3）个人不缴费原则。工伤事故属于职业性伤害，是在生产劳动过程中，劳动者为社会和企业创造物质财富而付出的代价。而工伤保险待遇具有明显的劳动力修理与再生产投入性质，属于企业生产成本的特殊组成部分，因此，个人不必缴费，而由企业负担全部保险费。

（4）待遇标准从优原则。工伤保险是对劳动者为企业付出的身体损失进行补偿，在待遇给付标准上，一般是按照从优原则确定的，较养老、失业、医疗等项目的待遇优厚。而且只要是因工负伤、残疾或患职业病，则不论年龄和工龄长短，都享受同等的待遇。

（5）损失补偿与事故预防及职业康复相结合的原则。从单纯经济补偿向与事故预防、医疗健康及职业康复相结合的转变，是现代工伤保险的显著标志之一。工伤社会保险与其他项目一样，除了被动式的生活保障功能以外，还具有主动式的、积极的功能，这主要表现在为负伤、残疾和因公死亡职工提供必要的医疗、生活补贴之外，还应在加强安全生产、预防事故发生、减少职业危害、及时抢救治疗、有效的职业康复等方面发挥积极作用。

3．工伤保险的认定

我国《工伤保险条例》（2003年4月27日中华人民共和国国务院令第375号公布，根据2010年12月20日《国务院关于修改〈工伤保险条例〉的决定》修订，修订部分自2011年1月1日生效）对工伤的认定有以下规定。

《工伤保险条例》第十四条规定，职工有下列情形之一的，应当认定为工伤：

（1）在工作时间和工作场所内，因工作原因受到事故伤害的。

（2）工作时间前后在工作场所内，从事与工作有关的预备性或者收尾性工作受到事故伤害的。

（3）在工作时间和工作场所内，因履行工作职责受到暴力等意外伤害的。

（4）患职业病的。

（5）因工外出期间，由于工作原因受到伤害或者发生事故下落不明的。

（6）在上下班途中，受到非本人主要责任的交通事故或者城市轨道交通、客运轮渡、火车事故伤害的。

（7）法律、行政法规规定应当认定为工伤的其他情形。

《工伤保险条例》第十五条规定，职工有下列情形之一的，视同工伤：

（1）在工作时间和工作岗位，突发疾病死亡或者在48小时之内经抢救无效死亡的。

（2）在抢险救灾等维护国家利益、公共利益活动中受到伤害的。

（3）职工原在军队服役，因战、因公负伤致残，已取得革命伤残军人证，到用人单位后旧伤复发的。

职工有前款第（1）项、第（2）项情形的，按照本条例的有关规定享受工伤保险待遇；职工有前款第（3）项情形的，按照本条例的有关规定享受除一次性伤残补助金以外的工伤保险待遇。

《工伤保险条例》第十六条规定，职工符合本条例第十四条、第十五条的规定，但是有下列情形之一的，不得认定为工伤或者视同工伤：

（1）故意犯罪的；

（2）醉酒或者吸毒的；

（3）自残或者自杀的。

4．工伤保险的待遇

《工伤保险条例》中关于工伤保险待遇的条款如下。

第三十条　职工因工作遭受事故伤害或者患职业病进行治疗，享受工伤医疗待遇。

职工治疗工伤应当在签订服务协议的医疗机构就医，情况紧急时可以先到就近的医疗机构急救。治疗工伤所需费用符合工伤保险诊疗项目目录、工伤保险药品目录、工伤保险住院服务标准的，从工伤保险基金支付。工伤保险诊疗项目目录、工伤保险药品目录、工伤保险住院服务标准，由国务院社会保险行政部门会同国务院卫生行政部门、食品药品监督管理部门等部门规定。职工住院治疗工伤的伙食补助费，以及经医疗机构出具证明，报经办机构同意，工伤职工到统筹地区以外就医所需的交通、食宿费用从工伤保险基金支付，基金支付的具体标准由统筹地区人民政府规定。工伤职工治疗非工伤引发的疾病，不享受工伤医疗待遇，按照基本医疗保险办法处理。工伤职工到签订服务协议的医疗机构进行工伤康复的费用，符合规定的，从工伤保险基金支付。

第三十一条　社会保险行政部门做出认定为工伤的决定后发生行政复议、行政诉讼的，行政复议和行政诉讼期间不停止支付工伤职工治疗工伤的医疗费用。

第三十二条　工伤职工因日常生活或者就业需要，经劳动能力鉴定委员会确认，可以安装假肢、矫形器、假眼、假牙和配置轮椅等辅助器具，所需费用按照国家规定的标准从工伤保险基金支付。

第三十三条　职工因工作遭受事故伤害或者患职业病需要暂停工作接受工伤医疗的，在停工留薪期内，原工资福利待遇不变，由所在单位按月支付。停工留薪期一般不超过12个月。伤情严重或者情况特殊，经设区的市级劳动能力鉴定委员会确认，可以适当延长，但延长不得超过12个月。工伤职工评定伤残等级后，停发原待遇，按照本章的有关规定享受伤残待遇。工伤职工在停工留薪期满后仍需治疗的，继续享受工伤医疗待遇。生活不能自理的工伤职工在停工留薪期需要护理的，由所在单位负责。

第三十四条　工伤职工已经评定伤残等级并经劳动能力鉴定委员会确认需要生活护理的，从工伤保险基金按月支付生活护理费。生活护理费按照生活完全不能自理、生活大部分不能自理或者生活部分不能自理三个不同等级支付，其标准分别为统筹地区上年度职工月平均工资的50%、40%或者30%。

第三十五条　职工因工致残被鉴定为一级至四级伤残的，保留劳动关系，退出工作岗位，享受以下待遇：

（一）从工伤保险基金按伤残等级支付一次性伤残补助金，标准为：一级伤残为27个月的本人工资，二级伤残为25个月的本人工资，三级伤残为23个月的本人工资，四级伤残为21个月的本人工资。

（二）从工伤保险基金按月支付伤残津贴，标准为：一级伤残为本人工资的90%，二级伤残为本人工资的85%，三级伤残为本人工资的80%，四级伤残为本人工资的75%。伤残津贴实际金额低于当地最低工资标准的，由工伤保险基金补足差额。

（三）工伤职工达到退休年龄并办理退休手续后，停发伤残津贴，按照国家有关规定享受基本养老保险待遇。基本养老保险待遇低于伤残津贴的，由工伤保险基金补足差额。职工因工致残被鉴定为一级至四级伤残的，由用人单位和职工个人以伤残津贴为基数，缴纳基本医疗保险费。

第三十六条　职工因工致残被鉴定为五级、六级伤残的，享受以下待遇：

（一）从工伤保险基金按伤残等级支付一次性伤残补助金，标准为：五级伤残为18个月的本人工资，六级伤残为16个月的本人工资；

（二）保留与用人单位的劳动关系，由用人单位安排适当工作。难以安排工作的，由用人单位按月发给伤残津贴，标准为：五级伤残为本人工资的70%，六级伤残为本人工资的60%，并且由用人单位按照规定为其缴纳应缴纳的各项社会保险费。伤残津贴实际金额低于当地最低工资标准的，由用人单位补足差额。经工伤职工本人提出，该职工可以与用人单位解除或者终止劳动关系，由工伤保险基金支付一次性工伤医疗补助金，由用人单位支付一次性伤残就业补助金。一次性工伤医疗补助金和一次性伤残就业补助金的具体标准由省、自治区、直辖市人民政府规定。

第三十七条　职工因工致残被鉴定为七级至十级伤残的，享受以下待遇：

（一）从工伤保险基金按伤残等级支付一次性伤残补助金，标准为：七级伤残为13个月的本人工资，八级伤残为11个月的本人工资，九级伤残为9个月的本人工资，十级伤残为7个月的本人工资；

（二）劳动、聘用合同期满终止，或者职工本人提出解除劳动、聘用合同的，由工伤保险基金支付一次性工伤医疗补助金，由用人单位支付一次性伤残就业补助金。一次性工伤医疗补助金和一次性伤残就业补助金的具体标准由省、自治区、直辖市人民政府规定。

第三十八条　工伤职工工伤复发，确认需要治疗的，享受本条例第三十条、第三十二条和第三十三条规定的工伤待遇。

第三十九条　职工因工死亡，其近亲属按照下列规定从工伤保险基金领取丧葬补助金、供养亲属抚恤金和一次性工亡补助金：

（一）丧葬补助金为6个月的统筹地区上年度职工月平均工资。

（二）供养亲属抚恤金按照职工本人工资的一定比例发给由因工死亡职工生前提供主要生活来源、无劳动能力的亲属。标准为：配偶每月40%，其他亲属每人每月30%，孤寡老人或者孤儿每人每月在上述标准的基础上增加 10%。核定的各供养亲属的抚恤金之和不应高于因工死亡职工生前的工资。供养亲属的具体范围由国务院社会保险行政部门规定。

（三）一次性工亡补助金标准为上一年度全国城镇居民人均可支配收入（2011 年城镇居民人均可支配收入 21 810 元）的 20 倍。伤残职工在停工留薪期内因工伤导致死亡的，其近亲属享受本条第一款规定的待遇。一级至四级伤残职工在停工留薪期满后死亡的，其近亲属可以享受本条第一款第（一）项、第（二）项规定的待遇。

第四十条　伤残津贴、供养亲属抚恤金、生活护理费由统筹地区社会保险行政部门根据职工平均工资和生活费用变化等情况适时调整。调整办法由省、自治区、直辖市人民政府规定。

第四十一条　职工因工外出期间发生事故或者在抢险救灾中下落不明的，从事故发生当月起 3 个月内照发工资，从第 4 个月起停发工资，由工伤保险基金向其供养亲属按月支付供养亲属抚恤金。生活有困难的，可以预支一次性工亡补助金的 50%。职工被人民法院宣告死亡的，按照本条例第三十九条职工因工死亡的规定处理。

第四十二条　工伤职工有下列情形之一的，停止享受工伤保险待遇：

（一）丧失享受待遇条件的；

（二）拒不接受劳动能力鉴定的；

（三）拒绝治疗的。

第四十三条　用人单位分立、合并、转让的，承继单位应当承担原用人单位的工伤保险责任；原用人单位已经参加工伤保险的，承继单位应当到当地经办机构办理工伤保险变更登记。用人单位实行承包经营的，工伤保险责任由职工劳动关系所在单位承担。职工被借调期间受到工伤事故伤害的，由原用人单位承担工伤保险责任，但原用人单位与借调单位可以约定补偿办法。企业破产的，在破产清算时依法拨付应当由单位支付的工伤保险待遇费用。

第四十四条　职工被派遣出境工作，依据前往国家或者地区的法律应当参加当地工伤保险的，参加当地工伤保险，其国内工伤保险关系中止；不能参加当地工伤保险的，其国内工伤保险关系不中止。

第四十五条　职工再次发生工伤，根据规定应当享受伤残津贴的，按照新认定的伤残等级享受伤残津贴待遇。

11.3.5　生育保险

1. 生育保险的含义

1988 年我国颁布的《女职工劳动保护规定》规定了女职工怀孕期间享有的劳动保护：女职工怀孕期间，所在单位不得安排其从事国家规定的第三级体力劳动强度的劳动和孕期禁忌从事的劳动，不得在正常劳动日以外延长劳动时间；对不能胜任原劳动的，根据医务部门的证明，予以减轻劳动量或者安排其他劳动；女职工怀孕 7 个月以上的，不得安排其从事夜班工作，并且在劳动时间内为其安排一定的休息时间；怀孕的女职工，在劳动时间内进行产前检查，应当算作劳动时间。1994 年 12 月，劳动部颁布了《企业职工生育保险试行办法》，各地开始尝试建立生育保险制度。

生育保险通过国家立法规定，在劳动者因生育子女而导致劳动力暂时中断时，由国家和社会及时给予生活保障、物质等方面帮助的一项社会保险制度。其宗旨在于通过向职业妇女提供生育津贴、医疗服务和产假，帮助她们恢复劳动能力，重返工作岗位。

2. 生育保险的特征

（1）生育保险保障的对象是女性劳动者。一般情况下，生育保险仅补偿给参加保险的女职工由于生育行为造成的直接经济损失，这是生育保险与其他社会保险项目相比较的一个显著特点，其待遇享受人群相对狭窄，影响范围、程度相对有限。我国生育保险的保障对象是参加生育保险的女性职工和男性职工的未就业配偶。

（2）保障对象的合法性。我国生育保险保障的对象是合法的生育者，是指符合法定的结婚年龄、按法律规定办理了合法的结婚程序、符合和遵守国家生育政策的生育人员。生育保险作为一种社会经济分配制度，要受到国家有关法律、法规和政策的制约，不符合国家政策的非法生育一律被排除在享受生育保险待遇之外。

（3）生育保险带有明显的福利性。基于生育行为的社会性和它的特殊意义，生育保险带有一定的福利色彩。生育保险提供的生育津贴，一般为生育女职工的原工资水平，也高于其他保险项目。生育期间的经济补偿也明显高于养老、医疗等保险。

（4）生育保险实行"产前与产后都应享受的原则"。在临产分娩前一段时间，由于行动不便，女性劳动者已经不能工作或不宜工作，而分娩以后，需要一段时间休假，恢复健康和照顾婴儿。这是生育社会保险不同于其他险种的又一特点。其他险种都带有善后的特点。

（5）生育保险与医疗保险密不可分。生育行为本身涉及检查、手术、住院等医疗服务，生育过程也可能伴随着某些疾病的产生或复发，使生育保险与医疗保险有着十分密切的联系。许多国家将生育保险与医疗保险合并，并且称为"生育与疾病保险"，或者称为"健康保险"。

3. 我国生育保险的待遇

（1）产假。国际劳工组织规定，女职工生育的产前产后休假不应少于12周（84天）。我国女职工产假为98天，难产的增加产假30天；多胞胎生育，每多生一个婴儿，增加产假15天。女职工怀孕不满4个月流产的，根据医务部门的证明，给予15天的产假，怀孕满4个月以上流产的，给予42天产假。

（2）生育津贴。女职工在产假期间，企业不再发工资，而由生育保险基金支付生育津贴，津贴的标准按本企业上年度职工月平均工资计发；非本单位的女职工，产假期间享受原基本工资，由本单位发放。

（3）有不满1周岁婴儿的女职工，在每班劳动时间内享有两次哺乳时间，每次30分钟；多胞胎生育的，每多哺乳一个婴儿，每次哺乳时间增加30分钟。

（4）医疗服务。国家机关、人民团体、事业单位的女职工，生育所需的医疗费用由公费医疗支付。女职工生育的检查费、接生费、手术费、住院费和药费由生育保险基金支付。超出规定的医疗服务费和药费（含自费药品和营养药品的药费）由职工个人负担。

4. 生育保险的功能

生育保险可以保障女职工的身体健康和劳动能力的恢复；保障妇女就业平等权；有利于延续后代，保证劳动力的再生产；有利于保证国家人口政策的贯彻实施，提高人口素质；

对实行计划生育的女职工与不实行计划生育的女职工实行差别生育保险政策，鼓励女职工认真执行计划生育政策，更好地做好计划生育工作；有利于分散风险，保证企业公平竞争。

5．生育保险和医疗保险的合并

2017年1月19日，国务院办公厅发布了《生育保险和职工基本医疗保险合并实施试点方案》（国办发〔2017〕6号），提出了遵循保留险种、保障待遇、统一管理、降低成本的总体思路，推进两项保险合并实施，通过整合两项保险基金及管理资源，强化基金共济能力，提升管理综合效能，降低管理运行成本。提出在2017年6月底前启动试点，试点期限为一年左右。通过先行试点探索适应我国经济发展水平、优化保险管理资源、促进两项保险合并实施的制度体系和运行机制。试点地区包括河北省邯郸市、山西省晋中市、辽宁省沈阳市、江苏省泰州市、安徽省合肥市、山东省威海市、河南省郑州市、湖南省岳阳市、广东省珠海市、重庆市、四川省内江市、云南省昆明市开展两项保险合并实施试点。未纳入试点地区不得自行开展试点工作。

11.4 社会保险基金及其管理

11.4.1 社会保险基金概述

1．社会保险基金的定义

社会保险基金是依据法律、法规和规章为保障社会保险对象因年老、患病、生育、失业、伤残、死亡等原因而中断劳动，或部分、全部丧失劳动能力时享受社会保险待遇，由缴费单位和缴费个人分别按缴费基数的一定比例缴纳以及通过其他合法方式筹集的专项基金。

2．社会保险基金的特点

（1）基金建立的强制性。社会保险制度不同于商业保险，社会保险是国家强制执行的，所以社会保险基金的建立具有明显的强制性。

（2）基金来源的广泛性。社会保险基金的来源比较广泛，在有些国家，社会捐赠也构成一些国家的社会保险基金来源之一。我国社会保险基金来源于政府、企业和个人，来源于政府的资金主要体现在对缴费的直接财政补贴和税收优惠上。

（3）基金使用的严格性。社会保险基金跟所有的保险基金一样，是一种负债性基金，所收上来的钱是用于未来赔付的，所以，对基金的监管要求特别严格。社会保险基金一旦出现差错，将会引发一系列社会问题，甚至危及社会稳定，因此，有必要对社会保险基金的运用做严格规定，其本金和收益只能用于被保险人的各项保险给付，而不能挪作他用。另外，社会保险基金遵循收支两条线，专款专用原则，基金之间不可以相互挤占。

（4）给付责任的长期性。社会保险基金特别是社会养老保险基金的给付责任是长期的，需要积累几十年，支付也可能需要10年、20年甚至更长时间。

（5）基金的保值、增值性。社会保险基金除了满足当期社会保险待遇给付外，还有相当一部分资金存储起来，以备将来发放。这些储存起来的基金不可避免地会受到通货膨胀的侵蚀，存在着一定的基金贬值风险。如果社会保险基金不通过适当方式进行运营并获得收益，将面临收不抵支的境地。

（6）基金的互助共济性。社会保险基金建立在数理统计中大数法则的基础上，通过集中众多人的社会保险费形成基金，在参保人员遇到年老、疾病、伤残、生育和失业风险时提供经济补偿，体现了社会成员之间的互助互济、共担风险的原则。基金的互助共济性主要体现在两个方面：一是未出险的参保人对出险参保人的帮助，二是统筹基金中高缴费参保人对低缴费参保人的帮助。

3. 社会保险基金的种类

社会保险基金包括社会养老保险基金、社会医疗保险基金、生育保险基金、工伤保险基金、失业保险基金五大基金。

4. 社会保险基金的功能

（1）确保社会保险制度的顺利实施，维护社会稳定。社会保险制度建立的目的是保障劳动者遭受风险、丧失生活来源后的基本生活保障，雄厚的资金是社会保险制度正常运行的保证。社会保险基金通过对生存陷入困境的劳动者提供社会保险保障，从而消除隐患，维护社会稳定。

（2）保证劳动力再生产的顺利进行。劳动者因疾病、伤残、失业而失去正常的劳动收入，其生活就得不到保障。社会保险基金的补偿，可以为劳动者提供必要的经济补偿和生活保障，从而使劳动者恢复劳动能力，进而保证了劳动力再生产的顺利进行，也就保证了社会再生产的顺利进行。

（3）市场经济的稳定器。社会保险基金可以自动调节经济的波动。在经济高涨时期，经济增长加快，企业开工增加，就业人数增加，劳动者收入水平提高，社会保险基金用于失业救济的救助金大为减少，同时缴纳的社会保险费有较大幅度增加，此时社会保险基金收入大于支出，出现结余；在经济萧条期，经济增长放慢，企业开工率下降，就业收入减少，失业增加，社会保险基金收入减少，支出增加，结余的社会保险基金重新释放，从而刺激总需求，促进经济复苏。

（4）调节收入差距。社会保险基金特别是社会统筹基金部分，遵循的是公平原则，尽管不同收入水平的人在缴费时不同，收入高的人贡献大，收入低的人贡献小，但发生保险事故时享受的待遇水平是一致的。因此，在一定程度上缩小了劳动者之间的收入差距，有利于实现社会的公平分配。

11.4.2 社会保险基金的筹集

1. 我国社会保险基金的来源

我国社会保险基金来源于政府、企业和个人三部分。

2. 社会保险基金的筹集模式

社会保险基金的筹集模式是指通过特定的方式来筹集社会保险资金，以实现收支平衡和制度稳定运行的机制。适当的筹集模式，能促进社会保障制度的有效运行。以最重要的养老保险基金为例，社会保险基金的筹集模式可分为现收现付、完全积累和部分积累三种模式。

（1）现收现付模式。现收现付模式是以支定收，以近期横向收支平衡为原则来筹集资金，不承担资金长期的保值增值风险的一种筹集模式。现收现付模式是指根据当期的给付来收取当期的保险费用，从而使保险基金收支保持大体平衡的一种筹集模式。其做法是：首先对一年内的社会保险支出做出预算，然后按照一定比例分摊到参保单位和个人，当年提取，当年支付，预先不留储备金，并且争取略有节余。这种模式由正在工作的当代人为他们的上一代人支付社会保险金。在这种模式下，一般不提取准备金。现收现付模式的理论依据是：在长期稳定的人口结构下，由生产性劳动人口负担老年人口的退休养老费用，而现有劳动人口的退休养老费用，则由下一代的生产性劳动人口承担。可见，采用这种模式的前提条件是一国的人口结构必须是稳定的。收入转移再分配在劳动者代际间进行是其经济内涵，收支的短期平衡是其基本特征。

现收现付模式的优点在于费率计算简单，便于操作，同时由于不需管理巨额的积累基金，所以不用考虑通货膨胀因素。在人口结构稳定、经济繁荣、劳动者工资增长较快的时期，这一模式具有减轻社会保险负担的优点。但该模式的缺点也是显而易见的。首先，由于采用以支定收，不设准备金，因此需根据情况，经常调整收支。但现代社会的一般情况是人口结构趋于老化，所以，社会保险支出总是呈现出不断增长的趋势。而日益增长的保险费收入往往难以迅速实现，从而容易导致给付出现危机。其次，从分配上看，由在职一代赡养退休一代，并且在职一代所缴纳的社会保险费不断增长，这就容易引起代际之间的矛盾，不利于保持社会的稳定。最后，现收现付模式存在某些不利于经济发展的因素。例如，不断增高的保险费会降低企业产品的竞争力，它对劳动力供求也会造成消极影响，这些都阻碍经济的发展。

（2）完全积累模式。完全积累模式一种以远期纵向收支平衡为原则，用长期积累的基金来保障未来预测的社会养老保险支出的一种筹集模式。这种模式就是每个人在社会保险基金里建立个人账户，从开始工作起就为自己积累养老基金。这是一种通过对影响保险费的相关因素进行测算后，确定出一个能够保证收支平衡的平均保险费，并且对从保险费中提取一部分准备金而形成的保险基金进行经营管理的筹集模式。这种模式的理论依据是：它根据现有的人口、经济发展水平等因素制定一个费率来筹集保险费，以作为将来给付的基础。至于保险金的最终给付数额，还要取决于社会保险基金的积累规模及投资收益。它强调了劳动者个人不同生命周期的收入再分配，即将劳动者工作期间的部分收入转移到退休后使用。完全积累模式受经济发展状况、工资水平及金融市场的稳定与否等因素的影响甚大。

这种模式有以下优点：第一，社会保险基金能够保证保险资金的稳定以及一定的给付水平；第二，大量的积累资金投向资本市场，能够促进资本市场的发展，从而对经济的增长起到推动作用。该模式的缺点也是明显的，首先，在筹资初期，就需要采用较高的费率，这会激起雇主和被保险人的不满，对经济发展也会起到负面影响。其次，该模式受通货膨胀因素影响较大。当通货膨胀发生时，若基金运用得当，不仅能够带来大量的投资收益，还能促进整个经济的发展，但若运用不当，可能会导致基金额绝对减少，继而引起收付水平的下降，严重时甚至会导致社会问题。最后，社会保险基金容易受政府的支配。例如，当政府面临财政赤字时，可能会用基金来弥补。

（3）部分积累模式。部分积累模式是以近期横向平衡和远期纵向平衡为原则，分段调整平均缴费率的一种资金筹集模式。这种模式介于现收现付与完全积累模式之间的一种折中的筹资模式，在一定程度上，吸收了两种模式的优点。被保险人的缴费在满足当期社会保险支出的同时，还须有一定的资金积累。这是一种介于现收现付模式和完全积累模式之间的混合模式。它的保险费高于现收现付模式，但又低于完全积累模式。多数面临着人口老龄化问题的国家常采用这种混合模式。其具体形式有以下几种：一种是在原有现收现付模式之下，提高费率水平，把相对多的保险费积累起来，用于以后的保险金支付；另一种是在建立个人账户的基础上实行社会统筹；还有一种是实行多层次的社会保险模式，第一层次是基本保险，采用现收现付模式，而在企业补充保险和个人储蓄保险层次下实行完全积累模式。

部分积累模式能够有效应付人口老龄化的挑战。若能解决基金的投资运营问题，还可有助于经济的发展，但究竟应选择何种混合模式，以及怎样实现在新旧两种模式之间的平稳过渡，是现实中面临的难题。

当前，我国的社会保险基金筹集模式采取的是部分积累模式，因为这种模式符合我国国情。我国人口老龄化问题加剧，现收现付模式将给我国社会保险基金带来严重的财务危机。另外，我国社会保险基金的个人账户几乎是空账运行，实行完全积累也是不现实的。

11.4.3　社会保险基金的投资和管理

1. 社会保险基金投资的原则

（1）安全性原则。社会保险基金投资的安全性原则是指保证社会保险基金投资的本金及时、足额地回收，并且取得预期的投资收益。对社会保险基金来说，投资安全往往被认为是第一位的，但这并不是说社会保险基金投资不能进行任何风险投资。一般来说，投资风险与收益相伴而生且呈现很高的正相关关系。预期收益越高，投资要冒的风险就越大，反之，没有风险的投资也是没有收益的，即使有，也很少。所谓社会保险基金的安全投资，应当是根据基金性质和收益需要预先确定一种合适的风险与收益标准，在进行投资时，严格以此标准为依据，既不要为追求过高的收益而冒很大的风险，也不能为了安全不顾收益。

（2）收益性原则。为了确保社会保险基金抵御通货膨胀的影响，降低市场风险，同时能够保证在减轻国家、企业和个人缴费负担的前提下，提高社会保险的待遇水平，社会保险基金的投资要以增值为最终目标，确保劳动者待遇的发放和待遇水平的提高。获得较高收益是社会保险基金投资的直接目的，因此在安全原则的前提下，力求理想的投资收益是社会保险基金投资的又一重要原则。因为只有满足了这一原则要求，基金才能保值增值。在计算投资收益时有必要指出，社会保险基金投资经过一个周期后，收回资金大于投入本金，不意味着该投资取得了适当的收益。因为由于通货膨胀因素的影响，收回资金在数量上大于本金并不等于真正实现了保值增值。必须比较同期基金投资收益率与通货膨胀率，当前者大于后者并扣除相应的管理费用后仍有剩余的，基金才能真正实现保值增值，否则，仅起到缓解贬值程度的作用。

（3）流动性原则。流动性是指将投资资产转变为现金的难易程度和速度。社会保险基金的支付具有经常性和波动性，所以要求能够迅速地融通、变现和周转。如果资金由于投资而冻结于某项固定用途无法脱手变现时，不仅无法应付财务的紧急需要，同时有违设立基金和提留积累金的宗旨。所以，在投资时应有妥善的规则和精确的计算，考虑社会保险基金收入与支出数量变化的趋势，保障现款的额度和融通的灵活性。

（4）社会效益原则。社会保险基金投资还应兼顾社会效益。凡能促进经济健康发展、与社会发展、人民利益密切相关的项目都可以考虑投资；反之，关系不大或无关的就要少投资或不投资，特别是在发展中国家，社会保险基金的投资最好能和整个国家的经济发展规划与社会发展计划结合起来，使之与国家前进的方向一致。

（5）遵循国家法律和政策的原则。任何企业的任何经营活动，都必须遵循国家有关的政策和法令。在此前提下，为了实现投资收益的最大化，对于投资方向、模式、结构、区域、数额等可以自由选择和决定。

上述投资原则在实际运行时往往难以同时遵循，甚至存在一定的矛盾。因此，在保证不亏损的前提下，尽量增加营利性和流动性，使风险性、营利性与流动性统一起来，是处理这一矛盾的基本原则。也就是说，社会保险基金投资要取得盈利，完全不管风险是不可能的。既要盈利又不冒大风险，选择风险性相对最小、盈利相对最大的投资对象，是最理想的选择。

2. 社会保险基金的投资工具

（1）储蓄存款。储蓄存款是社会保障基金专营管理部门把社会保障基金全部或部分存入国家或地方银行，以取得一定利息的投资形式。这种投资方法风险小，利息收入比较稳定，能很好地满足基金安全性和流动性的要求，但收益率较低。储蓄存款包括活期存款、定期存款和协议存款等。

（2）国债。国债是国家发行的债券，是中央政府为筹措资金而发行的，有政府财力做后盾，信誉高，一般可以认为是无风险的，符合安全性原则；同时利率高于银行存款，利息所得免税，但流动性不如银行存款。国债可分为中期国债或长期国债。在发达国家，养老基金购买国债非常普遍，而且在资产配置中占有相当大的比例。

（3）企业债券和金融债券。企业债券和金融债券一般利率较高，但是由于其发行主体为处于市场竞争中的企业或金融机构，一旦发行债券的企业或金融机构倒闭，那么该企业债券或金融债券将一钱不值，因此该种投资方式存在较大风险。国外的社会保险基金一般投资于那些效益好、信誉高的企业或金融机构发行的债券，且债券一般都有担保，相对来说，风险还是比较低的。

（4）购买股票或证券投资基金。股票是有价证券的一种主要形式，是股份有限公司签发的证明股东所持有股份的凭证，分为优先股和普通股。西方发达国家的社保基金投资之所以能取得较高收益，其中一个很重要的原因就是股票在投资组合中占有较大比重。

证券投资基金是由专门的投资机构发行基金单位、汇集投资者资金、由基金管理人从事股票或债券等金融工具投资的间接投资制度。证券投资基金最大的优势是专家理财、组合投资、规避风险、流动性强。

（5）发放贷款。发放贷款，也称间接投资，是社会保障基金投资经办机构委托金融机构发放贷款，以获取盈利的投资行为。另外，社会保险基金也可以"借"给国家进行项目开发，由政府在预算中支出，列专门项目偿付利息和本金。采取这种方法实现社会保险基金的保值、增值，可以将社会保险与国家预算直接结合起来，既可以保证基金的增值，又可以直接体现社会保险与政府责任的本质联系，还可以缓解国家在开发某些大型项目时的财政紧张状况。

（6）实业投资。社会保险基金投资运营除了使用多元化的金融投资工具外，还可以投资于实业。实业投资包括房地产、基础设施等不动产。实业投资具有投资周期长、流动性差的局限性。在经济可持续发展的前提下，不动产投资具有收益稳定、安全性高的特点，也可以在一定程度上防范通货膨胀风险。

（7）海外证券市场。一般情况下，海外证券市场投资能够获得较高的收益率，还可以通过资产组合的国际多样化来减少国内资产组合的风险。但是社会保险基金海外投资需要承担国际政治经济关系变化而带来的风险，而且我们对国外证券市场的了解程度比不上对国内证券市场的了解程度，由此也可能带来较大的投资风险。

3. 社会保险基金的管理

社会保险基金的管理是指为保障劳动者基本生活，根据国家和个人的经济承受能力，而开展的社会保险基金筹集、待遇支付、基金保值增值等的行为和过程。社会保险基金管理主要包括社会保险基金收支管理、社会保险基金的预算和决算管理、社会保险基金投资运营管理、社会保险基金稽核、监督等。

社会保险基金的健全管理，是达成基金安全有效的前提。鉴于该基金的性质和特征，社会保险基金一般都由政府部门及政府委托的有资格的机构管理运作。我国社会保险基金就由人力资源和社会保障部所属的社会保险经办机构管理，实行属地管理和分账管理。

2016年3月10日，国务院颁布了《全国社会保障基金条例》，自2016年5月1日起施行。社会保险基金不同于社会保障基金，社会保障基金是国家社会保障储备基金，由中央财政预算拨款、国有资本划转、基金投资收益和以国务院批准的其他方式筹集的资金构成，用于人口老龄化高峰时期的养老保险等社会保障支出的补充、调剂。在投资运营上，坚持安全性、收益性和长期性原则；由于短期内暂不发生支出，更适宜开展中长期投资。社会保险基金是为了保障公民在年老、疾病、工伤、失业、生育等情况下获得物质帮助而建立的，主要由用人单位和个人缴费构成，包括基本养老保险基金、基本医疗保险基金、工伤保险基金、失业保险基金和生育保险基金，用于公民养老、医疗、工伤、失业、生育等各项社会保险待遇的当期发放。因此，社会保险基金对投资风险的控制要求更高，投资范围较窄，投资运营活动限定条件更多。目前，我国还未建立规范的社会保险基金管理办法。国务院于2015年8月印发的《基本养老保险基金投资管理办法》对基本养老保险基金的投资运营做了规范。2017年8月，财政部、人力资源和社会保障部、国家卫生健康委员会颁布了《社会保险基金财务制度》，自2018年1月1日起开始施行。

11.4.4 社会保险的待遇给付

1. 社会保险待遇给付的含义

社会保险待遇给付是社会保险经办机构根据社会保险制度规定的条件、标准和方式将社会保险金付给被保险人或其受益人、法定继承人，以保障他们的基本生活需要。

2. 社会保险待遇给付需遵循的原则

社会保险待遇给付需遵循统一性、适度性、与时俱进的原则。统一性是指要严格按照国家的法律政策统一执行。如果待遇标准不统一，势必造成地区之间或单位之间的差异，给劳动者的积极性带来一定的影响。适度性是指社会保险待遇既要维持合理的支付水平，满足参保人员最基本的生活需要，又不能超越生产力发展水平及各方面的承受能力。与时俱进是指社会保障待遇应该随着国民经济的发展而及时提高，同时要考虑通货膨胀的水平，不能让通货膨胀稀释了社会保障的待遇水平。

3. 社会保障待遇给付的方式

（1）缴费确定型。又称既定缴费制或既定供款制，是指先初步测算确定的缴费水平，再根据实际的缴费基数和缴费率来筹集社会保险基金，再根据基金的筹集和投资收益情况，根据实际的积累量对社会保险基金进行给付。在确定缴费型方案中，投资风险由参保人自己负担。

（2）给付确定型。又称既定给付制或者受益确定制，狭义上是指按照预先确定的保障一定生活水平所需的养老金替代率确定养老金支付标准，广义上还包含根据所给付的养老金水平确定基金缴费率的内容，即通常所称的"以支定收"。在给付确定型的方式中，政府需承担一定的投资风险，精算和管理更加复杂。

思考与练习

1. 单项选择题

（1）《社会保险法》由第十一届全国人民代表大会常务委员会第十七次会议于2010年10月28日通过，（　　）起施行。

A．2010年10月28日　　　　B．2010年12月30日
C．2011年1月1日　　　　　D．2011年7月1日

（2）社会保险作为工业化和社会化大生产的产物，它产生于（　　）。

A．德国　　　B．美国　　　C．英国　　　D．法国

（3）社会保险运用（　　）法则，在社会范围内分散劳动者和用人单位的风险。

A．大数　　　B．平均　　　C．经济　　　D．金融

（4）与商业保险不同的是，社会保险的实施方式采用（　　）。

A．自愿方式　　　　　　　　B．强制方式
C．半自愿半强制方式　　　　D．自愿为主强制为辅的方式

（5）国家通过（　　）支持社会保险事业。

A．财政支出　　　　　　　　B．拨款
C．税收优惠政策　　　　　　D．大力发展政策

（6）在我国，失业者可享受的失业救济金待遇领取时间长度最长为（　　）。

A．6个月　　　B．12个月　　　C．18个月　　　D．24个月

（7）职工应当参加生育保险，由用人单位按照国家规定缴纳生育保险费，职工（　　）生育保险费。

A．按本人工资的1%缴纳　　　　B．按单位平均工资的1%缴纳
C．按社会平均工资的1%缴纳　　D．不缴纳

（8）职工因工致残被鉴定为一级至四级伤残的，保留劳动关系，退出工作岗位，享受

（　　）的待遇。
    A．用人单位按月发给伤残津贴
    B．工伤保险基金按月支付伤残津贴
    C．用人单位支付一次性伤残补助金
    D．工伤保险基金支付一次性伤残就业补助金
（9）职工应当参加工伤保险，由（　　）缴纳工伤保险费。
    A．个人　　　　　　　　　B．用人单位
    C．单位和个人共同　　　　D．国家
（10）国家建立全国统一的个人社会保障号码。个人社会保障号码为（　　）。
    A．护照号码　　　　　　　B．驾驶证号码
    C．居民身份证号码　　　　D．工作证号码

2．多项选择题

（1）社会保险费的特点主要表现在（　　）。
    A．保险费与给付不成比例　　B．风险分类较粗略
    C．保险费负担较重　　　　　D．成本估计不易确定
    E．一般由国家、集体、个人三者合理分担
（2）依据《社会保险法》规定，在完善社会保险制度过程中应坚持（　　）方针。
    A．广覆盖　　　　　　　　B．低水平
    C．多层次　　　　　　　　D．可持续　　　　E．保基本
（3）依据《社会保险法》，个人在依法缴纳社会保险费后享有（　　）权利。
    A．个人依法享受社会保险待遇　　B．监督本单位为其缴费情况
    C．查询个人缴费记录　　　　　　D．查询个人权益记录
    E．要求社会保险经办机构提供社会保险咨询等相关服务
（4）职工因（　　）情形之一导致本人在工作中伤亡的，不认定为工伤。
    A．故意犯罪　　　　　　　B．醉酒或者吸毒
    C．自残或者自杀　　　　　D．法律、行政法规规定的其他情形
（5）失业人员符合（　　）条件的，从失业保险基金中领取失业保险金。
    A．失业前用人单位和本人已经缴纳失业保险费满一年的
    B．应征服兵役的
    C．非因本人意愿中断就业的
    D．已经进行失业登记，并且有求职要求的

3．简答题

（1）什么是社会保险？
（2）社会保险的特点是什么？
（3）请比较社会保险和商业保险的关系。
（4）什么是社会保险基金的筹集模式？主要有哪几种？

阅读材料

国外医疗保险的四种典型模式

国外医疗保险制度历经百余年的发展与演变，已日趋成熟与规范。目前，世界上医疗保险主要有四种典型模式。

1. 国家医疗保险模式：英国、加拿大

该种模式的特点是：政府直接管理医疗保险事业。政府收税后拨款给公立医院，医院直接向居民提供免费（或低价收费）服务。加拿大国家医疗保险的具体做法：①国家立法、两级出资、省级管理。即各省医疗保险资金主要来源于联邦政府拨款和省级政府财政预算，各省和地区政府独立组织、运营省内医疗保险计划。②保险内容上覆盖所有必需的医疗服务、住院保险和门诊保险，除特殊规定的项目外，公众免费享受所有其他基本医疗保险。③鼓励发展覆盖非保险项目的商业性补充医疗保险。凡非政府保险项目均可由雇主自由投资，其所属雇员均可免费享受补充医疗保险项目。

这种面向全民的医疗保险模式最大的优点是国家的介入。由于政府是最大的雇主及服务买家，所以，从理论上讲在控制成本方面有着很大优势。但实际上，这种模式面临着沉重的财政支出、服务短缺、公共医院的官僚主义作风、医生缺乏成本意识而导致的严重浪费等问题。

2. 社会保险模式：德国

德国是世界上第一个建立医疗保险制度的国家。其医疗保险基金实行社会统筹、互助共济，主要由雇主和雇员缴纳，政府酌情补贴。目前，世界上有上百个国家采取这种模式。德国社会医疗保险模式的特点是：①保险金是按收入的一定比例进行征收，而保险金的再分配与被保险人所缴纳的保险费多少无关，因此，无论收入多少都能得到治疗。被保险人的配偶和子女可不付保险费而同样享受医疗保险待遇。②劳动者、企业主、国家一起筹集保险金，体现了企业向家庭、资本家向工人的所得转移。③在保险金的使用上，是由发病率低向发病率高的地区的所得转移。④对于月收入低于一定程度的工人，保险费全部由雇主承担，失业者的医疗保险金大部分由劳动部门负担。18岁以下无收入者以及家庭收入低于一定数额的，可以免缴某些项目的自付费用。

德国没有统一的医疗保险经办机构，而是以区域和行业划分为七类组织，各医疗保险组织由职工和雇主代表组成的代表委员会实行自主管理，合理利用医疗保险基金，因此其浪费、滥用现象较少。但这种医疗保险模式也有很大的局限，即它不能控制外在经济环境，尤其是缺乏弹性的医疗市场。一旦外在经济环境不能保持稳定的状态，医疗通货膨胀是不可避免的。

3. 商业保险模式：美国

该模式的特点是参保自由，灵活多样，钱多买高档的，钱少买低档的，适合多层次需求。美国这种以自由医疗保险为主、按市场法则经营的以营利为目的的制度，其优点是被保险人会获得高质量、高效率的医疗服务，但这种制度往往拒绝接受健康条件差、收入低的居民的投保，因此其公平性较差，一方面会造成其总医疗费用的失控，医疗总费用占国内生产总值的16%左右，全球最高，另一方面仍有3 000万人得不到任何医疗保障。

4. 储蓄保险模式：新加坡

这种模式的特点是：①筹集医疗保险基金是根据法律规定，强制性地把个人消费的一部分以储蓄个人公积金的方式转化为保健基金。②它以个人责任为基础，政府分担部分费用，国家设立中央公积金，这部分的缴纳率为职工工资总额的40%，雇主和雇员分别缴纳18.5%和22.5%；同时，雇员的保健储蓄金再由雇主和雇员分摊。③实施保健双全计划，即大病计划。它是以保健储蓄为基础，在强调个人责任的同时，又发挥社会共济、危险分担的作用。④实施保健基金计划，政府拨款建立保健信托基金，扶助贫困国民保健费用的支付。

这种储蓄保险模式有效地解决了新加坡劳动者晚年生活的医疗保障问题，减轻了政府的压力，促进了新加坡经济的良性发展。其不足之处表现在：雇主在高额投保险费面前难免会削弱自己商品的国际竞争力，而过度的储蓄又会导致医疗保障需求的减弱。

参考文献

[1] 龙卫洋，龙玉国. 工程保险理论与实务[M]. 上海：复旦大学出版社，2005.

[2] 龙卫洋. 财政与金融[M]. 北京：清华大学出版社，2004.

[3] 郝演苏. 保险学教程[M]. 北京：清华大学出版社，2004.

[4] 特瑞斯·普雷切特，琼·斯米特，海伦·多平豪斯，詹姆斯·艾瑟林. 风险管理与保险[M]. 北京：中国社会科学出版社，1998.

[5] 肯尼思·布莱克，哈罗德·斯基珀. 人寿保险[M]. 洪志忠，等译. 北京：北京大学出版社，1999.

[6] 张洪涛，郑功成. 保险学[M]. 北京：中国人民大学出版社，2002.

[7] 陈文辉. 中国人身保险发展报告[M]. 北京：中国财政经济出版社，2004.

[8] 王绪瑾. 保险学[M]. 北京：经济管理出版社，2004.

[9] 张洪涛. 人身保险[M]. 北京：中国人民大学出版社，2003.

[10] 袁宗蔚. 保险学：危险与保险[M]. 北京：首都经贸大学出版社，2000.

[11] 袁辉. 保险营销[M]. 武汉：武汉大学出版社，2004.

[12] 吴小平. 保险原理与实务[M]. 北京：中国金融出版社，2003.

[13] 吕宙. 竞争力：中国保险业发展战略选择[M]. 北京：中国金融出版社，2004.

[14] 马永伟. 保险知识读本[M]. 北京：中国金融出版社，2000.

[15] 魏华林，林宝清. 保险学[M]. 第4版. 北京：高等教育出版社，2017.

[16] 张旭升，周灿. 人身保险理论与实务[M]. 北京：电子工业出版社，2014.

[17] 刘同芳，王志忠. 社会保险学[M]. 北京：科学出版社，2016.

[18] 孙树涵，毛艾琳. 社会保险学[M]. 北京：北京师范大学出版社，2012.

[19] 李丞北. 社会保险学[M]. 北京：中国金融出版社，2014.

[20] Robert J. Gibbons, George E. Rejda, Michael W. Elliott. "Insurance Perspectives", CPCU, 2002.

[21] Koppena, randall, Hotti, Kristin L. "Futures Market Regulation", Economic Perspectives, January 2003, Vol.62, No.2.

[22] IMF. "Managing Risk in a New Financial Environment", IMF Survey, June 2002, Vol.59, No.19.

[23] Swiss Re. Life insurance in the industrialized countries, Sigma. June 2002, No.6.

[24] Emmett J. Vaughan, Therese Vaughan. "Fundamentals of Risk and Insurance", Eighth Edition, John Wiley & Sons, Inc.

[25] Mark S. Doffman. "Risk Management and Insurance". Prentice Hall, 2013.

[26] James J. Lorimer, Harry F. Perlet Jr., Frederick G. Kempin Jr., Frederick R. Hodosh, "The Legal Envionment of Insurance (1.2)", CPCU, 2003.

反侵权盗版声明

电子工业出版社依法对本作品享有专有出版权。任何未经权利人书面许可，复制、销售或通过信息网络传播本作品的行为；歪曲、篡改、剽窃本作品的行为，均违反《中华人民共和国著作权法》，其行为人应承担相应的民事责任和行政责任，构成犯罪的，将被依法追究刑事责任。

为了维护市场秩序，保护权利人的合法权益，我社将依法查处和打击侵权盗版的单位和个人。欢迎社会各界人士积极举报侵权盗版行为，本社将奖励举报有功人员，并保证举报人的信息不被泄露。

举报电话：（010）88254396；（010）88258888
传　　真：（010）88254397
E-mail：　dbqq@phei.com.cn
通信地址：北京市万寿路173信箱
　　　　　电子工业出版社总编办公室
邮　　编：100036